Bernd Biermann

Ökologie und Gesundheit

für die sozialpädagogische Erstausbildung

1. Auflage

D1729699

Bestellnummer: 05129

Bildungsverlag EINS

Haben Sie Anregungen oder Kritikpunkte zu diesem Produkt?
Dann senden Sie eine E-Mail an 05129_001@bv-1.de
Autoren und Verlag freuen sich auf Ihre Rückmeldung.

Die in diesem Werk aufgeführten Internetadressen sind auf dem Stand zum Zeitpunkt der Drucklegung. Die ständige Aktualität der Adressen kann vonseiten des Verlages nicht gewährleistet werden. Darüber hinaus übernimmt der Verlag keine Verantwortung für die Inhalte dieser Seiten.

www.bildungsverlag1.de

Bildungsverlag EINS GmbH
Hansestraße 115, 51149 Köln

ISBN 978-3-427-**05129**-9

Inhaltsverzeichnis

Vorwort

Das neue Unterrichtswerk *Ökologie und Gesundheit* richtet sich in erster Linie an die Berufsfachschule für Kinderpflege. Es vermittelt die notwendigen Kenntnisse im Fach Gesundheitslehre, die Kinderpflegerinnen und sozialpädagogische Assistentinnen bei der Betreuung, Bildung und Erziehung von Kindern benötigen. Die Lernenden sollen in diesem Fach unter anderem

- fundierte berufs- und anwendungsbezogene Kenntnisse über Faktoren erwerben, die die Gesundheit des Kindes und die eigene beeinflussen,

- ein Bewusstsein dafür entwickeln, dass eine wirksame Gesundheitserziehung im Kleinkindalter beginnt, in dem sich grundlegende Haltungen und Gewohnheiten herausbilden,

- Verantwortung für die eigene Gesundheitserhaltung übernehmen und Gesundheitsförderung bei Kindern und Eltern aktiv mitgestalten,

- sich der Bedeutung der Umwelt für die Gesundheit bewusst werden und eine verantwortungsvolle Haltung gegenüber der Umwelt einnehmen und als Vorbild den Kindern vermitteln.

Struktur und Konzeption des Buches orientiert sich an diesen Lernzielen und an den Lehrplänen der Berufsfachschule. Es gliedert sich in folgende fünf Hauptkapitel:
A) Das gesunde Kind
B) Ernährung und Gesundheit
C) Krankheiten in Gemeinschaftseinrichtungen – erkennen, behandeln, vorbeugen
D) Seelische Gesundheit
E) Ökologie, Natur- und Umweltschutz

Jedes Kapitel des Buches beginnt mit einem gesundheits- oder umweltrelevanten Einstieg, der ein Unterrichtsgespräch anregen und den Lernenden die Bedeutung des jeweiligen Themas verdeutlichen soll.

Unterüberschriften, die im ausführlichen Inhaltsverzeichnis wieder zu finden sind, strukturieren den Lehrtext. Querverweise sowie ein umfangreiches Register erleichtern die Orientierung im Buch. Merksätze und Definitionen sind im Text hervorgehoben.

Am Ende jedes Kapitels befinden sich differenzierte Aufgaben. Sie dienen einerseits zur Wiederholung und Festigung des Stoffes und lassen sich mithilfe des Lehrbuchs unmittelbar beantworten. Zusatzaufgaben zur Vertiefung regen zu einer weiterführenden Beschäftigung mit dem Thema an. Sie sind unter anderem für Referate und Gruppenarbeiten geeignet.

Zur Festigung und Sicherung des Lernerfolges dient auch das Arbeitsheft, das sich in seiner Gliederung an den Kapiteln des Schulbuches orientiert.

Ich wünsche allen Lernenden und Lehrenden viel Erfolg mit dem Buch!

Hannover im Sommer 2013
Bernd Biermann

A   Das gesunde Kind

1 Grundbedürfnisse des Kindes

1.1 Was brauchen Kinder, um zu gedeihen?

Lernsituation

Vom mittelalterlichen Staufenkaiser Friedrich II. (1194 – 1250) wird berichtet, er habe ein Experiment mit Neugeborenen durchführen lassen, um herauszufinden, in welcher Sprache Kinder ihre ersten Worte sagen. Dazu wurden mehrere Neugeborene von ihren Eltern getrennt, Ammen übergeben und isoliert aufgezogen. Die Ammen mussten die Kinder ausreichend mit Nahrung und Pflege versorgen, sie durften aber nicht mit ihnen sprechen oder sich ihnen liebevoll zuwenden. Diese Kinder sollen niemals gesprochen haben und alle sollen frühzeitig gestorben sein.

Der traurige Ausgang dieses unmenschlichen Experiments erscheint uns glaubwürdig, weil wir wissen, dass Kinder zum gesunden Gedeihen mehr benötigen als nur Ernährung, Körperpflege und Kleidung. Doch welche körperlichen, seelischen und geistigen Bedürfnisse der Kinder sind unerfüllt geblieben? Was sind die Voraussetzungen für eine positive Entwicklung?

Junges Paar mit Kind

Kinder benötigen in den ersten Lebensjahren eine intensive Betreuung und liebevolle Erziehung. Welche körperlichen, geistigen, emotionalen und sozialen Fähigkeiten sie entwickeln und welche Lebenschancen sie als Erwachsene haben, steht in engem Zusammenhang mit den Bedingungen ihres Aufwachsens.

Besonders intensiv hat sich der amerikanische Psychologe **Abraham Maslow** mit der Untersuchung von menschlichen Bedürfnissen beschäftigt. Er entwickelte 1943 das hierarchisch aufgebaute Modell einer **Bedürfnispyramide**: Maslow unterscheidet zwischen Defizit- und Wachstumsbedürfnissen. Defizitbedürfnisse sind biologisch bedingt und allen Menschen eigen. Ihre Nichterfüllung ruft Krankheiten hervor. Wachstumsbedürfnisse dienen der Entfaltung der Persönlichkeit. Erst wenn das Bedürfnis einer niedrigeren Stufe erfüllt ist, wird sich nach Maslow der Wunsch zur Befriedigung der nächsthöheren Stufe einstellen.

Abraham Maslow (1908 – 1970), amerikanischer Psychologe, ist Mitbegründer der *Humanistischen Psychologie*. Maslow ging davon aus, dass der Mensch von Natur aus gut ist und dass die Ursache von zersetzenden und zerstörenden Handlungen, Sadismus und Grausamkeit nur Reaktionen auf Nichterfüllung der uns innewohnenden Bedürfnisse sind.

Aus dem Maslowschen Modell lassen sich Empfehlungen für diejenigen ableiten, die sich um die **Bedürfnisse von Kindern** kümmern.

A) **Physiologische Bedürfnisse:** Dazu gehören regelmäßige, ausreichende und ausgewogene Ernährung, die Körperpflege und die Möglichkeit von angemessenen Ruhe- und Wachphasen.

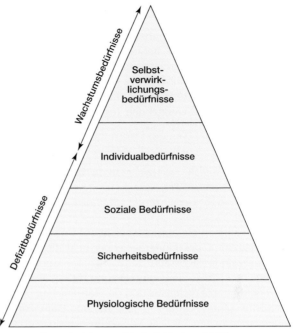

Maslowsche Bedürfnispyramide (vgl. Maslow, 1981)

B) **Sicherheit:** Dazu gehören zunächst der Schutz vor schädlichen äußeren Einflüssen, Gefahren und Krankheiten, aber auch vor physischer und psychischer Gewalt. Kinder brauchen eine stabile Atmosphäre von Geborgenheit und Verlässlichkeit. Auch feste Ordnungen, Regeln und Rituale vermitteln Sicherheit.

C) **Soziale Bedürfnisse:** Die frühe Erfahrung und Bindung des Kindes an eine nahestehende Bezugsperson (oder auch mehrere Bezugspersonen), die es beständig und liebevoll betreut, ist entscheidend für ein späteres positives Sozial- und Bindungsverhalten, für die Entwicklung von Selbstvertrauen und der geistigen Fähigkeiten sowie für eine optimistische Grundeinstellung zum Leben. Hinzu kommen die Bedürfnisse nach Gemeinschaft und Kommunikation, in Beziehungen zu Geschwistern, gleichaltrigen Freunden und zu weiteren Bezugs- und Betreuungspersonen.

D) **Individualbedürfnisse:** Zur Entwicklung eines positiven Selbstwertgefühls benötigen Kinder Lob, Anerkennung und Respekt. Innerhalb von Gruppen wünschen sie sich einen hohen Status und möchten keine Außenseiter sein. Erfolgserlebnisse stärken das Selbstvertrauen und regen die Produktivität an.

E) **Selbstverwirklichung:** Im Spiel können Kinder ihre Fähigkeiten erfahren, ihre Fertigkeiten weiterentwickeln und ihre Begabungen entfalten. Zur Befriedigung ihres Wissensdrangs benötigen sie nicht nur Belehrung; sie müssen auch selbstständig lernen, forschen und experimentieren dürfen. Die kindliche Aktivität wird stimuliert durch eine anregende Umgebung (z. B. Spielzeug, Sandkiste, Klettergerüst) und durch möglichst geringe räumliche und zeitliche Einschränkungen.

1.2   Verantwortung für das Wohlergehen des Kindes

Zu den elementaren Aufgaben von sozialpädagogische Assistentinnen und Kinderpflegerinnen gehört zunächst die Betreuung und Pflege von Kindern, insbesondere von Säuglingen und Kleinkindern. Sie arbeiten hauptsächlich in Kinderkrippen, Kindergärten, Kinderheimen, aber auch in Kinderkliniken oder Privathaushalten.
Die Pflicht und das Recht, ein Kind zu pflegen, zu erziehen und zu beaufsichtigen, ist nach § 1631 Bürgerliches Gesetzbuch Teil des Personensorgerechts der Eltern. Sie tragen die **Aufsichtspflicht.**

Merksatz
Unter Aufsichtspflicht versteht man die Pflicht, Kinder vor Selbstschädigung oder vor Schädigungen durch andere Personen zu schützen und auch sicherzustellen, dass Kinder keine anderen Personen oder Gegenstände schädigen.

Die Eltern können die Aufsichtspflicht auf Dritte übertragen: In einem Kindergarten zum Beispiel übernimmt das Kindergartenpersonal die Aufsichtspflicht. Als elternergänzende oder elternersetzende Fachkräfte tragen sozialpädagogische Assistentinnen und Kinderpflegerinnen bei ihrer Arbeit die Verantwortung für das Wohlergehen der ihnen anvertrauten Kinder. Dazu gehören die Sicherstellung des körperlichen und seelischen Wohlbefindens ebenso wie der vorbeugende Schutz vor Gefahren und Erkrankungen. Für die Betreuung von Kindern in Tagesstätten gelten spezielle Vorschriften und Gesetze.

Das Bundeskinderschutzgesetz (BKiSchG)
Am 1. Januar 2012 ist das neue Gesetz in Kraft getreten. Es soll den Kinderschutz in Deutschland verbessern u. a. durch:
- Hilfsangebote für Familien vor und nach der Geburt des Kindes,
- Vernetzung aller Akteure im Kinderschutz wie Jugendämter, Schulen, Kitas, Gesundheitsämter, Krankenhäuser, Ärzte, Schwangerschaftsberatungsstellen und Polizei,
- Pflicht eines erweiterten Führungszeugnisses für Mitarbeiter/innen von Einrichtungen,
- Entwicklung, Anwendung und Überprüfung von Standards für die Sicherung der Rechte von Kindern und Jugendlichen und ihren Schutz vor Gewalt.

1.2.1 Verhütung von Unfällen

Jährlich verunglücken in Deutschland fast 1,7 Millionen Kinder unter 15 Jahren, davon in Kindergärten und Schulen allein 965.000 (Bundesarbeitsgemeinschaft „Mehr Sicherheit für Kinder", 2008). Damit gehören Unfälle zu den größten Gesundheitsrisiken von Kindern. Die häufigste **Unfallursache** bei Babys und Kleinkindern sind Stürze. Babys fallen vom Wickeltisch, aus dem Hochstuhl oder aus Tragetaschen; Kleinkinder, die schon krabbeln oder laufen können, stürzen vom Balkon, aus dem Fenster oder die Treppen herunter. Weitere Verletzungs- und Todesursachen sind Strangulationen durch Kordeln oder Bänder, Verbrennungen und Verbrühungen, Vergiftungen, Tod durch Ertrinken, Stürze beim Klettern und Verkehrsunfälle.
Maßnahmen zur Verhütung von Gefahren für Leben und Gesundheit in Kindertageseinrichtungen sind in der **Unfallverhütungsvorschrift „Kindertageseinrichtungen"** (GUV-V S2)

der Deutschen Gesetzlichen Unfallversicherung festgelegt. Darin geht es u. a. um bauliche Bestimmungen wie z. B. rutschhemmende Bodenbeläge, die Sicherung von Treppen und Rampen und Türen, die sich leicht öffnen und schließen lassen. Spielplatzgeräte müssen sicher gestaltet, geprüft und gewartet sein. Wickelplätze sind so auszuführen, dass Kinder nicht herunterfallen können. Aufbewahrungsorte für Reinigungsmittel müssen gegen das Betreten durch Kinder gesichert werden, usw. (www.sichere-kita.de)

Der Fallbereich unter Klettergeräten muss gesichert sein.   Klebstoffe können giftige Lösungsmittel enthalten.

1.2.2 Schutz vor Infektionen in Gemeinschaftseinrichtungen

Kinder sind für Infektionen besonders anfällig: Ihr Immunsystem ist noch nicht vollständig ausgereift und sie kommen häufig zum ersten Mal mit bestimmten Krankheitserregern in Kontakt. Das **Infektionsschutzgesetz** (IfSG) enthält besondere Vorschriften, die eine Übertragung und Verbreitung von bestimmten Krankheitserregern oder Parasiten verhindern sollen, z. B. bei Infektionen mit Scharlach oder Windpocken oder bei Läusebefall.
Um Infektionsrisiken zu mindern, sind Gemeinschaftseinrichtungen zur Erstellung von Hygieneplänen verpflichtet. Bestandteil eines solchen Hygieneplans können Vorschriften für Reinigungsmaßnahmen im Kindertagesstätten sein, z. B.: Von wem, womit und wie häufig sollen Aufenthaltsräume und Sanitärbereiche, Küchen, Wickelbereich, Spielsachen und Spielgeräte gereinigt werden (siehe Seite 157 f.).
Lebensmittelbedingte Erkrankungen können für kleine Kinder (U 3) bedrohlich werden. Zum Schutz der Kinder muss deshalb eine strenge Lebensmittelhygiene gewährleistet sein. Die hohen Anforderungen zum beruflichen Umgang mit Lebensmitteln sind festgelegt in der Lebensmittelhygieneverordnung LMHV und der EU-Verordnung zur Lebensmittelhygiene. Außerdem regelt das Infektionsschutzgesetz die gesundheitlichen Anforderungen beim Umgang mit Lebensmitteln: Es gelten Beschäftigungsverbote bei bestimmten Erkrankungen oder Krankheitsverdacht, z. B. bei akutem, infektiösem, durch Salmonellen ausgelösten Brechdurchfall.

1.2.3 Schutz vor schädlichen Umwelteinflüssen

Zu den Zielen des nationalen Aktionsplans „Für ein kindgerechtes Deutschland 2005 – 2010" gehört u. a. die Förderung eines gesunden Lebens und gesunder Umweltbedingungen. Zahlreiche Bundesbehörden, z. B. das Bundesumweltamt (www.bundesumweltamt.de), das Bundesinstitut für Risikobewertung (bfr.bund.de), das Bundesamt für Strahlenschutz (bfs.de), das Robert-Koch-Institut (rki.de), Umweltorganisationen wie der BUND und Initiativen für Kinder mit speziellen Umwelterkrankungen beschäftigen sich mit der Gefährdung von Kindern durch Umwelteinflüsse, veröffentlichen die Ergebnisse ihrer Arbeit und geben Handlungsempfehlungen. Themenschwerpunkte sind u. a.

- die Innenraumluftbelastung mit Schadstoffen, insbesondere in Kindertagesstätten,
- ADHS (Aufmerksamkeitsdefizit- und Hyperaktivitätssyndrom) und Umwelteinflüsse,
- Allergien (Neurodermitis, Asthma) im Zusammenhang mit Umwelteinflüssen,
- Stillen, Säuglingsernährung, Kinderernährung und Schadstoffbelastung,
- Strahlung (Radioaktivität, Elektrosmog, Sonneneinstrahlung und Ozon).

Kinder reagieren auf gesundheitsschädliche Einflüsse aus der Umwelt empfindlicher als Erwachsene. Ihr Organismus befindet sich noch in der Entwicklung und ist deshalb besonders anfällig für Störungen. So kann z. B. die kindliche Leber viele Giftstoffe nicht oder nur langsam abbauen.

Bei Untersuchungen in Kindertagesstätten fand man heraus, dass die Innenraumluft durch Ausdünstungen von Möbeln und Spielsachen viele gefährliche Substanzen enthält, die Kinder über die Atmung aufnehmen (s. S. 227). Schon einfache Maßnahmen können die Belastung durch Umweltgifte vermindern. Häufiges konsequentes Stoßlüften verbessert die Innenraumluft. Weil viele schädliche Partikel als Staub auf den Boden und auf Möbeloberflächen sinken, müssen sie durch regelmäßige Reinigung entfernt werden.

1.2.4 Qualitätsmanagement in Kitas

Im Sozialgesetzbuch SGB VIII heißt es in § 22a: „Die Träger der öffentlichen Jugendhilfe sollen die Qualität ihrer Einrichtungen durch geeignete Maßnahmen sicherstellen und weiterentwickeln." Was bedeutet Qualität?

Der Begriff **Qualität** leitet sich vom lateinischen Wort „qualitas" ab und bedeutet Beschaffenheit, Merkmal, Eigenschaft, Zustand. Der Qualitätsbegriff erscheint uns zunächst schwer fassbar und subjektiv, das heißt von persönlichen Wertungen des Einzelnen abhängig. Hilfreich ist es deshalb, drei Teilaspekte von Qualität zu unterscheiden:

- **Strukturqualität:** Das sind die materiellen und personellen Rahmenbedingungen einer Einrichtung, zum Beispiel Anzahl, Größe und Lage der Räume und des Außengeländes, die Ausstattung mit Möbeln und Spielgeräten, die Anzahl und Qualifikation der Mitarbeitenden usw.

- **Prozessqualität:** Darunter versteht man die Beherrschung aller wichtigen Arbeitsabläufe durch die Mitarbeitenden sowie deren Koordination an den Schnittstellen, zum Beispiel beim Bringen und Holen der Kinder in einer Kita, bei der Entwicklungsbeobachtung und -planung usw.

- **Ergebnisqualität:** Damit meint man das messbare Ergebnis der Dienstleistung, zum Beispiel die Zufriedenheit der Eltern mit der Kita. Eltern äußern Anregungen oder Kritik bei Tür-und-Angel-Gesprächen, Elternabenden oder schriftlichen Befragungen.

Wenn man von **Qualitätsmanagement** spricht, stellt man den Menschen in den Vordergrund. Denn Qualität entsteht nicht zufällig oder automatisch, sondern durch das aktive Handeln aller Menschen, die in einer Organisation tätig sind. Viele Einrichtungen verfügen mittlerweile über ein **Qualitätsmanagement-Handbuch**. Darin sind schriftlich alle Bereiche geregelt von A wie „Aufnahmeverfahren" über G wie „Gesundheitsvorsorge" bis V wie „Vernetzung und Zusammenarbeit im Gemeinwesen".

Von einem **Qualitätsmanagementsystem** spricht man, wenn alle qualitätssichernden Einzelmaßnahmen zu einem Ganzen, also zu einem System zusammengefasst werden. Mittlerweile gibt es eine Vielzahl von Qualitätsmanagementsystemen, auch spezielle für Kitas. Eines der bekanntesten QM-Systeme basiert auf der international weit verbreiteten Qualitätsnorm DIN EN ISO 9001.

1.3 Gesundheit – ein subjektiver Begriff?

Menschen reagieren sehr unterschiedlich auf gesundheitliche Beeinträchtigungen. Einige leiden schon unter kleinen Beschwerden und fühlen sich krank, andere ignorieren Unpässlichkeiten einfach und lassen sich davon in ihrem gewohnten Tagesablauf nicht stören. So schreien manche Kinder schon bei kleinen Verletzungen und lassen sich kaum beruhigen und behandeln, während andere sich auch mit blutenden Wunden nicht vom Spielen abhalten lassen.

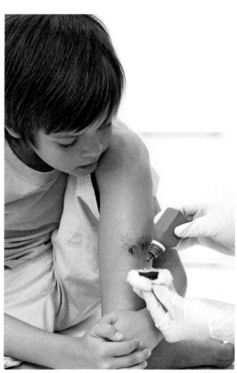

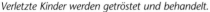

Verletzte Kinder werden getröstet und behandelt.

Insofern erscheint es schwierig, eine allgemeingültige Beschreibung von Gesundheit zu formulieren. Die Weltgesundheitsorganisation (WHO) gab 1946 folgende Definition:

Definition

„Gesundheit ist ein Zustand vollkommenen physischen (körperlichen), psychischen (seelischen) und sozialen (gesellschaftlichen) Wohlbefindens und nicht nur die Abwesenheit von Krankheit und Gebrechen."

Diese Definition gilt jedoch heute unter Medizinern als zu einseitig. Einerseits wird man nicht jeden, der von dieser Norm abweicht, als „krank" bezeichnen. Die meisten Menschen sind aus zahnmedizinischer Sicht behandlungsbedürftig, manche haben Narben, Wunden oder kleine angeborene Mängel, die Hälfte aller Menschen in Deutschland trägt aufgrund von Fehlsichtigkeit eine Brille.

Außerdem spricht die WHO-Definition verschiedenen Bevölkerungsgruppen, z. B. Menschen mit Behinderungen, das Erlangen von Gesundheit von vornherein ab.

Alle Menschen und gerade Kinder erkranken gelegentlich oder häufig. Unter **Kinderkrankheiten** versteht man im weiteren Sinne Erkrankungen, die vorwiegend im Kindesalter vorkommen oder wegen der besonderen Situation des körperlichen Wachstums und der Entwicklung einen besonderen Verlauf nehmen. Im engeren Sinne versteht man darunter Infektionskrankheiten, wie Scharlach, Masern, Windpocken, Röteln, Mumps und die heute seltener gewordenen Krankheiten Keuchhusten, Diphtherie und Kinderlähmung.

Die Wissenschaft geht heute davon aus, dass Gesundheit ein dynamischer Prozess ist. Dieses als **Salutogenese** bezeichnete Konzept geht auf den Soziologen *Aaron Antonovsky* (1923 – 1994) zurück. Demnach ist ein Mensch nie ganz gesund, aber auch nie ganz krank. Gesundheit und Krankheit werden als Pole auf einer Zeitachse gesehen. Beide Pole, völlige Gesundheit oder völlige Krankheit, sind für Menschen nicht zu erreichen. Jeder Mensch, auch wenn er sich überwiegend als gesund erlebt, hat auch kranke Anteile. Die Frage ist deshalb nicht mehr, ob jemand gesund oder krank ist, sondern wie weit entfernt bzw. nahe er den Polen Gesundheit und Krankheit jeweils ist.

absolut gesund	sehr gesund	gesund	mäßig gesund	mäßig krank	krank	sehr krank	absolut krank

Gesundheit ist kein normaler, passiver Gleichgewichtszustand eines Menschen, sondern ein labiles, aktives und sich dynamisch regulierendes Geschehen. Durch die Verminderung von Risikofaktoren, z. B. Rauchen, Stress, Übergewicht usw. lässt sich eine günstigere Positionierung in Richtung Gesundheit erreichen.

1.4   Leben mit Behinderungen

In Deutschland leben zurzeit etwa 9,6 Millionen Menschen mit Behinderung – das sind mehr als 11,7 Prozent aller Bürger. Nur 4 bis 5 Prozent von ihnen sind seit ihrer Geburt behindert, die Mehrzahl der Behinderungen wird erst im Laufe des Lebens durch Krankheiten, Unfälle oder andere Ereignisse erworben. Es werden folgende Formen unterschieden:

- Körperbehinderungen,
- geistige Behinderungen (verminderte Intelligenz, IQ von 30-60),
- Lernbehinderungen (IQ von 60-85),
- seelische Behinderungen (z. B. Verhaltensstörungen),
- Sprachbehinderungen (z. B. Stottern),
- Blindheit und Sehbehinderungen,
- Taubstummheit und Hörbehinderungen.

Mehrfachbehinderung liegt vor, wenn zwei oder mehr der genannten Formen zusammentreffen.

Je nach Art und Schwere der Behinderung sind in Deutschland gesetzliche Vorschriften erlassen worden, die den Menschen mit Behinderungen das Leben in der Gemeinschaft erleichtern sollen. Dazu gehören z. B. der Anspruch auf eine Fülle medizinischer Leistungen und Rehabilitationsmaßnahmen, die Förderung durch Fort- und Weiterbildungsmaßnahmen und Umschulungen sowie die unentgeltliche Beförderung in öffentlichen Verkehrsmitteln. Arbeitgeber haben die Pflicht, entweder eine bestimmte Zahl von Schwerbehinderten zu beschäftigen oder stattdessen eine Ausgleichszahlung zu leisten.

Viele Menschen fühlen sich unsicher im Umgang mit Behinderten und meiden deshalb den Kontakt mit ihnen. Das Modell der **Integration,** das heißt der gemeinschaftlichen Erziehung von Behinderten und Nichtbehinderten in Kindergärten und Schulen, verfolgt das Ziel, das Verständnis füreinander von der Kindheit an zu fördern.

Mit dem Ansatz der **Inklusion** geht man einen Schritt weiter: Inklusion bedeutet, dass allen Menschen von Anfang an in allen gesellschaftlichen Bereichen eine selbstbestimmte und gleichberechtigte Teilhabe möglich ist.

> Im Jahre 2008 haben sich die Vereinten Nationen (UN) auf ein *„Übereinkommen über die Rechte von Menschen mit Behinderungen"* geeinigt. Darin heißt es in Artikel 1:
>
> Zweck dieses Übereinkommens ist es, den vollen und gleichberechtigten Genuss aller Menschenrechte und Grundfreiheiten durch alle Menschen mit Behinderungen zu fördern, zu schützen und zu gewährleisten und die Achtung der ihnen innewohnenden Würde zu fördern.

Zur Umsetzung der UN-Konvention wurde in Deutschland unter dem Titel „Unser Weg in eine inklusive Gesellschaft" ein nationaler Aktionsplan erstellt (http://www.bmas.de/DE/Service/Publikationen/a740-aktionsplan-bundesregierung.html).

Aufgaben zur Wiederholung und Festigung:

1. Erklären Sie den Aufbau der Maslowschen Bedürfnispyramide. Was sind Defizit- und Wachstumsbedürfnisse?
2. Nennen Sie konkrete Beispiele für die Erfüllung von kindlichen Bedürfnissen anhand der Maslowschen Bedürfnispyramide: Physiologische Bedürfnisse – Sicherheit – Soziale Bedürfnisse – Individualbedürfnisse – Selbstverwirklichung.
3. Diskutieren Sie darüber, ob es möglich und notwendig ist, alle kindlichen Bedürfnisse immer zu befriedigen.
4. Erklären Sie, was „Aufsichtspflicht" bedeutet und nennen Sie Beispiele, wie sie in einer Kita umgesetzt wird.
5. Nennen Sie die häufigsten Unfallursachen für Babys und Kleinkinder. Machen Sie Vorschläge, wie man sie verhüten kann.
6. Wozu dient das Infektionsschutzgesetz? Nennen Sie Beispiele für die Anwendung in der Kita.
7. Welchen Umweltbelastungen sind Kinder ausgesetzt? Machen Sie Vorschläge zur Vermeidung dieser Belastungen in der Kita.
8. Erklären Sie den Begriff „Qualität" und nennen Sie Beispiele für Struktur-, Prozess- und Ergebnisqualität in einer Kita.
9. Nennen Sie Vorteile und Gefahren unterschiedlicher Reaktionen von Menschen auf Krankheitssymptome. Erklären Sie den Begriff „Eingebildeter Kranker" (Hypochonder).
10. Nennen Sie in Anlehnung an die WHO-Definition von Gesundheit Faktoren, die das körperliche, seelische und soziale Wohlbefinden von Kindern fördern.
11. Erklären Sie den Begriff „Salutogenese".
12. In der Haut befinden sich besonders viele Schmerzrezeptoren für Wärme-, Kälte- und Druckreize. Erläutern Sie ihre Bedeutung.
13. Welche Vorschriften und Maßnahmen sollen Behinderten das Leben in der Gesellschaft erleichtern? Schauen Sie in das Sozialgesetzbuch (SGB) IX.
14. Welche Vorteile kann die integrative bzw. inklusive Erziehung von Behinderten und Nichtbehinderten in Kindergarten und Schule haben?

Zusatzaufgaben zur Vertiefung

1. Gesundheit und Sicherheit in der Kita

1. Informieren Sie sich über die Unfallverhütungsvorschrift „Kindertageseinrichtungen" der Deutschen Gesetzlichen Unfallversicherung (GUV-V S 2, www.sichere-kita.de). Berichten Sie.
2. Informieren Sie sich über das Infektionsschutzgesetz. Lesen Sie die §§ 34, 35, 36, 42 und 43. Welche Regelungen sind hier festgelegt? (www.gesetze-im-internet/bundesrecht/ifsg)
3. Informieren Sie sich darüber, wie man „richtig" lüftet und wie sich Lüften auf das Raumklima auswirkt. Berichten Sie.
4. Informieren Sie sich im Internet oder in Kitas über Qualitätsmanagement. Berichten Sie.

2. Leben mit Behinderungen

1. Besuchen Sie eine Einrichtung für Menschen mit Behinderung und berichten Sie darüber z. B.: Welche Behinderten werden betreut? Welche schulischen, Berufsbildungs- und Rehabilitationsangebote werden für die Behinderten bereitgehalten?
2. Verbinden Sie einem Mitschüler die Augen und führen Sie ihn durch das Schulgebäude. Beide Partner berichten anschließend über ihre Erfahrungen.
3. Leihen Sie einen Rollstuhl aus und versuchen Sie damit Ihre üblichen Ziele in der Schule zu erreichen. Berichten Sie.
4. Informieren Sie sich im Internet über den nationalen Aktionsplan „Unser Weg in eine inklusive Gesellschaft" (http://www.bmas.de/DE/Service/Publikationen/a740-aktionsplan-bundesregierung.html). Berichten Sie.

2 Der Aufbau des menschlichen Körpers

2.1 Zellen: die kleinsten Einheiten des Lebens

Lernsituation
Der englischen Naturforscher Robert Hooke untersuchte im Jahre 1667 mit seinem einfachen Mikroskop dünne Korkscheiben und machte dabei eine grundlegende Entdeckung: Die mit bloßem Auge scheinbar einheitliche pflanzliche Korksubstanz ist in Wirklichkeit aus lauter „boxes" oder „cells" aufgebaut. Damit prägte Hooke den Begriff „Zelle" und begründete eine neue Forschungsrichtung: die Zellbiologie.
Erst durch die Erfindung des Lichtmikroskops Mitte des 17. Jahrhunderts konnte man Zellen sichtbar machen. Sie sind mit bloßem Auge nicht erkennbar, da sie kleiner als 0,1 Millimeter sind. Es dauerte weitere hundert Jahre, bis sich 1839 in der Wissenschaft die Erkenntnis der deutschen Biologen Matthias Schleiden und Theodor Schann durchsetzte, dass alle Lebewesen – Menschen, Tiere und Pflanzen – aus Zellen aufgebaut sind. Schließlich erkannte der Berliner Arzt Rudolf Virchow 1855 aufgrund seiner Beobachtung von Zellteilungen, dass Zellen immer nur aus Zellen entstehen.
Mit der Entwicklung des Mikroskops hat sich also die Vorstellung über den Aufbau unseres Körpers wesentlich verändert. Heute wissen wir:

Merksatz
Zellen sind die kleinsten selbstständig lebensfähigen Einheiten. Es gibt Lebewesen wie Bakterien oder Algen, die aus nur einer Zelle bestehen.

M

Betrachtet man Zellen durch ein modernes Mikroskop, so kann man deren Grundaufbau aus *Zellmembran*, *Zellplasma* und *Zellkern* erkennen.

Zellen sind von einer feinen Haut, der **Zellmembran,** umgeben und so voneinander abgegrenzt. Diese Membran erfüllt eine wichtige Aufgabe: Durch sie wird reguliert, welche Stoffe in die Zelle eindringen und welche sie verlassen können. Für manche Stoffe ist die Zellmembran durchlässig, für andere jedoch nicht. Solche chemischen Stoffe können z. B. Wasser, Nährstoffe oder Botenstoffe sein.

Das Innere der Zelle füllt eine zähe Flüssigkeit, das **Zellplasma,** aus. Es besteht in erster Linie aus Wasser. In ihm sind alle für die Zelle wichtigen Stoffe gelöst, die dem Zellstoffwechsel beim Aufbau von Substanzen, der Zellteilung und dem Zellwachstum dienen.

Deutlich kann man auch den **Zellkern** und das Kernkörperchen erkennen. Der Zellkern steuert alle Stoffwechselvorgänge in der Zelle und enthält mit den *Chromosomen* die Träger der genetischen Information. Bei der Zellteilung werden diese Erbanlagen auch an die Tochterzellen weitergegeben.

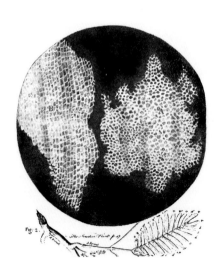

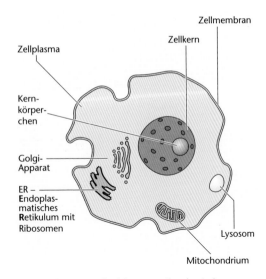

Korkzellen: Zeichnung von Robert Hooke 1667   *Zelle (Zeichnung nach elektronenmikroskopischer Aufnahme)*

Während im Lichtmikroskop das Zellplasma einheitlich erscheint, kann man durch das Elektronenmikroskop weitere Zellbestandteile, die Organellen, erkennen.

- Das **Endoplasmatische Retikulum (ER)** ist ein röhren- und bläschenförmiges Membransystem. Wörtlich übersetzt bedeutet es „innerplasmatisches Netzwerk". Das ER durchzieht das Zellplasma wie ein Kanalsystem und ermöglicht den Transport von Substanzen des Zellstoffwechsels. Das ER tritt in zwei Formen auf: Das glatte ER trägt keine Ribosomen auf der Oberfläche, während das raue ER von Ribosomen besetzt ist.

- Bei den **Ribosomen** handelt sich um kleine kugelige Gebilde. Sie dienen der Eiweißsynthese in der Zelle.

- **Lysosomen** sind kleine Bläschen, die sich vom ER abschnüren. Hier werden Enzyme gespeichert, die dem zelleigenen Abbau von Eiweißen, Fetten und Kohlehydraten dienen.

- **Mitochondrien** sind längliche Organellen, die aus zwei Membranen aufgebaut sind: Die äußere Membran umschließt das Mitochondrium und dient ähnlich wie die Zellmembram zur Abgrenzung und zum gezielten Austausch von Stoffen mit dem Zellinneren. Die innere Membran bildet Einstülpungen und Falten. Man bezeichnet die Mitochondrien auch als Kraftwerke der Zelle, weil in ihnen Energie produziert wird. Je mehr Energie eine Zelle verbraucht, umso mehr Mitochondrien hat sie.
Energie wird im Körper in Form chemischer Bindungen gespeichert und transportiert. Dazu dient Adenosintriphosphat (ATP). Man schätzt, dass im menschlichen Körper täglich bis zu 70 Kilogramm ATP gebildet und wieder verbraucht werden, zum Beispiel für die Muskelarbeit.

- Der **Golgi-Apparat** ist nach dem italienischen Arzt Camillo Golgi (1843 – 1926) benannt und besteht aus Stapeln von Hohlräumen sowie aus abgeschnürten Bläschen, den Vesikeln. Wesentliche Aufgaben: Aufnahme, Lagerung, Transport und Abgabe von Substanzen des Zellstoffwechsels.

2.2 Ohne Zellteilung kein Wachstum

Wenn ein Kind jedes Jahr einige Zentimeter wächst, eine Wunde heilt oder wir durch Training Muskulatur aufbauen, geschieht dies durch Bildung neuer Körperzellen. Ständig müssen in unserem Körper Zellen neu gebildet werden, um Wachstumsvorgänge zu ermöglichen und zugrunde gegangene Zellen im Organismus zu ersetzen. Doch wie vermehren sich Körperzellen? Sie vermehren sich durch **Mitose**, die Zellteilung, bei der aus einer Mutterzelle zwei Tochterzellen entstehen. Mitosen verlaufen bei allen Lebewesen weitgehend gleich und sind ein Grundvorgang des Lebens. Es lassen sich folgende Phasen unterscheiden:

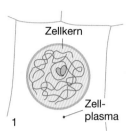

Prophase
1. Zu Beginn einer Zellteilung ist der Zellkern noch deutlich vom Zellplasma abgegrenzt. Die Fäden der Erbsubstanz verkürzen und verdicken sich.

2. Die Fäden der Erbsubstanz haben sich weiter verkürzt, sodass die Form der **Chromosomen** nun deutlich zu sehen ist. Die Kernhülle löst sich auf. Mit sehr guten Mikroskopen lässt sich erkennen, dass jedes Chromosom aus zwei Längshälften, den **Chromatiden**, besteht.

Metaphase
3. Die Chromosomen wandern zur Mitte der Zelle, wo sie sich wie auf einem Teller in der Äquatorialebene anordnen. Jede Chromatide hängt an Spindelfasern, die von den beiden Polen der Zelle ausgehen.

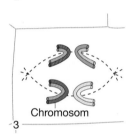

Anaphase
4. Durch Verkürzung der Spindelfasern werden die Längshälften der Chromosomen, die Chromatiden, voneinander getrennt und zu den Zellpolen hin auseinandergezogen.

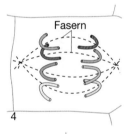

Telophase
5. Dort rücken die Chromatiden dicht zusammen. Danach bilden sich neue Kernmembranen um sie herum. Die Tochterzellen werden durch eine Zellmembran voneinander getrennt.

6. Aus den Chromosomen entsteht durch Entspiralisierung wieder ein fädiges Netzwerk der Erbsubstanz. Schließlich teilt eine neue Zellmembran die beiden entstandenen Tochterzellen.

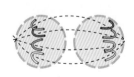

Interphase
Die Zeit zwischen zwei Mitosen nennt man *Interphase*. Sie dauert wesentlich länger als alle Mitosephasen zusammen, denn sie stellt die eigentliche Arbeitszeit des Zellkerns dar, in der er seine Steuerungsfunktionen des Zellstoffwechsels wahrnimmt. Die Tochterzellen wachsen zur Größe der Mutterzelle heran und die Erbsubstanz wird wieder verdoppelt. Nun kann der Vorgang der Zellteilung von neuem beginnen.

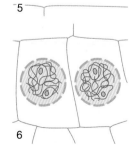

2.3   Zellen mit unterschiedlichen Aufgaben

Aus der Vereinigung einer weiblichen Eizelle mit einer männlichen Spermazelle entsteht die Ursprungszelle für ein neues Lebewesen, die Zygote. Die befruchtete Zelle beginnt, sich zu teilen. Es bilden sich zwei Zellen, die sich wiederum teilen. Nun sind es schon vier, die sich erneut teilen und so geht es weiter. Aber wie entsteht daraus ein so komplexes Lebewesen wie der Mensch?

Nach den ersten Zellteilungen beginnt die **Differenzierung.** Die bisher gleich aussehenden Zellen verändern sich und passen sich als unterschiedliche Zelltypen an ihre zukünftigen Aufgaben an.

Zellen mit gleicher Funktion bilden ein **Gewebe.** Man unterscheidet *vier Hauptgewebearten.*

1. **Epithelgewebe** bedecken die äußeren und inneren Oberflächen des Körpers, zum Beispiel der Haut, des Magen-Darm-Trakts, der Luft- und der Harnwege. Das *Deckepithel* kann ein- oder mehrschichtig sein. *Drüsenepithelien* sondern Sekrete ab, zum Beispiel Schweißdrüsen.

2. Für das **Binde- und Stützgewebe** ist kennzeichnend, dass die Zellen weit voneinander entfernt liegen. Es dient der Formgebung und Formerhaltung des Körpers. Man unterscheidet *Bindegewebe, Knorpelgewebe und Knochengewebe.*

3. Das **Muskelgewebe** besteht aus Muskelzellen. Sie enthalten Fasern, die sich zusammenziehen können. Dadurch werden Bewegungen möglich.

4. **Nervengewebe** dient der Nachrichtenübermittlung im Körper. Es besteht aus *Nervenzellen* sowie aus Stütz- und Hüllzellen. Der Zellkörper mit dem Zellkern hat viele kurze bäumchenartige Verästelungen, die *Dendriten und* einen langen Fortsatz, das *Axon.*

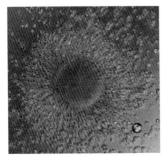   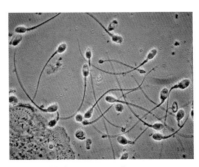   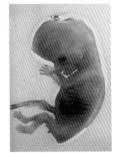

1. Menschliche Eizelle   *2. Menschliche Spermazellen*   *3. Menschlicher Embryo*

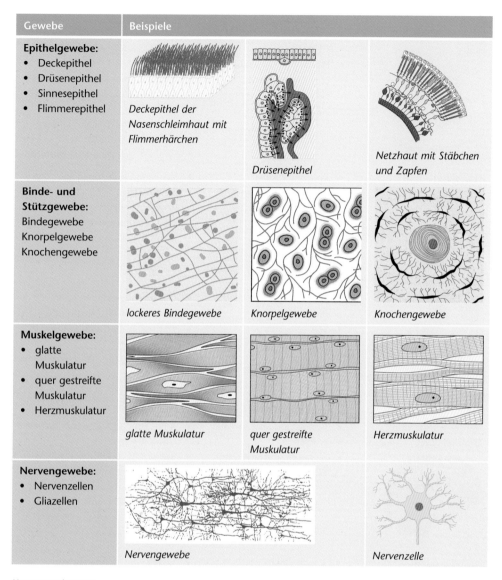

Gewebe	Beispiele
Epithelgewebe: • Deckepithel • Drüsenepithel • Sinnesepithel • Flimmerepithel	*Deckepithel der Nasenschleimhaut mit Flimmerhärchen* · *Drüsenepithel* · *Netzhaut mit Stäbchen und Zapfen*
Binde- und Stützgewebe: Bindegewebe Knorpelgewebe Knochengewebe	*lockeres Bindegewebe* · *Knorpelgewebe* · *Knochengewebe*
Muskelgewebe: • glatte Muskulatur • quer gestreifte Muskulatur • Herzmuskulatur	*glatte Muskulatur* · *quer gestreifte Muskulatur* · *Herzmuskulatur*
Nervengewebe: • Nervenzellen • Gliazellen	*Nervengewebe* · *Nervenzelle*

Hauptgewebearten

Zur Bildung von **Organen** schließen sich verschiedene Gewebearten in einer abgeschlossenen Form zusammen. Solche Organe sind das Herz, die Niere, die Leber, die Lunge, der Magen, das Auge und auch die Haut.

Wenn sich mehrere Organe zu einer gemeinsamen Tätigkeit vereinen, bilden sie ein **Organsystem**. Das Organsystem des Verdauungstraktes z. B. besteht aus Mundhöhle, Speiseröhre, Magen, Darm und Verdauungsdrüsen.

Organsysteme mit ihren Zellen, Geweben und Organen bilden einen lebendigen Naturkörper, den **Organismus**, der zu Bewegung, Stoffwechsel und Vermehrung befähigt ist.

Organsystem	Bestandteile	wichtige Aufgaben
Haut	• Haut • Hautanhangsgebilde (z. B. Haare, Nägel, Schweiß- und Talgdrüsen)	• Schutz des Körpers vor Außeneinflüssen • Regulation der Körpertemperatur • Ausscheidung von Abfallstoffen (Schweiß) • Sinneswahrnehmung: Temperatur, Druck, Schmerz • Synthese des Vitamin-D-Hormons
Bewegungs- und Stützsystem	• Knochen (Skelett) • Bänder und Sehnen • Muskeln	• Stütz- und Haltefunktion • Beweglichkeit • Wärmeproduktion • Mineralstoffspeicher • Blutzellenbildung
Herz-Kreislauf-System	• Herz • Blutgefäße • Blut	• Transport (Sauerstoff, Kohlendioxid, Nährstoffe, Abfallstoffe) • Wärmetransport und -regulation • Blutgerinnung
Nervensystem und Sinnesorgane	• Gehirn und Rückenmark • Nerven • Sinnesorgane (z. B. Auge, Nase, Ohr)	• Aufnahme und Verarbeitung von Umweltreizen • Steuerung von Körperaktivitäten durch Nervenimpulse • Sitz komplexer Leistungen: Denken, Fühlen usw.
Abwehrsystem	• Knochenmark • Lymphgefäßsystem • weiße Blutkörperchen	• Erkennen und Abwehr von Fremdstoffen • Immungedächtnis • Entzündungs- und Heilungsprozesse
Atemsystem	• Atemwege (Nase, Rachen, Luftröhre, Bronchien) • Lunge	• Transport von Sauerstoff zur Lunge • Abtransport von Kohlendioxid

Organsystem	Bestandteile	wichtige Aufgaben
Verdauungssystem	• Mundhöhle • Speiseröhre • Magen • Darm • Leber, Galle, Bauchspeicheldrüse	• Aufnahme von Nahrung und Flüssigkeit • Verdauung der Nährstoffe und Resorption • Ausscheidung • Entgiftung (Leber)
Harnsystem	• Nieren • Harnleiter • Harnblase • Harnröhre	• Sammlung und Ausscheidung des Harns • Regulation des Flüssigkeits- und Elektrolythaushalts • Mitwirkung bei der Blutdruckregulation • Regulation des Säure-Basen-Gleichgewichts
Genitalsystem	**Mann:** • Hoden, Nebenhoden, Samenleiter, Prostata, Bläschendrüse, Penis **Frau:** • Eierstock, Eileiter, Gebärmutter, Scheide	• Bildung von Keimzellen und Geschlechtshormonen • Besamung, Befruchtung, Entwicklung des Embryos • Fortpflanzung • Arterhaltung
Hormonsystem	• alle Drüsen und Organe, die Hormone produzieren (s. S. 194 f.)	• Regulation von Stoffwechsel- und Körperfunktionen (z. B. Blutzuckerregulation, Keimzellenbildung)

Organsysteme des menschlichen Körpers im Überblick (vgl. Bierbach, 2009, S. 288)

A

Aufgaben zur Wiederholung und Festigung:

1. *Stellen Sie in einer Tabelle die Zellbestandteile und ihre Funktionen gegenüber.*
2. *Erklären Sie die Bedeutung der Zellteilung für den Körper.*
3. *Stellen Sie die Phasen der Zellteilung in Form einer Mindmap dar.*
4. *Nennen Sie die vier Hauptgewebearten des menschlichen Körpers sowie deren Funktionen.*
5. *Stellen Sie den Aufbau des Organismus Mensch aus Zellen, Geweben, Organen usw. in Form einer Mindmap dar.*
6. *Stellen Sie folgende Längeneinheiten als Dezimalbruch zum Meter dar: Dezimeter (dm), Zentimeter (cm), Millimeter (mm), Mikrometer (μM), Nanometer (nm).*

Zusatzaufgaben zur Vertiefung

1. Aufbau und Bedienung des Lichtmikroskops

- *Das Mikroskop hat zwei Linsensysteme:*
  1. Durch das **Okular** *schaut man mit dem Auge,*
  2. Das **Objektiv** *befindet sich über dem Objekttisch und ist dem Untersuchungsobjekt zugewandt. Die Vergrößerung ergibt sich, indem man die Okularvergrößerung mit der Objektivvergrößerung multipliziert, z. B. 10 x 45 = 450-fach.*
- *Stellen Sie zu Beginn des Mikroskopierens die kleinste Vergrößerung ein.*
- *Legen Sie das Präparat über die Öffnung im Objekttisch und schalten Sie das Mikroskop ein.*
- *Schauen Sie durch das Okular und stellen Sie durch Drehen des Triebrades die Schärfe ein. Regulieren Sie mit der Blende die Helligkeit und den Kontrast.*
- *Eine stärkere Vergrößerung erreichen Sie durch Drehen des Objektivrevolvers. Stellen Sie wieder vorsichtig scharf, ohne dass das Objektiv das Objekt berührt.*
- *Nicht mit den Fingern auf die Linsen fassen! Säubern Sie diese nur mit einem weichen Lappen.*

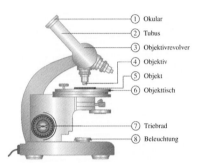

1. Aufbau eines Lichtmikroskops

2. Mikroskopieren von Mundschleimhautzellen

a) Anfertigen des Präparates:
- *Geben sie einen Tropfen Wasser auf einen Objektträger und schaben Sie mit einem sauberen Holzspatel oder mit einem Teelöffel vorsichtig etwas Schleimhaut von der Innenseite Ihrer Wange ab.*
- *Übertragen Sie die Schleimhaut auf den Wassertropfen und verrühren Sie beides.*
- *Setzen Sie seitlich an den Wassertropfen ein Deckgläschen an und legen Sie es vorsichtig auf das Objekt.*
- *Mikroskopieren Sie das Präparat bei starker Vergrößerung und zeichnen Sie es.*

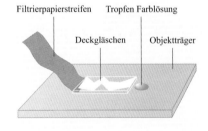

2. Anfärben eines Präparates

b) Färben des Präparates mit Methylenblau:
- *Geben sie dazu mit einer Pipette einen Tropfen Methylenblau an den Rand des Deckgläschens und saugen Sie den Farbstoff durch Anlegen eines Filtrierpapierstreifens auf der gegenüberliegenden Seite durch das Präparat.*
- *Mikroskopieren Sie das Präparat bei starker Vergrößerung und zeichnen Sie es.*

3. Mikroskopieren von Pflanzenzellen

a) Blattzellen der Wasserpest:

- *Geben Sie einen Tropfen Wasser auf einen Objektträger und zupfen Sie mit einer Pinzette ein Blatt der Wasserpest ab und übertragen Sie es in den Wassertropfen.*
- *Legen Sie ein Deckgläschen auf und mikroskopieren und zeichnen Sie das Präparat. Beachten Sie die Plasmabewegung anhand der Chloroplasten.*

b) Zwiebelhäutchen:

- *Schneiden Sie eine rote Küchenzwiebel längs durch. Die Zwiebelschuppen haben auf der Innenseite ein feines mattes Häutchen. Schneiden Sie mit einer Rasierklinge quadratische Muster von etwa 0,5 cm Kantenlänge hinein.*
- *Geben Sie einen Tropfen Wasser auf einen Objektträger und lösen Sie mit einer Pinzette ein Stück des Zwiebelhäutchens von 0,5 X 0,5 cm und übertragen Sie es in den Wassertropfen.*
- *Legen Sie ein Deckgläschen auf und mikroskopieren und zeichnen Sie das Präparat.*
- *Färben Sie das Präparat mit Methylenblau wie in 2 b) beschrieben.*

3. Anfertigen eines Zwiebelschuppen-Präparates

3 Kinder brauchen Bewegung

Lernsituation

Kinder rennen, klettern, springen, hüpfen und balancieren, wo immer sie die Gelegenheit dazu bekommen. Kinder brauchen Bewegung, um ihren Körper zu kräftigen, um ihre Umwelt zu erfahren und zu erobern und um Selbstsicherheit und Selbstvertrauen zu entwickeln.

Aber heute wachsen viele Kinder in einer bewegungsfeindlichen Umwelt auf: Dichte Bebauung ohne Freiflächen, gefährlicher Straßenverkehr und ein vielfältiges Medienangebot schränken ihren Bewegungsdrang ein. Immer mehr Kinder leiden an Bewegungsauffälligkeiten, Muskel- und Haltungsschwächen, Koordinationsstörungen und Beeinträchtigungen der Wahrnehmungsfähigkeit. Ungeschickte und koordinationsschwache Kinder sind viel häufiger unfallgefährdet als andere Kinder.

Kinder brauchen Bewegung.

3.1 Das Skelett – Schutz und Halt für den Körper

Beim Laufen, Springen oder Turnen wird der Körper stark beansprucht. Er muss Erschütterungen ausgleichen, Stöße abfangen und beweglich sein. Wie kann er diese starke Belastung ertragen? Über 200 Knochen sorgen dafür: Sie sind zu einem Knochengerüst, dem Skelett, zusammengesetzt. Es verleiht unserem Körper Halt und schützt unsere inneren Organe.

Das Skelett- und das Muskelsystem bezeichnet man zusammen als **Bewegungsapparat.** Dabei bilden Knochen, Knorpel, Gelenke und die verbindenden Bänder den passiven Bewegungsapparat, die Muskeln den aktiven Bewegungsapparat.

Beim Skelett kann man drei Abschnitte unterscheiden:

- **Kopfskelett:** Es besteht aus zahlreichen harten Knochenplatten und schützt dadurch das Gehirn. Bei Neugeborenen sind die einzelnen Schädelknochen noch getrennt und nur locker unter der Hautdecke verschlossen. Erst zwischen dem 10. und 12. Lebensmonat schließen sich die Lücken, die Fontanellen, und verwachsen zu einem starken Schutzpanzer miteinander. Diese gezackten Verwachsungsstellen sind noch gut zu erkennen, man bezeichnet sie als Knochennähte. Der einzige bewegliche Knochen unseres Schädels ist der Unterkiefer.

- **Rumpfskelett:** Am Rumpfskelett fällt zunächst die Wirbelsäule als Mittelachse des Körpers auf. Sie trägt den frei beweglichen Kopf und den Brustkorb und ist im Becken fest verankert. Der Brustkorb schützt Herz und Lungen weitgehend vor Verletzungen. Zu ihm gehören 12 Rippenpaare, die mit der Wirbelsäule beweglich verbunden sind. Sie krümmen sich bogenförmig nach vorn. Die oberen 10 Rippenpaare sind durch elastische Knorpelstücke am Brustbein befestigt. Der Brustkorb erfüllt also zwei Aufgaben: Er bietet Schutz und ermöglicht gleichzeitig die Atembewegungen.

- **Gliedmaßen:** Am beweglichsten aber sind die Arme und Beine. Man bezeichnet sie als obere und untere Gliedmaßen. Jeder Arm und jedes Bein besteht aus 30 Knochen. Damit enthalten unsere Gliedmaßen also mehr als die Hälfte aller Knochen unseres Skeletts. Der Schultergürtel verbindet die Arme mit dem Rumpf. Er besteht aus den beiden Schulterblättern und aus den Schlüsselbeinen. Der Beckengürtel, der die Beine mit dem Rumpf verbindet, stellt einen festen Knochenring dar. Er setzt sich aus dem Kreuzbein und den schalenförmigen Beckenknochen zusammen. Unsere Füße tragen im aufrechten Stand die gesamte Körperlast. Dadurch werden sie statisch stark beansprucht.

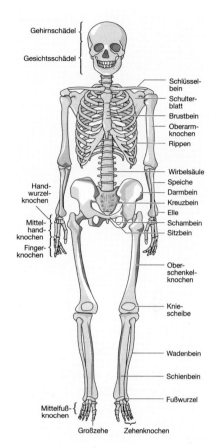

Skelett des Menschen

3.2 Die Wirbelsäule – Mittelachse des Körpers

„Sitz gerade! Geh nicht so krumm!" So oder ähnlich weisen viele Eltern ihre Kinder auf eine bessere Körperhaltung hin. Eine schlechte Haltung ist nicht nur unschön, sie kann auch zu Gesundheitsschäden führen.

Die aufrechte Haltung des Menschen wird durch die **Wirbelsäule,** auch Rückgrat genannt, ermöglicht. Sie durchzieht als feste, aber biegsame geschwungene Mittelachse unseren Rumpf. Ihre Beweglichkeit verdankt sie der Gliederung in 24 **Wirbel:** 7 Halswirbel, 12 Brust- und 5 Lendenwirbel. Verbunden sind die einzelnen Wirbel durch elastische Knorpelplättchen. Man nennt sie Zwischenwirbelscheiben oder **Bandscheiben.** Sie bestehen aus einem äußeren, festen Faserring und einem weichen Zentrum. Bei jeder Biegung der Wirbelsäule verschieben sie sich nach der entgegengesetzten Seite. So machen die Bandscheiben unsere Wirbelsäule beweglich und vermeiden die Reibung der harten, knöchernen Wirbel aneinander.

Die Wirbelsäule ist gekrümmt wie ein doppeltes S. Diese Krümmung wirkt zusammen mit den elastischen Bandscheiben wie ein Stoßdämpfer, der die meisten Stöße federnd abfängt. So werden Erschütterungen, die zum Beispiel beim Laufen oder Springen von den Beinen her auf den Rumpf einwirken, ausgeglichen.

Alle Wirbel des Hals-, Brust- und Lendenabschnitts sind gegeneinander beweglich. So kann man zum Beispiel den Rumpf vorwärts, rückwärts oder seitwärts beugen. Besonders beweglich ist das Rückgrat im Bereich der Lendenwirbel. Die Basis der Wirbelsäule bildet das Kreuzbein, zu dem die fünf Kreuzbeinwirbel verwachsen sind und an das sich das Steißbein anschließt.

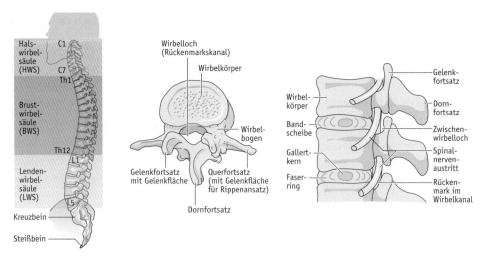

Wirbelsäule des Menschen

Die Wirbelsäule wird mithilfe der Rücken- und Bauchmuskeln aufrecht gehalten. Die Rückenmuskeln verkümmern, wenn man häufig krumm sitzt, krumm geht und sich zu wenig bewegt. Ständige einseitige Belastungen, falsches Sitzen und unzweckmäßige Schlafunterlagen begünstigen das Entstehen von **Haltungsschwächen**. Viele Kinder sind

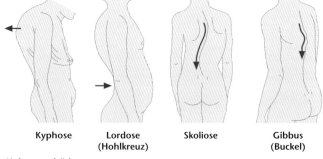

Haltungsschäden

von solchen Haltungsschwächen betroffen. Durch die krankhaften Verformungen kann die Wirbelsäule ihre Aufgabe des Abfederns nicht mehr voll erfüllen. Es kommt zu ungleichmäßigen Belastungen der Bandscheiben und Wirbelbänder, die zu Dauerschäden führen können.

3.3   Der Knochen lebt

Wenn Kleinkinder laufen lernen, fallen sie leicht hin. Meist verletzen sie sich dabei nicht. Die Knochen eines Kleinkindes sind „bruchsicherer" als die eines älteren Menschen.
Untersucht man einen Knochen, stellt man zwei verschiedene Bestandteile fest. Der **Knorpel** besteht aus Kollagen, einer organischen, elastischen Grundsubstanz. Sie verleiht dem Knochen seine Biegsamkeit. Aus Knorpel sind zum Beispiel die Rippenenden, das Skelett der Nase und der Ohrmuscheln. Der Knochen erhält seine Festigkeit, Härte und Schwere durch die Einlagerung von anorganischen Kalksubstanzen, der **Knochenerde**. Dies sind vor allem Mineralsalze

wie z. B. Calciumphosphat. Bei Kindern überwiegt zunächst der biegsame Knochenknorpel. Er wird nach und nach durch eingelagerte Mineralien ersetzt. Diese Verkalkung bewirkt, dass der Knochen mit zunehmendem Alter seine Elastizität verliert.

Am Längsschnitt eines Röhrenknochens lässt sich sein Aufbau gut erkennen. Eine kompakte Knochenmasse, die **Knochenrinde**, bildet den Schaft. Außen besteht die Knochenrinde aus mehreren Schichten dünner Knochenlamellen. Weiter nach innen sind solche Lamellen konzentrisch angeordnet und bilden kleine Knochensäulchen. Zwischen den Lamellen liegen **Knochenzellen**. Sie stehen über viele Fortsätze mit benachbarten Zellen in Verbindung und werden durch Blutgefäße versorgt. Der Knochen ist keine starre Struktur. Die Knochenzellen scheiden ständig Knochensubstanz und auch Bindegewebsfasern ab. In den jeweils angrenzenden Lamellen verlaufen diese Bindegewebsfasern so, dass sie sich etwa rechtwinklig kreuzen. Dadurch entsteht ein Verbund, der mit den Baumerkmalen von Sperrholz vergleichbar ist.

Im **Schwammgewebe** des Röhrenknochens sind Knochenbälkchen so angeordnet, dass die dort einwirkenden Druck- und Zugkräfte auf den kompakten Schaft abgeleitet werden. Diese „Konstruktion" kann man mit der Leichtbauweise von Stahlgitterkonstruktionen bei Brücken und Kränen vergleichen. So wird auch beim Schwammgewebe trotz geringen Baumaterials eine hohe Festigkeit erreicht. Im Inneren der Röhrenknochen befindet sich meist gelbes, in den platten Knochen rotes **Knochenmark**. Das Mark versorgt das Blut mit roten und weißen Blutkörperchen.

Eine besondere Bedeutung für den Bau und die Funktion des Knochens hat die **Knochenhaut**. Von ihr ziehen Blutgefäße in das Knocheninnere und mit dem Blutstrom werden alle für den Aufbau und das Wachstum des Knochens notwendigen Stoffe zu den Knochenzellen transportiert. Auch bei der Heilung von Knochenbrüchen hat die Knochenhaut eine wesentliche Aufgabe zu erfüllen. Sie enthält Knochenbildungszellen, die neues Knochengewebe bilden. Während der Embryonalentwicklung besteht das Skelett zunächst nur aus Knorpel. Nach und nach werden Knorpelzellen durch Knochenzellen ersetzt. Beim Dickenwachstum erfolgt ein ständiger Umbau des Knochens: Sobald sich Knochenmasse von außen anlagert, wird dieselbe Menge im Inneren durch besondere Zellen abgebaut. So behält der Knochen immer seine Form, wird nicht zu schwer und bleibt funktionstüchtig. Während der Verknöcherung erfolgt auch das *Längenwachstum*. Erst wenn die Wachstumszonen mit dem 18. bis 21. Lebensjahr verknöchert sind, ist das Längenwachstum des Menschen abgeschlossen.

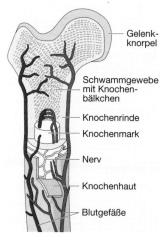 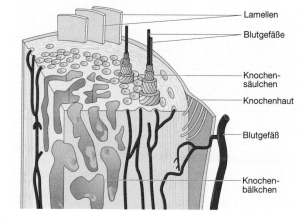

Bau des Röhrenknochens und Feinbau

3.4   Muskeln und Gelenke machen das Skelett beweglich

Die etwa 500 Skelett-Muskeln unseres Körpers bestehen aus einzelnen zylindrisch geformten Muskelfasern von etwa 0,01 bis 0,06 mm Dicke und bis zu 10 cm Länge. Die Muskelfasern sind durch Bindegewebe zu größeren Bündeln zusammengefasst. An ihren Enden münden die Muskeln in Sehnen. Diese stellen die Verbindung zwischen Muskel und Knochen her.
Wie kommt nun die Bewegung zustande? Verfolgen wir dies an der Beugung des Unterarms beim Ergreifen eines Gegenstandes. Der Impuls aus dem Gehirn erreicht den Bewegungsnerv im Beugemuskel. Dies führt zur Zusammenziehung und damit zur Verkürzung des Muskels. Ein verkürzter Muskel kann sich nicht aus eigener Kraft wieder strecken. Er benötigt dazu einen anderen Muskel, den **Antagonisten**, der ihn dehnt. Soll der Unterarm gebeugt werden, muss sich der Beugemuskel zusammenziehen, während sich der Streckmuskel entspannt. Wird der Ellbogen dagegen ausgestreckt, zieht sich der Streckmuskel zusammen und der Beugemuskel entspannt sich. Im Körper arbeiten immer mehrere Muskeln zusammen, um eine bestimmte Bewegung auszuführen.

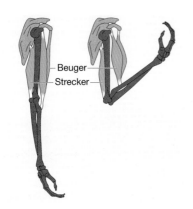

Armmuskulatur

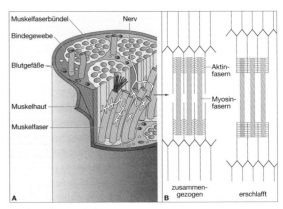

Feinbau des Muskels

Die Skelettmuskulatur gehört zur quergestreiften Muskulatur. Mithilfe von chemischen und elektronenmikroskopischen Untersuchungen stellte man fest, dass diese Querstreifung durch zwei verschiedene Eiweißarten, das **Aktin** und das **Myosin,** verursacht wird. Sie bestehen aus fadenförmigen Molekülen, die der Länge nach ineinandergreifen. Die Myosinmoleküle haben kleine Seitenäste, die rechtwinklig vom Hauptast des Molekülstrangs abstehen. Kommt nun ein Nervensignal zur Zusammenziehung des Muskels, laufen chemische Prozesse in den Muskelfasern ab. Sie bewirken, dass sich die Seitenäste der Myosinmoleküle anwinkeln. Da sie aber zwischen den Aktinfasern liegen, werden sie durch das Abknicken ein Stück zwischen die Aktinfasern hineingezogen. Wiederholt sich dieser Prozess mehrmals, „rudern" die Myosinmoleküle zwischen die Aktinfäden. Durch diesen Vorgang verkürzt sich der Muskel und nimmt gleichzeitig an Dicke zu. In die entgegengesetzte Richtung können die Myosinmoleküle nicht rudern. Wenn keine weiteren Nervensignale eintreffen, setzen sie aber dem Auseinanderziehen keinen Widerstand entgegen. So kann der Muskel von seinem Antagonisten wieder gestreckt werden. Als Nebenprodukt der Muskelarbeit entsteht Wärme, was zu einer Erhöhung der Körpertemperatur nach lebhafter Muskelarbeit führt.

Die Prozesse, die das Zusammenziehen des Muskels bewirken, können nicht ohne Energiezufuhr ablaufen. Die Energie stammt aus Nährstoffen, die das Blut heranführt. Mit Sauerstoff werden sie in den Muskelzellen umgesetzt. Bei längerer Muskelarbeit, zum Beispiel bei sportlicher Anstrengung, kann es zu einer Sauerstoffunterversorgung kommen. Ohne Sauerstoff können die Nährstoffe nur in Kohlenstoffdioxid und Milchsäure gespalten werden. Dieser Vorgang wird als Milchsäuregärung bezeichnet. Die Milchsäure (Laktat) reichert sich im Muskel an. Es kommt zu einer Übersäuerung. Durch den **Laktat-Test** kann man bei Sportlern die individuelle Leistungsfähigkeit messen. Der „Muskelkater" hingegen kommt durch Mikroverletzungen des Muskels vor allem bei Untrainierten zustande.

Durch **Gelenke** sind unsere Knochen beweglich miteinander verbunden: beim Arm das Schulter- und Ellenbogengelenk, das Handgelenk und die verschiedenen Fingergelenke, beim Bein das Hüftgelenk, Kniegelenk, Sprunggelenk und die Zehengelenke. Der Schultergürtel verbindet die Arme mit dem Rumpf. Er besteht aus den beiden Schulterblättern und aus den Schlüsselbeinen.
Im Gelenk trennt nur ein Spalt die von Knorpel überzogenen Knochenenden. Darin befindet sich eine schleimige Flüssigkeit, die Gelenkschmiere. Der glatte Knorpel und die Gelenkschmiere vermindern die Reibung. Gelenkbänder, die an den Knochen ansetzen sowie Sehnen und Muskeln festigen das Gelenk.

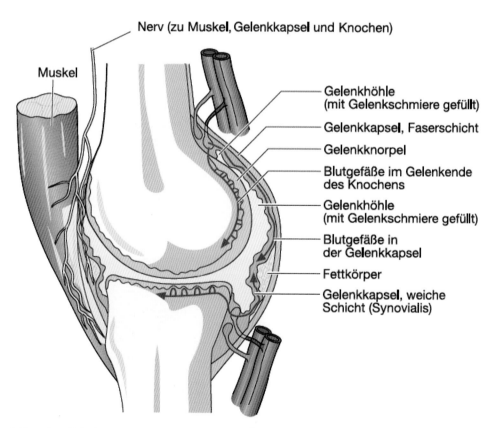

Aufbau eines Gelenks

Je nach Beweglichkeit unterscheidet man Scharniergelenke, Kugelgelenke, Eigelenke, Zapfengelenke und Sattelgelenke.

1. Scharniergelenk   2. Zapfengelenk   3. Eigelenk   4. Sattelgelenk   5. Kugelgelenk
(z. B. Ellenbogengelenk)   (z. B. Speiche-Elle-Gelenk)   (z. B. Handgelenk)   (z. B. Daumengrundgelenk)   (z. B. Hüftgelenk)

Gelenkformen und Ihre Bewegungsrichtungen

3.5   Motorische Entwicklung des Kindes

Mit großer Aufmerksamkeit und Freude beobachten Eltern die Fortschritte bei der motorischen Entwicklung ihres Kindes. Während der ersten vier bis fünf Lebensjahre gewinnt das Kind die Kontrolle über die **Grobmotorik.** Darunter versteht man Fähigkeiten, die der Gesamtbewegung des Körpers dienen wie gehen, laufen, springen, klettern, Rad fahren usw. Nach dem fünften Lebensjahr liegt der Schwerpunkt der motorischen Entwicklung auf der **Feinmotorik,** d. h. der koordinierten Bewegung der Hände z. B. beim Greifen, Schreiben, Zeichnen, Werfen und Fangen eines Balles sowie beim Gebrauch von Werkzeug und Musikinstrumenten.

Die nachfolgende Tabelle zeigt die idealtypischen Schritte der Bewegungsentwicklung von Neugeborenen, Kleinkindern und Kindern. Allerdings gibt es große individuelle Unterschieden. Kinder eignen sich die motorischen Fähigkeiten von selbst an. Eltern können ihre Kinder bei der motorischen Entwicklung unterstützen, indem sie

- Bewegungsmöglichkeiten schaffen und den Bewegungsdrang der Kinder nicht einschränken,

- für Sicherheit sorgen (z. B. Treppen sichern, Elektrogeräte, Reinigungsmittel usw. außer Reichweite bringen) und

- ihre Kinder für Fortschritte loben.

Alter	Grobmotorische Fähigkeiten	Feinmotorische Fähigkeiten
2 – 3 Monate	• kann sich in Bauchlage auf seine Ellenbogen bzw. Hand stützen • man kann das Kind aus Rückenlage an den Händen in Sitzposition ziehen (Kind kann Köpfchen halten)	• Greifreflex verschwindet • hält Hand meist geöffnet
4 – 9 Monate	• kann sich drehen (z. B. von Rücken- auf Seitenlage) • selbstständig sitzen • Kriechen (Robben) • Krabbeln	• greift nach Gegenständen und hält sie später fest
10 – 12 Monate	• macht erste Schritte	• kann Gegenstände ineinanderstecken • zeichnet Punkte und Striche mit Bleistift auf Papier (kritzelt)
2 Jahre	• rennt • hockt sich zum Spielen hin und steht freihändig auf	• isst selbstständig mit einem Löffel, trinkt selbstständig aus einer Tasse • malt Spiralen
3 Jahre	• hüpft auf beiden Beinen • steigt Treppen im Wechselschritt hinauf • fährt Dreirad	• malt einen Kreis • kann Gabel zum Essen benutzen • packt Bonbon aus Papier aus
4 Jahre	• hüpft auf einem Bein • schießt einen Ball	• zeichnet Menschen (Strichmännchen) • schneidet mit Schere • kann Knöpfe öffnen/schließen
5 Jahre	• steigt Treppen im Wechselschritt hinunter	• zieht sich selbstständig an • säubert sich selbstständig auf der Toilette
6 Jahre	• fährt Fahrrad • hüpft im Wechselschritt	• schreibt seinen Namen in Druckbuchstaben • kann einen Ball fangen

Bewegungsentwicklung (Beispiele)

A

Aufgaben zur Wiederholung und Festigung:

1. *Erklären Sie den Begriff „Fontanelle". Was müssen Sie diesbezüglich in der Kinderpflege beachten?*
2. *Welche Aufgaben hat der Brustkorb?*
3. *Welche Aufgaben haben die Bandscheiben? Was ist ein Bandscheibenvorfall? Recherchieren Sie, z. B. im Internet.*
4. *Nennen Sie Beispiele für Haltungsschäden. Wie kann man Haltungsschäden bei Kindern vorbeugen?*
5. *Knochen:*
   a) *Wie entwickelt sich aus Knorpel Knochensubstanz?*
   b) *Wann ist das Wachstum von Kindern abgeschlossen?*
   c) *Wie erfolgt die Heilung von Knochenbrüchen?*
   d) *Informieren Sie sich über Erste-Hilfe-Maßnahmen bei Knochenbrüchen (s. Seite 177). Berichten Sie.*
6. *Wie kommt die Bewegung von Muskeln zustande? Erklären Sie den Begriff „Antagonisten".*
7. *Gelenke:*
   a) *Wie ist ein Gelenk aufgebaut?*
   b) *Was versteht man unter „Verstauchung" und „Verrenkung"? Recherchieren Sie, z. B. im Internet.*

Zusatzaufgaben zur Vertiefung

1. Bewegungsförderung von Kindern

a) *Berichten Sie, wie Ihre Praktikumseinrichtung die Vorschläge aus der linken Spalte umgesetzt hat.*
b) *Überzeugen Sie in einem Rollenspiel „Elterngespräch" Ihre Kolleginnen von den Tipps aus der rechten Spalte.*

Was können Kindergärten tun?	Tipps für Eltern
• Bewegung muss zum selbstverständlichen Bestandteil des Alltags in Kindertagesstätten werden.	Eltern sollten:
• Neben den freien Bewegungsmöglichkeiten sollten Kinder Gelegenheit haben, in regelmäßigen Bewegungsstunden ihre Erfahrungen zu erweitern.	• mit ihrem Kind häufig auf einen Spielplatz gehen und es dort möglichst ungestört die Geräte und Materialien erproben lassen,
• Jede Kindertagesstätte sollte über einen ausreichend großen, gut ausgestatteten Bewegungsraum verfügen.	• in der Familie häufig gemeinsame Bewegungsspiele durchführen (z. B. Federball spielen, Hüpf- und Hopsespiele mit den Kindern, Lauf- und Fangspiele im Freien),
• Das Außengelände sollte möglichst häufig zum großräumigen Spielen offen stehen und genutzt werden.	• die Wohnung (oder wenigstens das Kinderzimmer) „spielfest" und bewegungsgerecht machen (anstelle einer Menge vorgefertigten Spielmaterials, Matratzenteile, Schaumstoffelemente usw. zum großräumigen Bauen und sich Bewegen),
• Auch in der Elternarbeit sollte verstärkt auf den gesundheits- und entwicklungsfördernden Wert von Bewegungsspielen hingewiesen werden.	• möglichst oft die Gelegenheit zu gemeinsamen Schwimmbadbesuchen nutzen,
	• gemeinsame Wanderungen und Fahrradausflüge unternehmen,
	• lange Autofahrten vermeiden oder, wenn sie nicht vermeidbar sind, häufig Bewegungspausen einlegen,
	• mit den Kindern Bewegungsangebote in Turn- und Sportvereinen wahrnehmen (z. B. Eltern-Kind-Turnen, Familiensport usw.)

(Kinder brauchen Bewegung, Broschüre vom Bundesverband der Unfallkassen, München 1998, S. 16)

2. Gesunde Füße

a) *Mehrere Personen feuchten ihre Fußsohlen an und treten anschließend auf ein Blatt Papier. Die Umrisse werden mit Bleistift nachgezeichnet. Vergleichen sie die Abdrücke mit der folgenden Abbildung.*

b) *Was kann man tun, damit Kinder gesunde Füße behalten?*

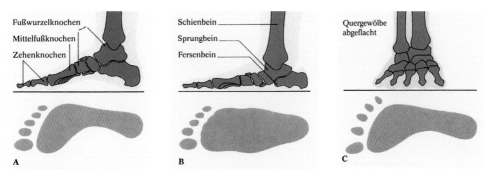

Fußgewölbe und Fußabdruck: A) Gesunder Fuß, B) Plattfuß, C) Spreizfuß

3. Heben – Tragen

a) *Demonstrieren Sie mit einem Buch, wie man etwas richtig und falsch aufhebt.*

b) *Machen Sie Vorschläge, wie Sie im Beruf, z. B. beim Heben und Tragen von Kindern, Ihren Rücken schonen können.*

c) *Informieren Sie sich im Internet über „rückenschonendes Arbeiten" (z. B. www.bgw-online.de). Berichten Sie.*

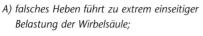
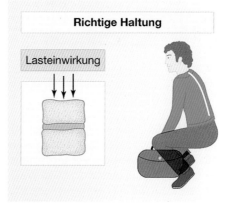

A) falsches Heben führt zu extrem einseitiger Belastung der Wirbelsäule;   B) richtiges Heben

4. Kindersicherheit

a) *Informieren Sie sich über die Unfallverhütungsvorschrift „Kindertageseinrichtungen" (GUV-V S2). Berichten Sie, welche Maßnahmen empfohlen werden, um die sichere Bewegung der Kinder in der Kita zu gewährleisten.*

b) *Erklären Sie in einem Rollenspiel „Elterngespräch" ihren Kolleginnen, was sie tun können, um ihre Wohnung kindersicher zu machen.*

4 Sinnesorgane – die Umwelt erfassen

Lernsituation

Kinder entdecken die Welt mit ihren Sinnen. Schon Neugeborene reagieren durch angeborene Reflexe auf bestimmte Umweltreize. Besonders auffällig sind der Greif- und der Saugreflex: Streichelt man einen Säugling vorsichtig an der Wange, so dreht er seinen Kopf in die Richtung des Berührungsreizes und sucht mit dem Mund nach der nahrungsspendenden Mutterbrust. Berührt man die Innenflächen einer Babyhand, greift diese kräftig zu und lässt nicht los, ein überlebenswichtiger Reflex für einen kleinen „Tragling".

Wirken die Bewegungen eines Kindes in den ersten Wochen noch unkoordiniert und unbeholfen, entwickelt sich seine Wahrnehmung und Körperkontrolle jedoch schnell. Durch vielfältige Angebote wie bunte Bilder und Gegenstände oder sanfte Musik kann man die Wahrnehmung von Kindern fördern.

Greifreflex beim Neugeborenen   Säugling (6 Monate) greift nach Spielzeug

Ständig wirkt die Umwelt mit vielfältigen **Reizen** auf unseren Körper ein, zum Beispiel Licht, Schall, Temperatur, Druck sowie chemische Geschmacks- und Geruchsstoffe. Die Reizaufnahme geschieht durch das entsprechende **Sinnesorgan.** So reagiert unser Auge auf Lichtreize, unsere Nase auf gasförmige Geruchsstoffe, unsere Zunge auf gelöste Geschmacksstoffe und unsere Haut auf mechanische Reize wie Druck und Temperatur.

Über Nervenbahnen werden die Sinnesreize in Form von elektrischen Impulsen zu einzelnen Gehirnabschnitten weitergeleitet. Hier rufen sie bestimmte Eindrücke, Empfindungen und Reaktionen hervor. Bei der **unwillkürlichen Reizbeantwortung** ist der Wille nicht beteiligt. So ziehen wir zum Beispiel „automatisch" blitzschnell unsere Hand zurück, wenn wir einen heißen Gegenstand berühren. Die **willkürliche Reizbeantwortung** erfolgt bewusst, zum Beispiel, wenn wir einem Bekannten freudig die Hand schütteln.

Erst durch das Zusammenwirken aller fünf Sinne, Sehen, Hören, Fühlen, Schmecken und Riechen, können wir uns in der Umwelt optimal orientieren. Behinderte Menschen müssen den Ausfall eines oder mehrerer Sinnesorgane ausgleichen. So entwickeln viele Blinde ein feineres Gehör und einen sensibleren Geruchssinn. Die Beherrschung der Blindenschrift ermöglicht es ihnen mithilfe des besonders geschulten Tastsinns, Bücher und Zeitschriften zu lesen.

Wir fühlen uns wohl, wenn unsere Sinne in angenehmer Atmosphäre gleichmäßig angeregt werden. **Reizüberflutung,** zum Beispiel in Form von Lärm und schneller Folge von Bildern, kann hingegen zu Nervosität, Konzentrationsstörungen und Kopfschmerzen führen. Viele Eltern und Erzieher klagen heute über Entwicklungsdefizite und Verhaltensauffälligkeiten bei Kindern aufgrund zunehmender Reizüberflutung durch zu langes Fernsehen oder durch ausgedehnte Computerspiele.

4.1 Das Auge: Wie entstehen Bilder?

Das Auge ist das wichtigste Sinnesorgan des Menschen. Es liegt gut geschützt in der fettgepolsterten Augenhöhle. Die Augenbrauen sowie die Augenlider und die Wimpern halten Schweiß, Staub und andere Fremdkörper fern. Von den Tränendrüsen wird Tränenflüssigkeit produziert. Sie ist salzhaltig, wirkt aseptisch und sorgt dafür, dass die Augen feucht gehalten und Fremdkörper fortgespült werden.

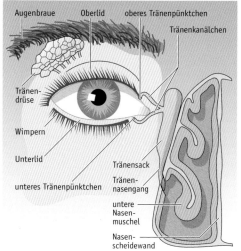

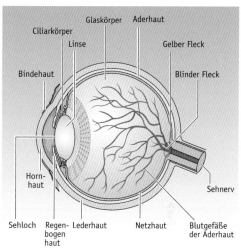

Schutzeinrichtungen des Auges *Schnitt durch das Auge*

Die Wand des kugelförmigen Augapfels besteht aus drei Schichten: Lederhaut, Aderhaut und Netzhaut. Die derbe Lederhaut hüllt den Augapfel ein. Sie geht an der Vorderseite in die durchsichtige Hornhaut über. In der Aderhaut befinden sich dunkle Farbstoffe und Blutgefäße. Die Aderhaut setzt sich in der Regenbogenhaut, der Iris, fort. Letztere bestimmt unsere Augenfarbe.

In der Mitte der Iris befindet sich die Pupille als Sehloch. Ring- und Radiärmuskelfasern sorgen dafür, dass je nach Lichtintensität die Pupille verkleinert oder vergrößert wird. Bei grellem Licht ziehen sich die Pupillen zusammen, bei geringer Lichtintensität werden die Pupillen groß und weit. Diese Regulation der Pupille in Abhängigkeit von der Lichtintensität nennt man **Adaptation**.

Zwischen Hornhaut und Regenbogenhaut liegt die vordere Augenkammer mit dem Kammerwasser. Unmittelbar hinter der Pupille befindet sich die glasklare, elastische Augenlinse. Diese wird oben und unten vom Ciliarkörper und dessen Ciliarmuskeln in Form gebracht. Je nach Entfernung des zu betrachtenden Gegenstandes strecken diese Muskeln die Linse oder stauchen sie, damit ein scharfes Bild entstehen kann. Bei Fernsicht entspannen sich die Ciliarmuskeln und die Linse wird lang und schmal, bei Nahsicht ziehen sich die Ciliarmuskeln zusammen, sodass die Linse kurz und stark gewölbt wird. Diese Fähigkeit, das Auge auf verschiedene Entfernungen einzustellen, heißt **Akkomodation.** Kurz- und Weitsichtigkeit sind Akkomodationsfehler, die angeboren oder erworben sein können.

Die gekrümmte Hornhaut, das Kammerwasser, die elastische Linse und der Glaskörper bilden zusammen ein **optisches System.** Es funktioniert wie eine Fotokamera. Beim Sehvorgang werden die einfallenden Lichtstrahlen von ihm gebrochen und so gebündelt, dass auf der lichtempfindlichen Netzhaut ein reelles, auf dem Kopf stehendes, verkleinertes Bild entsteht. Das Gehirn hat gelernt, das Bild wieder „auf die Füße" zu stellen.

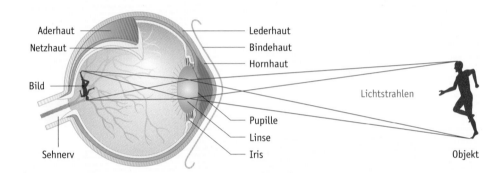

Strahlengang im Auge: Es entsteht ein verkleinertes umgekehrtes Bild auf der Netzhaut.

Auf der Netzhaut befinden sich ca. 125 Millionen Sinneszellen, die **Stäbchen.** Sie werden vom Licht gereizt und senden Impulse in die Nervenfasern. Diese leiten sie über den **Sehnerv** zum **Sehzentrum des Gehirns.** Es verarbeitet die Impulse und vermittelt den Eindruck eines aufrechten Gegenstandes. Die anderen ca. 7 Millionen Netzhautzellen sind die **Zapfen,** welche die Farbe des Lichtes wahrnehmen. Die Stäbchen befinden sich ausschließlich an den Seiten der Netzhaut und die Zapfen gehäuft im Zentrum.
Lichtstrahlen, die genau durch die Mitte des optischen Systems dringen, treffen auf eine kleine Vertiefung der Netzhaut, die Zentralgrube, auch **gelber Fleck** genannt. Hier ist das Gebiet des deutlichsten Sehens. An der Stelle, an der die Nervenfasern in den Sehnerv übergehen und somit das Auge verlassen, liegen keine Sehzellen. Diese Stelle heißt **blinder Fleck.**

Während die Stäbchen der Netzhaut für das Hell-Dunkel-Sehen verantwortlich sind, nehmen wir mit den **Zapfen** die Farbe des Lichts wahr. Es gibt drei verschiedene Arten von Zapfen, die unterschiedliche Frequenzbereiche des Lichtes absorbieren: im kurzwelligen Bereich Blau-Violett, im mittelwelligen Bereich Grün und im langwelligen Spektralbereich Rot. Durch Überschneidungen bei den Empfindlichkeitsbereichen der Zapfen können wir viele Farbnuancen unterscheiden. Wenn z. B. die Zapfen für Rot und Grün in gleichen Anteilen aktiviert werden, so interpretiert unser Gehirn die Farbe Gelb. Unter optimalen Bedingungen kann der Mensch etwa 10 Millionen verschiedene Farbtöne unterscheiden. Werden alle Zapfen gleichzeitig angeregt, so sehen wir die Farbe Weiß.

Funktionieren einzelne Zapfen nicht, kommt es zu Störungen des Farbensehens. Fallen zum Beispiel die grünempfindlichen Zapfen aus, können die Betroffenen Rot und Grün nur sehr schwer unterscheiden. Man spricht von Farbschwäche oder auch von der „**Rot-Grün-Blindheit**". Sie wird auf dem X-Chromosom vererbt. Deshalb sind Männer weit häufiger betroffen als Frauen. **Totale Farbenblindheit** kommt sehr selten vor. Farbschwache und Farbenblinde sind für einige Berufe nicht geeignet z. B. für Verkehrs-, Grafik- und Modeberufe.

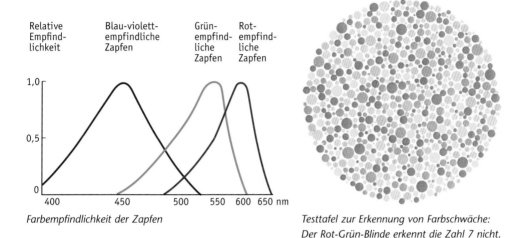

Farbempfindlichkeit der Zapfen

Testtafel zur Erkennung von Farbschwäche: Der Rot-Grün-Blinde erkennt die Zahl 7 nicht.

4.2 Das Ohr, ein vielseitiges Sinnesorgan

4.2.1 Der Hörsinn

Schon unmittelbar nach der Geburt untersucht man das Hörvermögen von Neugeborenen im Rahmen der Vorsorgeuntersuchungen U1. Wie entstehen Töne und wie können wir sie hören?

Schall entsteht durch elastische Schwingungen fester, flüssiger und gasförmiger Stoffe. Die Anzahl der Schwingungen pro Sekunde nennt man **Frequenz**. Sie wird in Hertz (Hz) gemessen. Eine Schwingung pro Sekunde ist ein Hertz. Menschen können Frequenzen zwischen 16 und 20.000 Hertz als Töne hören. So hat zum Beispiel der Ton A eine Frequenz von 440 Hz.

Töne werden als Schallwellen über die Luft, vom Wasser oder von festen Stoffen weitergeleitet. Die Schallgeschwindigkeit beträgt in Luft 332, in Wasser sogar 1485 Meter pro Sekunde. Schallwellen werden von der Ohrmuschel aufgefangen und durch den äußeren Gehörgang an unser **Trommelfell** weitergegeben. Dieses vibriert unterschiedlich stark, je nach Ton. Das Trommelfell leitet die Schwingungen an die **Gehörknöchelchen** Hammer, Amboss und Steigbügel weiter. Diese kleinsten Knochen unseres Körpers verstärken die Impulse um das 20-fache.

Der Steigbügel leitet den Schall durch das ovale Fenster in das **Innenohr**. Dort befindet sich eine mit Flüssigkeit gefüllte Spirale, die Gehörschnecke. Der Steigbügel presst die Flüssigkeit zusammen, sodass sie in Schwingungen gerät. Als Druckwelle rast sie durch den oberen, anschließend durch den unteren Schneckengang und brandet dabei über die Grundmembran. Darauf liegt das cortische Organ. Es enthält winzige Sinneszellen, die im Takt wie Seetang auf den Wellen des Meeres mitschwingen. Jeder Tonfrequenz sind ganz bestimmte Sinneszellen zugeordnet. Die Bereiche für hohe Töne liegen in der Nähe des ovalen Fensters, die tiefen Töne werden in der Spitze der Schnecke registriert. Die Sinneszellen geben, wenn sie gereizt werden, elektrische Nervenimpulse an den **Hörnerv** weiter. Erst im Gehirn wird das Signal als entsprechender Ton erkannt.

Aufgrund der seitlichen Positionierung unserer beiden Ohren am Kopf ist ein **Richtungshören** möglich. Der Schall erreicht erst die eine und dann die andere Ohrmuschel. Durch diese Schallverzögerung kann man bis auf einen Winkel von 4° genau orten, aus welcher Richtung ein Geräusch stammt.

Die mit Luft gefüllte **eustachische Röhre** (Ohrtrompete, Tubus) stellt eine Verbindung zwischen Mittelohr und Nasen-Rachen-Raum her. Sie ist mit Luft gefüllt und dient dem Druckausgleich bei Höhenunterschieden.

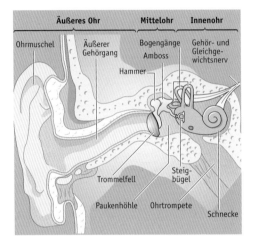

Bau des Ohres

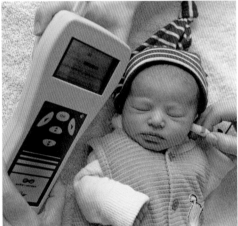

Baby beim Hörtest (U1)

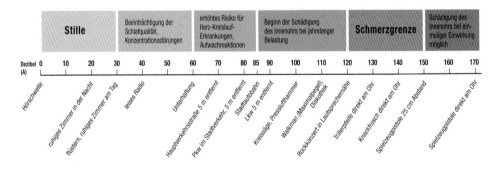

Lautstärken von Geräuschen

4.2.2 Der Lage- und Bewegungssinn

Viele Berufe wie Pilot, Astronaut und Gerüstbauer oder auch Hobbys wie Fallschirmspringen, Bodenturnen, Akrobatik und Tauchen erfordern eine sichere Orientierung im Raum. Personen mit Höhenangst oder Drehschwindel können solche Berufe nicht ausüben und die genannten Hobbys nicht betreiben.

Das Sinnesorgan für den **Lagesinn** liegt im Innenohr zwischen den Bogengängen und der Schnecke. Es besteht aus einer Gallertkuppel, in die feine Sinneshärchen ragen. Auf ihrer Oberfläche befinden sich kleine Kalksteine. Stehen wir aufrecht, werden die Kalksteinchen von der Erdanziehungskraft auf die Mitte der Gallertkuppel gedrückt. Wir empfinden dies als senkrechte Lage unseres Körpers. Gerät der Körper in Seitenlage, zieht die Schwerkraft die Kalksteinchen und die Gallertkörper mit den Sinneszellen zur Seite. Das Gehirn erkennt die „Lageveränderung".

Neben der Schnecke befindet sich im Innenohr unser **Bewegungssinn** in Form von drei Bogengängen. Jeder Bogen zeigt in eine andere Richtung, wobei sie jeweils senkrecht zueinander angeordnet sind und so alle drei Dimensionen des Raumes abdecken. Die Bogengänge sind mit einer Flüssigkeit gefüllt. Drehen wir uns vor, zurück oder zur Seite, gerät die Flüssigkeit in Bewegung. Dabei nehmen feine Sinneshärchen das Trägheitsmoment der Flüssigkeit wahr und leiten es als elektrische Impulse an unser Gehirn weiter. So können wir die Bewegungsrichtungen ermitteln und das Gleichgewicht halten.

Der Lage- und Bewegungssinn reagiert sehr empfindlich auf Alkohol und andere Drogen. Deshalb gehen Betrunkene mit schwankendem Gang oder fahren mit dem Auto Schlangenlinien.

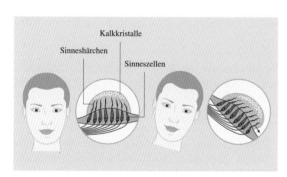
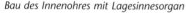
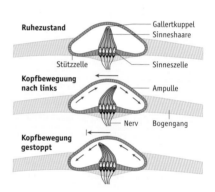

Bau des Innenohres mit Lagesinnesorgan

Bau des Drehsinnesorganes

4.3 Wie wir schmecken und riechen

Hunde haben einen sehr viel besseren Geruchssinn als Menschen. Deshalb werden sie zum Beispiel eingesetzt, um verstecktes Rauschgift zu erschnüffeln oder verschüttete Menschen unter Trümmern oder unter Schneelawinen zu finden. Wie ist das möglich?
Um einen Stoff riechen zu können, muss er in gasförmigem Zustand mit der eingeatmeten Luft in unsere **Nase** gelangen. Im oberen Bereich der Nasenhöhle befindet sich das **Riechfeld**. Im Querschnitt kann man erkennen, dass es durch zahlreiche Knochenbälkchen aufgeteilt und mit einer Schleimhaut ausgekleidet ist. Die Oberfläche ist dadurch stark vergrößert. Beim Menschen hat sie eine Fläche von etwa 600 Quadratmillimetern; beim Hund ist sie etwa 10-mal größer. Deshalb kann der Hund selbst kleinste Mengen eines Geruchsstoffes wahrnehmen.
Die **Riechzellen** der Schleimhaut tragen feine Härchen. Gelangt nun ein gasförmiger Stoff damit in Kontakt, wird ein elektrischer Impuls über den Riechnerv an das Gehirn geleitet. Man hat sechs Geruchsklassen definiert: würzig (Pfeffer), blumig (Jasmin), fruchtig (Apfeläther), harzig (Räucherharz), faulig (Schwefelwasserstoff) und brenzlig (Teer). Der Mensch kann aber bis zu 4000 verschiedene Gerüche unterscheiden. Es ist noch unbekannt, wie dies möglich ist.

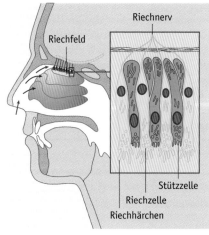

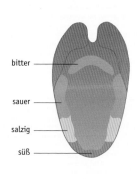

Aufbau des Geruchssinnes   *Geschmackssinn auf der Zunge*

In vielen Berufen wird ein guter Geruchssinn gebraucht, zum Beispiel Koch, Parfümerieverkäufer, Weinprüfer. Der Geruchssinn dient uns zur Kontrolle und Warnung. So verbreiten zum Beispiel verdorbene Lebensmittel einen unangenehmen Geruch. Wir sind – bevor wir sie zu uns genommen haben – gewarnt. Auch bei sozialen Kontakten spielt der Geruchssinn eine wichtige Rolle. Jemand, der angenehm riecht, zieht uns an. Unangenehm riechende Menschen finden wir abstoßend.

Flüssige oder in Flüssigkeiten gelöste Stoffe können auf der **Zunge** Geschmacksempfindungen auslösen. Dort liegen etwa 10.000 **Geschmacksknospen** unterschiedlich verteilt. Damit können wir vier verschiedene Geschmacksrichtungen identifizieren:
hinten: bitter, vorne: süß, seitlich: sauer, vorne seitlich: salzig.

Aus diesen vier primären Geschmacksrichtungen kann der Mensch eine Vielzahl von Geschmacksempfindungen kombinieren. Hierbei spielt auch der Geruchssinn eine Rolle. Ist unser Geruchssinn zum Beispiel bei einer Erkältung gestört, schmeckt uns auch das Essen fad. Es reichen kleinste Mengen gelöster Stoffe, um deren Geschmack zu identifizieren, zum Beispiel Salz 0,14 g pro 100 ml, Zucker 0,33 g pro 100 ml, Zitronensäure 0,022 g pro 100 ml und Koffein (bitter) 0,0048 g pro 100 ml. Die Geschmacksempfindung ist aber auch abhängig von der Temperatur. Eine warme Mahlzeit schmeckt uns besser, weil die Aromen sich bei 35 °C bis 60 °C besser entfalten.
Die Vorliebe vieler Menschen für den süßen Geschmack und die Abneigung gegen Bitterstoffe haben sich möglicherweise im Laufe der Evolution entwickelt. Giftpflanzen schmecken bitter und müssen gemieden werden. Früchte, die für den menschlichen Verzehr geeignet sind, schmecken hingegen meistens süß.

4.4   Die Haut – unser größtes Sinnesorgan

Die **Oberhaut** schützt den Organismus vor Verletzungen, Austrocknung und Krankheitserregern. Von der ganz außen liegenden Hornschicht werden abgestorbene Zellen als Hautschuppen abgestoßen. In der darunter liegenden Keimschicht entstehen laufend neue Zellen. Sie rücken allmählich nach außen und ersetzen innerhalb von vier Wochen die abgestorbenen Hautteile. In der Keimschicht wird bei Sonneneinstrahlung vermehrt das Pigment Melanin gebildet. Es bräunt unsere Oberhaut und schützt tiefer liegende Schichten vor Sonnenbrand.

Mit zahlreichen Ausbuchtungen, den Papillen, ragt die **Lederhaut** in die Keimschicht hinein. Ihr dichtes Netzwerk von elastischen Kollagenfasern verleiht der Haut die feste, lederartige Beschaffenheit. Im Alter nimmt die Elastizität ab und die Haut bekommt Falten. In der Lederhaut befinden sich viele Arterien, Venen, Kapillarschlingen und Lymphgefäße. Von den tiefer liegenden Schweißdrüsen führen korkenzieherartige Gänge an die Oberfläche. Diese Drüsen sondern durch feine Hautporen Schweiß ab. Er enthält gelöste Abfallstoffe des Stoffwechsels und Salze. Wenn der Schweiß verdunstet, kühlt die Haut ab. So trägt die Schweißbildung zur Regulierung der Körpertemperatur bei.

Die lockere **Unterhaut** ist gegenüber der darunterliegenden Muskulatur verschiebbar, wodurch ein Einreißen bei Bewegungen vermieden wird. Das eingelagerte Fettgewebe wirkt wie ein Stoßdämpfer. Außerdem isoliert es den Körper gegen Temperaturschwankungen.

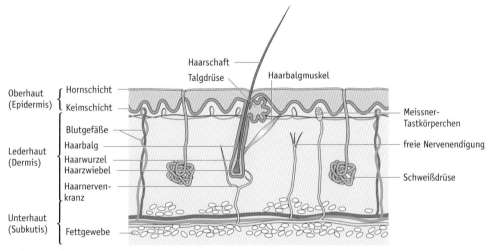

Aufbau der Haut

Für die Erkundung der Umwelt sind Rezeptoren in der Haut besonders wichtig:

- Mechanorezeptoren: Sie reagieren auf unterschiedliche Berührungsreize und leiten diese an das Gehirn weiter: Tastkörperchen (Meissnersche Körperchen) liegen in den Papillen der Lederhaut. Besonders zahlreich findet man sie an den Hand- und Fußsohlen, Fingerspitzen, Lippen, Augenlidern und äußeren Geschlechtsorganen. Lamellenkörperchen kommen in der Unterhaut und in inneren Organen, Muskeln und Gelenken vor. Sie reagieren vor allem auf Vibrationen. Freie Nervenendigungen registrieren Berührungen. Merkel-Zellen liegen vor allem in der Oberhaut und reagieren auf Druckreize.

- Temperaturrezeptoren: In der Haut und im Inneren des Körpers befinden sich Kälte- und Wärmekörperchen. Sie reagieren auf unterschiedliche Temperaturbereiche von 10 °C bis 35 °C bzw. von 30 °C bis 45 °C und melden die Messwerte laufend an das Gehirn, welches die Temperaturregulation veranlasst.

- Schmerzrezeptoren (Nozirezeptoren): Es sind freie Nervenendigungen, die auf unterschiedliche Reize ansprechen, zum Beispiel hohe und niedrige Temperaturen, starker Druck und chemische Stoffe. Sie lösen im Zentralnervensystem entsprechende Abwehrreaktionen aus. Die Rezeptoren reagieren auch auf Juck- und Kitzelreize.

Aufgaben zur Wiederholung und Festigung:

1. *Erklären Sie die Bedeutung des Greif- und des Saugreflexes für Neugeborene.*
2. *Erklären Sie den Vorgang der Akkommodation des Auges.*
3. *Erklären Sie den Vorgang der Adaptation des Auges und seine Bedeutung.*
4. *a) Wie kommt das Farbensehen zustande?*
   b) Was versteht man unter Rot-Grün-Blindheit?
5. *a) Was sind Schallwellen?*
   b) Wie kommt das Richtungshören zustande?
6. *Wie kommt der Lagesinn zustande?*
7. *Wie kommt der Bewegungssinn zustande?*
8. *Erklären Sie den Geruchssinn.*
9. *Erklären Sie den Geschmackssinn.*
10. *Stellen Sie in einer Tabelle die Sinnesrezeptoren der Haut den entsprechenden Reizen gegenüber.*

Zusatzaufgaben zur Vertiefung

1. Reizaufnahme

1. *Informieren Sie sich über das Snoezelen-Konzept. Berichten Sie.*
2. *Wie kann man die Wahrnehmung von Neugeborenen, Kleinkindern und Kindern anregen? Erstellen Sie Vorschläge.*
3. *Erklären Sie in einem Rollenspiel die Gefahren der Reizüberflutung von Kleinkindern und Kindern. Was löst Reizüberflutung aus? Wie können Eltern und Erzieherinnen entgegenwirken?*

2. Lichtsinnesorgan

a) *„Ich sehe was, was Du nicht siehst". Betrachten Sie die Kippbilder und beschreiben Sie, was Sie sehen.*

b) *Im „Labyrinth": Freiwillige stellen sich Probanden als Blinde zur Verfügung. Erstellen Sie im Klassenzimmer einen Parcour und und leiten Sie den „Blinden" nur unter verbaler Anleitung – ohne Körperkontakt – hindurch (erhöhter Schwierigkeitsgrad: mit gefülltem Becher in der Hand). Die „Blinden" und die „Führer" berichten anschließend über ihre Emotionen und Erfahrungen.*

Kippbilder

3. Gehörsinn

a) Experiment: Eine Freiwillige macht sich mithilfe von Ohrstöpseln vorübergehend taub. Die anderen halten den Geräuschpegel hoch. Dann versucht die Gehörlose, einen Satz, der ihr langsam vorgesprochen wird, von den Lippen abzulesen und gibt diesen anschließend wieder. Berichten Sie über Ihre Erfahrungen. Stellen Sie Verhaltensmaßnahmen im Umgang mit gehörlosen Mitmenschen auf.

b) „Hörgalerie": Nehmen Sie, z. B. mit einem Mobiltelefon, verschiedene alltägliche Geräusche auf und lassen Sie Ihre Mitschülerinnen erraten, um welche Geräusche es sich dabei handelt.

c) Beschreiben Sie mithilfe einer Zettelwand Geräusche, die sie mit positiven und mit negativen Empfindungen verknüpfen.

4. Haut

a) „Tast-Galerie": Ertasten Sie mit verbundenen Augen verschiedene Gegenstände, beschreiben und identifizieren sie.

b) Betrachten Sie ihre Haut unter einer Lupe und skizzieren Sie sie.

c) Vergleichen Sie mithilfe des Indikatorpapiers die pH-Werte verschiedener Seifen, Waschemulsionen und Shampoos.

d) Zu viel Sonnenlicht schadet der Haut: Machen Sie Vorschläge, wie man Kinder vor zu hoher UV-Strahlung schützen kann.

e) Informieren Sie sich über Hautpflege bei Babys und Kleinkindern. Berichten Sie.

f) Informieren Sie sich über Neurodermitis und Ekzeme: Ursachen, Diagnose, Behandlung. Berichten Sie.

5. Geruchs- und Geschmackssinn

a) Experiment zu „Kann man Nahrung allein am Geschmack erkennen?" Einer Freiwilligen werden die Augen verbunden. Man hält ihr ein Stück frisch geschälte Zwiebel unter die Nase und legt ihr gleichzeitig ein Stück Apfel auf die Zunge. Die Freiwillige berichtet anschließend über ihre Geschmacksempfindung.

b) „Gewürz- und Kräuter-Galerie": Mit verbundenen Augen sollen Schülerinnen verschiedene Gewürze und/oder Kräuter verkosten und beschreiben.

c) Schon 1908 fand der Japaner Kikunae Ikeda heraus, dass Glutamat den Geschmackseindruck von Suppen und anderen Speisen verstärkt. Er nannte diesen sensorischen Eindruck Umami. Umami oder zu Deutsch „herzhaft" wird auch als fünfte Geschmackskomponente neben süß, sauer, salzig und bitter bezeichnet, was allerdings noch umstritten ist.
Neue Untersuchungen haben ergeben, dass es möglicherweise sogar einen sechsten Geschmackssinn gibt. Auf der menschlichen Zunge befinden sich offenbar Knospen, die auf Fett reagieren. Manche Menschen scheinen besonders sensibel dafür zu sein.
Informieren Sie sich im Internet über die Geschmacksrichtungen „umami" und „fettig". Berichten Sie.

5 Herz und Blutkreislauf

Lernsituation

Blut ist ein kostbarer Saft. Zurzeit werden in Deutschland pro Jahr etwa 5 Millionen Blutkonserven verbraucht. Dabei steigt der Bedarf an Transfusionsblut aufgrund der Fortschritte in der modernen Medizin ständig. Vor allem für die Behandlung von bösartigen Tumoren, für Transplantationen und für die Notfallmedizin wird heute viel Blut benötigt. Deshalb rufen die Dienste regelmäßig zur Blutspende auf.

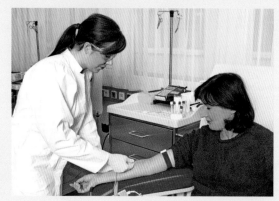

Blutentnahme

5.1 Das Herz – ein Hohlmuskel

Unser Herz schlägt ununterbrochen das ganze Leben lang und treibt den Blutstrom an, der unseren Körper durchfließt. Weil unsere Organe bei Anstrengungen mehr Nährstoffe und Sauerstoff benötigen, muss dann mehr Blut an die Verbrauchsstellen gelangen. Das Herz schlägt schneller, die Pulsfrequenz steigt.

Äußerlich betrachtet ist das Herz ein ovaler, kräftiger Hohlmuskel, etwa so groß wie die Faust seines Besitzers. An Bindegeweben befestigt, hängt es zwischen den beiden Lungenflügeln. Umgeben ist es von einer mehrschichtigen Wand. Große Blutgefäße münden im Herzen: die **Arterien**, die das Blut vom Herzen wegführen und die **Venen**, die das Blut zum Herzen hin transportieren. Das Herz ist von Herzkranzgefäßen überzogen, die den Herzmuskel selbst mit Blut versorgen.

Im Innern ist das Herz durch die Herzscheidewand in zwei Hälften geteilt. In jeder Hälfte befinden sich je zwei Hohlräume: die linke **Herzkammer** und der linke **Vorhof** sowie die rechte Herzkammer und der rechte Vorhof. Zwischen den Vorhöfen und den Herzkammern liegen die **Segelklappen.** Sie lassen das Blut nur in eine Richtung strömen, wirken also wie Ventile. Zwischen den Herzkammern und den großen Arterien befinden sich ebenfalls Klappen, die **Taschenklappen.**

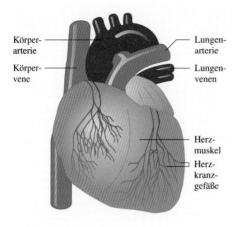

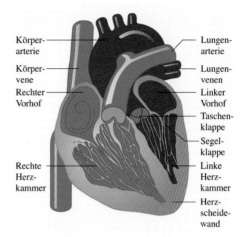

Körper-
arterie

Lungen-
arterie

Körper-
vene

Lungen-
venen

Herz-
muskel

Herz-
kranz-
gefäße

Körper-
arterie

Lungen-
arterie

Körper-
vene

Lungen-
venen

Rechter
Vorhof

Linker
Vorhof

Taschen-
klappe

Segel-
klappe

Rechte
Herz-
kammer

Linke
Herz-
kammer

Herz-
scheide-
wand

Herz von vorne gesehen   *Längsschnitt durch das Herz von vorne gesehen*

Wie arbeitet der Hohlmuskel Herz? Die Abbildungen auf Seite 52 verdeutlichen uns in vier Phasen, wie das Herz arbeitet.

1. Zunächst strömt das Blut vom Körper und von den Lungen in die erschlafften rechten und linken Vorhöfe ein. Die Muskeln der Herzkammern dagegen sind in dieser Phase zusammengezogen, sie sind dick und die Herzkammern klein.

2. Jetzt beginnen sich die Vorhofmuskeln zusammenzuziehen. Die Taschenklappen in den zuführenden Adern verhindern, dass das Blut in die Blutgefäße zurückfließt. Es wird durch die Segelklappen hindurch in die Herzkammern gedrückt. Gleichzeitig entspannt sich die Herzkammermuskulatur. Blut wird aus den Vorhöfen in die Herzkammern gesaugt. Diese werden groß und füllen sich. Diesen Vorgang nennt man **Diastole**.

3. Das Blut befindet sich in den Herzkammern, deren Muskulatur sich zusammenzieht. Die Segelklappen mit ihrer Ventilfunktion verhindern ein Zurückströmen des Blutes in die Vorhöfe. Es wird durch die beiden großen Arterien in den Körper und in die Lunge gepresst. Die Taschenklappen verhindern ein Zurückströmen in die Herzkammern. Den Vorgang des Zusammenziehens der Herzkammern und Austreiben des Blutes in die Arterien nennt man **Systole**. Dadurch entsteht in der Arterie eine Druckwelle, die man als Puls spüren kann.

4. Für kurze Zeit ist jetzt das ganze Herz erschlafft. Die Vorhöfe füllen sich wieder und der ganze Zyklus beginnt von vorn.

Das Herz arbeitet rhythmisch im ständigen Wechsel von Systole und Diastole und ist im Prinzip unabhängig (autonom) vom Nervensystem. Dazu verfügt es über eigene Nervenknoten. Von diesen gehen Nervenbahnen aus, die sich über das Herz ausdehnen. Die Nervenknoten regen den Herzmuskel mit einer Frequenz von 70 Impulsen pro Minute zu Kontrakturen an. Die dabei entstehenden elektrischen Spannungen können an der Körperoberfläche in Form des **Elektrokardiogramms (EKG)** gemessen werden. Dazu werden Elektroden an den Hand- und Fußgelenken sowie auf der Brust befestigt.

Allerdings beeinflussen das vegetative Nervensystem sowie das Hormonsystem die Leistung des Herzens: Adrenalin, das Hormon der Nebennierenrinde, sowie der Sympathikus erhöhen die Herzfrequenz, während der Parasympathikus den Herzschlag verlangsamt.

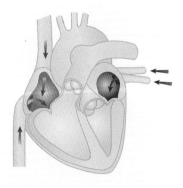

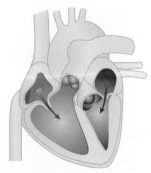

1. Der Herzmuskel ist erschlafft, Blut fließt in die Vorhöfe.

2. Die Vorkammern ziehen sich zusammen, das Blut wird in die Hauptkammern gedrückt.

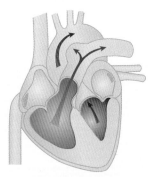

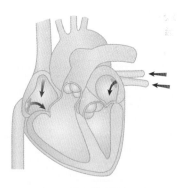

3. Die Muskulatur der Hauptkammern zieht sich zusammen, das Blut wird in die Arterien gedrückt.

4. Der Herzmuskel erschlafft, erneut füllen sich die Vorkammern mit Blut.

Pumpphasen des Herzens

5.2 Das Blut im Kreisverkehr

Wohin gelangt das Blut durch die Pumpkraft des Herzens? Im **Körperkreislauf** wird das Blut zunächst über die Hauptschlagader, die Aorta, zu den großen **Arterien,** den kleinen Arteriolen und schließlich zu winzigen Verästelungen in den Organen, den Kapillaren, geleitet. So kann das Blut alle Organe mit Sauerstoff und Nährstoffen versorgen.

Das Blut, das durch die Kapillaren des Darms strömt, nimmt die kleinsten Bausteine der verdauten Nahrung auf. Durch die Pfortader werden sie sofort in die Leber transportiert. Hier werden Giftstoffe ausgesondert. Das sauerstoff- und nährstoffarme Blut sammelt sich wieder in kleinen Venolen und größeren **Venen** und fließt zum Herzen zurück. In den Venen gibt es Hilfsmechanismen, die den Rückstrom des Blutes fördern: Die Venenklappen, die sich in Abständen von einigen Zentimetern befinden, verhindern, dass das Blut in den Adern zurückfließt. Auch die Druckwelle des arteriellen Blutes und die Muskelarbeit des Körpers unterstützen den Rückstrom in den Venen.

Für die Sauerstoffaufnahme gibt es einen eigenen Teilkreislauf, den **Lungenkreislauf.** Er führt von der rechten Herzkammer über die Lungenarterien sauerstoffarmes Blut in die Lunge und über die Lungenvenen sauerstoffreiches Blut in die linke Vorkammer. Sowohl Sauerstoff als auch Kohlenstoffdioxid können vom Blut leicht aufgenommen und wieder abgegeben werden.

Definition
*Als **Arterien** bezeichnet man alle Gefäße, die Blut vom Herzen wegführen. **Venen** sind Gefäße, die Blut zum Herzen hinführen. Für beide Definitionen ist ausschließlich die Strömungsrichtung von Bedeutung, unabhängig davon, ob die Gefäße sauerstoffreiches oder sauerstoffarmes Blut transportieren.*

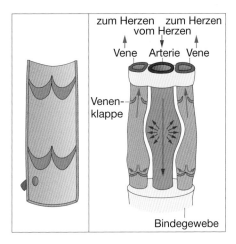

D

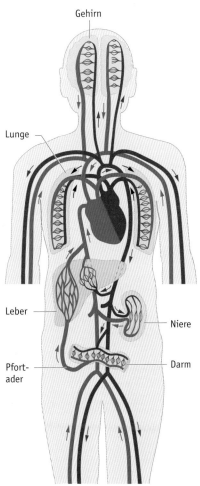

Blutkreislauf des Menschen

Exkurs: Blutdruckmessung

*Während der Systole wird das Blut mit hohem Druck in die Aorta gepresst. Dadurch dehnen sich die elastischen Arterien aus. In der Diastole, wenn sich die Taschenklappen schließen und der Druck aus dem Herzen abbricht, ziehen sich die Wände der Arterien aufgrund ihrer Eigenelastizität wieder zusammen. So wird der stoßweise Blutauswurf des Herzens in eine kontinuierliche Blutströmung in den Arterien umgewandelt. Man spricht von einer **Windkesselfunktion** der Arterien.*

*Wenn der Arzt einen Patienten untersucht, misst er häufig den arteriellen Blutdruck nach der Methode **Riva Rocci**, kurz **RR** genannt (italienischer Arzt: 1863 – 1937): Er legt ihm eine aufpumpbare Manschette um den Oberarm. Mithilfe der Manschette wird die im Inneren des Arms liegende Hauptschlagader völlig abgedrosselt, bis kein Puls mehr zu fühlen ist. Nun setzt der Arzt das Stethoskop auf eine Arterie in der Armbeuge und lässt die Luft über ein Ventil langsam aus der Manschette hinaus. In dem Moment, in dem sich das Blut zum ersten Mal wieder seinen Weg in die etwas geöffnete Schlagader bahnen kann, ist im Stethoskop ein zischendes Geräusch zu hören. In diesem Augenblick misst der Arzt den Druck in mm Hg, der durch die Systole in der Armarterie erzeugt wird, den **systolischen Blutdruck**. Nun wird der Druck in der Manschette weiter vermindert. Mit jedem Pulsschlag ist nun das zischende Geräusch zu hören. Erst wenn das Blut wieder ungehindert fließen kann, verschwindet das Geräusch. Nun wird der **diastolische Blutdruck** gemessen.*

*Der Blutdruck wird also immer mit zwei Werten angegeben, dem höheren systolischen und dem niedrigeren diastolischen Wert: Als Normalwerte in Ruhe gelten 120/80 mmHg (sprich 120 zu 80). Unter den Herz-Kreislauf-Erkrankungen steht der arterielle Bluthochdruck, die **Hypertonie**, an erster Stelle: Etwa 20 % der Bevölkerung bis zum 50. Lebensjahr und ca. 30 bis 40 % der Menschen über dem 50. Lebensjahr sind betroffen. Für die Einschätzung eines chronisch erhöhten Blutdrucks dienen folgende Richtwerte:*

	systolischer Blutdruck (mmHg)	diastolischer Blutdruck (mmHg)
optimal	< 120	< 80
normal	120–129	80–84
normal hoch	130–139	85–89
leichte Hypertonie	140–159	90–99
mittelschwere Hypertonie	160–179	100–109
schwere Hypertonie	> 180	> 110

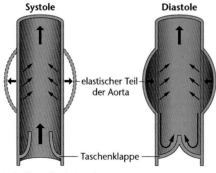

Windkesselfunktion der Arterien

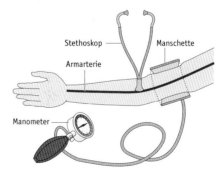

Blutdruckmessung

5.3 Blut – ein fließendes Organ

Bei einer Bluttransfusion erhält heute der Empfänger meist nur Blutbestandteile, seltener Vollblut. Nachdem das gespendete Blut auf Krankheitserreger, wie HIV, Hepatitis B und C sowie Syphilis untersucht worden ist, wird es durch Zentrifugation in seine Bestandteile zerlegt. Am Boden des Zentrifugenröhrchens setzen sich die **Blutzellen** ab: rote Blutkörperchen (Erythrozyten), weiße Blutkörperchen (Leukozyten) und Blutplättchen (Thrombozyten). Sie machen zusammen etwa 40 – 45 % des Blutvolumens aus. Darüber befindet sich mit 55 – 60 % die Blutflüssigkeit, das **Blutplasma**. Trennt man vom Plasma die Gerinnungsfaktoren ab, so bleibt das **Blutserum** übrig.

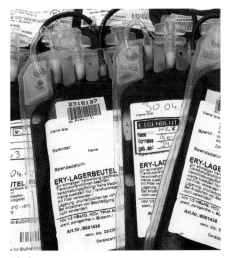

Blutkonserven

Blut	Bestandteile	Aufgaben
Flüssige Bestandteile (Blutplasma) 56%	Blutserum	Stofftransport, Infektionsabwehr
	Gerinnungsstoffe	Blutgerinnung
Feste Bestandteile (Blutzellen) 44%	Rote Blutkörperchen	Sauerstofftransport
	Weiße Blutkörperchen	Infektionsabwehr
	Blutplättchen	Blutgerinnung

Bestandteile und Aufgaben des Blutes

Die Blutzellen

Im roten Knochenmark befinden sich undifferenzierte Stammzellen, aus denen alle Blutzellen hervorgehen. Man spricht von Blutbildung. Aus den Stammzellen differenzieren sich drei Zelllinien mit unterschiedlichen Aufgaben: Es sind die roten Blutkörperchen (Erythrozyten), die weißen Blutkörperchen (Leukozyten) sowie die Blutplättchen (Thrombozyten):

- **Rote Blutkörperchen, Erythrozyten:** Die roten Blutkörperchen machen etwa 99 % aller Blutzellen aus und sind für den **Transport der Atemgase** Sauerstoff und Kohlenstoffdioxid zuständig. In einem Mikroliter Blut befinden sich etwa fünf Millionen Erythrozyten. Es sind beidseitig eingedellte Scheiben mit einem Durchmesser von 7,5 Mikrometer. Sie besitzen keinen Zellkern und haben eine Lebensdauer von 120 Tagen. Erythrozyten enthalten den roten Farbstoff Häm, der an Proteine gebunden, das Hämoglobin bildet. In den Lungen nimmt das Hämoglobin Sauerstoff (O_2) auf und gibt Kohlenstoffdioxid (CO_2) ab, welches ausgeatmet wird. In den Blutkapillaren der Gewebe läuft der umgekehrte Vorgang ab: Sauerstoff wird von den Erythrozyten abgegeben und Kohlenstoffdioxid aufgenommen.

- **Weiße Blutkörperchen, Leukozyten:** Leukozyten sind mit einem Durchmesser von 8 – 20 Mikrometer größer als Erythrozyten und enthalten anders als diese einen Zellkern. Sie können aufgrund ihrer Eigenbeweglichkeit die Blutbahn verlassen und ins angrenzende Gewebe eindringen. Ihre Aufgabe ist die **Abwehr** von Fremdstoffen und Krankheitserregern. In einem Mikroliter Blut befinden sich normalerweise etwa 4.000 bis 9.000 Leukozyten. Bei einer Infektionskrankheit ist dieser Wert deutlich erhöht.

Ein Teil der Leukozyten kann Fremdstoffe und Krankheiterreger, z. B. Bakterien, in sich aufnehmen und verdauen. Außerdem können sie Enzyme in die Umgebung absondern, die
Bakterien abtöten (Bakterizide). Abgestorbene Leukozyten bilden zusammen mit Zelltrüm-
mern und -flüssigkeit den Eiter, ein Zeichen für den Heilungsprozess. Andere Leukozyten
sind hoch spezialisierte Abwehrzellen. Sie erkennen bestimmte Fremdkörper (Antigene)
und können spezifische Antikörper bilden, die in einer Antigen-Antikörper-Reaktion die
Fremdkörper gezielt vernichten.

- **Blutplättchen, Thrombozyten:** Thrombozyten sind sehr kleine, nach außen gewölbte
Scheiben mit einem Durchmesser von etwa 2,5 Mikrometer. Sie haben keinen Zellkern und
enthalten Faktoren, die an der Blutstil-
lung und Blutgerinnung bei Verletzungen beteiligt sind.

Kommt es zur Verletzung eines Blutge-
fäßes oder eines Gewebes, so sorgen
die Thrombozyten für einen schnellen
Verschluss der Wunde, indem sie sich
an die verletzte Stelle heften und einen
Pfropf bilden. Gleichzeitig aktivieren
sie das Gerinnungssystem des Blutes.
Es besteht aus insgesamt 13 Faktoren
(Faktoren I – XIII), die in einer Kaskade
von Reaktionen ineinandergreifen Der
letzte Schritt in dieser Kaskade ist die
Bildung von Fibrin aus der Vorstufe Fib-
rinogen. Fibrin bildet klebrige Fäden,
die sich vernetzen und zusammen mit
den Thrombozyten die Wunde fest verschließen.

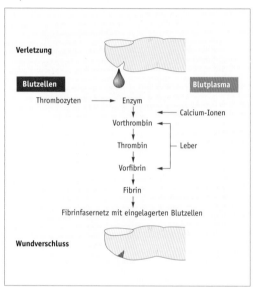

Blutgerinnung

Ein vielfach angewendetes ärztliches Untersuchungsverfahren ist die **Blutsenkung.** Das aus der
Vene entnommene Blut wird zunächst durch eine Chemikalie ungerinnbar gemacht und in eine
dünne Glasröhre gefüllt. Allmählich setzen sich nun die festen Bestandteile des Blutes, die roten
und weißen Blutkörperchen und die Blutplättchen nach unten ab. Darüber bleibt eine klare
Flüssigkeit, das **Blutplasma**, stehen. Es enthält den für die Gerinnung wichtigen Stoff Fibrino-
gen. Der Rest, das **Blutserum**, besteht zu 90 % aus Wasser mit den darin gelösten Eiweißen,
Fetten, Kohlenhydraten und Mineralstoffen. Eine erhöhte Sinkgeschwindigkeit der Blutkörperchen weist auf einen Abwehrkampf des Körpers hin, z. B. Infektion, bösartige Geschwulst.

5.4   Ist Blutübertragung ein Risiko?

Ein schwerer Blutverlust, zum Beispiel nach einem Unfall, erfordert oft eine Bluttransfusion.
Wie jede medizinische Maßnahme ist eine solche Transfusion nicht ohne Risiko. Die Gefahr,
dabei mit dem Aids-Virus (HIV) oder mit Hepatitis-Viren, die eine Leberentzündung auslösen
können, angesteckt zu werden, ist durch intensive Untersuchungen der Blutkonserven und
eine strenge Spenderauswahl sehr gering geworden.
Neben der Gefahr der Übertragung von Infektionskrankheiten können auch **Blutgruppenunver-
träglichkeiten** bei Transfusionen auftreten. Deshalb muss vor jeder Transfusion festgestellt werden, ob sich die Blutgruppen des Spenders und des Empfängers vertragen. Worauf beruht diese
Unverträglichkeit?

Das ABO-System

Untersuchungen haben ergeben, dass man beim Menschen vier **Blutgruppen** unterscheiden kann: A, B, AB und 0. Blutgruppe A besitzt auf der Oberfläche der roten Blutkörperchen das Antigen A, die Blutgruppe B das Antigen B, die Blutgruppe AB beide Antigene und die Blutgruppe 0 keine Antigene. Jeder Mensch hat von Geburt an in seinem Blut Antikörper gegen diejenigen Antigene, die in seinem Körper nicht vorkommen. Blut mit der Blutgruppe A enthält Antikörper gegen Blutgruppe B. Bei Blutgruppe B ist es umgekehrt. Blutgruppe AB enthält keine Antikörper. Blutgruppe 0 dagegen enthält beide Antikörper. Treffen bei einer Transfusion Antigene auf ihre spezifischen Antikörper, z. B. Antigen A mit Antikörper A, kommt es zum Verklumpen des Blutes. Verklumpte rote Blutkörperchen transportieren nicht genug Sauerstoff und verstopfen die kleinen Blutgefäße (Kapillaren).

Deshalb gilt: Das Empfängerblut darf keine Antikörper gegen das Spenderblut enthalten. Ob sich Spender- und Empfängerblut vertragen, lässt sich nur durch eine **Blutgruppenbestimmung** feststellen. Am sichersten ist die Übertragung innerhalb derselben Blutgruppe. In Notfällen kann das Blut mit der Blutgruppe 0 als „Universalspender" und Blut mit der Gruppe AB als „Universalempfänger" gelten.

Blutgruppen

Möglichkeiten der Blutübertragung

Das Rhesus-System

Außer den beiden Blutgruppenantigenen A und B hat man noch ein weiteres Blutmerkmal festgestellt. Es ist der **Rhesusfaktor.** In Mitteleuropa ist er bei 85 % der Menschen vorhanden. Sie werden rhesuspositiv (Rh pos) genannt. Etwa 15 % der Menschen haben diesen Faktor nicht: Sie sind rhesusnegativ (Rh neg). Überträgt man einem Rh-neg-Empfänger das Blut eines Rh-pos-Spenders, so können sich im Blut des Empfängers Antikörper gegen das Blut des Spenders bilden. Bei einer später stattfindenden erneuten Blutübertragung mit Rh-pos-Blut würde es zur Auflösung der roten Blutkörperchen kommen.

Eine solche **Rhesusunverträglichkeit** ist auch dann von Bedeutung, wenn eine Rh-neg-Frau ein Rh-pos-Kind bekommt. Gelangt kindliches Blut durch eine geringfügige Verletzung des Mutterkuchens während der Schwangerschaft oder der Geburt in den Kreislauf der Mutter, so kommt es zu Antikörperbildungen gegen das Blut des Kindes. Bei einer erneuten Schwangerschaft mit einem Rh-pos-Kind würden Antikörper in das Blut des Fetus gelangen und dessen rote Blutkörperchen zerstören. Der Fetus kann absterben.

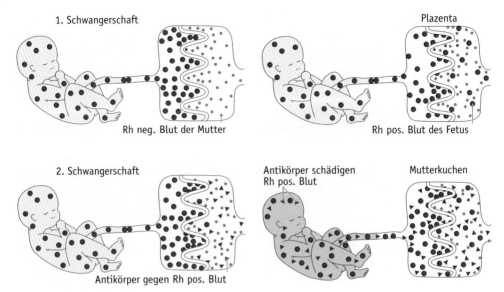

1. Schwangerschaft

Plazenta

Rh neg. Blut der Mutter

Rh pos. Blut des Fetus

2. Schwangerschaft

Antikörper schädigen
Rh pos. Blut

Mutterkuchen

Antikörper gegen Rh pos. Blut

Rhesusfaktor und seine Auswirkungen

5.5   Welche Aufgaben hat das Lymphsystem?

Der Austausch von Stoffen zwischen Blut und Gewebe erfolgt in den kleinsten Blutgefäßen, den Kapillaren. Hier können die im Blutplasma gelösten Nährstoffe und der in den roten Blutkörperchen gespeicherte Sauerstoff die Gefäßwände durchdringen. So gelangen sie in eine zwischen den Körperzellen vorhandene Gewebsflüssigkeit, die **Lymphe**. Sie vermittelt den Stoffaustausch zwischen dem Blut und allen Zellen, die von den Kapillaren nicht erreicht werden. Abbauprodukte und Kohlendioxid werden durch die Lymphe ins Blut zurückgeführt.

Das Blut nimmt aber nur einen kleinen Teil der Abbauprodukte wieder auf. Die weitaus größere Menge geht in das **Lymphgefäßsystem** über. Es beginnt in den Zellzwischenräumen der Gewebe mit einem Netz geschlossener Röhren, den Lymphkapillaren. Diese vereinigen sich zu größeren Lymphgefäßen, die hinter den Schlüsselbeinen in die Venen des Blutkreislaufs einmünden. So hat das Lymphgefäßsystem im Gegensatz zum Blutgefäßsystem einen Anfang und ein Ende.

Die Strömungsgeschwindigkeit der Lymphe ist wesentlich geringer als die des Blutes. Ähnlich wie bei den Venen wird auch die Lymphe durch den Druck der Skelettmuskulatur oder durch die Pulswellen benachbarter Arterien weiterbefördert. Auch das rhythmische Zusammenziehen der Lymphgefäße befördert sie vorwärts. Im Lymphgefäßsystem befinden sich Taschenklappen, die ein Zurückfließen verhindern.

Auf dem Weg zum Blutgefäßsystem fließt die Lymphe durch zahlreiche erbsengroße Verdickungen innerhalb des Lymphgefäßsystems. Es sind die **Lymphknoten**. Die oberflächlichen Lymphknoten liegen meist in Gruppen beieinander. Am Hals, in den Achselhöhlen und an den Leistenbeugen sind sie besonders gehäuft.

Die Lymphknoten sind für unsere **Infektionsabwehr** von besonderer Bedeutung. Durch Verletzungen in der Haut oder über die Schleimhäute können Krankheitserreger ins Gewebe eindringen. Mit dem Lymphstrom gelangen sie zu den Lymphknoten und werden dort abgefangen. Die Lymphknoten schwellen an, entzünden sich und sind als harte Knötchen von außen ertastbar. Weiße Blutkörperchen sammeln sich hier und bekämpfen die Krankheitserreger. Bestimmte weiße Blutkörperchen, die Lymphozyten, werden in den Lymphknoten gebildet. Sie können unerwünschte Eindringlinge wie ein Filter abfangen und sie haben die Fähigkeit, Bakteriengiften entgegenzuwirken.

Übersteigt die Zahl der Krankheitserreger die Abwehrkraft des Lymphgefäßsystems, besteht die Gefahr einer Art von Blutvergiftung (Lymphgefäßentzündung). Unter der Haut erscheint ein bläulich-roter Streifen, der ein entzündetes Lymphgefäß anzeigt. Sofortige ärztliche Hilfe ist erforderlich.

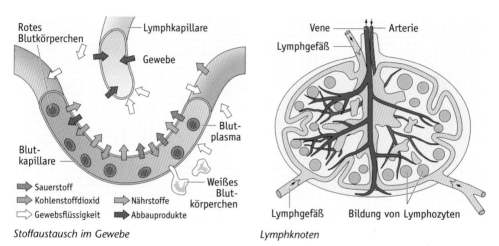

Stoffaustausch im Gewebe   *Lymphknoten*

Aufgaben zur Wiederholung und Festigung: **A**
1. *Erklären Sie die Arbeitsweise des Herzens anhand der Begriffe Systole und Diastole.*
2. *Erklären Sie Lage, Bau und Funktion der Taschen- und Segelklappen.*
3. *Erklären Sie die Begriffe Venen und Arterien.*
4. *Erklären Sie den Unterschied zwischen Körper- und Lungenkreislauf.*
5. *Erklären Sie Funktion und Bedeutung der Herzkranzgefäße.*
6. *Erklären Sie, wie ein Elektrokardiogramm (EKG) zustande kommt.*
7. *Erklären Sie Lage, Bau und Funktion der Venenklappen.*
8. *Stellen Sie in einer Tabelle gegenüber: Bestandteile des Blutes – Funktionen.*
9. *Erklären Sie die Methode der Blutgruppenbestimmung (s. Abb. S. 57).*
10. *Erklären Sie den Ablauf der Blutgerinnung/Blutstillung (s. Abb S. 56).*

Zusatzaufgaben zur Vertiefung

1. Rhesusunverträglichkeit

Informieren Sie sich über die Anti-D-Prophylaxe bei entsprechenden Risikoschwangerschaften (Rhesusunverträglichkeit). Berichten Sie in Form eines Referates.

2. Blut - Blutkreislauf

1. *Herzminutenvolumen und sportliches Training:*
   Durch Ausdauertraining kommt es zu einer Vergrößerung des Herzens und zu einer Kräftigung der Herzmuskulatur.
   a) Erklären Sie die Begriffe Schlagvolumen und Herzminutenvolumen.
   b) Berechnen Sie die fehlenden Angaben in der Tabelle.
   c) Erklären Sie anhand der Tabelle, wie die höhere Leistungsfähigkeit von trainierten Sportlern zustande kommt.

	Herzgröße		Schlagvolumen		Herzfrequenz		Herzminutenvolumen	
	Gewicht	Volumen	Ruhe	Belastung	Ruhe	Belastung	Ruhe	Belastung
	g	ml	ml		Schläge/min		Liter	
untrainiert	200–300	600–800	60–90	75–105	60–80	bis 200		
trainiert	350–500	900–1300	170–200	170–200	40–60	bis 200		

2. Informieren Sie sich über Blutspenden. Berichten Sie in Form eines Referates:
   a. Ablauf einer Blutspende,
   b. Arten von Blutspenden,
   c. Blutprodukte und ihre Verwendung.

3. *Vitalfunktionen*
   a) Messen Sie folgende Vitalfunktionen bei verschiedenen Testpersonen jeweils unter Ruhebedingungen, nach dem Treppensteigen und nach weiteren 5 Minuten Pause:
   - Puls (Schläge pro Minute),
   - Atmung (Atemzüge pro Minute),
   - Blutdruck in mmHg.
   b) Besorgen Sie sich in einer Arztpraxis einen Blutdruckpass für Hochdruckpatienten. Berichten Sie.

3. Diffusion

Überschichten Sie in einem Reagenzglas eine Farblösung (z. B. 1 ml Kaliumpermanganat-Lösung) mit Wasser. Lassen Sie das Reagenzglas ruhig stehen und beobachten Sie die Veränderungen über mehrere Stunden. Erklären Sie den Vorgang.

6 Unser Atmungssystem

Lernsituation

*Unsere Atmungsorgane sind empfindlich. Staub, Abgase, Bakterien und Viren können mit der Atemluft in unsere Atmungsorgane eindringen und dort Erkrankungen hervorrufen. Solche feinen **Verunreinigungen der Atemluft** werden normalerweise im Schleim gebunden und durch die Flimmerhärchen, die unsere Bronchien auskleiden, aus den Atemwegen entfernt. Durch starke Luftverschmutzung werden diese Flimmerhärchen geschädigt und können ihre Aufgaben nicht mehr erfüllen.*

*Zur Verbesserung der Luftqualität haben deshalb zahlreiche deutsche Kommunen **Umweltzonen** eingerichtet. Damit soll vor allem die Belastung mit Feinstaub durch den Straßenverkehr vermindert werden. Die ersten Umweltzonen wurden zum 1. Januar 2008 in den Städten Berlin, Köln und Hannover eingerichtet. Mittlerweile haben sich weitere Städte angeschlossen. Fahrzeuge ohne eine Umweltplakette dürfen die **Umweltzone** nicht durchfahren, sonst drohen 40 Euro Bußgeld und ein Punkt in Flensburg. Allerdings konnte mit diesen Maßnahmen die Feinstaubbelastung in unseren Städten noch nicht nachhaltig verbessert werden.*

  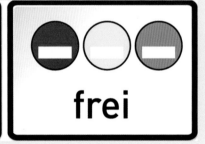

6.1 Wie kommt die Atemluft in den Körper?

Durch die **Nase** oder über den **Mund** atmen wir Luft ein. Winzige Härchen kleiden die Wände der **Nasenhöhle** aus, die wie mit einem Rechen die durchströmende Luft vorreinigen. Die feuchtwarme Nasenschleimhaut feuchtet die Luft beim Vorbeiströmen an und erwärmt sie. Die Nasenhöhle geht in den **Rachenraum** über. Hier kreuzen sich Luft- und Nahrungswege. Der Kehldeckel verhindert, dass beim Schlucken Speiseteile in die Atemwege gelangen. Darunter liegt der aus Knorpelgewebe bestehende Kehlkopf. Beim Schlucken, Sprechen und Singen hebt und senkt sich der Kehlkopf und ist durch die Haut als harter Körper fühlbar. Die Rachenmandeln als Teil des Immunsystems kontrollieren die Atemluft auf Krankheitserreger.

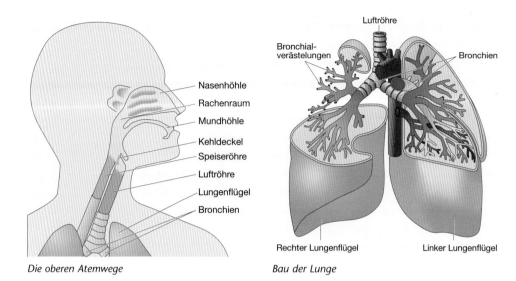

Nasenhöhle
Rachenraum
Mundhöhle
Kehldeckel
Speiseröhre
Luftröhre
Lungenflügel
Bronchien

Luftröhre
Bronchial-
verästelungen
Bronchien
Rechter Lungenflügel
Linker Lungenflügel

Die oberen Atemwege   *Bau der Lunge*

An den Kehlkopf schließt sich die 10 bis 15 cm lange **Luftröhre** an. Sie wird durch elastische, ringförmige Knorpelspangen gebildet. Ähnlich wie die Metallringe im Schlauch eines Staubsaugers verhindern die Knorpelspangen, dass die Luftröhre beim Einatmen zusammengedrückt wird. An ihrem unteren Ende verzweigt sich die Luftröhre nach rechts und links in zwei Äste, die Stammbronchien. Sie teilen sich beim Eintritt in die Lunge immer weiter auf und verästeln sich, sodass sie an einen auf den Kopf gestellten Baum erinnern.

Die Schleimhäute von Luftröhre und **Bronchien** sind mit *Flimmerhärchen* ausgekleidet. Durch ständige Bewegung sorgen sie dafür, dass eingeatmete Staubteilchen wieder nach außen transportiert werden. Gelangen größere Fremdkörper in die Luftröhre und Bronchien, wird ein Hustenreflex ausgelöst. Am Ende der feinsten Verästelungen sitzen winzige **Lungenbläschen**. Etwa 300 Millionen von ihnen bilden das schwammartige Lungengewebe, das von vielen Blutkapillaren durchzogen ist.

Die Lunge besteht aus zwei voneinander getrennten Hälften, dem rechten und dem linken **Lungenflügel.** Da die Lunge selbst keine Muskeln besitzt, kann sie selbst keine Atembewegungen ausführen. Wie erfolgt aber das Atmen? Wie bei einem Blasebalg vergrößert sich beim Einatmen der Brustraum, während er sich beim Ausatmen verkleinert. Die Lunge, die den Brustraum ausfüllt, macht jede Vergrößerung und Verkleinerung mit. Bei der Vergrößerung wird Atemluft durch den entstehenden Unterdruck eingesogen, bei der Verkleinerung wird sie durch den entstehenden Überdruck ausgepresst. Der Brustkorb kann sich auf zweierlei Weise vergrößern:

1. **Bauchatmung:** Beim Einatmen zieht sich das nach oben gewölbte Zwerchfell zusammen und flacht dabei ab. Dadurch wird der Innenraum des Brustkorbs erweitert. Das Zwerchfell, das Brust- und Bauchraum trennt, drückt dabei auf die Eingeweide. Die Bauchwand tritt dann etwas hervor. Beim Ausatmen ziehen sich die Bauchmuskeln zusammen und drücken das Zwerchfell wieder nach oben. Bei der Bauchatmung füllt sich die Lunge aber nur mäßig. Man atmet ziemlich flach ein. Diese Atemweise reicht aus, wenn man keine anstrengenden Tätigkeiten ausführt.

2. **Brustatmung:** Zwischen den Rippen liegen die Zwischenrippenmuskeln. Sie ziehen sich zusammen und heben dabei die Rippen und das Brustbein, sodass sich der Brustkorb stark

erweitert und Luft in die Lunge strömt. Beim Ausatmen entspannen sich die Zwischenrippenmuskeln, sodass der Brustkorb in seine Ausgangsstellung zurückkehrt. Die Atemzüge sind wesentlich tiefer als bei der Bauchatmung.

Bei größerem Sauerstoffbedarf, zum Beispiel beim Laufen, atmet man mit Bauch- und Brustatmung gleichzeitig.

6.2 Gasaustausch im Körper

Die Vorgänge, die notwendig sind, um die Außenluft in die Lungenbläschen und die Luft von dort wieder nach außen zu bringen, nennt man **äußere Atmung**. Gesteuert wird die Atmung durch ein besonderes Atemzentrum im Zentralnervensystem. Es reguliert die Atmung unbewusst und hält sie in Gang. Atemstillstand wird als klinischer Tod bezeichnet. Oft ist eine Wiederbelebung durch Atemspende und Herzmassage möglich. Allerdings führt ein Atem- und Kreislaufstillstand von 4 bis 8 Minuten zu irreversiblen Schäden des Gehirns.

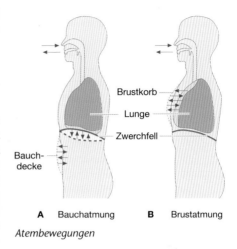

Brustkorb

Lunge

Zwerchfell

Bauchdecke

A   Bauchatmung   **B**   Brustatmung

Atembewegungen

Die Zahl der Atemzüge ist beim Kind größer als beim Erwachsenen. Sie beträgt beim Neugeborenen 40 bis 50, beim Kleinkind etwa 25 und beim Erwachsenen nur 14 bis 16 pro Minute in Ruhelage. Beim Schlafen ist die Anzahl der Atemzüge am niedrigsten, im Stehen höher als im Liegen. Sie steigt mit zunehmender Arbeitsleistung oder bei Fieber. So macht der erschöpfte Läufer etwa 60 Atemzüge pro Minute. Die Atmung passt sich so einem erhöhten Sauerstoffbedarf des Körpers an. Dabei nehmen sowohl das Atemzugvolumen als auch die Atemfrequenz zu. Die Atmung wird auch durch verschiedene seelische Eindrücke wie Freude, Angst oder Schockzustände beeinflusst.

Die eingeatmete Luft setzt sich normalerweise aus 21 % Sauerstoff, 0,03 % Kohlenstoffdioxid und etwa 78 % Stickstoff zusammen. Dagegen enthält die ausgeatmete Luft nur noch 17 % Sauerstoff, aber rund 3,5 % Kohlenstoffdioxid. Der Stickstoffanteil bleibt weitgehend unverändert. Die Unterschiede in der **Zusammensetzung der eingeatmeten und der ausgeatmeten Luft** zeigen, dass offenbar ein Gasaustausch im Körper stattgefunden hat. Wie kommt dieser zustande?

Der Gasaustausch erfolgt im Lungengewebe. Es besteht aus 300 bis 450 Millionen winzigen Lungenbläschen von etwa 0,25 mm Durchmesser. Sie bilden zusammen eine stark vergrößerte innere Oberfläche. Würde man alle Lungenbläschen eines Erwachsenen nebeneinanderlegen, ergäbe sich eine Oberfläche von etwa 100 qm. Die dünnen Wände der Lungenbläschen sind netzartig von kleinsten Blutkapillaren mit ebenfalls sehr dünnen Wänden umsponnen.

Die Blutkapillaren führen kohlenstoffdioxidreiches und sauerstoffarmes Blut aus dem Körper zur Lunge. In den Lungenbläschen ist die Konzentration von Sauerstoff höher und die Konzentration von Kohlenstoffdioxid geringer als im Blut. Es besteht ein Konzentrationsgefälle zwischen Blut und Atemluft. Zum Konzentrationsausgleich bewegen sich Gase stets von der höheren zur niedrigeren Konzentration. Daher erfolgt eine **Diffusion** des Sauerstoffs aus den

Lungenbläschen in das venöse Blut der Kapillaren. In der anderen Richtung diffundiert Kohlenstoffdioxid aus dem venösen Blut in den Luftraum der Lungenbläschen. Im Blut wird der Sauerstoff vom **Hämoglobin** der roten Blutkörperchen gebunden. Auf seinem Weg über die Lungenbläschen reichert sich das Blut nach und nach mit Sauerstoff an, während es andererseits immer mehr Kohlenstoffdioxid abgibt.

Das mit Sauerstoff angereicherte Blut gelangt von der Lunge zum Herzen. Von dort wird es durch den Blutkreislauf zu den Körpergeweben transportiert. Die Gewebe sind von kleinsten Kapillaren durchzogen. Ist der Sauerstoffgehalt in den Zellen geringer als im Blut, diffundiert Sauerstoff in die Zellen. Er wird bei der Energiegewinnung in der Zelle benötigt. Man spricht von **innerer Atmung.** Das dabei entstehende Kohlenstoffdioxid diffundiert ins Blut. Das nun wieder sauerstoffarme und kohlenstoffdioxidreiche Blut strömt durch die Venen zum Herzen und von dort zur Lunge. Der Vorgang der Sauerstoffaufnahme und Kohlenstoffdioxidabgabe beginnt von vorn. Auf diese Weise atmet ein Erwachsener täglich bis zu 750 Liter Sauerstoff ein und 600 Liter Kohlenstoffdioxid aus.

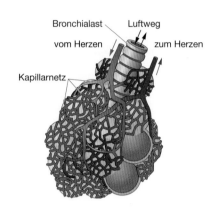

Bronchienende mit Lungenbläschen

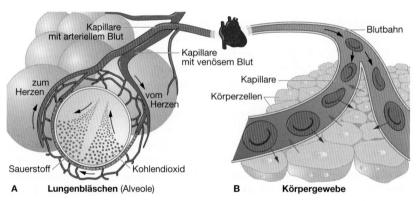

Gasaustausch A) in der Lunge B) im Körpergewebe

M

Merksatz
Fassungsvermögen der Lunge: *Bei normaler Atmung werden pro Atemzug etwa 0,5 Liter Luft ein- und wieder ausgeatmet. Holt man besonders tief Luft, so kann man über dieses **Atemzugvolumen** hinaus weitere zwei bis drei Liter Luft einatmen. Andererseits kann man nach normaler Ausatmung eine weitere Luftmenge von etwa einem Liter ausatmen.*
*Das maximal ein- und ausatembare Luftvolumen von etwa 3,5 bis 4,5 Liter nennt man die **Vitalkapazität** der Lunge. Diese steht zum Beispiel bei sportlicher Leistung zur Verfügung.*
*Auch bei maximaler Ausatmung bleibt noch ein Rest von etwa 1,1 Liter Luft in der Lunge zurück. Man nennt es Restluft oder **Residualvolumen**. Zählt man diesen Wert zur Vitalkapazität hinzu, so erhält man die **Totalkapazität** der Lunge.*

Aufgaben zur Wiederholung und Festigung:

1. *Stellen Sie in einer Tabelle den Weg der Atemluft in die Lungen dar: Teil der Atemwege – Funktion.*
2. *Erklären Sie den Unterschied zwischen Brust- und Bauchatmung.*
3. *Erklären Sie den Gasaustausch in Lunge und Körpergewebe sowie die Begriffe „äußere Atmung" und „innere Atmung".*
4. *Erklären Sie folgende Lungen- bzw. Atemvolumina: Atemzugvolumen, Vitalkapazität, Residualvolumen und Totalkapazität.*

Zusatzaufgaben zur Vertiefung

1. Nachweis von Kohlendioxid (CO_2) in der Atemluft

Bauen Sie die Versuchsanordnung gemäß der Zeichnung auf. Atmen Sie mehrfach durch den Schlauch ein und aus. Eine Trübung des Kalkwassers ist ein Hinweis auf CO_2. Erklären sie die Versuchsergebnisse.

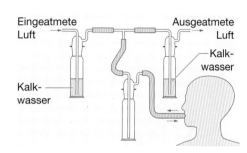

Eingeatmete Luft

Ausgeatmete Luft

Kalkwasser

Kalkwasser

2. Verschmutzung der Atemluft

1. *Geben Sie mit einer Pipette jeweils einen Tropfen Glycerin auf einen Objektträger und legen Sie die Objektträger an verschiedenen Orten für 24 Stunden aus, z.B. auf der Fensterbank außen, innen, im Park, an einer Straße, im Zimmer. Decken sie anschließend den Glyzerintropfen mit einem Deckgläschen ab, beschriften Sie die Probe und mikroskopieren Sie. Zählen Sie die Anzahl der Schmutzpartikel. Erläutern Sie die Unterschiede.*
2. *Informieren Sie sich über Atemschutzgeräte, z.B. Bauweise, Funktion, Einsatzbereiche. Berichten Sie.*

3. Wie Fische atmen

Fische können im Wasser durch ihre Kiemen atmen.

a) *Informieren Sie sich über die Kiemenatmung. Berichten Sie.*
b) *Erklären Sie die Funktion der Luftpumpe im Aquarium und*
c) *das Phänomen massenhaften Fischsterbens in heißen trockenen Sommern.*
d) *Warum müssen Wale regelmäßig auftauchen?*

7 Ausscheidungsorgane

Lernsituation

Der Politiker Franz-Walter Steinmeier ist nicht nur als deutscher Außenminister in der Öffentlichkeit bekannt, sondern auch, weil er seiner Frau eine Niere gespendet hat. Am 2. September 2010 meldete die Presse:

Steinmeier verlässt Krankenhaus

Elke Büdenbender und ihr Mann Frank-Walter Steinmeier

Neun Tage nach der Nierenspende an seine Frau darf Frank-Walter Steinmeier an diesem Donnerstag das Krankenhaus verlassen. Der SPD-Fraktionschef werde bis zum Beginn der Rehabilitationsmaßnahmen ambulant behandelt, sagte ein Fraktionssprecher.

(hen/Reuters/dpa, abgerufen unter: www. spiegel.de)

7.1 Die Nieren – Filteranlagen des Körpers

Jeder Mensch besitzt normalerweise zwei Nieren. Sie sind etwa 10 bis 12 cm lang, 5 bis 6 cm breit, ca. 3 cm dick und wiegen etwa 120 – 200 Gramm. Nieren reinigen das Blut, indem sie schädliche und überflüssige Stoffe, die **harnpflichtigen Substanzen**, daraus entfernen. Wie läuft dieser Reinigungsvorgang ab?

Große Arterien führen das Blut in die Nieren. Es dauert nur wenige Minuten, bis die gesamte Blutmenge des Körpers einmal durch die Nieren geflossen ist. Dabei entziehen die Nieren dem Blut Wasser und darin gelöste Stoffe. Dies geschieht in der **Nierenrinde**. Hier sitzen Millionen von **Nierenkörperchen**, kleine Bindegewebskapseln, gefüllt mit Knäueln kleinster Blutkapillaren. Die Wände dieser Blutkapillare wirken wie Filter: Größere Teilchen wie Blutzellen und Eiweiße können nicht hindurchtreten und bleiben im Blut zurück. Kleine Teilchen jedoch wandern mit dem Wasser in die Nierenkörperchen. Auf diese Weise füllen sie sich mit dem **Vorharn**. Der Vorharn enthält alle im Blut gelösten Stoffe. Dies sind sowohl überflüssige oder schädliche Abfallstoffe als auch für den Organismus notwendige Substanzen.

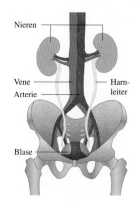

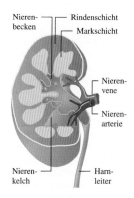

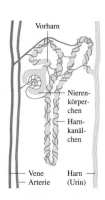

Lage von Nieren und Blase   *Bau der Niere*   *Feinbau der Niere*

Diese notwendigen Substanzen müssen dem Körper wieder zugeführt werden. Wie geht das vor sich? In den Nierenkörperchen beginnen dünne Schläuche, die **Nierenkanälchen**, die sich in vielen Bögen bis ins **Nierenmark** winden. Durch sie fließt der Vorharn. Auf seinem Weg durch die Nierenkanälchen werden dem Vorharn alle Stoffe entzogen und ins Blut zurückgeführt, die der Körper noch verwenden kann. Dazu gehören bis auf wenige Liter fast das gesamte Wasser, aber auch Traubenzucker und Salze. Man nennt diesen Vorgang **Rückresorption**. Am Ende des Weges durch die Kanälchen bleiben dann nur noch die im Restwasser gelösten Stoffe übrig, die den Körper verlassen sollen. Der **Endharn** ist entstanden. Er enthält zu einem großen Teil Harnstoff, ein stickstoffhaltiges Endprodukt des Eiweißstoffwechsels. Über **Harnleiter** und **Blase** wird der im Nierenbecken gesammelte Endharn abgeleitet und durch die Harnröhre ausgeschieden.
Die gewaltige Leistung der Nieren verdeutlichen folgende Zahlen: Etwa 1.500 Liter Blut fließen täglich hindurch. Daraus wird innerhalb von 24 Stunden ca. 150 Liter Vorharn gebildet, aber schließlich nur ca. 1,5 Liter Endharn abgeleitet.

Mit ihrer Arbeit erfüllen die Nieren mehrere **Regulationsaufgaben** im Körper:
- Ausscheidung von Stoffwechselendprodukten,
- Ausscheidung von Fremdsubstanzen wie Medikamente und Umweltgifte,
- Regulation des Wasserhaushalts,
- Regulation der Salzkonzentration im Körper.

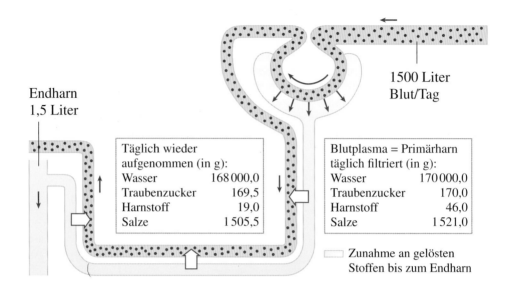

Funktionsweise der Niere

7.2   Die Haut als Ausscheidungsorgan

Unser Körper scheidet nicht die gesamte überschüssige Flüssigkeit mit dem Harn aus. Ein Teil wird mit unserem feuchten Atem abgegeben und einen nicht geringen Teil scheiden wir als **Schweiß** über die Haut aus. Dies spüren wir vor allem bei körperlichen Anstrengungen oder bei großer Hitze. Dann können zeitweise bis zu 2 Liter Flüssigkeit in einer Stunde ausgeschwitzt werden. Aber auch bei völliger Ruhe arbeiten die Schweißdrüsen unserer Haut und verdunsten etwa einen halben Liter Flüssigkeit pro Tag, ohne dass es uns bewusst wird. Besonders viele Schweißdrüsen befinden sich in den Handflächen, Fußsohlen, Achselhöhlen und in der Leistengegend.

Schweißbildung unterstützt die **Temperaturregelung des Körpers,** denn die Schweißflüssigkeit auf der Körperoberfläche wirkt durch Verdunstungskälte kühlend. Deshalb sind fiebrige Erkrankungen oft mit starkem Schwitzen verbunden. Auch bei psychischer Erregung kann man „ins Schwitzen" kommen.

Die Wasserausscheidung über die Haut entlastet die Nieren spürbar. Im Schweiß sind unter anderem außer Wasser auch Salze, Harnstoff, Aminosäuren und Fettsäuren enthalten. Wir merken es daran, dass Schweiß salzig schmeckt. Normalerweise ist Schweiß geruchlos. Befindet er sich aber einige Zeit an der Luft, werden die in ihm enthaltenen Fettsäuren von Bakterien zersetzt. So kommt der unangenehme Geruch durchgeschwitzter Kleidung zustande.

7.3 Dialyse: Künstliche Nieren

Insgesamt benötigen in Deutschland rund 67.000 Menschen eine Dialyse. Dabei wird die Filterfunktion der Niere durch eine „Maschine" ersetzt. Das Blut wird aus einer Arterie durch eine Nadel entnommen und mit einer Pumpe über einen Schlauch zum *Dialysator* geführt. In dieser „künstlichen Niere" erfolgt die Auswaschung der Stoffwechselabbauprodukte über Kunststoffmembranen. Danach gelangt das gereinigte Blut über ein Schlauchsystem und eine Nadel in eine Körpervene zurück. Ein Luftfänger ist dazwischen geschaltet, um eventuell entstehende kleine Luftbläschen zurückzuhalten. Sie könnten eine Embolie verursachen. Dem Blut muss Heparin zugesetzt werden, damit es im Schlauchsystem nicht zur Blutgerinnung kommt.

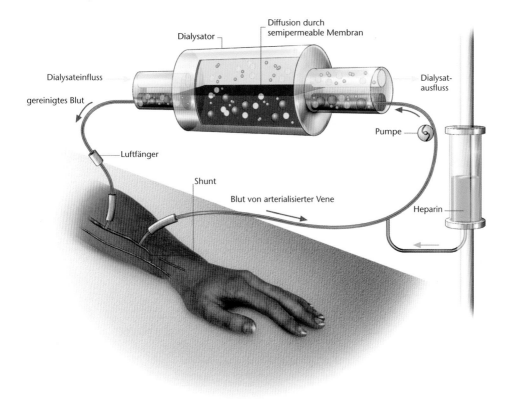

Dialyse

In Deutschland werden pro Jahr knapp 5.000 **Organtransplantationen** durchgeführt, vor allem folgender Organe: Niere, Leber, Herz, Lunge, Bauchspeicheldrüse (Pankreas) und Dünndarm. Andererseits warten in unserem Land pro Jahr etwa 12.000 Menschen auf ein Spenderorgan, die meisten davon jahrelang. Viele sterben, bevor ein rettendes Spenderorgan zur Verfügung steht.

Man unterscheidet zwischen Lebendspende und postmortaler Spende. **Lebendspenden** sind vor allem bei paarigen Organen möglich. So fällt bei Nierentransplantationen mit rund 22% der Anteil der Lebendspenden besonders hoch aus. Für die Organspende im Todesfall gelten gemäß **Transplantationsgesetz** und **Gewebegesetz** besondere Voraussetzungen.

A

Aufgaben zur Wiederholung und Festigung:
1. *Stellen Sie tabellarisch die Stationen des Filtervorgangs in den Ausscheidungsorganen zusammen.*
2. *Welche Regulationsaufgaben übernimmt die Niere für den Körper?*
3. *Erklären Sie die Bedeutung der Haut als Ausscheidungs- und Regulationsorgan.*
4. *Erklären Sie die Vorgehensweise bei der Dialyse.*

Zusatzaufgaben zur Vertiefung
Informieren Sie sich über den Organspendeausweis. Berichten Sie.

Ablauf einer Organspende

Krankheit oder Unfall mit schwerer Hirnschädigung

Hirntodfeststellung

Transplantation

Meldung des Spenders an die DSO

Transport der Organe

Angehörigen-gespräch

Organentnahme

Medizinische Untersuchungen des Verstorbenen

Übertragung von Daten zur Organvermittlung an Eurotransplant

DSO.

Ablauf einer postmortalen Organspende

8   Vom Kind zum Erwachsenen

Lernsituation
Im Rahmen der Schwangerschaftsvorsorge sind drei Ultraschall-Untersuchungen vorgesehen. Sie dienen vor allem dazu, den Verlauf der Schwangerschaft, die Lage des Kindes und dessen Entwicklung und Versorgung zu überprüfen und zu überwachen.
Beim zweiten regulären Ultraschall, in der 20. Schwangerschaftswoche, lässt sich auch meistens schon das Geschlecht des Babys erkennen. Viele Eltern beginnen anschließend, sich intensiv der Frage zu widmen: Wie soll unser Kind heißen?

8.1   Nachwuchs wird erwartet: Junge oder Mädchen?

Betrachtet man eine Zelle unter dem Mikroskop, so kann man vor allem während der Zellteilung die **Chromosomen** erkennen. Auf ihnen liegen unsere Erbanlagen, die **Gene**. Alle Chromosomen einer Zelle zusammen bezeichnet man als **Chromosomensatz**. Beim Menschen umfasst er 46 Chromosomen. Jeweils zwei Chromosomen sind gleich gebaut. Der menschliche Chromosomensatz besteht also aus 23 Chromosomenpaaren.

Die Chromosomensätze von Mann und Frau zeigen einen kleinen, aber wichtigen Unterschied. Die Frau hat 23 Chromosomenpaare, die vollständig gleich gestaltet sind. Beim Mann gibt es nur 22 gleichaussehende Paare. Das 23. Chromosomenpaar besteht aus einem großen **X-Chromosom** und einem kleinen **Y-Chromosom**. Bei der Frau bilden zwei gleichaussehende X-Chromosomen das Chromosomenpaar Nummer 23.

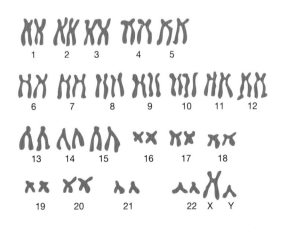

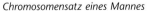

Chromosomensatz eines Mannes

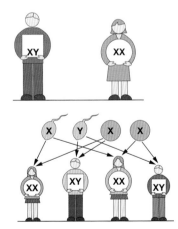

Geschlechtsbestimmung

X- und Y-Chromosomen werden auch als **Geschlechtschromosomen** bezeichnet, denn sie sind für die Bestimmung des Geschlechts verantwortlich. Wie läuft das ab? Bei der Bildung der Keimzellen, Eizellen und Spermazellen werden die Chromosomenpaare getrennt.

Während alle Eizellen der Frau ein X-Chromosom enthalten, gibt es beim Mann Spermazellen mit einem X-Chromosom und solche, die ein Y-Chromosom haben. Nun kommt es darauf an, welche Spermazelle als erste die Eizelle erreicht und diese befruchtet. Enthält sie ein X-Chromosom, entsteht ein Mädchen, trägt sie ein Y-Chromosom, entwickelt sich ein Junge. Das Geschlecht eines Kindes wird also schon bei der Verschmelzung von Ei- und Spermazelle, bei der Befruchtung, festgelegt. Maßgebend für die Bestimmung des Geschlechts sind dabei die Keimzellen des Mannes.

8.2   Bau und Funktion der Geschlechtsorgane

An den äußeren **Geschlechtsorganen** lassen sich die Geschlechter bereits bei Neugeborenen unterscheiden: Der Junge ist durch einen Penis und einen Hodensack mit zwei Hoden gekennzeichnet, beim Mädchen sind Schamlippen und Schamspalte zu erkennen. Diese Geschlechtsorgane sind die **primären Geschlechtsmerkmale**. Zu ihnen gehören auch Organe, die im Körperinneren liegen.

8.2.1 Die männlichen Geschlechtsorgane

Hoden	Sie bilden sich in der Embryonalentwicklung in der Bauchhöhle und steigen bis zur Geburt aus dem Körperinneren in die Hodensäcke ab (Hodenabstieg). Außen liegt die Temperatur niedriger, was für die Entwicklung und Speicherung der männlichen Keimzellen, der Spermien, notwendig ist.
Nebenhoden	Sie befinden sich auf der Rückseite der Hoden. In ihnen reifen die Spermien endgültig heran. Außerdem dienen die Nebenhoden zur Speicherung der reifen Spermien. Dazu enthalten sie meterlange auf engstem Raum zusammengeknäuelte Gänge, die in den Samenleiter münden.
Samenleiter	Der 40 bis 50 cm lange Gang verbindet die Nebenhoden mit dem Harnleiter.
Bläschendrüsen	Diese paarigen Drüsen sondern ein Sekret ab, welches 70 % des Ejakulats ausmacht. Es enthält vor allem Fruktose, welches den Spermazellen zur Energiegewinnung beim Geißelschlag dient.
Vorsteherdrüse	Diese eiförmige, auch als Prostata bezeichnete Drüse umschließt die Harnröhre und gibt ihr Sekret in diese ab.
Cowperdrüsen	Sie geben ihr schleimiges Sekret unmittelbar vor der Ejakulation in die Harnröhre ab.
Penis (Glied)	Er besteht aus Peniswurzel, Penisschaft und der Eichel, die von der zurückziehbaren Vorhaut bedeckt wird. Der Penisschaft enthält Schwellkörper. Bei der Erektion füllen sich diese mit Blut. Gleichzeitig wird der venöse Abfluss unterdrückt, sodass der Penis länger und hart wird und sich erhebt.

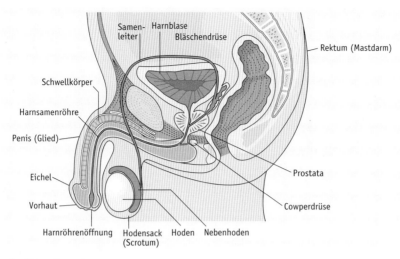

Bau der männlichen Sexualorgane

8.2.2 Die weiblichen Geschlechtsorgane

Eierstöcke	In den beiden mandelgroßen Eierstöcken entstehen schon in der Fetalzeit mehrere Millionen Ureizellen. Davon reift ab der Pubertät bis zur Menopause pro Monat normalerweise eine zur befruchtungsfähigen Eizelle heran.
Eileiter	Es handelt sich um 12 bis 15 cm lange Schläuche. Das Eileiterende legt sich beim Eisprung über den Eierstock und nimmt die Eizelle auf. Im Eileiter findet auch die Befruchtung der Eizelle statt. Die Eileiter münden in die Gebärmutter (Uterus).
Uterus (Gebärmutter)	Die Gebärmutter, der Uterus, ist ein birnenförmiges mit einer Schleimhaut ausgekleidetes Hohlorgan, in dem der Embryo heranreift.
Muttermund	Er verschließt während der Schwangerschaft den Uterus und öffnet sich durch die Wehen bei der Geburt des Kindes.
Vagina (Scheide)	Die Scheide ist ein abgeplatteter Schlauch, der am oberen Ende in die Gebärmutter mündet. Am unteren Ende öffnet sich die Scheide zwischen den kleinen Schamlippen nach außen.
Schamlippen	Sie decken die Scheide (Vagina) nach außen ab. Zu unterscheiden sind die kleinen und die großen Schamlippen.
Klitoris (Kitzler)	Die Klitoris enthält einen Schwellkörper, der beim Geschlechtsverkehr erigiert.

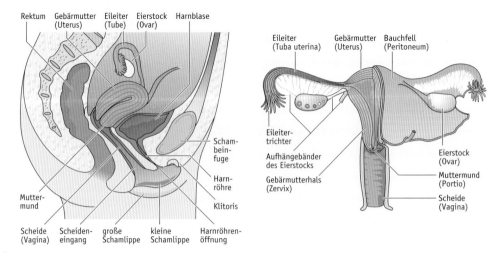

Die weiblichen Geschlechtsorgane

E

Exkurs: Künstliche Befruchtung

Ungewollt kinderlose Paare können eine künstliche Befruchtung in Erwägung ziehen. Dazu wird der Spendersamen während der fruchtbaren Tage in die Gebärmutter der Frau eingeführt. Der Samen kann vom eigenen Partner oder von einem anonymen Spender aus einer Samenbank stammen.

*Bei der **In-Vitro-Fertilisation (IVF)** erfolgt die Befruchtung, d.h. die Verschmelzung von Ei- und Samenzelle, im Reagenzglas. Innerhalb von 72 Stunden werden daraus entstandene Embryonen mit einem dünnen Schlauch in die Gebärmutter übertragen. Man spricht von Embryonentransfer (ET). Das erste Kind, welches durch künstliche Befruchtung im Reagenzglas entstand, war 1978 Louise Brown.*

*In Deutschland ist die **Präimplantationsdiagnostik (PID)** unter bestimmten gesetzlich festgelegten Voraussetzungen erlaubt. Dabei wird Erbgut aus Zellen eines mehrere Tage alten Embryos, welcher durch künstliche Befruchtung außerhalb des Mutterleibes entstanden ist, auf mögliche Fehlbildungen und Erbschäden hin untersucht.*

8.3   Veränderungen in der Pubertät

Mit der Tätigkeit der Keimdrüsen – der Hoden beim Jungen und der Eierstöcke beim Mädchen – beginnt die Pubertät. Damit verbunden erleben Mädchen und Jungen etwa zwischen dem 10. und 18. Lebensjahr einen deutlichen Wandel ihres Körpers und ihres Gefühlslebens. Gesteuert von der Hirnanhangdrüse oder Hypophyse werden bei Jungen und Mädchen **Geschlechtshormone** gebildet. Das typisch männliche Geschlechtshormon heißt Testosteron, die wesentlichen weiblichen Geschlechtshormone sind Östrogen und Progesteron. Unter dem Einfluss dieser Hormone formen sich die Körpermerkmale von Mann und Frau.

Im fortpflanzungsfähigen Alter sind die Geschlechtsorgane größer ausgebildet. Unter dem Einfluss der Hormone, die in den Hoden und den Eierstöcken gebildet werden, haben sich die **sekundären Geschlechtsmerkmale** entwickelt (s. Abbildung).

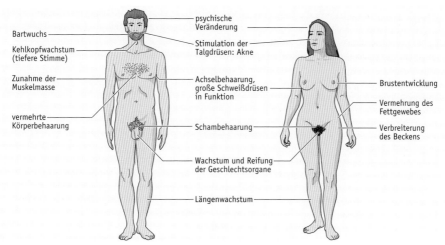

Körperliche Veränderungen während der Reifezeit bei Jungen und Mädchen

Beim Jungen vergrößern sich die Geschlechtsorgane. In den Hoden werden zunehmend reife **Spermazellen** produziert. Damit ist der Junge zeugungsfähig.

Beim Mädchen entwickeln sich etwa vom 11. Lebensjahr an die **Brüste.** Später tritt dann die **erste Regelblutung** auf und das Mädchen kann schwanger werden.

Die sekundären Geschlechtsmerkmale haben auch werbende Wirkung bei der Partnersuche und der Partnerwahl. Deshalb werden diese Merkmale z. B. durch Kleidung besonders betont. Frauen unterstreichen die Wirkung eines „breiten Beckens" durch das Tragen von weiten Röcken mit enger Taille. Männer tragen Anzüge, bei denen die Jacken „breite Schultern" und die Hosen „schmale Becken" hervorheben.

Solche zusätzlichen Unterscheidungsmerkmale bezeichnet man als **tertiäre Geschlechtsmerkmale.** Sie sind jedoch stark abhängig von dem, was gerade Mode ist, also von der Erwartung der jeweiligen Gesellschaft an die Rolle von Mann und Frau.

8.4 Regelblutung – immer regelmäßig?

„Das einzig regelmäßige an der Regelblutung ist ihre Unregelmäßigkeit", hat ein Mediziner einmal gesagt. Viele Frauen, besonders junge Mädchen, können diese Aussage bestätigen. Warum ist der weibliche Zyklus so störanfällig?

Normalerweise wiederholen sich im weiblichen Körper ganz bestimmt Vorgänge in regelmäßigen Abständen. Der weibliche Zyklus beginnt am ersten Tag mit der Regelblutung, der **Menstruation,** die etwa 3 bis 5 Tage dauert. Die dabei verlorene Blutmenge übersteigt meist 100 – 200 ml nicht. Angeregt durch Hormone der Hypophyse beginnt nun im Eierstock die Eireifung. In den Eibläschen des Eierstocks bilden sich **Östrogene.** Sie beeinflussen den Wiederaufbau der **Gebärmutterschleimhaut,** bis sie für die Aufnahme einer befruchteten Eizelle vorbereitet ist.

Um den 13. Tag herum wird der **Eisprung** ausgelöst. Nun geht die Östrogenbildung zurück und ein neues Hormon wird freigesetzt. Das leere Eibläschen hat sich zum Gelbkörper umgewandelt und produziert das Gelbkörperhormon oder **Progesteron.** Auch Progesteron beeinflusst die Gebärmutterschleimhaut. Sie wird stärker durchblutet und Glykogen wird eingelagert. Wenn sich ein befruchtetes Ei in der Schleimhaut einnistet, kann der Embryo dort in den ersten beiden Wochen ernährt werden.

Ist das Ei nach dem Eisprung nicht befruchtet worden, stirbt der Gelbkörper ab. Die Schleimhaut wird weniger durchblutet, durch den Sauerstoffmangel aufgelöst und um den 28. Tag des Zyklus abgestoßen: Die Regelblutung setzt ein.

Die Regelblutung verläuft oft nicht beschwerdefrei. Während der Schwangerschaft bleibt die Regelblutung aus. Nicht jedes Ausbleiben der Menstruation bedeutet eine Schwangerschaft. Aufregung, Klimawechsel, Genussmittel, Krankheiten und Magersucht können das Hormonsystem stören und zu **Unregelmäßigkeiten** führen.

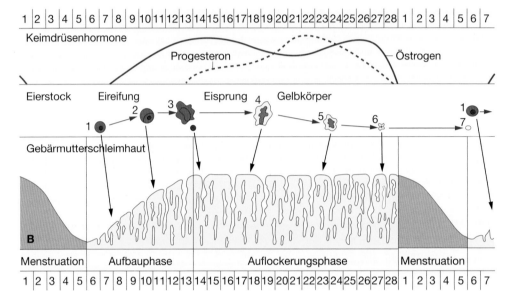

Normaler Menstruationszyklus

8.5   Befruchtung, Keimesentwicklung und Geburt

8.5.1 Geschlechtszellen – wie werden sie gebildet?

Die größeren weiblichen Geschlechtszellen, die **Eizellen**, reifen in den Eierstöcken heran, die männlichen kleineren und beweglichen **Spermazellen** entstehen in den Hoden. In den Geschlechtszellen sind die Erbanlagen enthalten, die beide Elternteile an ihre Nachkommen weitergeben. Man bezeichnet den Vorgang der Keimzellenbildung als Reifeteilung oder **Meiose**.

1. In der Ursamenzelle und in der Ureizelle liegen die Chromosomen zuerst als feine Fäden im Zellkern vor.

2. Werden Spermazellen bzw. Eizellen gebildet, verdicken und verkürzen sich die Fäden. Die Chromosomen werden erkennbar und ordnen sich zu einer Platte inmitten der Zelle an. Chromosomen mit gleicher Form liegen als Paare zusammen.

3. Fasern von den Zellpolen heften sich nun an die Chromosomen an und transportieren je ein Chromosom eines Paares zu den Polen. Jedes Chromosomenpaar wird also getrennt, sodass die neu gebildeten Zellen jetzt den **einfachen Chromosomensatz**, also 23 Chromosomen, enthalten.

4. Es erfolgt noch eine weitere Teilung, die wie eine gewöhnliche Zellteilung (Mitose) verläuft. Hierbei werden die bisher zusammenhängenden Längshälften der Chromosomen, die Chromatiden, getrennt.

5. Aus einer Zelle mit doppeltem Chromosomensatz entstehen insgesamt vier Spermazellen mit einfachem Chromosomensatz. In gleicher Weise werden die Eizellen gebildet. Im Unterschied zu den Spermazellen wird aber das Zellplasma ungleichmäßig auf die entstehenden Zellen verteilt. Es bleibt am Ende nur eine plasmareiche Eizelle übrig, die drei plasmaarmen kleinen Zellen sterben ab.

6. Bei der Befruchtung entsteht durch Verschmelzung der beiden Keimzellen, Eizelle und Spermazelle, mit jeweils einfachem Chromosomensatz eine **Zygote** mit doppeltem Chromosomensatz.

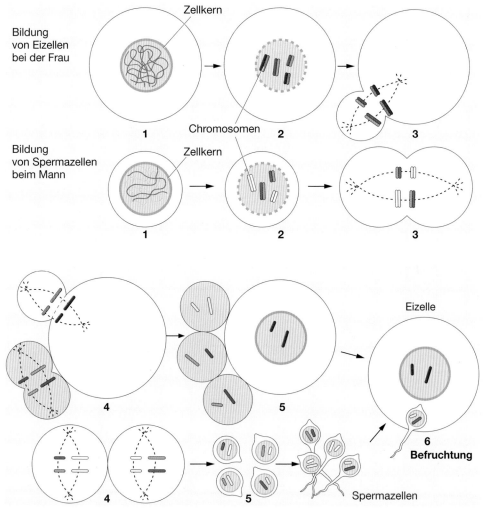

Bildung von Geschlechtszellen beim Menschen

8.5.2 Von der befruchteten Eizelle zum Fetus

Alle vier Wochen wächst im weiblichen Eierstock ein Ei zur völligen Reife heran. In der Mitte zwischen zwei Menstruationen, etwa 12 bis 14 Tage vor dem Einsetzen der nächsten Periode, kommt es zum **Eisprung:** Die reife Eizelle tritt aus dem Eierstock heraus und gelangt als befruchtungsfähiges Ei durch den Flimmertrichter in den Eileiter. Gelangen jetzt Spermazellen in die Scheide, beginnt ein Wettrennen, denn nur die erste Spermazelle kommt zur Befruchtung.

Während die Eizelle in Richtung Gebärmutter eileiterabwärts transportiert wird, bewegen sich die Spermazellen in die entgegengesetzte Richtung in die Eileiter hinein. Trifft eine Spermazelle auf die befruchtungsfähige Eizelle, verschmelzen ihre Membranen miteinander. Die Spermazelle dringt rasch in die Eizelle ein und die Zellkerne vereinigen sich. Eine **Befruchtung** ist erfolgt. Unmittelbar nach dem Eindringen der Spermazelle wird die Haut der Eizelle für weitere Spermazellen unpassierbar.

Schon während die befruchtete Eizelle, **Zygote** genannt, den Eileiter abwärts zur Gebärmutter wandert, beginnt die Zellteilung. Zunächst entstehen zwei Tochterzellen mit identischen Zellkernen, dann vier, acht, sechzehn. 72 Stunden nach der Befruchtung hat sich eine Zellkugel aus 32 Zellen gebildet, die Maulbeerkeim oder Morula genannt wird. Bei weiteren Teilungen rücken die inneren Zellen auseinander, es entsteht ein flüssigkeitsgefüllter Hohlraum. Ein solcher Bläschenkeim oder Blastozyste hat einen Durchmesser von einem Millimeter.

Inzwischen sind seit der Befruchtung 5 – 6 Tage vergangen, der Keim hat die Gebärmutter erreicht. Dort wächst er in die innere Wand der Gebärmutterschleimhaut ein. Man bezeichnet diesen Vorgang als **Einnistung.** Mit der Einnistung beginnt die Schwangerschaft. In diesem Fall wird die Gebärmutterschleimhaut nicht abgestoßen, es tritt also keine Regelblutung ein.

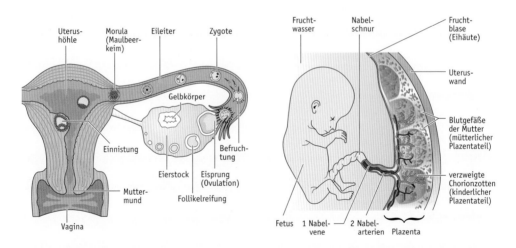

Phasen der Eireifung bis zur Einnistung   *Menschlicher Fetus und Plazenta*

Bis zum 16. Schwangerschaftstag hat sich aus der Zygote ein **Embryo** entwickelt. Am Ende des 1. Schwangerschaftsmonats ist der Embryo mit 1 Zentimeter Länge noch winzig klein. Während seiner Entwicklung im 3. Schwangerschaftsmonat erreicht er dann eine Größe von 7 bis 8 cm und ein Gewicht von etwa 30 g. Jetzt kann man den Embryo schon deutlich als menschliches Wesen erkennen. Seine Gliedmaßen mit Fingern und Zehen wachsen heran und können selbstständig bewegt werden. Innere Organe wie Magen, Leber, Herz und Nieren sind bereits angelegt.

Nach dem 3. Schwangerschaftsmonat wird der Embro **Fetus** genannt. Der Fetus macht einen Wachstumsschub durch, sodass er am Ende des 4. Monats 16 cm groß und 150 g schwer ist. Das zunächst aus Knorpel bestehende Skelett bildet sich zum Knochenskelett um. Der Fetus bewegt sich jetzt teilweise schon so stark, dass die Mutter die ersten Kindesbewegungen spürt. Das Herz des Fetus schlägt doppelt so schnell wie beim Erwachsenen. Im 5. Monat schließlich ist die Handentwicklung abgeschlossen. Das Kind kann bereits Greifbewegungen ausführen und am Daumen nuckeln. Die Haut hat noch kein Fett eingelagert und ist deshalb durchsichtig. Die Blutgefäße sind gut zu erkennen. Im 6. Monat öffnen sich die Augen und das Gesicht wird schmaler.

Vom 7. Monat an besteht die Entwicklung des Fetus nur noch in einer Zunahme an Gewicht und an Größe. Die Lungen sind voll ausgebildet. Jetzt kann ein durch eine **Frühgeburt** zur Welt gekommenes Kind am Leben erhalten werden.

Während seiner Entwicklung wird der Keim von einer Hülle, der Fruchtblase, umgeben. Gefüllt ist sie mit einer Flüssigkeit, dem Fruchtwasser, und stellt eine Art Wasserkissen dar, das die Frucht vor Stößen und vor Austrocknung schützt.

Ernährt und mit Sauerstoff versorgt wird der Keimling über den **Mutterkuchen (Plazenta)**, der sich in der Gebärmutter gebildet hat. Er stellt die Verbindung zwischen Mutter und Embryo her. Einige Teile bestehen aus embryonalem, andere aus mütterlichem Gewebe. Die wurzelartigen Verästelungen (Zotten) gehören zum embryonalen Gewebe. Sie enthalten Blutkapillaren des kindlichen Gefäßsystems. Die Zotten ragen tief in die Gebärmutterschleimhaut hinein und werden hier vom mütterlichen Blut umspült. Das kindliche Blut bleibt jedoch vom mütterlichen Blut durch eine dünne Membran getrennt, sodass es sich nicht mit ihm vermischt. Durch diese Membran, die wie eine Schranke wirkt, können Nährstoffe und Sauerstoff von der Mutter in das embryonale Blut gelangen. In der Nabelvene fließen sie dann zum Embryo. Kohlenstoffdioxid und Abbauprodukte des kindlichen Organismus wandern durch zwei Nabelarterien in die umgekehrte Richtung. Vom mütterlichen Blut werden sie aufgenommen und abtransportiert. Giftstoffe wie Alkohol und Nikotin, Medikamente und Krankheitserreger können die „Zellschranke" ebenfalls passieren.

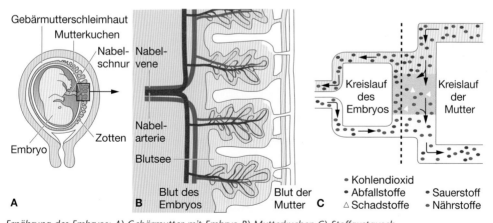

Ernährung des Embryos: A) Gebärmutter mit Embryo B) Mutterkuchen C) Stoffaustausch

8.5.3 Die Geburt

Nach einer Erfahrungsregel errechnet man den Geburtstermin mit 268 Tagen nach der Befruchtung oder 280 Tagen nach dem Beginn der letzten Menstruation. Der tatsächliche Geburtstermin kann mit 252 bis 283 Tagen nach der Befruchtung, also in der 38. bis 42. Schwangerschaftswoche, erheblich davon abweichen.

Eingeleitet wird die Geburt durch **Wehen**. Die Muskulatur der Gebärmutter zieht sich in unregelmäßigen Abständen krampfartig zusammen. Das wird von der Gebärenden als schmerzhaft empfunden. In der **Eröffnungsphase** der Geburt wird der Kopf des Kindes in den Gebärmutterhals gedrückt, dadurch der untere Teil der Gebärmutter erweitert, der Muttermund gedehnt und vollständig geöffnet. Der Druck auf die Fruchtblasenwand nimmt zu, bis sie reißt. Bei diesem Blasensprung fließt das Fruchtwasser nach außen ab.

Ist der Muttermund vollständig geöffnet, beginnt die **Austreibungsphase**. Die Wehen verstärken sich und kommen regelmäßiger und häufiger. Das Kind muss durch den engen mütterlichen Geburtskanal. Dafür scheint der Durchmesser des Kopfes viel zu groß zu sein. Doch die Schädelknochen des Kindes sind zu diesem Zeitpunkt noch nicht miteinander verwachsen, sodass der Kopf noch etwas verformbar ist. Außerdem ist der Beckenausgang gegen Ende der Schwangerschaft besonders erweiterungsfähig.

Hat der Kopf des Kindes den Beckenboden erreicht, wird das Kind mithilfe besonders starker Wehen, den **Presswehen**, zum Scheidenausgang hin gedrückt. In dieser Phase kann die Gebärende die Austreibung durch aktives Pressen unterstützen. Sobald der Kopf durch die Scheide hindurchgetreten ist, erleichtert sich der Geburtsvorgang. Schulter- und Beckengürtel sind kaum breiter als der Kopf, aber besser verformbar.

Eine Hebamme und in der Regel auch ein Arzt helfen bei der Geburt. Außerhalb des mütterlichen Körpers muss das Neugeborene zu atmen beginnen. Ein erster reflektorischer Atemzug füllt seine Lungen mit Luft. Die Nabelschnur wird eine Handbreit vom Nabel entfernt abgebunden und durchgeschnitten. Man spricht daher auch von einer **Entbindung**. Wenige Minuten nach der Geburt setzen Nachwehen ein, die zur Ablösung und Ausstoßung des Mutterkuchens führen.

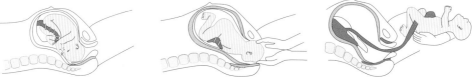

Die Phasen der Geburt: 1. Eröffnungsphase 2. Austreibungsphase 3. Entbindungsphase

E

Exkurs: Fehlgeburten und Fehlbildungen
*Während seiner Entwicklung vor der Geburt mit Wachstum und Differenzierung kann es zu Entwicklungsstörungen des Embryos kommen, die zu **Fehlgeburten** (Aborten) führen. Etwa jede 8. Schwangerschaft endet mit einer Fehlgeburt.*

*Nur etwa 2 bis 3 Prozent der Neugeborenen kommen mit **Fehlbildungen** zur Welt. Ein Teil der Fehlbildungen entsteht aus inneren Ursachen, ist ererbt oder durch eine Fehlverteilung der Chromosomen verursacht. Aber auch äußere Faktoren können angeborene Fehlbildungen erzeugen. Zu ihnen gehören verschiedene Medikamente, Alkohol und Nikotin, Umweltgifte und Röntgenstrahlen. Wer in der Schwangerschaft Alkohol trinkt, muss mit schwerwiegenden Störungen beim Neugeborenen, der **Alkoholembryopathie**, rechnen. Auch während der Schwangerschaft auftretende Infektionen, z.B. mit Rötelviren, können schwere Herzmissbildungen, Gehirnschäden und Linsentrübungen zur Folge haben. Um solche Schäden zu vermeiden, wird heute jedem jungen Mädchen eine Schutzimpfung gegen Röteln empfohlen (s. Kapitel C 3.2).*

8.6   Vorsorge für Mutter und Kind

8.6.1 Der Säugling braucht viel Pflege

Von der Geburt bis zur Vollendung des ersten Lebensjahres ist ein Kind im Säuglingsalter. Ein menschlicher Säugling kommt völlig hilflos zur Welt. Bis auf die wenigen angeborenen Verhaltensweisen wie Trinken, Lächeln oder Weinen muss er lernen, sich in der Welt zurechtzufinden. Für die Pflege und Förderung ihres Babys müssen Mutter und Vater deshalb viel Zeit aufwenden.

Die bestmögliche und natürlichste Ernährungsform für die ersten sechs Lebensmonate ist das **Stillen**. Es ermöglicht den intensivsten Kontakt zwischen Mutter und Kind. Stillen gilt auch als die praktischste und preiswerteste Form der Säuglingsernährung: Wo auch immer Mutter und Säugling sich befinden, die Mutter hat immer die richtige Nahrung in der richtigen Temperatur hygienisch „verpackt" zur Verfügung. Dabei passt sich die Muttermilch in ihrer Zusammensetzung den Ernährungsbedürfnissen des Säuglings während seiner Entwicklung an. Sie enthält auch mütterliche Abwehrstoffe, die den Säugling weniger anfällig für Infektionen machen und sein Immunsystem stabilisieren. Gestillte Säuglinge sollen weniger anfällig für Allergien sein.

Bei Stillhindernissen oder frühzeitigem Abstillen bekommen Säuglinge Flaschennahrung mit künstlich **angepasster (adaptierter) Säuglingsmilch**. Wie oft und wie viel Nahrung muss ein Säugling erhalten? Säuglinge werden meist „nach Bedarf" gefüttert, also wenn der Säugling sich durch Geschrei meldet, weil er Hunger hat. Dies können bei Flaschenkindern 6 bis 8 und bei Brustkindern 10 bis 12 Mahlzeiten am Tag sein. Dabei kann man davon ausgehen, dass das Baby selbst weiß, wann es satt ist und zu saugen aufhören will.

Die werdenden Eltern können sich in **Kursen zur Säuglingspflege** auf ihre Aufgaben vorbereiten. Hier lernen sie u. a., wie man Windeln wechselt, denn regelmäßiges Trockenlegen ist für den Zustand der Haut wesentlich.

Genauso wichtig wie die sorgfältige Pflege des Säuglings ist die **liebevolle Zuwendung** von Pflegepersonen für ihn. Am besten ist es für das heranwachsende Kind, wenn die Pflegepersonen nicht zu oft wechseln. Es braucht einen Menschen, mit dem es besonders vertraut wird und durch Schreien oder Rufen immer wieder Verbindung aufnehmen kann. Dabei spielt es keine Rolle, ob die Mutter oder der Vater diese Aufgabe übernimmt.

In den ersten Lebenswochen erlebt das Baby solche Kontakte bevorzugt über die Haut. Es empfindet es als angenehm, beim Stillen an der nackten Brust der Mutter zu liegen. Beim Wickeln genießt es die Berührungen und Liebkosungen, beim Waschen oder Baden die wohltuende Wärme des Wassers an der Haut. Auch unterschiedliche **Anregungen** fördern die Entwicklung des Säuglings: Er braucht es, dass zu ihm gesprochen wird, er mag es, wenn für ihn gesungen wird, er interessiert sich für unterschiedliche Geräusche und Gerüche. Seine natürliche Bewegungsfreude kann durch Säuglingsgymnastik unterstützt werden.

Der Säugling entwickelt sich in Riesenschritten

Neugeborenes: Saugkind

Verhalten unbewusst, reflektorisch;
kann den Kopf nicht heben, im Vordergrund der Wachaktivität steht das Saugen;
ist durch Streicheln oder Stillen zu beruhigen;
zeigt Interesse am menschlichen Gesicht, reagiert auf Geräusche;
erstes Lächeln

3 Monate: Schaukind

kann sich von der Seitenlage auf den Rücken rollen;
hebt den Kopf in Bauchlage über längere Zeit an;
beobachtet die eigenen Hände vor dem Gesicht, folgt mit den Augen bewegten Objekten;
reagiert mit Freude auf Angenehmes

6 Monate: Greifkind

dreht sich von Bauch- in Rückenlage;
kann den Kopf in allen Positionen halten;
greift nach vorgehaltenen Gegenständen;
steckt alle Gegenstände in den Mund;
Hören, Sehen und räumliches Sehen größtenteils ausgereift

9 Monate: Krabbelkind

kann sich aus der Bauchlage allein aufsetzen;
sitzt frei; beginnt zu krabbeln;
kennt seinen Namen;
versteht „Nein";
ängstigt sich vor Fremden

12 Monate: Gehkind

läuft mit Festhalten an der Hand;
macht erste freie Gehversuche;
stellt zwei Bauklötze aufeinander;
versucht, mit dem Löffel selbstständig zu essen;
spricht mindestens zwei sinnvolle Worte

8.6.2 Mutterschutzgesetz

Alle Frauen, die in einem Arbeitsverhältnis stehen, genießen während der Schwangerschaft und nach der Geburt einen besonderen Schutz. Dies ist im Mutterschutzgesetz (MuSchG) festgelegt. Insofern sollten Frauen ihren Arbeitgeber über ihre Schwangerschaft und den errechneten Geburtstermin unmittelbar informieren.

- **Schutz für Mutter und Kind:** Schwangere dürfen keine schweren körperlichen Arbeiten ausführen, sollen nicht mit schädlichen Stoffen in Berührung kommen, Erschütterungen ausgesetzt sein oder unter belastenden Bedingungen wie großer Hitze, Kälte oder Lärm arbeiten. Verboten sind u.a. Akkord- und Fließbandarbeit, Nachtarbeit und Überstunden. Dies ist in der Verordnung zum Schutze der Mütter am Arbeitsplatz (MuSchRiV) geregelt.

- **Kündigungsschutz:** Vom Beginn der Schwangerschaft bis zum Ablauf von 4 Monaten nach der Entbindung ist eine Kündigung unzulässig.

- **Schutzfrist:** Sechs Wochen vor dem errechneten Entbindungstermin beginnt für Schwangere die Mutterschutzfrist. Nach der Entbindung stehen ihr weitere 8 Wochen Befreiung von der Beschäftigung zu.

- **Mutterschutzlohn:** Während der Schutzfristen vor und nach der Geburt erhalten die Frauen zur finanziellen Absicherung Mutterschaftsgeld von der Krankenkasse und einen Arbeitgeberzuschuss.

- **Elternzeit:** Im Anschluss an die Mutterschutzfrist können Mutter oder Vater drei Jahre Elternzeit nehmen. Diesen Anspruch dürfen sie sich auch teilen. Während dieser Zeit besteht für sie Kündigungsschutz. Ihre Arbeitsplätze bleiben erhalten. Bei geringem Einkommen erhalten sie Erziehungsgeld.

- **Elterngeld:** Es wird an Vater und Mutter für maximal 14 Monate gezahlt. Dabei können die Eltern den Zeitraum frei untereinander aufteilen, wobei ein Elternteil höchstens 12 Monate übernehmen darf; zwei Monate sind für den jeweils anderen Partner vorgesehen. Ersetzt werden 67% des wegfallenden Einkommens, maximal 1.800 €, mindestens 300 €.

8.6.3 Vorsorgeuntersuchung für werdende Mütter

Schon seit 1961 erhält eine werdende Mutter in Deutschland bei Feststellung der Schwangerschaft einen Mutterpass von ihrem Frauenarzt oder der betreuenden Hebamme. Darin werden bis zur Geburt des Kindes alle relevanten Daten zur Gesundheit der Mutter eingetragen. In Notfällen kann anhand dieses Passes schneller und passender reagiert werden. Es wird daher empfohlen, dass Schwangere den Mutterpass während der Schwangerschaft stets bei sich tragen.
Es sind insgesamt etwa zehn Vorsorgetermine vorgesehen. In der Regel umfassen diese Termine folgende Untersuchungen: Ultraschall, Gewichtskontrolle, Blutwerte, Blutdruck, Urinuntersuchung, vaginale Untersuchung.

8.6.4 Vorsorgeuntersuchungen für Kinder und Jugendliche

Früherkennungsuntersuchungen von Kindern und Jugendlichen dienen dazu, Störungen der körperlichen, geistigen und sozialen Entwicklung frühzeitig zu erkennen, um gegebenenfalls rechtzeitig therapeutische Maßnahmen einleiten zu können. Insgesamt zählen gemäß Sozialgesetzbuch V (§ 26) zehn Vorsorgeuntersuchungen zu den Pflichtleistungen der gesetzlichen

Krankenkassen. Sie werden im „Kinderuntersuchungsheft" (Gelbes Heft) dokumentiert. Es besteht zwar keine Pflicht zur Teilnahme an diesen Untersuchungen, aber in einigen Bundesländern gibt es eine Meldepflicht der Kinderärzte, wenn ein Kind nicht teilnimmt. In solchen Fällen werden die Eltern an die ausstehende Untersuchung erinnert und – wenn wiederum keine Vorsorgeuntersuchung erfolgt – der zuständige Jugendhilfeträger informiert. Der Gesetzgeber will dadurch nach mehreren Vorfällen von schwerer Vernachlässigung durch rechtzeitiges Eingreifen die Kinder schützen und die Eltern unterstützen.

U1 **Unmittelbar nach der Geburt**	• Überprüfung von Atmung und Herzschlag • Erhebung von Körpergewicht, Körperlänge und Kopfumfang des Kindes • Überprüfung von Hautfarbe, Muskelspannung, Reflexen • Neugeborenenscreening: Blutentnahme am zweiten oder dritten Lebenstag und Untersuchung auf angeborene Krankheiten • Früherkennung von Hörstörungen
U2 **3 bis max. 10 Tage nach der Geburt**	• Untersuchung von Motorik und Organen wie Herz, Lunge, Magen und Darm • Überprüfung von Stoffwechsel und Hormonproduktion
U3 **4. – 6. Lebenswoche**	• Kontrolle der Körperhaltung des Babys • Ultraschalluntersuchung auf Fehlstellung der Hüftgelenke • Erhebung von Körpergewicht, Körperlänge und Kopfumfang
U4 **3. – 4. Lebensmonat**	• Überprüfung der Bewegungshaltung und der motorischen Entwicklung • eingehende körperliche Untersuchung • Kontrolle der Hüftgelenke, des Nervensystems • Kontrolle von Hör- und Sehvermögen • Impfung
U5 **6 – 7. Lebensmonat**	• eingehende körperliche Untersuchung • Entwicklungsuntersuchung: Laute bilden, Drehung vom Rücken auf den Bauch
U6 **10. – 12. Lebensmonat**	• Kontrolle von Beweglichkeit und Sprache: erste Schritte an der Hand gehen, Mama und Papa sagen
U7 **21. – 24. Lebensmonat**	• Überprüfung der Sinnesorgane und der motorischen Entwicklung: Das Kind sollte laufen können und Gegenstände erkennen • Untersuchung der geistigen und sozialen sowie der Sauberkeitsentwicklung
U7a **34. – 36. Lebensmonat**	• Untersuchung auf körperliche und psychische Gesundheit • Überprüfung sonstiger Auffälligkeiten
U8 **3 ½ – 4 Jahre**	• Untersuchung der körperlichen Geschicklichkeit (z. B. auf einem Bein stehen) • Seh- und Hörvermögen • Sprachentwicklung • Sozial- und Kontaktverhalten, Selbstständigkeit
U9 **5 – 5 ½ Jahre**	• wie U8 zusätzlich • orthopädische Fehlentwicklungen • Sozialverhalten, geistige und psychische Entwicklung • erste Einschätzung der Schulfähigkeit

Seit 2006 gibt es zusätzlich ein Vorsorgeheft für Jugendliche mit vier Untersuchungen. Die Kosten werden allerdings nicht von allen gesetzlichen Krankenkassen getragen.

U10 6 – 7 Jahre	• Erkennen von Entwicklungsstörungen, z. B. Lese-Rechtschreib-Störungen, Rechenstörungen, ADHS usw.
U11 8 – 9 Jahre	• Erkennen von Sozialisations- und Verhaltensstörungen • Erkennen von Zahn-, Mund- und Kieferanomalien
J1 12 – 14 Jahre	• Untersuchung zur körperlichen, sozialen und sexuellen Entwicklung • Aufklärung über gefährliche Verhaltensweisen
J2 15 – 17 Jahre	• Internistische und orthopädische Untersuchung • Erkennen von Verhaltens- und Sozialisationsstörungen • Fragen der Sexualität

Eine weitere Möglichkeit für Eltern, die Entwicklung ihres Kindes zu kontrollieren, ist die **Mütterberatung**, ein Angebot der Gesundheitsämter.

Exkurs: Fruchtwasseruntersuchung

Kinder mit Trisomie 21 haben ein überzähliges, also dreimal vorhandenes Chromosom Nummer 21 (siehe Abbildung). Sie leiden unter verzögerter körperlicher und geistiger Entwicklung und geringerer Lebenserwartung und brauchen besondere Förderung. Man nennt das Krankheitsbild auch Downsyndrom. Die Wahrscheinlichkeit für eine solche Fehlverteilungen der Chromosomen nimmt mit dem Alter der Eltern stark zu (siehe Abbildung unten). Im Durchschnitt tritt ein Fall auf etwa 700 Geburten auf.

*Paare mit Kinderwunsch, die ein Risiko tragen, können in Deutschland **genetische Beratungsstellen** aufsuchen. Zu den Methoden der **pränatalen Diagnostik** (vorgeburtliche Diagnostik) gehört die Fruchtwasseruntersuchung. Zwischen der 14. und 16. Schwangerschaftswoche wird dazu mithilfe einer Kanüle Fruchtwasser aus der Fruchtblase gesaugt. Darin schwimmen auch Zellen des Embryos. Sie werden in Zellkulturen vermehrt und gründlich untersucht. Heute kann man dadurch Chromosomenabweichungen verschiedener Art sowie zahlreiche Stoffwechseldefekte des Ungeborenen feststellen.*

Die moderne pränatale Diagnostik macht immer mehr Fortschritte bei der Früherkennung von Behinderungen des Ungeborenen. Die Entscheidung über weitere Maßnahmen, wenn denn eine Schädigung des Fetus festgestellt wurde, liegt aber allein bei den Eltern.

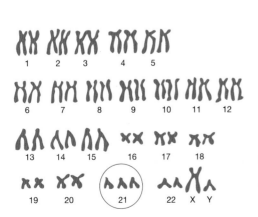

Trisomie 21: Karyogramm (Chromosomensatz)

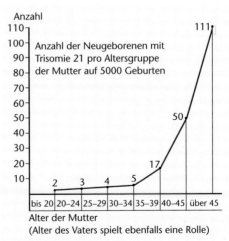

Häufigkeit von Trisomie 21 in Abhängigkeit vom Alter der Mutter

8.7   Verhütungsmethoden helfen bei der Familienplanung

Es gibt unterschiedliche Gründe dafür, eine Schwangerschaft zu vermeiden. Heute hat man die Wahl unter vielen verschiedenen empfängnisverhütenden Methoden. Wie zuverlässig ist die Verhütungsmethode? Wie wird sie richtig angewendet? Welche Nebenwirkungen können auftreten? Diese Fragen sollten zusammen mit dem Partner und dem Frauenarzt geklärt werden.

Die Pille, die fast 100%ige Sicherheit gewährleistet, muss von einem Arzt verschrieben werden. Meist wird heute eine hormonarme *Mikropille* verschrieben, weil diese den Fettstoffwechsel, das Gerinnungssystem, Blutdruck und Körpergewicht am wenigsten beeinflusst. Das Medikament, das eine Kombination aus den Hormonen Östrogen und Gestagen enthält, wirkt, indem es den Eisprung verhindert. Es gibt kein befruchtungsfähiges Ei und damit auch keine Empfängnis. Die Mikropille darf nicht mit der *Minipille* verwechselt werden. Die Minipille enthält nur Gestagen und verhindert das Eindringen der Samenfäden in die Gebärmutter.
Eine weitere sichere Methode der Schwangerschaftsverhütung ist das **Intrauterinsystem IUS**. Es besteht aus einem kleinen T-förmigen Kunststoffkörper, der vom Arzt in die Gebärmutterhöhle eingesetzt wird. Dort gibt er täglich geringe Mengen Gestagen ab. IUS bewirkt, dass Samenfäden schwer in die Gebärmutter eindringen können und der Aufbau der Gebärmutterschleimhaut so gering ist, dass sich keine Eizelle einnisten kann.
Auch die Sicherheit der kupferhaltigen **Spiralen**, die ebenfalls von Arzt eingesetzt werden, ist gut. Durch sie wird das Einnisten des Eies beeinträchtigt und die Beweglichkeit der Samenfäden herabgesetzt. Allerdings treten häufig Nebenwirkungen wie Unterleibsentzündungen auf.
Fast 100%ige Sicherheit bietet auch die **Dreimonatsspritze**, die ein langwirkendes Gestagen enthält und den Eisprung hemmt. Sie ist eine Lösung für Frauen, die die Pille nicht nehmen dürfen.
Kondome, auch Präservative genannt, sind die einzigen mechanischen Verhütungsmittel für den Mann. Der dünne Gummiüberzug wird beim Geschlechtsverkehr über das steife Glied gestreift und fängt beim Samenerguss die Samenflüssigkeit auf. Als Empfängnisverhütungsmittel besitzt es mittlere Zuverlässigkeit. Es ist aber die sicherste Möglichkeit, sich beim Geschlechtsverkehr vor Ansteckung mit AIDS oder Geschlechtskrankheiten zu schützen.
Mittlere Zuverlässigkeit bietet auch die Anwendung des **Diaphragma**. Das Scheidenpessar sieht aus wie ein gewölbtes Gummihäutchen, liegt bei korrektem Sitz vor der Gebärmutter und verhindert das Eindringen der Spermazellen. Das Diaphragma wird vor dem sexuellen Kontakt eingesetzt und frühestens 8, spätestens 12 Stunden später wieder entfernt.
Chemische Verhütungsmittel sind in Form von **Tabletten, Zäpfchen oder Cremes** auf dem Markt. Zäher Schleim oder Schaum soll den Muttermund verschließen und chemische Substanzen die Samenfäden abtöten. In ihrer Wirkung sind sie in die Gruppe mit geringer Zuverlässigkeit einzustufen. Ihre Verträglichkeit ist gut.
Mit der Computermethode werden fruchtbare und **unfruchtbare Tage** im Zyklus bestimmt. Dabei wird der Gehalt bestimmter Hormone im Urin analysiert. Diese Methode hat ebenfalls eine geringe Zuverlässigkeit. Auch mit der Temperaturmethode lassen sich fruchtbare und unfruchtbare Tage bestimmen. Erfahrungsgemäß steigt die Temperatur von Frauen am Tag nach dem Eisprung um 0,3 bis 0,5 °C.

E

Exkurs: Schwangerschaftsabbruch
Ein Schwangerschaftsabbruch ist nur unter bestimmten Bedingungen straffrei. Nach der 1996 eingeführten **eingeschränkten Fristenregelung** *dürfen seit der Empfängnis nicht mehr als 12 Wochen vergangen sein. Mindestens drei Tage vor dem Eingriff muss sich die Schwangere durch eine anerkannte Beratungsstelle beraten lassen.*

8.8   Sexuell übertragbare Krankheiten

Unter **Geschlechtskrankheiten** versteht man Infektionskrankheiten, die überwiegend beim Geschlechtsverkehr übertragen werden. Als **sexuell übertragbare Krankheiten** treten darüber hinaus heute u.a. Pilzinfektionen und AIDS auf.

Die Gonorrhöe (**Tripper**) wird durch Bakterien (Gonokokken) beim Geschlechtsverkehr übertragen. Nach einer Inkubationszeit treten Symptome wie Juckreiz, Brennen und Schmerzen beim Wasserlassen auf (s. Abbildung). Wenn nicht rechtzeitig behandelt wird, kommt es zu einem eitrigen Ausfluss. Die Gonokokken befallen die inneren Geschlechtsorgane: Hoden und Eierstöcke entzünden sich und verursachen starke Schmerzen. Unfruchtbarkeit kann die Folge sein.

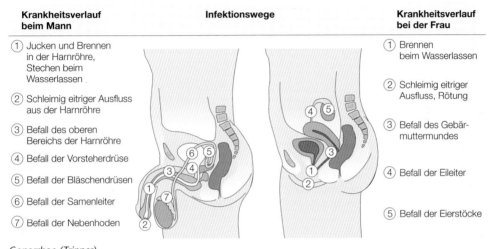

Krankheitsverlauf beim Mann	Infektionswege	Krankheitsverlauf bei der Frau
① Jucken und Brennen in der Harnröhre, Stechen beim Wasserlassen		① Brennen beim Wasserlassen
② Schleimig eitriger Ausfluss aus der Harnröhre		② Schleimig eitriger Ausfluss, Rötung
③ Befall des oberen Bereichs der Harnröhre		③ Befall des Gebärmuttermundes
④ Befall der Vorsteherdrüse		④ Befall der Eileiter
⑤ Befall der Bläschendrüsen		⑤ Befall der Eierstöcke
⑥ Befall der Samenleiter		
⑦ Befall der Nebenhoden		

Gonorrhoe (Tripper)

Gefährlicher, aber auch seltener, ist die durch schraubenförmig gewundene Bakterien (Treponema pallidum) verursachte **Syphilis**. Die Erreger gelangen beim ungeschützten Geschlechtsverkehr durch kleine Verletzungen der Haut oder Schleimhaut in den Körper. Nach einer Inkubationszeit von zwei bis drei Wochen bricht die Krankheit aus. In der ersten Phase zeigen sich schmerzlose, kleine Geschwüre an der Infektionsstelle und verschwinden wieder. Deshalb wird die Krankheit oft übersehen und nicht behandelt. So können sich die Bakterien im ganzen Körper ausbreiten. In der zweiten Phase schwellen die Lymphknoten, begleitet von Fieber und Hautausschlag, an. Die Erreger befallen im Endstadium Knochen, Herz und Nerven, sodass eine Heilung nun kaum noch möglich ist. Unaufhaltsamer körperlicher und geistiger Verfall führen dann zum Tod.

Eine Pilzinfektion mit **Chlamydien** wird oft nicht erkannt, weil nahezu jede zweite infizierte Frau keine Beschwerden hat. Auch wenn Symptome wie Brennen, Unterleibsschmerzen und Ausfluss auftreten, werden Chlamydien häufig nicht als Ursache festgestellt, denn ihr Nachweis ist sehr kompliziert. Bleibt die Chlamydien-Infektion unbehandelt, werden die Beschwerden chronisch. Kommt eine Eileiterentzündung hinzu, kann dies zur Unfruchtbarkeit führen. Weitere Pilzinfektionen der Geschlechtsorgane wie Hefepilze und Vaginalsoor s. Seite 142.

Auch AIDS ist eine Krankheit, die bei ungeschütztem Geschlechtsverkehr durch das HI-Virus übertragen werden kann (s. dazu Seite 138 f.).

A *Aufgaben zur Wiederholung und Festigung:*

1. *Erklären Sie, wie es zur Geschlechtsbestimmung beim Menschen kommt?*
2. *Erklären Sie, was man unter primären, sekundären und tertiären Geschlechtsmerkmalen versteht.*
3. *Erklären Sie den Ablauf des Menstruationszyklus.*
4. *a) Erklären Sie den Ablauf der Reifeteilung (Meiose).*
   b) Erklären Sie den Unterschied zwischen Reifeteilung (Meiose) und Zellteilung (Mitose). Siehe dazu Kapitel 2.2.
5. *Erklären Sie die Begriffe Eisprung, Befruchtung und Einnistung.*
6. *a) Erklären Sie die Phasen der Geburt.*
   b) Erklären Sie die Begriffe „Fehlgeburt" und „Frühgeburt".
7. *Erklären Sie die Entwicklungsschritte des Säuglings anhand der Abbildung Seite 82.*
8. *Erklären Sie die gesetzlichen Regelungen zum Mutterschutz.*
9. *Erstellen Sie eine Tabelle mit Verhütungsmitteln: z. B. Anwendung, Vor- und Nachteile, Sicherheit.*
10. *Erklären Sie, wie man sich vor Geschlechtskrankheiten und sexuell übertragbaren Krankheiten schützen kann.*

Zusatzaufgaben zur Vertiefung

1. Mendelsche Gesetze

Gregor Mendel gilt als Begründer der Genetik als eigenständiger Wissenschaftsrichtung. Er fand bei seinen Vererbungsversuchen drei Gesetzmäßigkeiten, die nach ihm benannt sind.
Informieren Sie sich in einem Biologiebuch oder im Internet und erklären Sie das
1. Mendelsche Gesetz: „Gesetz der Uniformität",
2. Mendelsche Gesetz: „Spaltungsgesetz".
3. Mendelsche Gesetz: „Gesetz der Neukombination der Gene".

2. Wachstum und Entwicklung

   a) *Stellen Sie das Wachstum und die Gewichtszunahme des Fetus in einer Grafik dar.*
   b) *Erklären Sie anhand der Tabelle, warum die werdende Mutter stark zunimmt. Welche Funktionen haben Gebärmutter, Fruchtwasser und Plazenta?*

Monat	Größe (cm)	Gewicht (g)
1.	1	0,1
2.	2	1
3.	8	40
4.	20	180
5.	25	500
6.	35	700
7.	40	1100
8.	45	2500
9.	50	3500

Gewichtszunahme der Mutter am Ende der Schwangerschaft:

– Kind:	3,5 kg
– Fruchtwasser:	0,8 kg
– Plazenta:	0,5 kg
– Gebärmutter:	1,2 kg
– Wasseranreicherung:	2,5 kg
– Fettanreicherung:	2,5 kg
– Insgesamt:	**11,0 kg**

Wachstum und Gewichtszunahme beim Fetus

3. *Besorgen Sie sich einen Mutterpass und informieren Sie sich über die Vorsorgeuntersuchungen für werdende Mütter. Berichten Sie.*

B Ernährung und Gesundheit

1 Ernährung

Lernsituation

Wie kommt es, dass Menschen in unterschiedlichen Kulturen völlig verschiedene Geschmacksvorlieben ausprägen? In Deutschland andere als in China, und in China andere als in Mexiko?

Schon das Essverhalten der Mutter während der Schwangerschaft und der Stillperiode prägt den Geschmack eines Kindes. Über das Fruchtwasser und die Nabelschnur und später über die Muttermilch nimmt das Kind Geschmackseindrücke auf, die aus den von der Mutter verzehrten Speisen stammen. Dem Kleinkind wird durch den wiederholten Verzehr eines Nahrungsmittels der Geschmack vertraut und schließlich positiv bewertet. Man geht davon aus, dass ein vielfältiges Geschmacksangebot die Bereitschaft fördert, später als Erwachsener ein breites Spektrum am Speisen zu akzeptieren.

1.1 Ernährungsgewohnheiten

Die Entwicklungsgeschichte des Menschen war stets bestimmt von Phasen des Nahrungsmangels und der ständigen Notwendigkeit, sich für die Nahrungsbeschaffung körperlich zu betätigen. Über Jahrmillionen passte sich der menschliche Körper diesen Lebensbedingungen an. Schließlich waren die Organe und ihre Abläufe optimal angepasst an das Leben der nomadisierenden Jäger und Sammler und noch immer funktioniert unser Organismus so ähnlich wie der eines Steinzeitmenschen. Deshalb kommen wir mit unserem heutigen Wohlstandslebensstil, d. h. mit einem Überangebot an Nahrung und einem gleichzeitigen Bewegungsmangel, auf die Dauer schlecht zurecht.

Auf ein Hungersignal können wir sofort mit Nahrungsaufnahme reagieren. An jeder Ecke kann man einen Snack erwerben und ihn im Stehen oder Gehen zu sich nehmen. Bevorzugt zubereitet wird, was schnell und einfach geht, z. B. Fertiggerichte aus der Dose, der Tüte oder der Tiefkühltruhe. Selbst gekochte Speisen aus frischen Zutaten und gemeinsame Mahlzeiten, bei der das Essen als soziale Situation gestaltet ist, sind selten geworden. Jeder isst, wenn er nach Hause kommt und wer alleine isst, lenkt sich oft ab durch gleichzeitiges Fernsehen, die Beschäftigung mit dem Computer oder durch Lesen. Menge und Geschmack des Essens werden nicht wahrgenommen, nur das Sättigungsbedürfnis wird gestillt.

Essen kann mit Genuss verbunden sein: Der Wunsch, etwas zu verzehren, wird beeinflusst vom Aussehen, dem Geruch, dem vertrauten guten Geschmack oder der Neugier auf eine Speise. So wird über den Hunger hinaus der **Appetit** auf ein Nahrungsmittel gefördert. Wie viel wir essen werden, hängt auch von der Größe und Vielfalt des Nahrungsangebots ab: Ein voller Teller, ein gut gefüllter Kühlschrank oder ein üppiges Buffet verführen dazu, mehr zu verzehren, als notwendig wäre.

Knabbern beim Fernsehen   *Gut gefüllter Kühlschrank*

Essen löst unterschiedliche Gefühle aus: Der angenehme Geschmack von Schokolade z. B. erzeugt ein Wohlgefühl. Mit Nahrung versuchen wir, uns bei Traurigkeit zu trösten, Langeweile und Einsamkeit zu überbrücken, Ärger zu vertreiben und Stress abzubauen. Nahrungsmittel können aber auch negative Empfindungen wie Ekel verursachen.

Dass ein Zusammenhang zwischen richtiger Ernährung und Gesundheit besteht, ist allgemein bekannt. Aber dieses Wissen führt in den meisten Fällen nicht zu einer Änderung des Ernährungsverhaltens. Weil die schädlichen Konsequenzen von dauernder Fehlernährung erst mit zeitlicher Verzögerung eintreten, wirken sie wenig abschreckend: Wer Süßigkeiten verzehrt, bekommt nicht sofort Karies, wer Milchprodukte meidet, leidet nicht schon morgen unter den Folgen einer Osteoporose und der Verzehr von fettigem Fastfood führt nicht prompt zu Übergewicht.

Bei Säuglingen steuern die angeborenen Innenreize Hunger, Durst und Sättigung eine bedarfsgerechte Nahrungsaufnahme. Mit zunehmendem Alter tritt diese natürliche Hunger- und Sättigungsregulation immer weiter in den Hintergrund. Lernprozesse und gewohnheitsbildende Erfahrungen bestimmen das Essverhalten. Kinder lernen durch Beobachtung und übernehmen das Verhalten von Vorbildern, z. B. von Eltern, Geschwistern und Erziehern. Ob diese frisches Obst und Gemüse bevorzugen oder sich überwiegend von industriell verarbeiteten Nahrungsmitteln ernähren, wirkt sich auf das zukünftige Ernährungsverhalten aus.

1.2 Nährstoffe als Energielieferanten

Woraus besteht eine Pizza? Natürlich aus Hefeteig, Tomatensoße, Käse und unterschiedlichem Belag wie Gemüse, Salami oder Thunfisch. Ein Blick auf die **Nährwertkennzeichnung** einer Pizza-Verpackung zeigt eine andere Analyse der Inhaltsstoffe: Dort sind der Brennwert und der Gehalt an Eiweiß, Kohlenhydraten, Fetten, Ballaststoffen und Natrium genannt. Die Angaben sollen uns helfen, die Eignung eines Lebensmittels für eine gesunde Ernährung zu bewerten. Was verbirgt sich hinter den einzelnen Begriffen?

Pizza Vegetaria	
Nährwerte	**pro Packung (350 g)**
Brennwert	3133 kJ (728 kcal)
Eiweiß	31,9 g
Kohlenhydrate - davon Zucker	92,4 g 14,4 g
Fett - davon gesättigte Fettsäuren	25,6 g 11,6 g
Ballaststoffe	9,1 g
Natrium	1,58 g

Der **Brennwert** beschreibt den **Energiegehalt**, der dem Körper mit einem Nahrungsmittel zugeführt wird. Man misst ihn in Kalorien oder in Joule. Eine **Kilokalorie (kcal)** entspricht der Energie, die nötig ist, um 1 Liter Wasser von 14,5 °C auf 15,5 °C zu erwärmen. Als neuere Maßeinheit ist daneben das Joule eingeführt worden, wobei 1 kcal ca. **4,2 Kilojoule (kJ)** entspricht. Als Faustregel gilt, dass ein normal arbeitender Mensch täglich etwa 10.000 kJ an Energie verbraucht. Für eine ausgeglichene Ernährungsbilanz müssen dem Körper demnach auch 10.000 kJ in Form von Nahrung zugeführt werden.

Wozu benötigt unser Körper so viel Energie? Zunächst für den **Grundumsatz**. Denn auch bei völliger Ruhe, sogar im Schlaf, benötigt der Organismus Energie, um die notwendigen Körperfunktionen aufrechtzuerhalten: Atmung, Herztätigkeit, Blutkreislauf, Gehirntätigkeit und die Erhaltung einer gleichmäßigen Körpertemperatur. Kinder und Jugendliche haben wegen des Wachstums einen gesteigerten Grundumsatz. Auch in der Schwangerschaft und in der Stillzeit ist der Grundumsatz erhöht.

Alle weiteren Energie verbrauchenden Vorgänge im Körper, die zusätzlich zum Grundumsatz ablaufen, bezeichnet man als **Leistungsumsatz**. Durch vermehrte Muskeltätigkeit erhöht sich der Energieverbrauch des Körpers, z. B. durch Arbeit oder Sport. Daraus ergibt sich, dass der tägliche Energieverbrauch durch körperliche Aktivität gezielt gesteigert werden kann. So kann der Energiebedarf bei sportlichen Höchstleistungen bis auf 42.000 kJ ansteigen, z. B. beim Bergsteigen und im Radsport.

Gespeichert ist die Energie in chemischer Form in den **Nährstoffen**. Das sind Kohlenhydrate, Fette und Eiweiße, aus denen sich unsere Nahrungsmittel zusammensetzen. Beim Abbau dieser Verbindungen in den Körperzellen wird die chemisch gebundene Energie freigesetzt. Daneben haben die Nährstoffe wichtige Aufgaben als Baustoffe in unserem Körper.

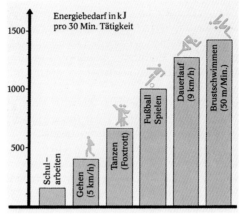

Energiebedarf

Nahrungsmittel (jeweils 100 g)	Nährstoffgehalt (in %)										Energiegehalt in Kilojoule	Nährstoffe
	10	20	30	40	50	60	70	80	90	100		
Rindfleisch	22	4				74					512	Eiweiße
Rotbarsch	18	4				78					441	
Eier (roh)	13	12	1			74					664	
Vollmilch	3 3,5 4,5					89					269	Fette
Butter	1			83					1	15	3167	
Käse	26			30		1 43					1613	Kohlenhydrate
Vollkornbrot	7 2		42			49					904	
Kartoffeln	2	18				80					301	
Spinat	3 4					93					113	Wasser
Äpfel	14					86					251	
Pommes frites	4 8		34			54					924	
Pizza	9	9	25			57					905	
Bratwurst	13		33			54					1436	

Nährstoffgehalt und Energiegehalt verschiedener Nahrungsmittel

Kohlenhydrate sind vor allem in pflanzlichen Lebensmitteln enthalten: in Getreideprodukten, Obst, Gemüse und Kartoffeln. Sie werden von grünen Pflanzen im Rahmen der Fotosynthese gebildet und bestehen aus Kohlenstoff, Wasserstoff und Sauerstoff. Zu ihnen gehören zum Beispiel Traubenzucker und Fruchtzucker, Rohr- und Rübenzucker, Milchzucker und Stärke. Unser Organismus benötigt diese Zucker als schnelle Energieversorger, kann aber größere Mengen Kohlenhydrate nicht langfristig speichern. Deshalb müssen regelmäßig kohlenhydratreiche Lebensmittel gegessen werden. Zu den Kohlenhydraten gehören auch die **Ballaststoffe**, die vom Körper nicht verdaut werden können. Sie fördern das Sättigungsgefühl und regen die Darmtätigkeit an.

Fette in der Nahrung stammen entweder von Tieren oder von Pflanzen. Zu den tierischen Fetten gehören Speck, Schmalz und Butter. Pflanzliche Fette liefern Sonnenblumen, Sojabohnen, Nüsse, Ölpalmen und Olivenbäume. Flüssige Fette werden als Öl bezeichnet. Bestimmte pflanzliche Fette und Fischfette, die wertvolle **mehrfach ungesättigte Fettsäuren** enthalten, sind für unseren Organismus lebensnotwendig (essenziell) und müssen mit der Nahrung zugeführt werden. Sie werden zum Aufbau der Zellwände, der Mitochondrien und als Grundbaustein von Hormonen benötigt. Die Aufnahme von fettlöslichen Vitaminen (s. S. 95) im Darm kann nur bei gleichzeitiger Anwesenheit von Fett erfolgen.

Eiweiße können ebenfalls tierischer oder pflanzlicher Herkunft sein. Eiweißlieferanten sind Milch, Eier, Fleisch und Fisch sowie Hülsenfrüchte und Getreide. Nahrungseiweiß kann im Stoffwechsel in **Aminosäuren** gespalten und in körperverwertbares Eiweiß umgewandelt werden. Es gibt aber auch acht lebensnotwendige (essenzielle) Aminosäuren, die nur direkt über die Nahrung aufgenommen werden können. Tierische Eiweiße sind in der Regel hochwertiger als pflanzliche, denen oft die lebensnotwenigen Aminosäuren fehlen. Eiweiße erfüllen im Körper zahlreiche Funktionen, z.B. als Baustoff für Blut und Zellen, Haut und Haare, Knochen und Sehnen. Sie sind unentbehrlich für die Muskelarbeit, den Sauerstofftransport und die Immunabwehr.

Nährstoff	Kohlenhydrate	Fette	Eiweiße
Nährstoffempfehlung für Erwachsene: Deutschen Gesellschaft für Ernährung (DGE)	55 %	30 %	15 %
Energiegehalt pro Gramm	17,2 kJ	39 kJ	17,2 kJ

1.3 Von Nährstoffen allein können wir nicht leben

Mit einer abwechslungsreichen und ausgewogenen Ernährung erhält ein gesunder Erwachsener normalerweise alles, was sein Körper benötigt. Dennoch nehmen fast 30 Prozent der Deutschen zusätzlich Nahrungsergänzungsmittel ein, z.B. in Form von Tabletten, Kapseln, Tropfen oder Säften (Nationale Verzehrstudie II, 2008). Sie hoffen, mit diesen Präparaten, die meistens Vitamine, Mineralstoffe oder Fettsäuren enthalten, etwas für ihre Gesundheit zu tun und Ernährungsfehler ausgleichen zu können. Ernährungsexperten bewerten Nahrungsergänzungsmittel im Allgemeinen als überflüssig und warnen vor Gesundheitsgefahren durch Überdosierung. Nur für bestimmte Risikogruppen wie chronisch Kranke, Schwangere, Stillende, Senioren oder Alkoholiker können zusätzliche Vitamine oder Mineralstoffe, nach ärztlicher Anweisung verordnet, hilfreich sein.

Vitamine sind lebensnotwendige organische Substanzen, ohne die wesentliche Stoffwechselvorgänge in unserem Organismus nicht ablaufen können. Ohne Vitamine wäre die Funktion von Haut und Augen oder die Herz-, Muskel- und Hirntätigkeit nicht möglich (s. Tabelle). Weil der Körper nicht selber Vitamine bilden oder für längere Zeit speichern kann, müssen sie regelmäßig mit der Nahrung aufgenommen werden. Dabei wirken sie schon in sehr kleinen Mengen von wenigen Milligramm oder Mikrogramm.

Es gibt 13 verschiedene Vitamine, sie sind entweder wasserlöslich oder fettlöslich. Die fettlöslichen Vitamine kann der Körper speichern, sie können im Übermaß aber auch Erkrankungen, z.B. Leberschäden, auslösen. Überschüssige wasserlösliche Vitamine sind im Allgemeinen unschädlich, weil sie über die Nieren ausgeschieden werden.

Die schonende Lagerung und Zubereitung von Nahrungsmitteln ist notwendig, um die darin enthaltenen Vitamine nicht zu zerstören. Wasserlösliche Vitamine können ausgewaschen werden oder durch Hitze beim Garen leiden, fettlösliche Vitamine reagieren auf Licht- und Sauerstoffeinfluss empfindlich. Lebensmittel, die fettlösliche Vitamine enthalten, sollten immer zusammen mit Fett aufgenommen werden. Nur so kann der Körper die Vitamine resorbieren (s. S. 94).

Vitamine	Hauptvorkommen	Wirkungen	Mangelerscheinungen	pro Tag
Vitamin A (licht- und sauerstoffempfindlich)	**Lebertran, Leber,** Niere, Milch, Butter, Eigelb – als Provitamin A in Möhren, Spinat, Petersilie	Erforderlich für normales Wachstum und Funktion von Haut und Augen	Wachstumsstillstand, Verhornung von Haut und Schleimhäuten, Nachtblindheit	1,6 mg
Vitamin D (lichtempfindlich, hitzebeständig)	**Lebertran, Leber,** Niere, Milch, Butter, Eigelb – bildet sich aus einem Provitamin in der Haut	Regelt den Calcium- und Phosphathaushalt, steuert Calciumphosphatbildung für den Knochenbau	Knochenerweichungen und -verkrümmungen **(Rachitis)**, Zahnbildung und -anordnung geschädigt	0,01 mg
Vitamin B₁ (sehr sauerstoffempfindlich)	**Hefe, Weizenkeime,** Leber, Nieren, Schweinefleisch, Hülsenfrüchte, Reiskleie, Milch, Eigelb	Fördert den Kohlenhydrat- und Fettstoffwechsel und die Nerventätigkeit	Müdigkeit, Verdauungsstörungen, Nervenkrankheit „**Beri-Beri**", Wassersucht, Herzschwäche	1,5 mg
Vitamin B₁₂ (hitzebeständig)	**Leber, Milch, Eigelb,** Niere, Fleisch	Aufbau der Zellkernsubstanz, Bildung von Roten Blutkörperchen	Anämie, Veränderung am Rückenmark und an der Lunge, nervöse Störungen	0,005 mg
Vitamin C (sauerstoff- und trockenheitsempfindlich)	**Hagebutten, Sanddorn, Johannisbeeren,** Zitrusfrüchte, Kartoffeln, Kohl, Spinat, Tomaten u. a. frisches Gemüse	Entzündungs- und blutungshemmend, fördert die Abwehrkräfte des Organismus, aktiviert Enzyme	Zahnfleisch- und Unterhautblutungen, Müdigkeit, Gelenk- und Knochenschmerzen **(Skorbut)**, Anfälligkeit für Infektionen	75,0 mg

Bedarf an ausgewählten Vitaminen (gelb = fettlöslich, blau = wasserlöslich)

Mineralstoffe kommen als anorganische Bestandteile in pflanzlichen oder tierischen Lebensmitteln vor. Unser Körper kann sie in Form von Salzen aus der Nahrung aufnehmen, wenn sie in Wasser gelöst sind. Man unterscheidet Mengenelemente, die in hoher Menge im Körper vorhanden sind und Spurenelemente, die nur in sehr geringen Mengen im Körper vorkommen. Die meisten Mengen- und Spurenelemente gelten als lebensnotwendig (essenziell), weil bei ihrem Fehlen Mangelerscheinungen auftreten.

Die Mengenelemente Kalzium, Phosphor und Magnesium sind für den Knochenaufbau notwendig. Natrium und Kalium spielen bei der Muskeltätigkeit und bei Vorgängen im Nervensystem eine entscheidende Rolle. Als Spurenelemente werden Eisen, Kupfer, Zink, Fluor und Jod benötigt. Sie fördern die Blutbildung, die Zahnschmelzbildung und die Schilddrüsenfunktion.

Mengen-element	Hauptvorkommen	Wirkungen	Mangelerscheinungen	pro Tag
Natrium	Kochsalz, gesalzene Lebensmittel wie Wurst und Käse	Aufrechterhaltung des osmotischen Drucks im Körper, Erregbarkeit von Muskeln und Nerven, Regulierung des Wasserhaushalts	Absinken des Blutdrucks, Störungen in der Reizleitung, Zittern	2,5 g
Kalzium	Milch, Milchprodukte, Nüsse, Hülsenfrüchte, Spinat	Bildung und Stabilität von Knochen und Zahnsubstanz, Erregbarkeit von Nerven und Muskeln, Blutgerinnung	Verminderte Kalziumeinlagerung in den Knochen, Osteoporose, Krämpfe	0,8 g

Spuren-element	Hauptvorkommen	Wirkungen	Mangelerscheinungen	pro Tag
Eisen	Leber, Fleisch, Vollkorngetreide, Schnittlauch, Brokkoli	Bestandteil des Blutfarbstoffs (Hämoglobin), Sauerstofftransport, Blutbildung	Konzentrationsschwäche, mangelnde Infektabwehr, Blutarmut	12 – 18 mg
Jod	Algen, Seefisch, Leber, Milch, jodiertes Speisesalz	Bestandteil der Schilddrüsenhormone, körperliche und geistige Entwicklung	Kropfbildung	0,20 mg
Fluor	Meeresfisch, schwarzer Tee	Zahnmineralisierung, Knochenstabilität	erhöhte Kariesanfälligkeit	1 mg

Wasser: Der Körper eines erwachsenen Menschen besteht zu 50 bis 60 Prozent aus Wasser. Im Organismus erfüllt es wichtige Funktionen:

- **Wasser ist Baustoff** als Bestandteil aller Körperzellen und Körperflüssigkeiten. Zusammen mit den Mineralstoffen sichert es den osmotischen Druck der Zellen.

- **Wasser ist Lösungsmittel** in den Verdauungssäften des Darms für die Nähr- und Wirkstoffe aus der Nahrung.

- **Wasser ist Transportmittel** im Blut und in der Lymphe für die gelösten Nähr- und Wirkstoffe zu den Zellen und der Abfallprodukte des Stoffwechsels zu den Ausscheidungsorganen.

- **Wasser ist Wärmeregulator,** indem es im Schweiß an der Körperoberfläche verdunstet und dem Körper dadurch Wärme entzieht.

Mit Schweiß, Atemluft, Urin und Stuhl verliert der Körper ständig Wasser, das ihm auf direktem Weg über Getränke und indirekt über wasserhaltige feste Nahrung wieder zugeführt werden muss. Ein gesunder, nicht körperlich arbeitender Mensch nimmt täglich etwa 2500 ml Flüssigkeit auf und scheidet ebenso viel wieder aus.

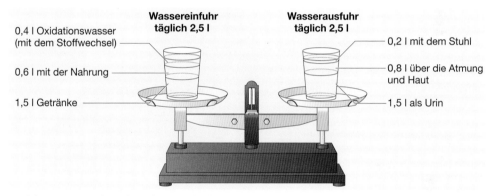

Wassereinfuhr
täglich 2,5 l

Wasserausfuhr
täglich 2,5 l

0,4 l Oxidationswasser
(mit dem Stoffwechsel)

0,6 l mit der Nahrung

1,5 l Getränke

0,2 l mit dem Stuhl

0,8 l über die Atmung
und Haut

1,5 l als Urin

Tägliche Wassereinfuhr und -ausfuhr im Gleichgewicht

1.4 Richtig ernähren – aber wie?

Zu keinem Zeitpunkt wächst der Mensch mehr als im ersten Lebensjahr, besonders stark in den ersten drei Lebensmonaten mit etwa 3,5 Zentimeter monatlich. Nach nur fünf Monaten hat ein Säugling sein Körpergewicht verdoppelt und mit zwölf Monaten bereits verdreifacht. Deshalb benötigen Säuglinge im Vergleich zu Erwachsenen pro Kilogramm Körpergewicht fast die dreifache Menge an Energie. Sie muss mit der Nahrung zugeführt werden und dient neben der Energiegewinnung dem Aufbau körpereigener Strukturen wie Knochensubstanz, Muskelmasse und allen anderen Körperzellen.

Die Lebensmittel, die wir täglich aufnehmen, müssen unseren Körper mit Energie versorgen und gleichzeitig die notwendigen Baustoffe, Vitamine, Mineralstoffe und Spurenelemente enthalten. Erhält unser Organismus diese Stoffe in ausreichender Menge, spricht man von einer ausgewogenen oder **vollwertigen Ernährung**.

Die **tägliche Nahrung** eines Menschen von 70 kg Gewicht sollte aus 300 bis 400 Gramm Kohlenhydraten, 80 bis 100 Gramm Eiweiß und nur 60 bis 80 Gramm Fett bestehen. Kohlenhydrate sollten überwiegend aus vollgetreidehaltigem Brot, Nudeln, Reis und Kartoffeln, Gemüse, frischem Salat und Obst aufgenommen werden. Diese Nahrungsmittel sind außerdem reich an Ballaststoffen, die das Sättigungsgefühl fördern und die Darmtätigkeit anregen.

Die Eiweißversorgung sollte weniger durch Fleisch, sondern vermehrt durch fettarme Milchprodukte, z. B. in Form von Sauermilch oder Quark, erfolgen. Pflanzliche Fette wie naturbelassene Öle oder Margarine in mäßiger Menge sind tierischen Fetten, wie Schmalz oder Butter, vorzuziehen. Sogenannte „versteckte Fette" in Wurst oder Schokolade müssen beachtet werden. Manche Pizza enthält etwa 70 g Fett und deckt damit den Fettbedarf für den ganzen Tag.

Als Getränke sind Mineralwasser, Schorlen aus Fruchtsäften und Wasser und Kräutertees besonders günstig. Alkoholische Getränke dagegen sind wahre „Kalorienbomben" und führen ebenso wie Fett im Übermaß zu einer deutlichen Gewichtserhöhung.

Die oben genannten Mengen sind natürlich Durchschnittswerte und variieren nach Alter und Lebenssituation, zum Beispiel bei älteren Menschen oder in der Schwangerschaft.

Ausführliche Informationen zu Ernährungsfragen verbreiten die Deutsche Gesellschaft für Ernährung (www.dge.de), der aid-infodienst (www.aid.de), das Bundesministerium für Ernährung, Landwirtschaft und Verbraucherschutz (www.bmelv.de) und das FKE Forschungsinstitut für Kinderernährung (www.fke-do.de). Sie haben verschiedene Modelle der Visualisierung von Ernährungsempfehlungen entwickelt, vom Ernährungskreis über Lebensmittelpyramiden bis zu Mahzeitenpyramiden.

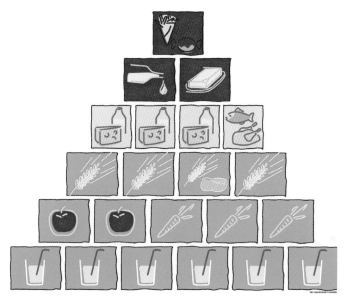

Die aid-Ernährungspyramide

(© *aid infodienst, Idee: S. Mannhardt*)

Jeder Baustein der aid-Ernährungspyramide steht für eine tägliche Portion einer bestimmten Lebensmittelgruppe. Die Basis bilden 6 Portionen Getränke. Darüber sind 5 Portionen Obst, Salat und Gemüse gestapelt. Es folgen 4 Portionen Getreide: Gemeint sind Brot, Nudeln, Reis und Kartoffeln. Es folgen drei Portionen Milch und Milchprodukte und eine Portion Fleisch, Wurst, Fisch oder Ei. Darüber befinden sich zwei Portionen Fette und Öle und schließlich an der Spitze eine Portion Süßes oder ein Snack. Die Ampelfarben verdeutlichen die Essensmengen: grün = reichlich, gelb = mäßig und rot = sparsam.

Experten sehen fünf Portionen Getreide/Kartoffeln als Maß für Kinder vor, nur vier Portionen für Erwachsene oder übergewichtige Kinder. Sie sind die wichtigsten Energielieferanten, stabilisieren den Blutzuckerspiegel und sorgen für eine gute Leistungs- und Konzentrationsfähigkeit. Kartoffeln und Vollkorngetreide enthalten wichtige B-Vitamine und Mineralstoffe und sättigen gut durch den hohen Ballaststoffanteil. Bei Erwachsenen ist dagegen die Empfehlung mit fünf Obst- und Gemüseportionen und vier Portionen Getreide/Kartoffeln weniger energiereich.

Und wie groß ist eine Portion? Das Maß bildet die eigene Hand. Eine Portion Wasser: Ein Glas passt in eine Hand. Eine Portion Brot: Eine Scheibe, die der Größe der Hand entspricht. Eine Portion zerkleinertes Gemüse, Obst oder Kartoffeln: Zwei Hände zur Schale gehalten. 1 Portion Fleisch oder Fisch. so groß wie der Handteller. Süßigkeiten müssen in einer Hand Platz finden. Fett wird in Esslöffeln gemessen. Mit diesem Portionsmaß kann der Nahrungsbedarf individuell angepasst werden. Denn Kinderhände sind kleiner als Erwachsenenhände, Frauenhände sind kleiner als Männerhände, und mit der Kinderhand wächst auch die Portionsgröße.

1.5 Ernährungsfehler und ihre Folgen

Übergewicht: Nach Angaben des Statistischen Bundesamtes sind in Deutschland mehr als 51 Prozent der Erwachsenen übergewichtig. Und bereits jedes sechste Kind in Deutschland ist zu dick. Informationen, wie dem Übergewicht frühzeitig vorgebeugt werden kann, gibt die Bundeszentrale für gesundheitliche Aufklärung heraus: www.bzga-kinderuebergewicht.de.

Die Hauptursache für Übergewicht liegt in einer Kombination aus falscher Ernährung und Bewegungsmangel. Das bedeutet, es wird zu viel Energie in Form von Nahrungsmitteln aufgenommen und zu wenig Energie durch zu geringe Muskeltätigkeit verbraucht. Die Folge ist, dass der Körper energiereiche Reservestoffe bildet und im Unterhautbindegewebe als sichtbare Fettpolster speichert.

Nur bei starkem Übergewicht ist eine kalorienreduzierte, ausgewogene Diät über einen längeren Zeitraum zu empfehlen, um abzunehmen und das Normalgewicht zu erreichen. Durch eine grundsätzliche Ernährungsumstellung und eine Änderung der Lebensweise mit mehr Bewegung kann es gelingen, dass das Gewicht langfristig gehalten wird. Kurzfristige Diäten führen zum „Jo-Jo-Effekt": Der Körper stellt sich auf einen geringeren Energieverbrauch ein und sobald wieder normal gegessen wird, erfolgt eine noch stärkere Gewichtszunahme.

Wie viel darf ein Mensch wiegen, um als normalgewichtig zu gelten? Dies hängt von Alter, Geschlecht und Körpergröße ab. Einen Anhaltspunkt für die Berechnung des Sollgewichts in Kilogramm liefert die Broca-Formel: Körpergröße in Zentimetern minus 100. Das **Idealgewicht** besitzt man, wenn das Sollgewicht um 10 Prozent unterschritten wird; Übergewicht liegt vor, wenn das Sollgewicht um 10 Prozent überschritten wird. Eine exaktere Berechnung ist mit dem Body-Mass-Index möglich.

E
Exkurs: Body-Mass-Index
Die Gewichtskategorie wird nach dem sogenannten Body-Mass-Index bestimmt. Sie wird errechnet, indem man das Körpergewicht in Kilogramm durch das Quadrat der Körpergröße in Metern teilt.

Kategorie (nach WHO)	BMI (kg/m²)
Untergewicht	< 18,5
Normalgewicht	18,5–24,9
Übergewicht	25–29,9
Adipositas	≥ 30

Der BMI berücksichtigt lediglich Körpergröße und Gewicht, ignoriert aber wichtige Faktoren wie Körperbau, Geschlecht und Alter. Muskeln beispielsweise wiegen mehr als Fettgewebe; sehr athletische trainierte Männer müssten ihrem BMI zufolge als „fettleibig" eingestuft werden.

Eine besonders schwere Form von Übergewicht ist die krankhafte **Fettleibigkeit (Adipositas)**. Die Fettsüchtigen verzehren unter einem zwanghaften seelisch-körperlichen Verlangen ständig große Mengen Nahrung, ohne eine Hungergefühl zu spüren.

Doch nicht nur aus ästhetischen Gründen ist eine bewusste Ernährung wichtig. Vielmehr stehen **gesundheitliche Risiken** im Vordergrund. Übergewicht belastet das Skelett- und das Herz-Kreislauf-System. Viele Krankheiten im fortgeschrittenen Alter sind auf eine jahrelange Fehlernährung zurückzuführen. Zu ihnen gehören die Gefäßkrankheiten, die Arteriosklerose, Bluthochdruck und Herzinfarkt begünstigen, außerdem Erkrankungen der Bauchspeicheldrüse wie Diabetes oder eine ständige Erhöhung des Harnsäurespiegels, der zur schweren Gelenkerkrankung Gicht führt. Verschiedenen Krebsarten kann durch eine ballaststoff- und vitaminreiche, aber fettarme Ernährung vorgebeugt werden.

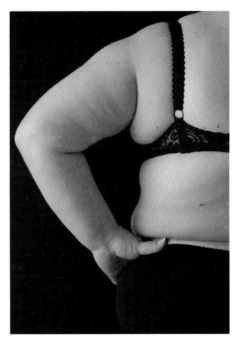

Adipositas

1.6 Diabetes – Fehlsteuerung des Stoffwechsels

Nahezu 10 Prozent der Bevölkerung in Deutschland leiden an der Zuckerkrankheit (Diabetes mellitus), mit steigender Tendenz. Während früher nur ältere Menschen unter der sogenannten „Altersdiabetes" litten, kommt inzwischen dieser Typ der Diabetes auch schon bei Kindern vor: in beiden Fällen meist als Folge von Fehlernährung, Bewegungsmangel und Übergewicht. Diabetes ist immer eine chronische Krankheit, die ein Leben lang bestehen bleibt.

Was läuft falsch im Körper bei der Stoffwechselstörung Zuckerkrankheit? Die mit der Nahrung zugeführten Kohlenhydrate werden im Körper zu Glukose (Traubenzucker) umgewandelt. Damit die Glukose von den Körperzellen als Energielieferant aufgenommen werden kann, benötigen sie das Hormon **Insulin**. Es wird in den Inselzellen der **Bauchspeicheldrüse** gebildet. Dabei gilt: Je mehr Zucker im Blut ist, desto mehr Insulin wird produziert. Wird die Glukose nicht sofort zur Energiegewinnung gebraucht, speichert sie der Körper mithilfe des Insulins in der Leber in Form von **Glykogen**. So wird der Blutzuckerspiegel immer konstant gehalten. Bei Diabetikern (Zuckerkranken) ist dieser Ablauf gestört. Aufgrund ihrer Erkrankung steigt der Glukosegehalt im Blut an.

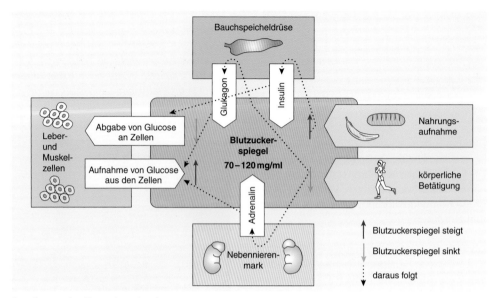

Regulierung des Blutzuckerspiegels

Es lassen sich zwei unterschiedliche Arten von Diabetes unterscheiden. Beim **Typ I** sind die Inselzellen der Bauchspeicheldrüse durch eine Erkrankung zerstört. Auch Kinder und Jugendliche können darunter leiden. Weil wenig oder kein Insulin mehr gebildet werden kann, muss es mithilfe von Spritzen von außen zugeführt werden. Nur knapp 5 Prozent der Diabetespatienten in Deutschland haben einen Typ-I-Diabetes, 90 Prozent einen Typ-II-Diabetes.

Beim **Typ II** sind die Körperzellen durch Überforderung für das Insulin unempfindlich geworden. Es handelt sich um eine ernährungsbedingte Wohlstandserkrankung mit zunächst schleichendem Verlauf, die gehäuft bei Menschen über 40 Jahren vorkommt. Hier wird zunächst mit Tabletten behandelt. In den meisten Fällen können die dauernde Einhaltung einer leichten Diät, mehr Bewegung und eine gezielte Gewichtsabnahme ausreichen, um die Blutzuckerwerte zu normalisieren. Bei beiden Typen wird eine erbliche Veranlagung vermutet.

Wird der Diabetes nicht behandelt, kommt es zu schweren gesundheitlichen Folgeschäden: Herz- und Gefäßerkrankungen, Schädigungen der Netzhaut des Auges und Nieren- und Nervenschäden. Durch eine individuelle Therapieplanung und eine gesunde Lebensführung können Diabetiker heute ein weitgehend normales Leben führen.

Diabeteserkrankung bei Kindern – erkennen und behandeln

Die häufigste Stoffwechselerkrankung bei Kindern ist der Diabetes Typ I. Die Krankheit beginnt schleichend und zunächst unbemerkt, denn Diabetes tut nicht weh. Erste Anzeichen der Erkrankung können sein, dass ein Kind ständig Durst hat und sehr häufig zur Toilette muss. Es wirkt müde und schlapp und verliert ohne erkennbaren Grund an Gewicht. Der Atem riecht nach Aceton (Nagellackentferner) oder fauligem Obst.

Wenn ein Arzt mithilfe eines Blutzuckertests eine Diabetes-Erkrankung ermittelt hat, wird der Blutzuckerspiegel medikamentös gesenkt. Tag für Tag muss nun das Hormon Insulin in das Fettgewebe am Bauch oder am Oberschenkel gespritzt werden. Wird nur zweimal, vor dem

Frühstück und dem Abendbrot, Insulin gespritzt, darf das Kind zwischendurch nicht naschen. Die meisten Zuckerkranken spritzen vier- bis fünfmal täglich Insulin, um auch spontan essen oder Sport treiben und so ihre normalen Lebensgewohnheiten beibehalten zu können. Deshalb sollte man das Kind auch normal behandeln und ihm keine Sonderrolle zuweisen. Es muss aber berücksichtigt werden, dass die Erkrankung die betroffenen Kinder belastet und viel Disziplin von ihnen verlangt.

Kinderleicht: Das Spritzen von Insulin und die Kontrolle des Blutzuckerspiegels

Wenn möglich, sollte man den Blutzuckerspiegel des Kindes regelmäßig, vor jeder Insulingabe, kontrollieren. Sind die Werte in der Regel in Ordnung, können die gefürchteten Folgeerkrankungen oder ein diabetisches Koma vermieden werden. Denn nicht nur die Überzuckerung des Blutes ist gefährlich, auch durch eine Unterzuckerung droht Diabetikern Gefahr. Eine Erkrankung, einer längere Nahrungspause oder ausgiebiges Toben kann zu einer solchen Unterzuckerung führen. In dieser Notsituation ist dem Kind schwindelig, es schwitzt und droht ins Koma zu fallen. Deshalb sollte für diese Kinder immer Traubenzucker oder gezuckerter Saft bereitliegen. Für den Fall, dass das Kind nicht mehr schlucken kann, muss ein Notfallbesteck mit Glucagon gegen die Unterzuckerung vorhanden sein.

1.7 Sonderformen der Ernährung

Aus verschiedenen religiösen, weltanschaulichen und gesundheitlichen Gründen haben sich Ernährungsformen entwickelt, bei denen bestimmte Nahrungsmittel bevorzugt, andere aber gemieden werden.

Ernährungsregeln im Islam
Nach dem Koran sind gläubige Moslems an bestimmte Ernährungsregeln gebunden. Dazu gehören der Verzicht auf Schweinefleisch und das Fleisch von Tieren, die nicht islamisch geschlachtet wurden. Auch Lebensmittel, die Fette oder Zusätze wie Gelatine enthalten, könnten von solchen Tieren stammen und dürfen nicht verzehrt werden. Im alljährlichen Fastenmonat Ramadan müssen die Gläubigen eine 30-tägige Fastenzeit einhalten und dürfen tagsüber nichts essen oder trinken. Erst wenn die Sonne untergegangen ist, wird das Fasten für einige Stunden unterbrochen. Ältere oder kranke Menschen, schwangere Frauen und Kinder sind vom Fasten befreit, wenn sie das wollen. Das Ende des Ramadans wird groß gefeiert: Beim Zuckerfest gibt es Süßigkeiten und Geschenke.

Für viele muslimische Jugendliche beginnt das erste Fasten mit dem Beginn der Pubertät. Kleinere Kinder sollten möglichst nicht vor dem neunten oder zehnten Lebensjahr fasten. Wenn sie es dennoch wollen, sollte darauf geachtet werden, dass die Nahrung, die sie nach Sonnenuntergang zu sich nehmen, genügend lebenswichtige und für das Wachstum notwendige Nährstoffe enthält, dass sie auch tagsüber genügend trinken und ausreichend Ruhephasen haben.

Wie ernähren sich Vegetarier und Veganer?
Vegetarier lehnen den Verzehr von Fleisch und Fisch ab aus Sorge um das Wohlergehen von Tieren. **Lacto-Vegetarier** nehmen nur pflanzliche Lebensmittel, Milch und Milchprodukte zu sich, Ovo-Lacto-Vegetarier essen zusätzlich auch Eier.
Veganer gehen in ihrem Verzicht noch weiter: Jeglicher Konsum von Tierprodukten wird abgelehnt. Sie essen weder Fleisch, Fisch, Milch, Eier und Honig und sie vermeiden den Gebrauch von Leder, Seide und Wolle. Bei veganer Ernährung kann es geschehen, dass wichtige Nährstoffe in zu geringer Menge zugeführt werden und die Gefahr einer Unterversorgung mit Vitamin B 12, Eisen, Calcium, Jod und essentiellen Aminosäuren besteht. Dies gilt besonders für Kinder, Schwangere und Stillende.

Da sich die meisten Vegetarier und Veganer überdurchschnittlich bewusst ernähren und gesund leben, treten ernährungsbedingte Erkrankungen bei ihnen seltener auf. Auch ihre Lebenserwartung liegt höher als die der Normalbevölkerung.
Weitere Informationen beim Vegetarierbund Deutschland (www.vebu.de).

1.8   Nahrungsmittelunverträglichkeiten

Zirka 20 Prozent der Bevölkerung vertragen bestimmte Nahrungsmittel oder ihre Zusätze nicht. Nach dem Genuss kommt es bei ihnen zu Reaktionen wie Schwellungen am Mund oder im Gesicht, Nesselausschlag, Juckreiz, Schleimhautschwellungen, Bauchweh, Durchfall, Erbrechen oder Asthma. Solche Unverträglichkeiten können verschiedene Ursachen haben.

Nahrungsmittelallergien und Nahrungsmittelintoleranzen
Nahrungsmittelallergiker haben eine erworbene Überempfindlichkeit gegen bestimmte Nahrungsmittel, die normalerweise gut vertragen werden. Die häufigsten **Nahrungsmittelallergene** im Kindesalter sind Hühnerei, Kuhmilch, Weizen, Soja, Nüsse, Erdnüsse und Fisch. Auch auf Obst wie Äpfel oder Erdbeeren, Gemüse wie Karotten oder Sellerie und bestimmte Kräuter und Gewürze reagieren manche Menschen allergisch. Um allergische Reaktionen zu vermeiden, müssen die Allergie auslösenden Lebensmittel von den Betroffenen konsequent gemieden werden. Die schwerste Komplikation ist der **anaphylaktische Schock**, der tödlich enden kann und sofort notärztlich behandelt werden muss. Dabei kommt es zu Blutdruckabfall, Ödembildung, Atemnot und Sauerstoffmangel.

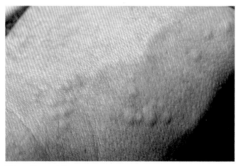
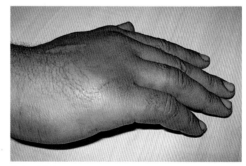

Nesselausschlag   *Ödembildung*

Im Unterschied zu den echten Allergien lassen sich bei den **Pseudo-Allergien** keine Antikörper im Blut nachweisen. Hier kommt es ohne den Umweg über das Immunsystem zu einer Histaminausschüttung, die Körperreaktionen können aber genauso heftig sein. Auslöser für Pseudo-Allergien sind Nahrungsmittel, die biogene Amine enthalten (z. B. Sauerkraut, Rotwein, Bananen oder Schokolade), histaminhaltige Nahrungsmittel (z. B. reifer Käse, Blauschimmelkäse, Thunfisch) oder Erdbeeren, die eine direkte Histaminausschüttung bewirken.

Auch die versteckten Beigaben von industriell verarbeiteten Nahrungsmitteln können allergische oder allergieähnliche Reaktionen auslösen. Zahlreiche Problemstoffe stecken zum Beispiel in den Lieblingsnahrungsmitteln von Kindern: Süßigkeiten, Brausegetränken oder Pudding. Dabei handelt es sich um Farbstoffe, Konservierungsstoffe, Geschmacksverstärker, Verdickungsmittel, Aromastoffe und anderes.

Problemstoffe in Süßigkeiten

Exkurs: Chemie im Essen   **E**

Essen frisch zuzubereiten, ist aufwendig und kostet Zeit. Mit dem Griff zu sogenannten Convenience-Produkten (engl. convenience = Bequemlichkeit) wie Fertigpizza oder Dosensuppe kann eine leckere Mahlzeit in kürzester Zeit auf dem Tisch stehen. Aber gerade in Fertigprodukten sind viele Chemikalien enthalten, die sich im Gewebe anreichern oder Allergien auslösen können und über deren Langzeitwirkung wenig bekannt ist. Nach dem Lebensmittel- und Bedarfsgegenständegesetz (LMBG) und der Zusatzstoff-Zulassungsverordnung ist es erlaubt, Lebensmittel mit Zusatzstoffen, die sie in ihrer Beschaffenheit beeinflussen oder besondere Eigenschaften in ihnen hervorrufen, zu versetzen.

Innerhalb Europas werden Zusatzstoffe in Lebensmitteln mit einheitlichen dreistelligen E-Nummern (E = Europa oder essbar/ edible) gekennzeichnet. Dies sind

Farbstoffe	*ab E 100*
Konservierungsstoffe	*ab E 200*
Antioxidantien	*ab E 300*
Gelier-/Dickungsmittel	*ab E 400*
Emulgatoren	*ab E 450*
Anorganische Verbindungen	*(ab 500)*

Nach der Nummer 570 gibt es keine durchgängige Systematik mehr.
Ein Zusatzstoff wird von der EU-Behörde für Lebensmittelsicherheit (EFSA) geprüft.
www.zusatzstoffe-online.de

Menschen mit einer **Milchzuckerunverträglichkeit (Laktoseintoleranz)** fehlt das Verdauungsenzym Laktase teilweise oder vollständig. Der Milchzucker aus der Milch oder milchzuckerhaltiger Nahrung gelangt in tiefere, von Bakterien besiedelte Darmabschnitte und wird zu

Milchsäure, Essigsäure und Kohlendioxid abgebaut. Die Aufspaltung verursacht Völlegefühl, schmerzhafte Blähungen und Durchfall. Da die zugrunde liegende Erkrankung nur schwer behandelt werden kann, hilft meist nur eine weitgehend laktosefreie Kost. Milchzucker ist in vielen Lebensmitteln vorhanden, in denen man ihn nicht vermuten würde: z. B. in Wurst und Würstchen, Margarine, Brot, Backwaren und Medikamenten. Alle Milcherzeugnisse außer Hartkäse, Schnittkäse, Weichkäse und Sauermilchkäse enthalten Laktose. Diese Käse sind eine wertvolle Calciumquelle für Menschen mit einer Laktoseintoleranz.

Auch gesunde und hochwertige Lebensmittel können bei entsprechender Veranlagung zu Erkrankungen führen.

Zu noch schwerwiegenderen Symptomen führt die **Glutenunverträglichkeit**. Man spricht von **Zöliakie** beim Kind und von **Sprue** beim Erwachsenen. Bei den Betroffenen schädigt ein Bestandteil des Glutens aus der Keimschale von Getreidekörnern, das Gliadin, die Zotten des Dünndarms und behindert dadurch die Aufnahme von wichtigen Nährstoffen. Zöliakie ist eine der häufigsten Nahrungsmittelunverträglichkeiten im Säuglings- und Kleinkindalter. Typische Krankheitszeichen sind Blähungen, Bauchschmerzen, Erbrechen und übel riechende, fetthaltige Durchfälle. Die einzige Behandlungsmöglichkeit ist eine lebenslange glutenfreie Diät, damit die geschädigten Darmzotten sich erholen können und weitere Schädigungen vermieden werden.

1.9   Ess-Störungen

Die Ursachen für ein krankhaft gestörtes Essverhalten liegen oft im psychischen Bereich. Zur Überwindung von Ess-Störungen können Psychotherapeuten, psychologisch geschulte Ärzte und auch Selbsthilfegruppen beitragen. Zu den Essstörungen gehört auch die krankhafte Fettleibigkeit (Adipositas s. S. 101)

Im Gegensatz zu den Fettsüchtigen lehnen Magersüchtige die Nahrungsaufnahme weitgehend ab. Dabei sind deutlich mehr Mädchen und junge Frauen als Jungen von der Erkrankung betroffen. Man spricht auch von pubertärer **Magersucht**. Das zwanghafte Hungern ist geprägt vom Wunsch nach einem geringen Körpergewicht, dem Bemühen, noch dünner zu werden und der Angst vor Gewichtszunahme. Als Ursachen werden das Streben nach dem Schönheitsideal der Film- und Modewelt oder Schwierigkeiten mit dem Erwachsenwerden angenommen. Herzkrankheiten, Knochenentkalkung, Ausbleiben der Regelblutung und

Unfruchtbarkeit können die Folge einer jahrelangen Magersucht sein. In 10 Prozent aller Fälle führt die Krankheit zum Tode. Eine Selbsthilfegruppe für Ess-Störungen ist zu finden unter www.magersucht.de.

Die **Ess-Brech-Sucht** ist gekennzeichnet durch anfallartigen Heißhunger und die Aufnahme enormer Nahrungsmengen in kurzer Zeit. Anschließend wird das Erbrechen selbst herbeigeführt. Es entsteht ein Teufelskreis aus Essattacken, Schuldgefühlen, Selbstvorwürfen einerseits und der Angst vor einer Gewichtszunahme, dem willkürlichen Übergeben und dem Missbrauch von Abführmitteln andererseits.

Das französische Model Isabelle Caro starb im November 2010 an den Folgen der Magersucht.

1.10 Mit Lebensmitteln umgehen und sie kritisch beurteilen

Lernsituation

„Kinderlebensmittel": Unsere Supermarktregale sind voll mit Lebensmitteln, die von der Ernährungsindustrie speziell für Kinder hergestellt werden. Ihre Verpackungen sind bunt, mit lustigen Tier- oder Comicfiguren geschmückt und sie locken zusätzlich mit kleinen Spielzeugen, Sammelstickern oder Rätseln als Beigabe. In der Werbung wird der Eindruck erweckt, diese Produkte seien für das Kindeswohl besonders förderlich, weil sie zum Beispiel besonders viele Vitamine oder Calcium enthalten. Tatsächlich werden sie von Ernährungsexperten als überflüssig und viele sogar als ungesund eingestuft: Die Puddings, Quarkspeisen, Pausenriegel, Softdrinks, Würstchen und Chips sind zu süß, zu fettig oder zu salzig und enthalten oft zahlreiche chemische Zusätze wie künstliche Aromastoffe (s. S. 105). Um solche Lebensmittel zu beurteilen, sollte man die Nährwertangaben auf der Packung vor dem Kauf kritisch lesen und vergleichen.

1.10.1 Lebensmittelkennzeichnung

Woran können wir erkennen, ob ein verpacktes Lebensmittel nun gesund oder ungesund ist? Auf jeder Fertigpackung findet der Verbraucher dazu Informationen, die durch die Lebensmittelkennzeichenverordnung (LMKV) zwingend vorgeschrieben sind. Dazu gehören der Name und die Anschrift des Herstellers und ein Verzeichnis der Zutaten. In der **Zutatenliste** werden diejenigen Stoffe aufgezählt, aus denen das Lebensmittel hergestellt wurde: Der höchste Gewichtanteil steht zuerst und in absteigender Reihenfolge geht es weiter. Ketchup z. B. besteht aus den Zutaten Tomatenmark, Rohrzucker, Branntweinessig, Maisstärke, Steinsalz und Gewürzen. Da der Zucker an zweiter Stelle genannt wird, können wir erkennen, dass Ketchup relativ viel Zucker enthält.

Zusatzstoffe in Lebensmitteln, wie Farbstoffe, Enzyme, Aromen, Konservierungsmittel oder Emulgatoren können unter ihrem Namen oder durch die E-Nummern (s. S. 105) angegeben werden. Wenn ein Produkt Stoffe enthält, die Allergien oder Unverträglichkeitsreaktionen (s. S. 104 f.) auslösen können, muss dies auf der Packung angegeben sein. Dies gilt u. a. für glutenhaltige Getreide, Milch, Eier, Fisch, Sojabohnen, Nüsse und Sellerie.

Eine **Nährwertkennzeichnung**, die auf den meisten Verpackungen zu finden ist, wird im Jahr 2014 verbindlich. Angegeben sind dort die so genannten „Big Four":
(1) der physiologische Brennwert in kJ oder kcal (s. S. 92),
(2) der Eiweißgehalt,
(3) der Kohlenhydratgehalt und
(4) der Fettgehalt in dieser Reihenfolge.

Die Angaben können durch den Anteil an Ballaststoffen, Natrium, Zucker und gesättigten Fettsäuren, den Vitamin- und Mineralstoffgehalt ergänzt werden. Die Angaben beziehen sich auf 100 Gramm oder 100 Milliliter des Produkts und nicht auf die gesamte Packung.

Außerdem ist auf der Verpackung immer das **Mindesthaltbarkeitsdatum** angegeben. Mit den Worten „Mindestens haltbar bis ..." werden Tag, Monat und Jahr genannt, bis zu dem das Lebensmittel unter angemessenen Lagerungsbedingungen unverändert und genießbar bleibt. Aber auch nach dem Ablauf dieses Datums sind die Lebensmittel häufig noch völlig in Ordnung und können, nach vorheriger kritischer Prüfung, verzehrt werden. Dies kann ein Beitrag sein, um der viel beklagten Lebensmittelverschwendung vorzubeugen.

Denn das Mindesthaltbarkeitsdatum ist nicht das Verfallsdatum! Die Angabe des **Verbrauchsdatums** „verbrauchen bis ..." ist bei sehr leicht verderblichen Lebensmitteln, wie z. B. Hackfleisch, notwendig. Hinzugefügt ist eine Beschreibung der unbedingt einzuhaltenden Aufbewahrungsbedingungen. Solche Lebensmittel dürfen nach Ablauf des Verbrauchsdatums nicht mehr verzehrt und auch nicht verkauft werden.

KLASSIKER
SPAGHETTI MIT TOMATENSAUCE

Spaghetti mit Tomatenmark, Würzmischung und geriebenem Hartkäse (30 % Fett i. Tr.)

ZUTATEN
Spaghetti: Hartweizengrieß **Tomatenmark (29 %); Würzmischung (4,5 %):** Speisesalz, Zwiebeln, modifizierte Stärke, Stärke, Zucker, hydrolisiertes Weizen-, Soja- und Maiseiweiß, Kräuter (enthalten Sellerie), Knoblauch, Gewürze, Rote Beete-Pulver; **Geriebener Hartkäse (2,5 %). ENTHÄLT SELLERIE, MILCH, SOJA, WEIZEN, GLUTEN. Kann Ei enthalten.**

Inhalt e **397 g**
Trockengewicht aus:

252 g Spaghetti
117 g Tomatenmark
18 g Würzmischung
10 g geriebener Pamesello

Nährwerte**	pro 100g	pro Port.***	% GDA* pro Port
Brennwert	536 kJ/ 127 kcal	1740 kJ/ 410 kcal	21 %
Eiweiß	4,3 g	14,0 g	28 %
Kohlenhydrate	21,5 g	70,5 g	26 %
davon Zucker	3,2 g	10,0 g	11 %
Fett	2,5 g	8,1 g	12 %
davon gesättigte Fettsäuren	1,4 g	4,4 g	22 %
Ballaststoffe	1,2 g	3,8 g	15 %
Natrium	0,3 g	0,8 g	34 %

 * GDA (Guideline Daily Amount) = Richwert für die Tageszufuhr basierend auf einer ausgewogen Ernährung eines durchschnittlichen Erwachsenen von täglich 2,000 kcal. Die individuelle Zufuhr kann je nach Geschlecht, Alter, körperlicher Aktivität und weiteren Faktoren unterschiedlich sein.

** Basierend auf einer Zubereitung mit 180 ml Wasser und 20 g Butter
*** Basierend auf 1 Packung = 3 Portionen

KÜHL UND TROCKEN LAGERN.
Mindestens haltbar bis:
siehe Bodenlasche

1.10.2 Lebensmitteleinkauf – ökologisch korrekt

Laut Bundesumweltamt nutzen die Deutschen jährlich über 5 Milliarden Plastiktüten, das sind 1,3 kg Verpackungsmüll pro Einwohner. Weiterer Müll entsteht durch aufwendig verpackte Lebensmittel, Einwegflaschen und Dosen. Auch weite Transportwege belasten die Umwelt. Für einen umweltfreundlichen Einkauf gelten folgende Regeln:

- Einkaufstasche statt Plastiktüte
- Mehrwegflaschen statt Einwegflaschen
- Obst und Gemüse lose kaufen
- Umweltfreundliche Verpackungen aus Papier oder Pappe bevorzugen
- Alle Recycling-Möglichkeiten nutzen
- Möglichst viele Produkte aus der Region kaufen
- Saisonales Obst und Gemüse bevorzugen, möglichst aus Freilandanbau
- Planmäßig und bedarfsgerecht einkaufen, um keine Lebensmittel zu verschwenden
- Bei Fleisch und Eiern auf artgerechte Tierhaltung achten
- Seltener Fleisch essen; hoher Fleischkonsum verursacht Klima- und Umweltschäden
- Nur Fischarten kaufen, die nicht durch Überfischung gefährdet sind, wie Seelachs, Hering oder Fisch aus Zuchtanlagen mit nachhaltiger und ökologischer Produktion

Viele Verbraucherinnen und Verbraucher achten schon heute darauf, woher die Lebensmittel, die sie einkaufen, kommen. Deshalb erprobt das Bundesministerium für Ernährung, Landwirtschaft und Verbraucherschutz (BMELV) die Einführung eines Deklarationsfeldes mit dem Namen „Regionalfenster". Wer die Kennzeichnung verwendet, muss garantieren, dass vor allem die Hauptzutat zu 100 Prozent aus der klar definierten Region kommen muss.

Siegel „Regionalfenster": Beispiel Schinkenwurst

1.10.3 Bio-Lebensmittel – die bessere Wahl?

Pestizide in Weintrauben, Dioxin im Hühnerei, Antibiotika im Fleisch, gentechnisch veränderte Futterpflanzen für Tiere: Nicht nur chemische Zusatzstoffe (s. S. 105) können unsere Lebensmittel bedenklich machen und auf die Dauer die Gesundheit belasten. Deshalb kaufen immer mehr Menschen Produkte in Bio-Qualität. Sie möchten sich gesünder und qualitativ hochwertiger ernähren und zum besseren Schutz von Umwelt und Tieren beitragen.

ohne künstlichen Stickstoffdünger

aus der Region

frei von Pestiziden

kaum nitrathaltig

Bio-Kartoffel

Bio-Landwirte arbeiten ökologisch, im Einklang mit der Natur, unter Berücksichtigung der Boden- und Gewässererhaltung und der Landschaftspflege. Sie beachten in der Regel folgende Prinzipien:

- Keine Anwendung von Gentechnik
- Kein Pflanzenschutz mit chemisch-synthetischen Mitteln
- Mechanische Unkrautbekämpfungsmaßnahmen
- Düngung durch Mist, Kompost, Gründüngung oder langsam wirkende natürliche Düngestoffe
- Verzicht auf chemisch-synthetische Wachstumsregulatoren und Hormone
- Flächengebundene artgerechte Tierhaltung (z. B. entsprechender Auslauf)
- Weitgehender Verzicht auf Antibiotika

Bei der Produktion von Bio-Lebensmitteln müssen die Zutaten zu mindestens 95 % aus dem ökologischen Anbau stammen. Sie dürfen bei der ökologischen Lebensmittelherstellung nicht bestrahlt werden. Die Verwendung von Zusatzstoffen ist, bis auf wenige gelistete, eingeschränkt: Geschmacksverstärker, künstliche Aromen und Farbstoffe sind nicht erlaubt.

Die Erzeugung, die Verarbeitung und der Handel mit Bio-Lebensmitteln werden durch Kontrollstellen überwacht. Ein sicheres Kennzeichen für ein Bioprodukt ist die aufgedruckte Kontrollnummer, zum Beispiel DE-ÖKO-006. Zuerst ist das Herkunftsland angegeben und dann die Nummer der jeweiligen Kontrollstelle. Seit Juli 2010 besteht für alle vorverpackten Bio-Lebensmittel in der Europäischen Union eine Kennzeichnungspflicht mit dem EU-Bio-Logo. In Deutschland werden Bio-Produkte häufig zusätzlich mit dem seit 2001 bekannten deutschen staatlichen Bio-Siegel gekennzeichnet (nähere Informationen unter: www.biosiegel.de und www.oekolandbau.de). Unter strengeren ökologischen Bedingungen produzieren die Mitglieder privater Verbände wie Bioland oder Demeter: Ihre Produkte erfüllen Normen, die über die Anforderungen der EU-Öko-Verordnung hinausgehen.

DE-ÖKO-000
EU-Landwirtschaft
(Beispiel)

EU-Bio-Logo © Europäische Union, 1995–2014

Deutsches staatliches Bio-Siegel

Bioland

Demeter

Weil die ökologische Erzeugung von Nahrungsmitteln mit einem erhöhten Arbeitsaufwand und niedrigeren Erträgen verbunden ist, kosten Bio-Produkte in der Regel mehr als konventionell erzeugte Nahrungsmittel.

Exkurs: Gifte in Nahrungsmitteln

E

Pestizide sind chemische Pflanzenbehandlungs- und Schädlingsbekämpfungsmittel, die gegen tierische und pflanzliche Schädlinge eingesetzt werden, z. B. Insektizide gegen Insekten, Herbizide gegen Unkräuter und Fungizide gegen Pilze. Sie reichern sich in den Pflanzen an, die sie schützen sollen und gelangen entweder direkt oder indirekt durch Futterpflanzen über tierische Nahrungsmittel in den menschlichen Organismus. Hier werden sie im Fettgewebe gespeichert und summieren sich dort im Laufe eines Lebens.

Viele Pflanzen enthalten natürliche Substanzen, die giftig, aber in geringen Dosen unschädlich sind. Hier einige Beispiele: Kartoffeln und Tomaten enthalten Alkaloide. Bei Kartoffeln wird deshalb empfohlen, die alkaloidhaltigen Kartoffelschalen, Augen und Keime und bei Tomaten die grünen Stellen und den Stielansatz zu entfernen. Rohe grüne Bohnen enthalten den Giftstoff Phasin, ein Eiweiß, das bereits in kleinen Mengen rote Blutkörperchen zerstört. Um diesen Stoff unschädlich zu machen, müssen grüne Bohnen 15 bis 20 Minuten gekocht werden. Stark nitrathaltiges Gemüse wie Spinat kann bei Säuglingen gefährlichen Sauerstoffmangel im Blut (Blausucht) auslösen, ist für Erwachsene aber ungefährlich. Auch bei der Zubereitung von Säuglingsnahrung muss der Nitratgrenzwert von 50 mg/l im Trinkwasser beachtet werden. Das im Zimt enthaltene Cumarin führt in größeren Mengen zu Schwindel und Erbrechen. Deshalb sollten Kinder nicht mehr als drei Zimtsterne pro Tag essen.

1.10.4 Informationsmöglichkeiten für kritische Verbraucher

Selbstverständlich müssen auch alle Lebensmittel, die nicht nach ökologischen Regeln erzeugt wurden, sicher sein. Dafür sorgen u. a. das Deutsche Lebensmittel- und Futtermittelgesetzbuch (LMFG), die EU-Behörde für Lebensmittelsicherheit (EFSA) und die Lebensmittelüberwachungsbehörden der Länder. Zahlreiche Supermarktketten und Discounter nehmen den Wunsch ihrer Kunden nach weniger pestizidbelastetem Obst und Gemüse ernst und haben eigene Programme zur Verringerung der Pestizidrückstände aufgelegt. Obst und Gemüse mit besonders giftigen Pestiziden werden nicht mehr verkauft. Für die Produkte vieler Handelsmarken wird zugesichert, dass sie keine Milch, Eier oder Fleisch enthalten, das von Tieren stammt, die mit Gen-Pflanzen gefüttert wurden.

Wer mehr über die Sicherheit von Lebensmitteln wissen möchte oder Fragen zur Kennzeichnung hat, kann sich im Internet oder durch Broschüren verschiedener Institutionen informieren.

- Das vom Bundesministerium für Ernährung und Landwirtschaft und Verbraucherschutz (BMELV) geförderte Internetportal „lebensmittelklarheit.de" will die Verbraucher umfassend und transparent informieren. Hier können Verbraucher auch Produkte nennen, von denen sie sich getäuscht fühlen, z. B. durch eine große Verpackung mit einem geringen Inhalt.

- Das Institut für Risikobewertung in Braunschweig (bfr.bund.de) befasst sich ebenso mit dem Thema Lebensmittelsicherheit wie das Bundesamt für Verbraucherschutz und Lebensmittelsicherheit (bvl.bund.de).

- Doch auch Nicht-Regierungs-Organisationen bemühen sich um Verbraucheraufklärung und fördern die Lebensmittelsicherheit. Dazu gehören „Greenpeace" (greenpeace.de/ratgeber) und „foodwatch" (foodwatch.org).

1.10.5 Umgang mit Lebensmitteln in der Gemeinschaftseinrichtung – Hygiene

Um lebensmittelbedingten Erkrankungen vorzubeugen, müssen bestimmte **Hygieneregeln** beachtet werden. Diese Regeln beziehen sich sowohl auf das Verhalten der Beteiligten, verschiedene örtliche Maßnahmen und auf den Umgang mit den Nahrungsmitteln selbst. Nachfolgend werden einige der Einflussfaktoren vorgestellt, die der Lebensmittelsicherheit dienen.

Persönliche Hygiene

- Regelmäßiges und häufiges Händewaschen mit Wasser und Seife: vor Beginn des Kochens, nach dem Toilettengang, zwischen dem Umgang mit verschiedenen Lebensmitteln (Keimübertragung vermeiden!), vor der Speisenausgabe.

- Saubere Arbeitskleidung tragen.

- Speisen vor herabfallenden Haaren mit einer Kopfbedeckung schützen.

- Uhren und Schmuck ablegen, weil sich darunter Schmutzreste ansammeln können.

- Kein Nagellack – er könnte absplittern und in die Speisen gelangen.

Küchenraum- und Geräte-Hygiene

- Benutztes Geschirr im Geschirrspüler reinigen. Was mit der Hand gespült wird, unmittelbar danach abtrocknen. Spüllappen und Geschirrtücher täglich wechseln.
- Sauberes Geschirr in sauberen Schränken aufbewahren. Schränke regelmäßig auswaschen.
- Arbeitsflächen, Tische, Tabletts und Transportwagen nach dem Gebrauch mit warmem Wasser und Reinigungsmitteln abwischen.
- Das Spülbecken ist nicht das Handwaschbecken.

Produkthygiene

- Frisches Fleisch bei 2 °C bis 4 °C lagern, Milchprodukte bei 7 °C. Frischer Fisch, frisches Hackfleisch und Geschnetzeltes müssen am Tag der Anlieferung zubereitet werden.
- Obst und Gemüse gründlich unter fließendem Wasser waschen.
- Warme Speisen bei Temperaturen um 65 °C warm halten, kalte Speisen bei 4 °C bis 8 °C aufbewahren.
- Die Speisen müssen in geschlossenen Behältern oder abgedeckt transportiert werden.
- Speisereste in dicht schließenden Abfallbehältern ordnungsgemäß entsorgen.

Aufgaben zur Wiederholung und Festigung: **A**

1. *Erklären Sie den Unterschied zwischen Grund- und Leistungsumsatz.*
2. *Welche Bedeutung haben*
   a. *Kohlenhydrate,*
   b. *Fette und*
   c. *Eiweiße für den Körper?*
3. *Nach welchen Kriterien werden die Vitamine eingeteilt? Nennen Sie Beispiele.*
4. *Nach welchen Gesichtspunkten wird die Gruppe der Mineralstoffe eingeteilt? Nennen Sie Beispiele.*
5. *Welche Funktionen erfüllt Wasser im Körper?*
6. *Wie viel Gramm Kohlenhydrate, Eiweiß und Fett sollte ein Mensch von 70 kg Gewicht täglich aufnehmen? Durch welche Nahrungsmittel sollte der Bedarf bevorzugt gedeckt werden?*
7. *Wie ist die aid-Ernährungspyramide für Kinder aufgebaut? Wie viele Portionen von jeder Lebensmittelgruppe sollen Kinder täglich erhalten?*
8. *Nennen Sie die Hauptursachen für Übergewicht.*
9. *Die Entstehung welcher Erkrankungen wird durch Fehlernährung begünstigt?*
10. *Beschreiben Sie den Unterschied zwischen Diabetes Typ I und Typ II.*
11. *Welche Ernährungsregeln gelten für gläubige Moslems?*
12. *Wie müssen verpackte Lebensmittel gekennzeichnet sein?*
13. *Nennen Sie drei Regeln für einen umweltfreundlichen Einkauf.*
14. *Nennen Sie drei der Prinzipien in der biologischen Landwirtschaft.*
15. *Was sind Pestizide?*
16. *Nenne Sie jeweils drei Hygieneregeln zu „Persönliche Hygiene", „Küchenraum- und Geräte-Hygiene" und „Produkthygiene".*

Zusatzaufgaben zur Vertiefung

1. Nennen Sie Beispiele für eine positive Beeinflussung der Ernährungsgewohnheiten von Kindern.
2. Informieren Sie sich über den „Ernährungskreis" und die „Ernährungspyramiden" der Deutschen Gesellschaft für Ernährung (DGE) www.dge.de.
3. Informieren Sie sich über optiMIX (Empfehlungen zur Kinderernährung) www.optimix-schmeckt.de und www.fke-do.de (Forschungsinstitut für Kinderernährung aus Dortmund).
4. Informieren Sie sich über Ernährungsempfehlungen für Stillende.
5. Informieren Sie sich über Ernährungsempfehlungen für Schwangere.
6. Informieren Sie sich über Ernährungsempfehlungen für ältere Menschen.
7. Informieren Sie sich über die „Richtlinien für die Verpflegung in Kindertagesstätten": Qualitätsstandards, herausgegeben vom Bundesministerium für Ernährung und Landwirtschaft (BMEL) in Zusammenarbeit mit der Deutschen Gesellschaft für Ernährung (DGE).
8. Informieren Sie sich über folgende Reduktions-Diäten: Blitz-Diät oder Crash-Diät, Glyx-Diät, Hay'sche Trennkost, Brigitte-Diät. Bewerten Sie die einzelnen Diäten nach ihrer Alltagstauglichkeit und Vollwertigkeit.
9. Bei der Nährwertkennzeichnung steht oft der GDA (Guideline Daily Amount), das ist die empfohlene Tageszufuhr. Informieren Sie sich und berichten Sie.
10. Informieren Sie sich über die Kennzeichnung von Eiern unter www.was-steht-auf-dem-ei.de.
11. Was verbirgt sich hinter den Begriffen „kalorienreduziert" bzw. „light", „kalorienarm", „fettarm" und „zuckerarm" bzw. „zuckerfrei"?
12. Informieren Sie sich über die aktuellen Themen oder einen aktuellen Lebensmittelskandal auf den Seiten des BMEL, des Instituts für Risikobewertung, des Bundesamtes für Verbraucherschutz und Lebensmittelsicherheit und bei Greenpeace und Foodwatch. Vergleichen Sie (Internetadressen S. 112).
13. Informieren Sie sich über die Hygienepläne einer Kindertagesstätte.

2 Verdauung

Lernsituation
*Viele Eltern wissen aus leidvoller Erfahrung: In den ers-
ten Wochen nach der Geburt macht den Babys die Verdauung noch zu schaffen. Das Verdauungssystem
muss erst noch ausreifen und sich an die Nahrung
gewöhnen. Außerdem schluckt das Baby manchmal
viel Luft beim Saugen und Trinken. Säuglingen hilft es,
wenn sie beim Stillen öfter ein „Bäuerchen" machen
können.*
*Tipps beim Fläschchen geben: So schluckt das Baby bei
der Flaschenmahlzeit weniger Luft:*
* *Achten Sie auf die Fließgeschwindigkeit der Milch!
Drehen Sie das Fläschchen senkrecht mit dem Nuckel
nach unten. Die Milch sollte nur langsam heraus
tropfen, nicht fließen.*
* *Halten Sie das Fläschchen stets so geneigt, dass der
Sauger immer voller Milch ist.*
* *Bereiten Sie Fläschchen mit möglich wenig Schaum
zu: Fläschchen nicht heftig schütteln, sondern mit
einer Gabel umrühren.*

2.1 Der Weg der Nahrung durch den Körper

Unser Organismus ist auf die ständige Zufuhr von Energie und Baustoffen durch Nahrungsmittel angewiesen. Um die Nahrung zu verwerten, muss sie mechanisch zerkleinert und unter
Einwirkung von Verdauungsenzymen chemisch in ihre Bausteine zerlegt werden. Diese gelangen dann durch die Dünndarmwand ins Blut und werden im Körper verteilt. Mund, Magen
und Dünndarm sind die wichtigsten Orte der Verdauung.

Die Leber ist das zentrale Labor unseres Körpers, denn fast alle Stoffwechselvorgänge hängen
mit der Funktion der Leber zusammen. Als größtes inneres Organ wiegt sie etwa 5 kg. Durch
die Erzeugung des Gallensaftes ist die Leber wesentlich an der Fettverdauung beteiligt. Über
die Pfortader gelangen die aus dem Dünndarm resorbierten Nahrungsbestandteile in die
Leber und werden dort zu körpereigenen Stoffen umgewandelt. Darüber hinaus erfüllt die
Leber ihre Funktion als Speicherorgan für viele Stoffe unseres Körpers.

A) Mundhöhle: Die Verdauung der Nahrung beginnt bereits in der Mundhöhle. Mit den Schneidezähnen beißt man mundgerechte Bissen ab, die mit Hilfe der Backenzähne zerkleinert werden. Drei Speicheldrüsenpaare sondern in die Mundhöhle Speichel ab, der beim Kauen von der Zunge unter die Nahrung gemengt wird. Dadurch wird der Speisebrei gleitfähig. Die Speichelflüssigkeit enthält zudem ein Enzym, das Stärke in Zucker zerlegen kann.

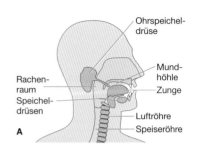

B) Speiseröhre: Nach dem Kauen wird die Nahrung verschluckt. Der Schluckvorgang setzt, ausgelöst durch einen Reflex, ohne unser Zutun ein. Beim Schlucken verschließt der Kehldeckel automatisch die Luftröhre, sodass die Nahrung nur in die Speiseröhre gelangt. Deren muskulöse Wände ziehen sich hinter jedem Nahrungsbissen zusammen und befördern so die Speisen aktiv durch eine Kontraktionswelle in den Magen.

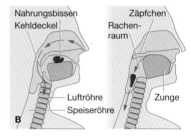

C) Magen: Der Magen besteht aus kräftigen Muskelwänden, die mit der faltigen Magenschleimhaut ausgekleidet sind. Im Magen, der bis zu 2 Liter Speisebrei aufnehmen kann, wird die Nahrung gesammelt und ständig durchgeknetet. Gleichzeitig wird der Speisebrei mit Magensaft durchmischt, der aus Drüsen in der Magenschleimhaut abgesondert wird. Der Magensaft enthält verdünnte Salzsäure und Enzyme, die besonders für die Zerlegung von Eiweiß von Bedeutung sind.

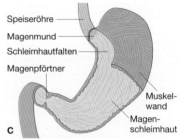

D) Zwölffingerdarm: Der Speisebrei gelangt nach 1 bis 7 Stunden portionsweise über den Magenausgang, den Pförtner, in den Dünndarm. Dessen erster Abschnitt heißt Zwölffingerdarm, weil er so lang ist wie 12 Finger breit sind. Hier geben Leber und Bauchspeicheldrüse ihre Verdauungssäfte ab. Je nach Bedarf gelangt die in der Gallenblase gespeicherte Galle in den Darm. Sie bewirkt, dass Fett in winzige Tröpfchen zerteilt wird. Der Bauchspeichel enthält mehrere Enzyme. Sie spalten die Fette, die noch nicht zerlegten Kohlenhydrate und die Eiweißstoffe auf.

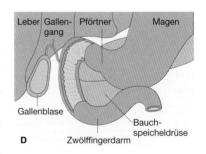

E) Dünndarm: Der sich anschließende Teil des Dünndarms liegt gewunden in der Mitte der Bauchhöhle. Er ist von einer feinen Haut umspannt, dem Bauchfell. Mit dem Bauchfell ist der Darm an den Wänden der Bauchhöhle befestigt. Würde man alle Darmschlingen auseinanderziehen, käme man auf eine Länge von 3 bis 4 Metern. Die Dünndarmwände sind mit einer Muskelschicht ausgestattet. Diese Muskeln sorgen dafür, dass der Nahrungsbrei ständig in Bewegung bleibt und durch rhythmische, wellenartige Darmbewegungen weiterbefördert wird.

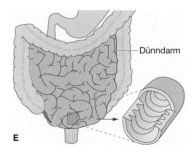

F) Dünndarmzotten: Im Dünndarm erfolgt die Aufnahme der gelösten Nährstoffe in den Körper. Dies geschieht mit Hilfe der Darmzotten. Sie liegen dicht aneinander auf zahlreichen Ringfalten, die in den Darmhohlraum hineinragen. Darmzotten sind mit einem Geflecht feinster Blutgefäße durchzogen. Außerdem beginnt hier jeweils ein Lymphgefäß. Über die Darmzotten gelangen zerlegte Kohlenhydrate in Form von Einfachzuckern und Eiweißbestandteile in Form von Aminosäuren in die Blutgefäße. Die gespaltenen Fette werden vom Lymphgefäß aufgenommen.

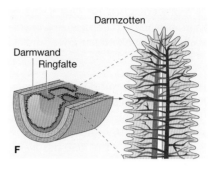

G) Dickdarm: Wenn der Nahrungsbrei den Dickdarm erreicht, sind ihm der größte Teil der Nährstoffe und die Hauptmenge der Flüssigkeit bereits entzogen worden. Der Dünndarm mündet etwas seitlich in den Dickdarm ein, sodass ein sackartiger Teil übrigbleibt. Am Ende dieses Blinddarms befindet sich ein 5 bis 8 cm langer Wurmfortsatz. Der Dickdarm ist wesentlich weiter als der Dünndarm, aber nur etwa einen Meter lang. In ihm leben Darmbakterien, die letzte Nahrungsreste aufspalten.

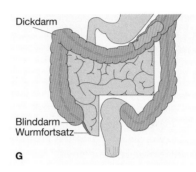

H) Mastdarm: Die Bewegungen des Dickdarms sind im Gegensatz zum Dünndarm langsam und träge. Deshalb sammeln sich nur nach und nach alle unverdaulichen Nahrungsbestandteile als Kot im Mastdarm an. Ein Ringmuskel sorgt dafür, dass die Austrittsöffnung geschlossen bleibt. Nur von Zeit zu Zeit erfolgt eine Entleerung über den After. Die Nahrung benötigt auf dem Weg durch den Verdauungskanal etwa 24 Stunden von der Aufnahme bis zur Ausscheidung

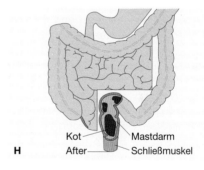

2.2 Enzyme bewirken die Verdauung

Enzyme sind von Körperzellen gebildete Eiweißverbindungen. Ohne ihre Anwesenheit wären die gesamten chemischen Umsetzungen in unserem Körper nicht möglich (s. Exkurs „Wie wirken Enzyme?", S. 119). Mit Hilfe der **verschiedenen** Verdauungsenzyme werden die in unserer Nahrung enthaltenen Nährstoffe in kleine lösliche Bausteine zerlegt.

Mund: Die Zerlegung der Nährstoffe beginnt bereits im Mund. Im Mundspeichel ist das Enzym **Amylase** enthalten. Es spaltet die wasserunlösliche Stärke in der Nahrung in wasserlöslichen Malzzucker auf. Fette und Eiweiße werden im Mund noch nicht verdaut.

Magen: Im Magen sondern Drüsenzellen der Magenschleimhaut pro Tag etwa 2 Liter Magensaft ab. Die im Magensaft enthaltene 0,5%ige Salzsäure vernichtet normalerweise die mit der Nahrung aufgenommenen Bakterien. Außerdem lässt sie Eiweiße quellen und vergrößert dadurch ihre Oberfläche. Nun kann das Enzym **Pepsin** einwirken. Es spaltet die langkettigen Eiweißmoleküle in Bruchstücke, die Polypeptide.

Dünndarm: Der gut durchmischte saure Nahrungsbrei gelangt durch den Magenpförtner portionsweise in den Dünndarm. Sein erster Abschnitt ist der Zwölffingerdarm. Ein Teil des Verdauungssaftes wird hier von den eigenen Schleimhautzellen gebildet. Auch die Leber und die Bauchspeicheldrüse sondern Verdauungswirkstoffe in den Zwölffingerdarm ab.

Die Leber produziert je nach aufgenommener Fettmenge mehr oder weniger viel Gallensaft. Ein Teil davon ist in der Gallenblase gespeichert. Die Galle ist kein Enzym. Sie emulgiert das Nahrungsfett in feinste Fetttröpfchen. Nun kann durch diese Oberflächenvergrößerung ein Enzym der Bauchspeicheldrüse, die **Lipase**, besser einwirken und das Fett in Glycerin und Fettsäuren zerlegen.

Weitere Enzyme der Darmschleimhaut und der Bauchspeicheldrüse sind **Erepsin** und **Trypsin**. Sie dienen zur Zerlegung der Polypeptide bis zu den Aminosäuren. **Amylase** setzt die im Mund begonnene Zerlegung der Stärke fort. Sie baut die noch vorhandene Stärke zu Maltose ab. Durch das Enzym **Maltase** kann die Maltose schließlich in Traubenzucker (Glucose) zerlegt werden.

Die chemische Umwandlung der Nahrungsbausteine im Darm ist damit abgeschlossen. Aus dem Nährstoff Eiweiß sind Aminosäuren, aus Fetten Fettsäuren und Glycerin und aus Stärke und Mehrfachzuckern Glucose (Traubenzucker) entstanden. Sie können nun in dieser Form durch die Darmwand ins Blut bzw. in die Lymphe gelangen. Damit stehen die Grundbausteine allen Zellen zur Energiegewinnung oder als Baustoffe zur Verfügung.

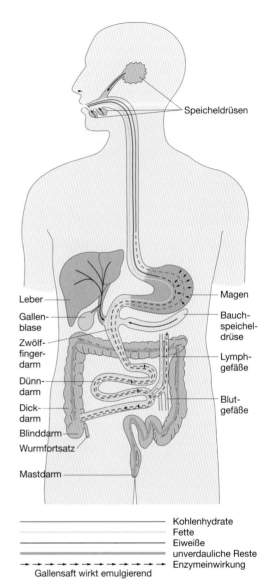

Speicheldrüsen

Leber
Gallenblase
Zwölffingerdarm
Dünndarm
Dickdarm
Blinddarm
Wurmfortsatz
Mastdarm

Magen
Bauchspeicheldrüse
Lymphgefäße
Blutgefäße

———— Kohlenhydrate
·········· Fette
═══════ Eiweiße
━━━━━━ unverdauliche Reste
⇢ ⇢ ⇢ ⇢ ⇢ Enzymeinwirkung
Gallensaft wirkt emulgierend

Verdauungssaft (tägliche Menge)		Enzyme (Auswahl)
Mundspeichel	(1 l – 1,5 l)	Amylase *(Ptyalin)*
Magensaft	(1,5 l – 2 l)	Pepsin
Bauchspeichel	(~1,5 l)	Trypsin, Chymotrypsin, Erepsin
Darmsaft	(2 l – 3 l)	Amylase, Maltase, Laktase, Lipase

Verdauungsvorgänge

Dickdarm: Der fast völlig verdaute Nahrungsbrei gelangt aus dem Dünndarm in den Dickdarm. Hier befindet sich die Darmbakterienflora, die ballaststoffhaltige Kohlenhydrate und Eiweißreste weiter abbaut.

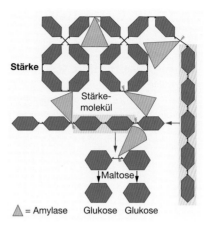

Abbau von Stärke

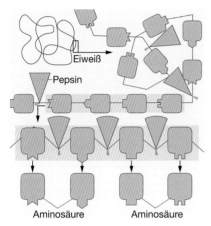

Abbau von Eiweiß

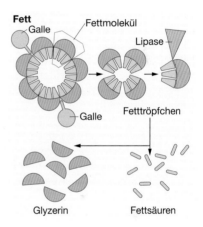

Abbau von Fett

Exkurs: Wie wirken Enzyme?

Enzyme bewirken nicht nur den Abbau, d. h. die Verdauung, von Nährstoffen im Magen-Darmtrakt, sondern sie sind auch an allen Stoffwechselreaktionen in der lebenden Zelle beteiligt. Wissenschaftler gehen davon aus, dass es im menschlichen Körper etwa 3.000 verschiedene Enzyme gibt.

*Enzyme sind kompliziert geformte Eiweiße mit einer taschenartigen Vertiefung. In diese passt bei jedem Enzym nur eine bestimmte Substanz, die man **Substrat** nennt. Das heißt, Enzym und Substrat passen wie Schlüssel und Schloss zusammen. Enzym und Substrat gehen eine lockere Verbindung ein, den **Enzym-Substrat-Komplex**. Jedes Enzym kann auch nur eine einzige chemische Reaktion mit dem Substrat umsetzen, zum Beispiel das Molekül an einer bestimmten Stelle spalten. Nach der Reaktion löst sich der Enzym-Substrat-Komplex auf: Aus dem Substrat sind neue Produkte entstanden. Das Enzym geht unverändert aus der Reaktion hervor und kann weitere Substratmoleküle binden. Ein Enzym ist ein **Biokatalysator**.*

Einige Enzyme benötigen ein Coenzym, um funktionsfähig zu sein. Coenzyme sind oft Stoffe, die der Körper nicht selbst bilden kann, also Vitamine.

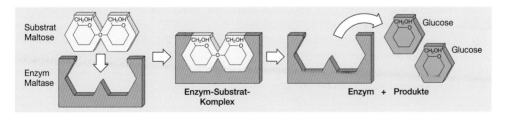

2.3   Die Bedeutung der Zähne für die Verdauung

Lernsituation

*Nora hat Mühe ein Stück vom Apfel abzu-
beißen. Sie ist 6 Jahre alt und gerade im
Zahnwechsel. Ihre Milchschneidezähne sind
ausgefallen und die Schneidezähne des bleibenden Gebisses sind noch nicht nachge-
wachsen.*

Bei kleinen Kindern entwickelt sich zuerst das **Milchgebiss** mit 20 Zähnen. Den ersten Zahn
bekommen die meisten Kinder zwischen dem sechsten und achten Lebensmonat. Erst zwischen dem zweiten und dritten Lebensjahr ist das Milchgebiss vollständig ausgebildet. Beim
Durchbrechen und Wachsen der Zähne haben viele Kinder Schmerzen und sind dann wei-
nerlich und unruhig.

Etwa vom 6. Lebensjahr an wachsen im Kiefer unter den Milchzähnen die Zähne des bleibenden Gebisses heran. Sie schieben die Milchzähne vor sich her: Diese werden locker und fallen
aus. Das vollständige Gebiss eines Erwachsenen, das **Dauergebiss**, hat 32 Zähne. Die hinter-
sten Backenzähne, die meist erst nach dem 20. Lebensjahr erscheinen, nennt man Weisheits-
zähne.

Im Spiegel kann man sehen, dass Zähne unterschiedlich geformt sind. Vorne sitzen die
Schneidezähne mit ihren scharfen Kanten. Mit ihnen beißen wir mundgerechte Bissen ab.
Die spitzen **Eckzähne** halten dabei die Nahrung fest. Beim Kauen wird der Bissen zwischen
den breiten Kronen der **Backenzähne** zerquetscht und zerrieben. Wenn die Zähne nach dem
Zahnwechsel schief aus dem Kiefer herauswachsen, kann man schlechter beißen oder kauen.
Deshalb sollte dann ein Kieferorthopäde die Zahnstellung regulieren.

Damit unsere Zähne ihre harte Arbeit täglich über viele Jahrzehnte verrichten können, müssen sie besonders widerstandsfähig sein. Die oberste Schicht des Zahns ist mit der härtesten
Substanz, die im Körper vorkommt, dem mineralstoffhaltigen **Zahnschmelz**, bedeckt. Darunter liegt das knochenartige **Zahnbein**, das die Hauptmasse des Zahns ausmacht. Es ragt
in den Kieferknochen hinein und verankert den Zahn darin mit seinem unteren Teil, der
Zahnwurzel. Zahnwurzeln sind mit Zahnzement überzogen. Er sorgt, zusammen mit den
Fasern der Wurzelhaut, für den festen Sitz der Zähne im Kiefer. Im Inneren des Zahns befindet
sich die **Zahnhöhle** mit dem Zahnmark, das stark von Blutgefäßen und Nerven durchzogen
ist. Die Blutgefäße dienen der Ernährung des Zahns. Die Nerven zeigen durch Schmerzen an,
wenn ein Zahn geschädigt oder krank ist.

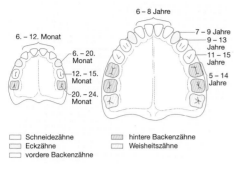

Milchgebiss und Dauergebiss

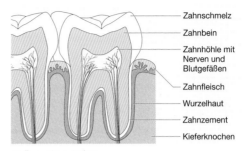

Aufbau eines Zahns

Hart, aber nicht unzerstörbar

In unserer Mundhöhle leben ca. 50 Milliarden Bakterien, von denen einige Arten für die Entstehung von **Zahnkaries** verantwortlich sind. Sie bilden zusammen mit Zucker und Speiseresten einen zähen, fest an den Zähnen haftenden Zahnbelag, die **Plaque**. Die schädlichen Bakterien nehmen den Zucker aus der Nahrung auf und verwandeln ihn innerhalb kurzer Zeit in verschiedene Säuren, die die Zahnsubstanz entkalken. So können weitere Bakterien eindringen und innere Teile des Zahns angreifen. Die Plaque lässt sich durch richtiges Zähneputzen entfernen, entsteht aber nach jeder Mahlzeit von neuem. Deshalb sollten sich Kinder und Erwachsene nach jeder Mahlzeit die Zähne putzten.

So bleiben die Zähne weiß!

Kinder haben meist viel weißere Zähne als Erwachsene, denn im Laufe der Jahre lagern sich immer mehr dunkle Pigmente aus der Nahrung in den Zahnschmelz ein. Kaffee, schwarzer

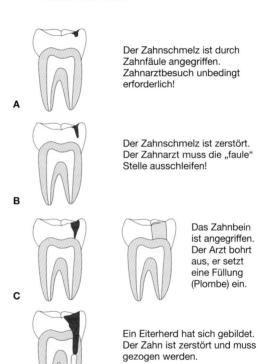

Entstehung von Karies

Tee, Nikotin und Rotwein sind dafür verantwortlich. Vor allem schwarzer Tee mit Zitrone färbt den Zahnschmelz gelblich: Die Zitronensäure entzieht die Mineralien und die Teepigmente übernehmen ihren Platz. Auch Cola und stark säurehaltige Nahrungsmittel und Getränke saugen die Mineralstoffe aus dem Schmelz. Wer auf solche Genüsse nicht verzichten möchte, sollte sofort danach seine Zähne mit einer mineralstoffhaltigen Zahnpasta putzen.

2.4   Erkrankungen der Verdauungsorgane

Von einer Ferienreise in den sonnigen Süden kommt Malte blass und abgemagert zurück. „Ich hatte mich gerade an das heiße Klima gewöhnt, da bekam ich plötzlich starke Bauchschmerzen. Erst musste ich erbrechen, dann bekam ich Durchfall. Und Fieber hatte ich auch", berichtet er. Wie ist es zu dieser Erkrankung gekommen? Malte litt unter einer

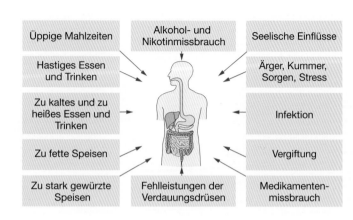

Ursachen von Erkrankungen der Verdauungsorgane

bakteriellen Infektion des Darms, einem **Dünndarmkatarrh**, verursacht durch verunreinigte Nahrungsmittel oder Wasser. In südlichen Ländern werden Obst und Gemüse häufig noch mit Jauche gedüngt und die darin enthaltenen Darmbakterien bei der Zubereitung nicht ausreichend entfernt. Auch das Wasser aus der Leitung kann mit Bakterien verunreinigt sein und hat keine Trinkwasserqualität. Gelangen solche Bakterien in Magen und Darm, kommt es zu übermäßigen Gärungsvorgängen. Schmerzhafte Blähungen sind die Folge. Gegen verdorbene Speisen schützt sich der Magen durch Erbrechen. Vermehrte, krampfhafte Darmbewegungen befreien den Verdauungskanal rasch von den schädlichen Stoffen, ohne dass der Nahrungsbrei vorher eingedickt wurde. Der Körper verliert dabei viel Wasser und Salze, die ersetzt werden müssen. Vorübergehendes Fasten, viel Tee und leichte Kost lassen die Krankheit innerhalb von 4 bis 7 Tagen abklingen.

Ballaststoffarme Ernährung und zu wenig Bewegung führen zur **Verstopfung**. Der Darm wird träge, die Dickdarm- und Mastdarmtätigkeit ist verlangsamt. Um wieder eine geregelte Darmtätigkeit zu erreichen, sollte die Verstopfung ursächlich behandelt werden, durch den Verzehr von ausreichend Vollkornprodukten, Gemüse und Obst, verbunden mit regelmäßiger körperlicher Betätigung. Abführmittel sind, vor allen bei ständigem Gebrauch, für die Behandlung einer chronischen Verstopfung nicht geeignet.

Ein „verdorbener Magen", der **Magenkatarrh**, entsteht durch verdorbene Speisen, zu viel oder zu hastiges Essen und Trinken, durch zu fette oder ungewohnt stark gewürzte Speisen oder durch den Genuss von zu heißen oder zu kalten Mahlzeiten und Getränken. Saures Aufstoßen, Sodbrennen, Druckgefühl in der Magengegend, Appetitlosigkeit und Übelkeit sind die Folge.

Halten diese Symptome über längere Zeit an, kann eine **Magenschleimhautentzündung** vorliegen. Häufig ist sie durch übermäßigen Koffein-, Alkohol- oder Nikotingenuss oder durch Ärger und Stress verursacht. Der Magen produziert zu viel Säure und die schützende Schleimschicht des Magens wird angegriffen. Gelingt es nicht, diese Entzündung mit ärztlicher Hilfe auszuheilen, können sich Magen- und Darmgeschwüre bilden, die häufig durch das Bakterium Helicobacter pilori verursacht werden.

Verdauungsstörungen entstehen aber nicht nur, wenn Magen- und Darmtätigkeit gestört sind. Bei Stoffwechselerkrankungen, wie Erkrankungen der Leber, der Bauchspeicheldrüse und der Gallenblase, kommt es zu ähnlichen Beschwerden.

Der Wechsel von Durchfall und Verstopfung, Darmkrämpfe, sichtbares oder verstecktes Blut im Stuhl und Gewichtsverlust können ein Zeichen für eine **Krebserkrankung** des Dickdarms sein. Fettreiche und ballaststoffarme Kost begünstigen diese Erkrankung. Wird das Darmkarzinom rechtzeitig erkannt, kann eine Operation helfen. Zur Früherkennung bieten die Krankenkassen deshalb kostenlose Untersuchungen an.

Harmloser dagegen ist eine **Blinddarmentzündung**, die sich in starken Bauchschmerzen, Fieber und Erbrechen äußert. Aber auch hier muss rasch gehandelt werden, indem durch eine Operation der entzündete Wurmfortsatz entfernt wird.

In allen diesen Fällen gilt: Bei anhaltenden Verdauungsstörungen muss der Arzt aufgesucht werden. Wer an Verdauungsstörungen leidet, fühlt sich meist kraftlos und schlapp. Die Stimmung ist schlecht, der ganz Körper ist in Mitleidenschaft gezogen. Dies weist auf eine enge Beziehung zwischen Verdauungsorganen und seelischem Befinden hin. Umgekehrt können auch seelische Probleme wie Sorgen, Angst, Ärger und Konflikte Verdauungsbeschwerden auslösen.

Aufgaben zur Wiederholung und Festigung: **A**

1. *Erklären Sie den Weg der Nahrung durch den Körper. Was geschieht auf den einzelnen Stationen?*
2. *a) Was bedeutet Verdauung im biologischen Sinne?*
   b) In welchen Zusammenhängen benutzen wir den Begriff Verdauung im übertragenen Sinne? Was bedeutet er dann?
3. *Erklären Sie die Wirkungsweise eines Enzyms.*
4. *Erklären Sie die Verdauung von*
   a) Kohlenhydraten,
   b) Fetten,
   c) Eiweißen.
5. *Welche Aufgabe hat die Salzsäure im Magen?*
6. *Erklären Sie, wie ein Zahn aufgebaut ist und wie Karies entstehen kann.*

Zusatzaufgaben zur Vertiefung

1. *Informieren Sie sich im Internet (www.Kindergesundheit-info.de) wie Blähungen bei Kindern entstehen können und wie man diese vermeiden und lindern kann. Berichten Sie.*
2. *Informieren Sie sich im Internet (www.Kindergesundheit-info.de) wie Verstopfungen bei Kindern entstehen können und wie man diese vermeiden und lindern kann. Berichten Sie.*
3. *Informieren Sie sich im Internet (www.Kindergesundheit-info.de), was man tun kann, wenn Babys oder Kleinkinder Zähne bekommen. Berichten Sie.*
4. *Informieren Sie sich im Internet (www.Kindergesundheit-info.de), wie man Kindern beim Zahnwechsel helfen kann. Berichten Sie.*
5. *Die Kontrolle von Blase und Stuhlgang hängt von Reifungsprozessen ab und kann von Kind zu Kind unterschiedlich lange dauern. Informieren Sie sich im Internet (www.Kindergesundheit-info.de) über*
   a) Einnässproblem (Enuresis),
   b) Einkotproblem (Enkopresis),
   c) Sauberkeitserziehung bei Kindern. Berichten Sie.

C Krankheiten in Gemeinschaftseinrichtungen – erkennen, behandeln, vorbeugen

1 Krankheiten erkennen und behandeln

Lernsituation

Morgens um 8:00 Uhr ruft Frau Güttler in der Kita Sonnenblume an. Sie meldet ihre Tochter Sofia ab, denn Sofia hat Windpocken.

Windpocken werden durch Tröpfcheninfektion, z. B. beim Husten oder Sprechen, übertragen. Diese Viruserkrankung ist sehr ansteckend. Über 90 Prozent aller Kinder machen sie durch. Sofia hat leichtes Fieber und im Gesicht und am ganzen Körper bilden sich kleine blassrote Flecken. Sie verwandeln sich nach und nach in Bläschen, die aufplatzen und eintrocknen. Die Bläschen jucken stark. Wenn die Erkrankung komplikationslos verläuft, darf die kleine Patientin nach sieben Tagen wieder in die Kita. Allerdings sind die Windpocken schon ein bis zwei Tage vor Ausbruch der Krankheit ansteckend. Deshalb hängt die Gruppenleiterin ein Schild auf: „Wir haben einen Fall von Windpocken!" Nun können alle Eltern ihre Kinder besonders beobachten und bei Auftreten von Symptomen gleich zum Arzt gehen.

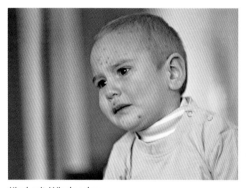

Kind mit Windpocken

**Wir haben
die Windpocken**

Warnschild an Kita

1.1 Wie Krankheiten entstehen

Bei der Entstehung von Krankheiten unterscheidet man zwei Ursachenkomplexe: Auf der einen Seite sind das durch die Umwelt wirkenden äußeren (exogenen) Ursachen, auf der anderen Seite die im Menschen selbst liegenden inneren (endogenen) Ursachen. Beide Krankheitsursachen können auch miteinander verknüpft sein.

Zu den **äußeren Ursachen** gehören zum Beispiel Ansteckungen mit Bakterien, Viren oder Pilzen, Unfälle, die z. B. Knochenbrüche oder innere Verletzungen verursachen oder Schadstoffeinwirkungen aus der Umwelt, die Vergiftungen hervorrufen.

Zu den **inneren Ursachen** gehören zum Beispiel Erbkrankheiten wie Mukoviszidose oder angeborene Krankheiten wie Trisomie 21. Auch das Lebensalter beeinflusst die Entstehung von Krankheiten. Viele Krankheiten, z. B. Krebs oder Gicht, treten vermehrt erst im höheren Alter auf.

Windpocken gehören zu den typischen **Kinderkrankheiten.** Das sind Krankheiten, die vorwiegend im Kindesalter auftreten, weil der kindliche Körper aufgrund von Wachstum und Entwicklung noch nicht so widerstandsfähig ist wie der erwachsene. Es handelt sich vor allem um Infektionskrankheiten wie Scharlach, Masern, Windpocken, Röteln oder Mumps. Nach überstandener Krankheit erwirbt der Körper meist eine lebenslange Immunität. Aber auch Erwachsene können eine Kinderkrankheit bekommen, sofern sie diese im Kindesalter nicht durchgemacht haben.

Viele Menschen denken, Kinderkrankheiten seien harmlos. Allerdings kann eine Reihe dieser Erkrankungen mit ernsthaften Komplikationen einhergehen. Deshalb wird zu vorbeugenden Impfungen geraten. (s. Kapitel C 3.2)

1.2   Ärztliche Behandlung von Krankheiten

Wie geht der Arzt vor, um eine Krankheit zu erkennen und zu behandeln? Zunächst fragt der Arzt nach der Vorgeschichte der Krankheit, der **Anamnese,** und nach den akuten **Symptomen.** Das sind die vom Patienten empfundenen charakteristischen Schmerzen und Beschwerden einer Erkrankung.

Beispiel

Sofia, das Mädchen aus der Einstiegssituation, fühlte sich schon seit einigen Tagen schlapp und müde und ging, ganz untypisch für das sonst so lebhafte Kind, ohne Murren schon früh ins Bett. Dann bekam sie leichtes Fieber und die kleinen blassroten Flecken traten im Gesicht und am ganzen Körper auf.

Mithilfe weiterer ärztlicher Untersuchungen, z.B. durch Abhorchen mit dem Stethoskop, durch Anfertigen einer Röntgenaufnahme oder durch chemische Laboruntersuchungen kann sich der Arzt ein genaues Bild von einer Erkrankung machen. Die **Diagnose** dient dazu, die Krankheit exakt zu bestimmen.

Beispiel

Bei Sofia ist die Diagnose einfach. Der Arzt misst Fieber, schaut sich die Bläschen am ganzen Körper von Sofia an und fragt, ob das Kind unter Juckreiz leidet.

Erst wenn der Arzt weiß, um welche Krankheit es sich handelt, leitet er die notwendigen Heilmaßnahmen ein. Für jede Krankheit gibt es eigene **Therapien.**

Beispiel

Gegen die Windpocken-Viren selbst gibt es kein Medikament; damit muss die körpereigene Abwehr selbst fertig werden. Der Arzt verschreibt Sofia ein Puder, das den Juckreiz lindert. Sofia soll die juckenden Bläschen nicht aufkratzen, weil sich die Wunden sonst durch Bakterien entzünden und sich Narben bilden können. Solange das Fieber anhält, muss Sofia Bettruhe halten. Sieben Tage nach Ausbruch der Krankheit ist alles überstanden und Sofia darf wieder in den Kindergarten.

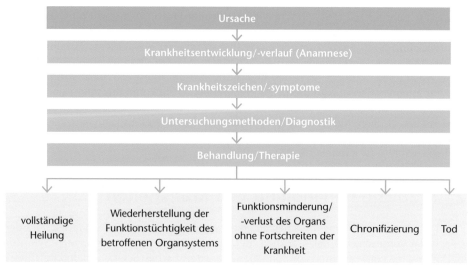

Krankheiten erkennen und behandeln

1.3 Welche Funktionen hat der Schmerz?

Niemand möchte Schmerzen erleiden. Dennoch ist es gut, dass wir Schmerzen verspüren können: Als lebenswichtiges Symptom haben sie eine Warn- und Schutzfunktion. **Akuter Schmerz** signalisiert eine Verletzung oder eine Krankheit. Wir reagieren darauf mit Verhütungs- oder Abwehrmaßnahmen. Zum Beispiel ziehen wir schnell die Hand zurück, wenn wir eine heiße Herdplatte berühren. Wird die Ursache der akuten Schmerzen behandelt, lassen sie meist nach und verschwinden nach einer gewissen Zeit ganz. Ziehen sich die Schmerzen aber über längere Zeit hin, spricht man von **chronischen Schmerzen**. Sie werden als eigenständige Schmerzkrankheit betrachtet und behandelt.

Jede Einwirkung, die das Körpergewebe schädigt, kann Schmerzen auslösen. Bevor wir den Schmerz spüren, müssen zunächst sogenannte **Schmerzrezeptoren** (Nozizeptoren) im betroffenen Organ, z. B. der Haut, der Muskulatur oder in den Eingeweiden, durch mechanische, thermische oder chemische Reize aktiviert werden. Nervenfasern leiten das Signal weiter zum Rückenmark. Über diesen Weg gelangt das Schmerzsignal zur Großhirnrinde des Gehirns. Erst wenn der Schmerzreiz in der Großhirnrinde angekommen ist, wird er vom Menschen wahrgenommen.

Um Schmerzen zu stillen oder zu lindern, gibt es verschiedene medikamentöse Möglichkeiten. Bei längerem Gebrauch kommt es oft zu **Nebenwirkungen.** Weil es nach längerer Einnahmezeit von Opioiden zur Gewöhnung und Sucht kommt, ist die ärztliche Verordnung nach dem **Betäubungsmittelgesetz** nur dann gerechtfertigt, wenn der therapeutische Effekt durch andere Mittel nicht zu erzielen ist.
Eine Alternative zur medikamentösen Behandlung oder eine Ergänzung dazu kann die nichtmedikamentöse Schmerztherapie sein. Mithilfe von physiotherapeutischen, psychotherapeutischen und physikalischen Maßnahmen wird die Durchblutung gefördert oder vermindert, die Muskulatur entspannt, die Entzündung gehemmt, das Fieber gesenkt oder die seelische Anspannung verringert. Die positive Wirkung von Massagen, von Wärme- oder Kälteanwendungen, Akupunktur und autogenem Training ist bekannt.

Aufgaben zur Wiederholung und Festigung:
1. *Erklären Sie den Begriff „Kinderkrankheiten".*
2. *Nennen Sie Maßnahmen, wie man äußere Krankheitsursachen in einer Kindertagesstätte vermeiden kann.*
3. *Erklären Sie die Begriffe „Anamnese", „Symptome", „Diagnose" und „Therapie".*
4. *a) Erklären Sie die Bedeutung von Schmerzen.*
   b) Erklären Sie, was Schmerzrezeptoren sind. Nehmen Sie die Abbildung von S. 47 zur Hilfe.

Zusatzaufgaben zur Vertiefung
1. Umgang mit kranken Kindern
Nach dem Frühstück wirkt der sonst muntere kleine Paul müde und schlapp. Er mag nicht mit den anderen Kindern spielen, steckt den Daumen in den Mund und möchte nur von der Erzieherin auf den Arm genommen werden. Seine Bäckchen sind rot und seine Stirn ist heiß.
1. *Nennen Sie die Krankheitssymptome.*
2. *Nennen Sie die Bedürfnisse des Kindes. Wie reagieren Sie darauf?*
3. *Erklären Sie, welche Maßnahmen in der Kita bei einem kranken Kind getroffen werden müssen.*

2. Salutogenese
1. *Erklären Sie den Begriff „Salutogenese" (s. Seite 18).*
2. *Wie unterscheidet sich das Konzept der Salutogenese von dem sogenannten „bio-medizinischen Konzept" dargestellt in Abbildung Seite 128?*

2 Infektionskrankheiten

Lernsituation
„Norovirus: 23 Kinder erkrankt – Kindergarten geschlossen!"
So lautete kürzlich eine Überschrift in einer Zeitung aus dem süddeutschen Raum. Nachdem 23 Kinder an Brechdurchfall erkrankt waren, hatte das Gesundheitsamt wegen des Verdachts auf eine Infektion mit dem Norovirus die vorsorgliche Schließung der Kita angeordnet.
Noroviren sind hochansteckend und verursachen Magen-Darm-Entzündungen mit Symptomen wie Übelkeit, starkem Erbrechen, Bauchkrämpfen und Durchfall. Die Viren können von Mensch zu Mensch, aber auch über Gegenstände wie Türgriffe, Spielsachen usw. übertragen werden. Deshalb hatte im aktuellen Fall das Gesundheitsamt angeordnet, dass der gesamte Kindergarten – Räumlichkeiten, Spielzeug, sanitäre Anlagen – desinfiziert werden mussten.

2.1 Übertragungswege

Als Verursacher von **Infektionskrankheiten** kommen vor allem **Bakterien, Viren und Pilze** in Betracht. Das Wort Infektion kommt aus dem Lateinischen „inficere" und bedeutet „hineintun". Die Erreger dringen in den Körper ein, wachsen und vermehren sich dort, schädigen den Organismus und lösen eine Abwehrreaktion aus. Wir sprechen auch von Ansteckung bzw. von ansteckenden Krankheiten.

Die Erreger können direkt oder indirekt übertragen werden:

- Bei der **Tröpfcheninfektion** gelangen die Erreger beim Husten, Niesen und Sprechen des Überträgers über feinste Sekret-Tröpfchen in die Luft. Die Aufnahme der Krankheitserreger erfolgt über die Atemwege. Allein mit der Atemluft können täglich bis zu 100.000 Bakterien in den Nasen-Rachenraum gelangen. Ansteckungsgefahr durch Tröpfcheninfektion besteht zum Beispiel für Grippe oder Lungenentzündung.

- Bei der **Kontakt- oder Schmierinfektion** gelangen die Erreger über den Mund in unseren Körper. Dies geschieht z. B. durch verunreinigte Lebensmittel (z. B. Salmonellen) oder verschmutztes Trinkwasser. Aber auch durch kontaminierte Hände, beispielsweise beim Betätigen von Türklinken und anschließendem Berühren der Lippen, können Erreger in den Mund gelangen. Gerade Kleinkinder spielen häufig mit Sand und Matsch oder mit Spielsachen, die in den Dreck gefallen sind und stecken anschließend ihre Finger in den Mund.

- Bei der **Infektion über die Haut oder Schleimhaut** gelangen die Erreger über Wunden, Hautrisse oder die Schleimhäute von Mund, Nase oder Augen in den Körper. Deshalb müssen sich Mitarbeiter von Gemeinschaftseinrichtungen bei Verletzungen wirksam schützen, indem sie saubere Pflaster oder Verbände anlegen.

- Erreger können auch von **Tieren** übertragen werden, zum Beispiel durch Bisse oder Stiche.

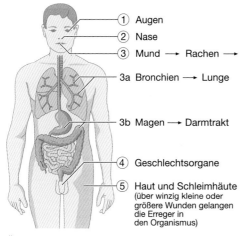

Übertragungswege von Infektionskrankheiten

① Augen
② Nase
③ Mund → Rachen →
3a Bronchien → Lunge
3b Magen → Darmtrakt
④ Geschlechtsorgane
⑤ Haut und Schleimhäute
(über winzig kleine oder
größere Wunden gelangen
die Erreger in
den Organismus)

Wichtige Begriffe – Lexikon
Infektion: *Ansiedlung, Wachstum und Vermehrung eines Erregers in einem Organismus mit Schädigung und Abwehrreaktion des Organismus.*
Sepsis (Blutvergiftung): *Streuung von Erregern oder dessen Toxinen (Gifte) ausgehend von einem Krankheitsherd in den Blutkreislauf und Hervorrufen von Krankheitserscheinungen im ganzen Körper.*
Epidemie: *Gehäuftes, aber zeitlich und räumlich begrenztes Auftreten einer Infektionskrankheit in einer Bevölkerungsgruppe oder in einer Gemeinschaftseinrichtung (z. B. Krankenhaus, Altenheim, Kindergarten). Dies kann z. B. zur Schließung solcher Einrichtungen durch das Gesundheitsamt führen.*
Pandemie: *Eine sich über Länder und Kontinente ausbreitende Epidemie.*

2.2 Bakterien als Krankheitserreger

2.2.1 Bau und Vermehrung der Bakterienzelle

Bakterien sind einfach gebaute einzellige Mikroorganismen von 0,03 bis 5 µm Größe. Bakterien treten in drei Grundformen auf: Kugeln, auch Kokken genannt, Stäbchen und schraubenförmige Bakterien.

- Die Bakterienzelle ist von einer dreischichtigen Hülle umgeben. Zwischen einer äußeren und einer inneren **Zellmembran** befindet sich eine feste formgebende **Zellwand.**

- Im **Zellplasma** eines Bakteriums findet man keinen Zellkern. Die Erbinformation befindet sich auf einem ringförmigen Chromosom, welches meist an einer Stelle an der inneren Zellmembran anheftet.

- **Ribosomen** dienen der Eiweißsynthese. Weitere Zellorganellen gibt es in der Bakterienzelle nicht. Allerdings enthält die Bakterienzelle membranlose Einschlüsse für Speicher- und Reservestoffe.

- Einige Bakterienarten umgeben sich mit einer mehr oder weniger viskosen **Schleimhülle**, die man mit Tusche im Mikroskop sichtbar machen kann.

- Manche Bakterienarten haben eine oder mehrere **Geißeln**. Sie können Rotationsbewegungen durchführen und dienen der aktiven Fortbewegung der Bakterienzelle.

- **Pili** sind im Vergleich zu Geißeln dünner und kürzer. Diese Ausstülpungen dienen zur Anheftung der Bakterien an ihre Wirtszellen.

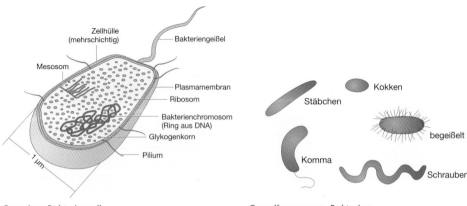

Bau einer Bakterienzelle   *Grundformen von Bakterien*

Einige Bakteriengattungen können **Sporen** bilden. Das sind Dauer- und Überlebensformen, mit denen sie widrige Umweltbedingungen wie große Hitze, jahrzehntelange Trockenheit oder Einwirkung aggressiver Chemikalien überstehen können. So sterben zum Beispiel Bakterienzellen bei der Pasteurisierung, d. h. Erhitzung auf 80 °C für 10 Minuten ab, während Sporen diese Prozedur überleben und anschließend auskeimen können.

Bakterien vermehren sich ungeschlechtlich durch Zweiteilung. Dabei entstehen aus einer Mutterzelle zwei genetisch identische Tochterzellen.

Die meisten Bakterienarten kann man in Nährlösungen anzüchten. Folgende **Wachstumsbedingungen** sind für Bakterien von Bedeutung:

- **Temperatur:** Für die meisten medizinisch bedeutsamen Bakterien liegt das Temperaturoptimum zwischen 36 °C und 40 °C. Sie sind diesbezüglich an ihren Wirtsorganismus angepasst. Bei höheren Temperaturen (z. B. Fieber) oder bei niedrigeren Temperaturen wachsen und vermehren sie sich nicht. Es gibt aber in der Natur auch Mikroorganismen, die bei höheren Temperaturen, zum Beispiel in heißen Quellen, gedeihen. Ebenso findet man kälteliebende Mikroorganismen, zum Beispiel im Gletschereis.

- **pH-Wert:** Die meisten Bakterienarten wachsen optimal bei pH-Werten um die 7. Auch hier gibt es Ausnahmen, die eine saure (pH-Wert kleiner 7) oder eine basische (pH-Wert größer 7) Umgebung bevorzugen.

- **Wasser- und Nährstoffangebot:** Wasser muss bei allen Bakterien in der Nährlösung vorhanden sein. Die meisten medizinisch relevanten Bakterien benötigen darüber hinaus organische Nährstoffe wie Kohlenhydrate, Eiweiße oder Fette.

- **Sauerstoff:** Die meisten medizinisch bedeutsamen Bakterien benötigen Sauerstoff zum Leben. Man nennt sie **aerobe Bakterien** oder Aerobier. Sie gewinnen ihre Energie durch Atmung, indem sie den aus dem Nährstoffabbau stammenden Wasserstoff mit Sauerstoff zu Wasser verbrennen. Für andere Bakterien ist Sauerstoff Gift. Es sind **anaerobe Bakterien** oder Anaerobier. Sie gewinnen ihre Energie durch Gärung, wobei Endprodukte wie Alkohol oder Milchsäure ausgeschieden werden. Ein für den Menschen gefährliches anaerobes Bakterium ist der Erreger des Wundstarrkrampfes Clostridium tetani.

Von jeher hat sich der Mensch diese Erkenntnisse um die Wachstumsbedingungen der Bakterien nutzbar gemacht, um Lebensmittel haltbar zu machen und vor Verderb zu schützen. Dazu gehören: Kühlung der Lebensmittel im Kühl- oder Gefrierschrank, Trocknung, Einlegen in Essig (Säuerung), Vakuumverpackung.

Beispiel
Nützliche Bakterien
Es gibt auch viele „nützliche" Bakterien. So besiedeln z. B. bestimmte Milchsäurebakterien (Lactobazillen) unsere Haut und Schleimhäute und erzeugen dort den Säureschutzmantel, der uns vor Infektionen bewahrt.

*Die **Lebensmittelindustrie** bedient sich ebenfalls nützlicher Bakterien: Stoffwechselendprodukte, wie z. B. die Milchsäure, geben den Lebensmitteln ihr spezielles Aroma und machen sie haltbar. Mithilfe von Milchsäurebakterien entsteht bei unterschiedlichen Wachstumsbedingungen die Vielfalt von Sauermilchkäsen, Joghurts, Sauerteigbroten sowie Sauerkraut.*

*Viele Bakterienarten ernähren sich von abgestorbenen Pflanzen und Tieren. Durch Verwesung entstehen im Boden wichtige wachstumsfördernde Nährstoffe. Wer einmal einen Komposthaufen im Garten angelegt hat, weiß, dass aus Küchenabfällen wunderbarer Humus entsteht. Bakterien sind ein wichtiger Bestandteil des **Stoffkreislaufs in der Natur**.*

2.2.2 Ablauf einer Bakterieninfektion

Schauen wir uns den Ablauf einer bakteriellen Infektionskrankheit am Beispiel einer Durchfallerkrankung an. Sie wird durch stäbchenförmige begeißelte Salmonellen-Bakterien mit verunreinigten Nahrungsmitteln übertragen. **Salmonellen** isst bzw. trinkt man. Besonders Fleisch, Geflügel, Frischeiprodukte und Softeis können bei mangelnder Lebensmittelhygiene die Erreger enthalten.

Nach einer **Inkubationszeit** von 12 bis 36 Stunden nach Aufnahme des Erregers beginnt die Erkrankung mit wässrigem Durchfall, Brechreiz, Erbrechen und mäßigem Fieber von 38 bis 39 °C. Die eingedrungenen Bakterien heften sich mit ihren Pili an bestimmte Dünndarmzellen und werden von diesen aufgenommen. Dort vermehren sie sich stark, lösen heftige Entzündungsreaktionen aus und schädigen den Dünndarm. Es kommt infolgedessen zu Störungen der Flüssigkeits- und Elektrolytregulation, die mit Durchfall einhergehen.

In der Behandlung ist es vordringlich, den starken Flüssigkeits- und Salzverlust infolge des Durchfalls durch Gaben von Elektrolytlösungen auszugleichen. Nur bei abwehrgeschwächten Patienten werden Antibiotika verabreicht. Die Krankheit dauert 4 bis 10 Tage an. Bei geschwächten Patienten kann die Infektion zum Tode führen. Nach überstandener Krankheit wird nur eine begrenzte **Immunität** erworben. Man kann also wieder an Salmonellose erkranken.

Die Krankheit ist gemäß Infektionsschutzgesetz meldepflichtig. Im Jahre 2009 wurden in Deutschland rund 50.000 Fälle gemeldet. Man schätzt die Dunkelziffer nicht gemeldeter Salmonellen-Infektionen auf das 10-fache, also auf 500.000 Erkrankungen pro Jahr.

Wichtige Vorbeugungsmaßnahmen beziehen sich auf die **Lebensmittelhygiene**. Vor allem rohe Eier, Geflügel und Fleisch stellen Gefahren dar. Küchenhygiene erstreckt sich auf die Lebensmittel selbst (Lagerung, Verarbeitung usw.), die Räume und Geräte sowie auf das Küchenpersonal (s. Seite 112).

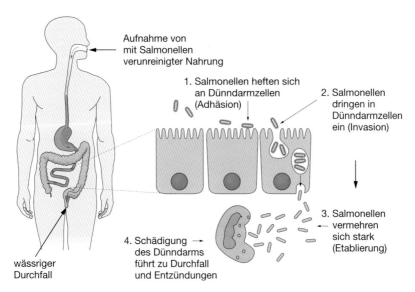

Ablauf einer bakteriellen Infektionskrankheit (Beispiel Salmonellose)

2.2.3 Bakterielle Infektionskrankheiten

Steckbrief

Man kann die verschiedenen Bakterien-Infektionen übersichtlich in Form von Steckbriefen zusammenfassen. Dies soll hier am Beispiel von Wundstarrkrampf/Tetanus vorgestellt werden.

Steckbrief Wundstarrkrampf/Tetanus	
Erreger	Clostridium tetani, kommaförmiges Bakterium mit einer Geißel
Übertragungswege	Bei Verletzungen durch offene Wunden (z. B. Nägel, Dornen, Holzsplitter); dabei Aufnahme von Bakteriensporen aus der Umgebung (Erde, Schmutz, Kot), diese keimen in Wundtaschen ohne Sauerstoffzufuhr zu Bakterienzellen heran.
Inkubationszeit	3 Tage bis 3 Wochen
Krankheitsverlauf	Durch ein starkes Nervengift des Erregers (Exotoxin) kommt es zu Muskelkrämpfen, erst der Skelettmuskulatur, dann der Kiefer- und Rachenmuskulatur, zuletzt Krämpfe in der Zwerchfell- und Atemmuskulatur. Diese führen zum Tod durch Ersticken. Todesrate (Letalität) unbehandelt: 90 %; selbst bei intensivmedizinischer Behandlung 20 %.
Ansteckung	Keine Ansteckung von Mensch zu Mensch möglich (Übertragungswege s. oben)
Immunität	Es wird durch die Krankheit keine dauerhafte Immunität erworben.
Impfung (gemäß STIKO-Empfehlung)	Drei Impfungen ab einem Alter von 3 Monaten meist in Kombination mit Diphtherie: davon zwei Impfungen im Abstand von einem Monat, die dritte 6–12 Monate nach der ersten; Auffrischung: alle 10 Jahre notwendig

Krankheit	Bakterium	Übertragung	Besonderheiten
Scharlach	Streptococcus pyogenes (kugelförmig)	Tröpfcheninfektion	Keine Impfung möglich, Isolierung der Erkrankten ist notwendig
Lungenentzündung	Streptococcus pneumoniae (kugelförmig)	Tröpfcheninfektion	Keine Impfung möglich
Harnwegsinfektion	Escherichia coli (Stäbchen)	Schmierinfektion	Keine Impfung möglich, gehört zur Normalflora im Darm des Menschen
Durchfallerkrankungen (bakterielle)	Escherichia coli (begeißelte Stäbchen) oder Salmonella enteritidis (begeißelte Stäbchen + Kapsel)	Schmierinfektion, verunreinigte Nahrungsmittel	Keine Impfung möglich, besonders gefürchtet: Stamm EHEC (Enterohämorrhagische E. coli)
Typhus	Salmonella typhi (begeißelte Stäbchen mit Kapsel)	Schmierinfektion durch verunreinigtes Wasser, Nahrungsmittel	Schutzimpfung möglich, Verbreitung in Entwicklungsländern, tritt häufig infolge von Katastrophen (Überschwemmungen) auf
Keuchhusten	Bordatella pertussis (begeißeltes Stäbchen)	Tröpfcheninfektion	Impfung ab 3. Lebensmonat
Legionellenkrankheit	Legionella pneumophila (ellipsenförmig ohne Geißel)	Wassertröpfchen (Dusche, Klimaanlage)	Keine Impfung möglich
Diphtherie	Corynebacterium diphtheria (gekrümmtes Stäbchen ohne Geißel)	Tröpfcheninfektion	Impfung ab 3. Lebensmonat
Tetanus (Wundstarrkrampf)	Chlostridium tetani (tennisschlägerförmiges unbegeißeltes Stäbchen mit Spore)	Über offene Wunden	Impfung ab 3. Lebensmonat
Tuberkulose	Mycobacterium tuberculosis (unbegeißeltes Stäbchen)	Tröpfcheninfektion (Mensch zu Mensch)	Impfung möglich, aber nicht empfohlen

2.3 Viren als Krankheitserreger

2.3.1 Bau und Vermehrung von Viren

Die echte Grippe, hervorgerufen durch das Influenza-Virus, fordert pro Jahr weltweit etwa 500.000 bis eine Millionen Opfer, in Deutschland zwischen 8.000 und 10.000.
Das Virus wird durch Tröpfcheninfektion übertragen und dringt in die Epithelzellen der Bronchien ein. Nach einer Inkubationszeit von 1 bis 3 Tagen treten die typischen Grippe-Symptome auf: hohes Fieber, Kopfschmerzen, Schüttelfrost, Muskel- und Gliederschmerzen sowie allgemeine Hinfälligkeit. Durch die Schädigung der Bronchienzellen können sich dort Bakterien ansiedeln, die eine Lungenentzündung hervorrufen. Dies ist die häufigste Todesursache infolge einer Influenza, besonders bei älteren Menschen.

Viren sind viel kleiner als Bakterien und sehr einfach gebaut. Man kann nur drei Bauelemente unterscheiden:

1. **Nukleinsäure:** Viren enthalten ihre genetische Information in Form von RNA oder DNA.

2. **Kapsid:** Ein Schutzmantel umgibt bei allen Viren die Nukleinsäure. Er ist aus Proteinen aufgebaut und wird Kapsid genannt.

3. **Hülle:** Bei einigen Viren kommt ein zweiter Schutzmantel, die Hülle, vor. Daraus ragen Strukturen heraus, die als Spikes bezeichnet werden.

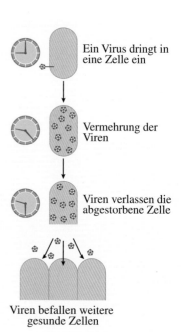

Ein Virus dringt in eine Zelle ein

Vermehrung der Viren

Viren verlassen die abgestorbene Zelle

Viren befallen weitere gesunde Zellen

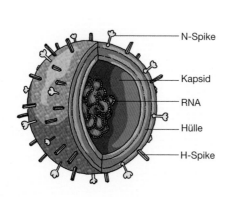

N-Spike

Kapsid

RNA

Hülle

H-Spike

Aufbau eines Virus (Influenza-Virus)

Vermehrung von Grippe-Viren

Viren können sich nicht selbst vermehren. Sie sind dazu auf eine Wirtszelle angewiesen. Bei der Virusvermehrung kann man drei Phasen unterscheiden:

1. Viren können genauso wie Bakterien über verschiedene Wege in den Körper eindringen, zum Beispiel über die Haut, die Schleimhäute in Mund und Nase, die Geschlechtsorgane usw. Sie heften sich dann mit ihren Oberflächenstrukturen an ihre Wirtszellen an und dringen in sie ein.

2. Die Erbsubstanz des Virus wird nun freigesetzt, wandert in den Zellkern der Wirtszelle und blockiert deren Stoffwechsel. Die Wirtszelle stellt nun die Virusbestandteile her.

3. In einer Wirtszelle können so 50 bis 1.000 Viren hergestellt werden. Die Wirtszelle zerplatzt und die massenhaft vermehrten Viren dringen in viele weitere Zellen ein.

2.3.2 Influenza-Viren – Jedes Jahr im Winter herrscht Grippealarm

Das **Influenza-Virus** enthält RNA, umgeben von einem Kapsid und einer Hülle. Auf der Hülle befinden sich zwei verschiedene Arten von Spikes, die man mit H und N bezeichnet (s. Abbildung S. 136). Insgesamt kennt man 16 verschiedene H-Varianten und 9 verschiedene N-Varianten, woraus sich eine Vielzahl von Virus-Subtypen, zum Beispiel H1N1 oder H3N2 ergeben.

Da die Influenzaviren ständig neue Subtypen bilden, muss der Impfstoff, der zudem nicht unbegrenzt lagerfähig ist, jährlich neu entwickelt werden. Dazu hat die Weltgesundheitsorganisation (WHO) ein weltumspannendes **Frühwarnsystem** eingerichtet. Im April 2009 warnte die WHO vor dem neuartigen Grippevirustyp H1N1, auch Schweinegrippe genannt, und dem Beginn einer Pandemie mit Millionen von Toten. Es wurden weltweit große Mengen Impfstoff produziert und eine gigantische Impfkampagne rollte an. Doch die Seuche verlief glimpflich und der übrig gebliebene Impfstoff musste vernichtet werden. Aber auch hier gilt: Vorbeugen ist besser als „Heulen"!

Um eine Ausbreitung des Influenza-Virus zu verhindern, werden jährlich **Grippeschutz-Impfungen** angeboten. Die ständige Impfkommission am Robert-Koch-Institut (STIKO) empfiehlt für folgende Personengruppen eine Impfung:

- Alle Personen über 60 Jahre,

- Kinder, Jugendliche und Erwachsene mit erhöhter gesundheitlicher Gefährdung infolge eines Grundleidens wie z. B. chronische Krankheiten der Atmungsorgane, chronische Herz-Kreislauf-, Leber- und Nierenkrankheiten, Diabetes und andere Stoffwechselkrankheiten, Personen mit angeborenen oder erworbenen Immundefekten,

- Alle Personen mit erhöhter Gefährdung, z. B.: medizinisches Personal, Personen in Einrichtungen mit umfangreichem Publikumsverkehr, z. B. Gemeinschaftseinrichtungen.

2.3.3 AIDS – eine „neue" Virusinfektion

Am ersten Dezember jedes Jahres werden anlässlich des Welt-AIDS-Tages die neuesten Statistiken veröffentlicht. Trotz Aufklärungskampagnen steigt die Zahl der AIDS-Kranken weltweit. Die WHO schätzt, dass es zurzeit etwa 33 Millionen HIV-infizierte Menschen auf der Erde gibt. Von diesen sterben etwa 2 Millionen pro Jahr an der Krankheit. Jedes Jahr infizieren sich rund 2,7 Millionen Menschen neu mit dem AIDS-Erreger.

Die Verbreitung stellt sich dabei sehr unterschiedlich dar. Vor allem im südlichen Afrika, in Teilen Südostasiens und Südamerikas sind bis zu 30 % der Bevölkerung infiziert, während in Deutschland weniger als ein Promille der Bevölkerung das HIV tragen. Mit etwa 67.000 Infizierten und relativ stabilen Zahlen von Neuinfektionen von ca. 3.000 pro Jahr steht Deutschland bei dieser weltweiten Epidemie relativ gut da.

AIDS steht für **A**cquired **I**mmune **D**eficiency **S**yndrome, also erworbenes Immunschwäche-Syndrom. Die Krankheit ist erst seit Anfang der 80er Jahre bekannt. Hervorgerufen wird sie durch das **H**uman **I**mmunodeficiency **V**irus, **HIV**, welches erstmalig 1983 nachgewiesen wurde. Die Übertragung des HI-Virus erfolgt nicht durch normale Sozialkontakte wie Händeschütteln (Schmierinfektion) oder miteinander Sprechen (Tröpfcheninfektion), sondern vor allem auf folgenden Wegen:

- direkter Kontakt mit Blut, Blutprodukten oder anderen Körperflüssigkeiten durch offene Hautverletzungen,

- ungeschützter Geschlechtsverkehr,

- gemeinsames Benutzen von Drogenbesteck,

- über die Plazenta der Schwangeren auf das Ungeborene.

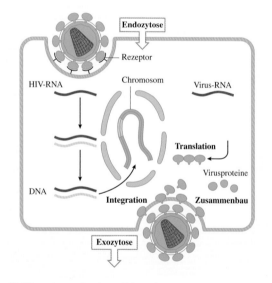

Das HI-Virus heftet sich an T-Lymphozyten und dringt in die Zelle ein. Die Wirtszelle stellt nun die Virusbestandteile her. Nach dem Zusammenbau der Virusbauteile an der Zellmembran der Wirtszelle erfolgt die Freisetzung der Viren. Nun können die Viren weitere T-Lymphozyten befallen.

Innerhalb von 10 bis 30 Tagen nach der Infektion treten grippeähnliche

HIV-Vermehrung in einem T-Lymphozyten

Symptome auf: Fieber, Abgeschlagenheit, Muskelschmerzen. In diesem **Stadium I** ist der Betroffene bereits infektiös ohne schwerwiegend erkrankt zu sein. Nach etwa 14 Tagen verschwinden die grippeähnlichen Symptome, der Infizierte ist nun frei von Krankheitssymptomen. Er ist in diesem **Stadium II** jedoch weiterhin infektiös, weil er Viren in seinem Blut trägt. Nach 1 bis 15 Jahren tritt die **Phase III**, das Endstadium ein. Das HI-Virus breitet sich nun massenhaft aus und schwächt dadurch das Immunsystem so stark, dass sich nun andere Erreger im Körper ausbreiten können. Das volle Krankheitsbild von AIDS äußert sich durch eine rasche Folge von wiederholt auftretenden Infektionen, die ein Gesunder abwehren kann, zum Beispiel Pilzerkrankungen, Lungenentzündung usw. Schließlich führen Tumorerkrankungen wie das Kaposi-Sarkom zum Tod des Patienten.

AIDS ist nach wie vor unheilbar. Es gibt aber Medikamente, die das Leben der Infizierten deutlich verlängern können. Sie setzen an verschiedenen Stadien des Virus-Lebenszyklus an. Allerdings zeigen sie starke Nebenwirkungen. Weltweit sind Wissenschaftler bemüht, einen Impfstoff gegen HIV zu entwickeln.

2.3.4 Viruskrankheiten

Krankheit	Virus	Übertragung	Impfung
Kinderlähmung (Poliomyelitis)	Polio-Virus (RNA)	Schmier- und Schmutzinfektion	Ja, Schluckimpfung
AIDS	HIV (RNA)	Nur durch Körperflüssigkeiten (Blut, Sperma)	Nein
Influenza (Grippe)	Influenza-Virus (RNA)	Tröpfcheninfektion	Ja
FSME (Frühsommer-Meningoenzephalitis) (Hirnhautentzündung)	FSME-Virus (RNA)	Zeckenbiss	Ja
Röteln	Röteln-Virus (RNA)	Tröpfcheninfektion	Ja
Mumps	Mumps-Virus (RNA)	Tröpfcheninfektion	Ja
Masern	Masern-Virus (RNA)	Tröpfcheninfektion	Ja
Tollwut	Tollwut-Viren (RNA)	Biss eines tollwütigen Tieres (z. B. Fuchs)	Ja
Diarrhoe	NORO-Virus (früher Norwalk-Virus) (RNA)	Schmier- und Schmutzinfektion	Nein
Ringröteln	Parvo-Vitus (DNA)	Tröpfcheninfektion, Blut, Schwangerschaft	Nein
Gebärmutterkrebs	Papillom-Virus (DNA)	Intimverkehr	Ja
Herpes-Bläschen	Herpes-simplex-Virus (DNA)	Intimverkehr, Küsse, Schmierinfektion	Nein
Pocken	Pocken-Viren (DNA)	Tröpfcheninfektion	Ja
Leber-Entzündungen (Hepatitis); es handelt sich um verschiedene Viren.	Hepatitis-A-Virus (RNA)	Schmier- und Schmutzinfektion	Ja, vor Tropenreisen
	Hepatitis-B-Virus (DNA)	Blut, ärztliches Gerät	Ja
	Hepatitis-C-Virus (DNA)	Blut, Drogenbesteck	Nein

Steckbrief

Man kann die verschiedenen Virus-Infektionen übersichtlich in Form von Steckbriefen zusammenfassen. Dies soll hier am Beispiel von Röteln vorgestellt werden.

Steckbrief Röteln	
Erreger	Röteln-Virus (RNA)
Übertragungswege	Tröpfcheninfektion
Inkubationszeit	14 bis 21 Tage
Krankheitsverlauf	Meist leichter Verlauf mit Fieber, Atemwegsentzündungen; danach auffällige Gesichtsrötung und Hautausschlag, der 2 bis 3 Tage anhält. Besondere Gefährdung: Bei Infektion innerhalb der 1. bis 18. Schwangerschaftswoche besteht das Risiko von Missbildungen beim Kind (z. B. Augen- und Herzfehler, Taubheit), Früh- oder Fehlgeburten.
Ansteckung	Von 7 Tage vor bis 5 Tage nach Auftreten des Hautausschlages
Immunität	Nach Erkrankung vermutlich lebenslänglich
Impfung (gemäß STIKO-Empfehlung)	Zwei Impfungen in Kombination mit Masern und Mumps: 1. Impfung im Alter von 11 bis 14 Monaten; 2. Impfung 4 Wochen nach der ersten; eine Auffrischung ist nicht erforderlich. Ungeschützte Erwachsene erhalten bei Notwendigkeit eine Impfung.

2.4 Pilze gefährden unsere Gesundheit

Lernsituation

Katja will für die Kinder ihrer Gruppe Brote schmieren und entdeckt kleine blau-grüne Kreise auf der obersten Scheibe. „Kann ich den Schimmel nicht einfach abkratzen und können wir das Brot dann noch essen?" fragt sie sich. Was meinen Sie?

Schimmelpilze wachsen auf Nährstoffen, z. B. auf überlagerten oder unsachgemäß behandelten Lebensmitteln. Sie bilden ein langes, verzweigtes Geflecht aus Zellfäden, welches das gesamte Substrat, z. B. das Brot, durchdringt. Man nennt es **Mycel**. Die Pilzzellen des Mycels sind von einer Zellwand umgeben, die das Zellplasma mit dem Zellkern und den anderen Zellorganellen umschließt. Auf der Oberfläche des Substrates bilden sich die **Fruchtkörper** der Schimmelpilze. Das ist der weiße oder auch blaugrüne, pelzige Belag, den wir mit bloßem Auge, z. B. auf verschimmelten Lebensmitteln, sehen können. In den Fruchtkörpern entstehen **Sporen**, die freigesetzt und durch die Luft weit fortgetragen werden können. Stoßen sie auf optimale Wachstumsbedingungen wie Feuchtigkeit und Wärme, entstehen aus diesen Sporen wieder neue Pilze.

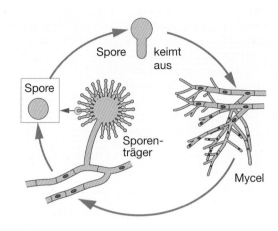

Verschimmeltes Brot   *Vermehrung von Schimmelpilzen*

Die Mycele der Schimmelpilze dringen, für das menschliche Auge unsichtbar, tief in das Substrat ein und scheiden dabei **Aflatoxine** aus. Diese Gifte schädigen die Leber und können Krebs auslösen. Insofern genügt es nicht, den oberflächlich sichtbaren Teil des Pilzes, den Fruchtkörper, zu beseitigen. Vom Pilz befallene Lebensmittel dürfen nicht gegessen, sondern müssen komplett entsorgt werden.

Auch Schimmelpilzwachstum in der Wohnung kann Krankheiten auslösen. Ursachen sind häufig:

- zu hohe Luftfeuchtigkeit in Badezimmern ohne Fenster,
- falsches Lüften und
- bautechnische Mängel (Kältebrücken).

Als weitere Schimmelpilzherde kommen Blumenerde oder Biomüll in Betracht. Schimmelpilzsporen werden durch die Luft verbreitet und können beim Menschen **Allergien** der Haut und der Atemwege auslösen (z. B. Asthma).

Bestimmte Pilze können die Haut und ihre Anhangsorgane wie Nägel und Haare besiedeln. Die Übertragung erfolgt von Mensch zu Mensch vor allem in Schwimmbädern, Turnhallen und Gemeinschaftsumkleideräumen. Begünstigt werden die Infektionen durch Verletzungen und Risse in der Haut, erhöhte Feuchtigkeit (z. B. Schweißfüße) und schlechte Durchlüftung, zum Beispiel durch zu enge Schuhe. Der **Fußpilz** gehört zu den häufigsten Infektionskrankheiten des Menschen. Auch Pilzinfektionen der Nägel und der Kopfhaut sind weit verbreitet. Vor Fußpilz kann man sich schützen, indem man nach dem Baden oder Duschen die Füße, insbesondere die Zehenzwischenräume, gründlich abtrocknet. Vor allem im Sommer sollte man lockeres Schuhwerk und Strümpfe aus natürlichen Fasern tragen.

Bestimmte Hefepilze gehören zur natürlichen Flora unseres Darmtrakts. Normalerweise lösen sie keine Erkrankung aus. Bei abwehrgeschwächten Menschen kann es zu einer Besiedlung der Vaginalschleimhaut oder der Mundschleimhaut kommen. Die Krankheitsbilder nennt man Vaginal- bzw. Mundsoor. **Vaginalsoor** äußert sich durch Brennen und Juckreiz sowie Ausfluss. **Mundsoor** ist an weißlichen Belegen der Mundschleimhäute zu erkennen.

Ursachen für Mundsoor können sein:

- Abwehrschwäche des Kindes,

- Behandlung mit Antibiotika,

- Infektion des Neugeborenen schon bei der Geburt durch die Scheide seiner Mutter (Vaginalsoor),

- unsaubere Hände beim Fläschchengeben,

- nicht sorgfältig sterilisierte Gegenstände, z. B. Flaschensauger, Nuckel,

- infizierte Brustwarzen der Stillenden.

Man sollte Soor so schnell wie möglich behandeln, da der Pilz auf andere Organe wie zum Beispiel das Herz oder die Lunge übergreifen kann. Die Behandlung mit antimykotischen Gels oder Tropfen dauert meist nur ein paar Tage.

Beispiel
Pilze als „Nützlinge"
Pilze kommen überall in der Natur vor. Sie ernähren sich von organischen Stoffen, vorzugsweise von abgestorbenen Tieren und Pflanzen. So tragen sie in der Natur wesentlich zum Abbau von Biomasse bei und sind ein wichtiger Teil des biologischen Stoffkreislaufs.
Der Mensch macht sich Pilze vielfältig bei der Herstellung von Nahrungsmitteln zunutze, zum Beispiel beim Brauen alkoholischer Getränke wie Bier und Wein sowie bei der Brot- und Käseherstellung. Darüber hinaus dienen Pilze der industriellen Produktion von Medikamenten, zum Beispiel von Antibiotika.

Blauschimmelkäse

Pizza wird mit Hefepilzen hergestellt

2.5 Tiere als Krankheiterreger oder Überträger

2.5.1 Kopfläuse

Gerade in Kitas und Schulen treten immer wieder regelrechte Läuseplagen auf. Durch **Kopf-läuse** werden zwar keine Krankheitserreger wie Viren oder Bakterien übertragen, aber Kopf-läuse verursachen einen lästigen Juckreiz, entzündete Wunden auf der Kopfhaut, die durch das Kratzen entstehen und gelegentlich sogar Ekzeme.

Kopfläuse (wissenschaftlich: Pediculus humanus capitis) sind flügellose Insekten mit sechs Beinen. Sie haben einen rötlichbraunen Körper von etwa 2 bis 3 mm Länge, sodass man sie mit bloßem Auge erkennen kann. Sie leben auf behaarten Köpfen von Menschen und ernäh-ren sich von Blut, das sie mehrmals täglich aus der Kopfhaut saugen. Der Stich ist schmerzlos. Ohne Blut saugen zu können, verenden die Tiere nach spätestens 55 Stunden.
Geschlechtsreife befruchtete Weibchen legen täglich 3 bis 4 Eier ab, die sie wie Perlen an einer Schnur kurz oberhalb des Haaransatzes am Haar befestigen. Die etwa 0,8 mm langen Eier der Läuse heißen **Nissen**. Man kann sie im Haar mit bloßem Auge, besser aber mit einer Lupe erkennen. Unter optimalen Temperaturbedingungen im Kopfhaar von 28–29 °C schlüp-fen nach 7 bis 10 Tagen aus den Eiern Larven, auch Nymphen genannt, die sich ebenfalls von Blut ernähren. Innerhalb von 9 bis 11 Tagen wachsen sie zu geschlechtsreifen Läusen heran. Der gesamte Entwicklungszyklus der Kopflaus dauert also 16 bis 21 Tage.

Kind mit Nissen im Kopfhaar

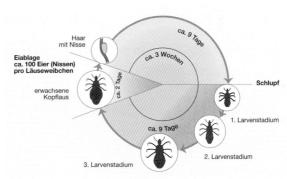

Entwicklungszyklus der Kopflaus

Läuse können weder springen noch fliegen! Allerdings können sie sich recht flink mit ihren sechs Beinen fortbewegen und so direkt von einem Kopf zum anderen wandern, zum Beispiel, wenn Kinder ihre Köpfe beim Spielen zusammenstecken. Aber auch indirekt können Läuse übertragen werden, zum Beispiel wenn Kinder ihre Mützen, Schals, Haarbänder usw. austauschen, an denen lose Haare mit Nissen haften. Mit mangelnder Hygiene hat der Befall durch Kopfläuse nichts zu tun, denn Kopfläuse ernähren sich nicht von „Schmutz", sondern von menschlichem Blut. Allerdings sind Kopfläuse sehr ansteckend. Welche Maßnahmen sind nötig?

Kopflausbefall – Was ist zu tun?

Behandlung befallener Personen

- Die Haare der befallenen Person mit einem Kopflausmittel aus der Apotheke waschen und die Haare Strähne für Strähne mit einem Läusekamm (Bug Buster Kit) auskämmen. Achtung bei Säuglingen, Kleinkindern, Schwangeren, stillenden Müttern und Allergikern: Vor der Anwendung einen Arzt befragen.

- Diese Behandlung nach 8 bis 10 Tagen wiederholen, um Larven, die aus evtl. überlebenden Läuseeiern geschlüpft sind, zu töten.

- Nach 13 und 17 Tagen zur Kontrolle noch einmal nass auskämmen.

Gesetzliche Bestimmungen/Informations- und Meldepflicht

- Eltern müssen die Leitung der von dem Kind besuchten Gemeinschaftseinrichtung über den Befall informieren (§§ 33, 34 Infektionsschutzgesetz).

- Die Leitung einer Gemeinschaftseinrichtung muss bei Befall das zuständige Gesundheitsamt informieren, welches die Einrichtung bei der Bekämpfung unterstützt (§§ 33, 34 Abs. 6 Infektionsschutzgesetz).

- Bei Verdacht auf Befall dürfen die betroffenen Personen (z.B. Kinder) die Gemeinschaftseinrichtung nicht besuchen. Erst nach der erfolgreichen Behandlung ist der Besuch der Kita wieder erlaubt. Dies müssen die Eltern schriftlich bestätigen.

Flankierende Maßnahmen in der Wohnung und der Umgebung

- Bettwäsche und Leibwäsche bei 60° waschen.

- Kleidung, die nicht bei 60 °C gewaschen werden darf, z.B. Schals, Mützen, Kuscheltiere, entweder für 24 Stunden in den Gefrierschrank (–18 °C) oder 3 Tage in einem verschlossenen Plastikbeutel bei Raumtemperatur lagern.

- Kämme, Bürsten, Haarspangen mit heißem Wasser reinigen und abspülen.

- Polster, Teppiche, Autositze, Kopfstützen usw. mit einem Staubsauger reinigen. Die oberflächliche Reinigung reicht aus, weil Kopfläuse zu groß sind, um in das Innere von Matratzen, Kissen usw. einzudringen.

- Alle engen Kontaktpersonen aus dem Umkreis des betroffenen Kindes (Freunde, Geschwister, Großeltern usw.) sollten informiert werden, damit sie selbst Kontrollen durchführen können.

2.5.2 Krätzmilben

Bei Hautrötungen und Juckreiz vor allem zwischen den Fingern und den Zehen, in Achselhöhlen und in der Leistenregion können **Krätzmilben** (Scabies) die Ursache sein. Die winzigen Milbenweibchen (0,3 bis 0,4 mm) legen ihre Eier in Gänge, die sie in die Haut bohren. Krätzmilben werden durch Kontakt mit infizierten Personen oder durch Bettwäsche und Kleidung übertragen. Der Befall mit Krätzmilben kann meist nur mit dem Mikroskop nachgewiesen werden.

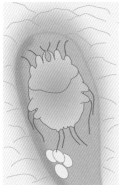

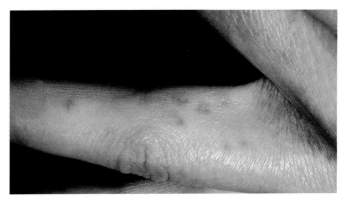

Darstellung einer Krätzmilbe *Von Krätzmilben befallene Körperstellen*

Die Inkubationszeit, das heißt die Zeit zwischen der Ansteckung und dem Ausbruch der Krankheit, beträgt vier bis fünf Wochen. Während des gesamten Befalls besteht Ansteckungsgefahr. Die befallenen Hautstellen werden nach Verordnung des Arztes mit einer Salbe eingerieben. Diese Behandlung muss mehrfach wiederholt werden, um alle Milbeneier abzutöten.

Krätze – Was ist zu tun?
Es gelten die gleichen gesetzlichen Bestimmungen wie beim Kopflausbefall (siehe S. 144). Allerdings muss die erfolgreiche Behandlung durch ein schriftliches ärztliches Attest nachgewiesen werden. Auch die oben genannten flankierenden Maßnahmen sollten wie bei Kopflausbefall durchgeführt werden.

2.5.3 Zecken

Zecken (Holzbock) gehören zu den Spinnentieren. Sie befallen den Menschen sowie alle Säugetiere und ernähren sich als Parasiten vom Blut ihres Wirtes. Dabei können sie zwei gefährliche Krankheiten übertragen:

- **Borreliose** ist eine Infektionskrankheit, die durch schraubenförmige Bakterien (Borrelien) hervorgerufen wird. Erkennbar ist die Infektion an ringförmigen Hautrötungen, die einige Tage bis Wochen nach einem Zeckenstich rund um die Einstichstelle beobachtet werden. Häufig treten zudem Allgemeinsymptome wie Abgeschlagenheit, Fieber und Kopfschmerzen auf. Im Frühstadium kann man die Borreliose gut mit Antibiotika heilen. Eine vorbeugende Impfung gegen Borreliose gibt es noch nicht.

- **FSME** (Frühsommer-Meningoenzephalitis) ist eine Viruserkrankung. Die Krankheit beginnt mit Fieber, Kopf- und Gliederschmerzen, ähnlich einer Sommergrippe und wird deshalb oft übersehen. Für viele ist die Erkrankung damit überstanden. Bei einem Teil der Infizierten befällt das Virus das zentrale Nervensystem und löst die gefährliche Hirnhautentzündung (Meningitis) aus. Da die FSME nicht behandelt werden kann, empfehlen die Gesundheitsbehörden allen, die in Risikogebieten wohnen oder Urlaub machen und sich in der Natur aufhalten, eine Impfung gegen die FSME.

Eine weibliche Zecke legt bis zu 3.000 Eier in der Laubstreu am Boden ab. Die daraus schlüpfenden Larven sind nur einen halben Millimeter groß. Eine ausgewachsene Zecke kann 2 bis 3 mm groß werden. Zecken besitzen keine Augen. Ihre Opfer erkennen die Tiere am Geruch, der Körperwärme und am ausgeatmeten Kohlendioxid. Zecken halten sich am Boden sowie auf Gräsern und Büschen in bis zu 1,5 Meter Höhe auf. Streift der Wirt die Zecke, krallt sie sich blitzschnell an der Haut, der Kleidung oder im Fell fest. Mit ihren scherenartigen Mundwerkzeugen ritzt sie die Haut des Wirtes auf und saugt mit ihrem Stechrüssel Blut. Ist die Zecke vollgesogen, lässt sie sich vom Wirt abfallen.

Zecken a) vor dem Saugen b) vollgesogen mit Blut (Beide Abbildungen sind stark vergrößert)

Wie schütze ich mich vor Zecken?
Im Sommer, wenn die Zeckengefahr besonders groß ist, verbringen Kinder gerne ihre Freizeit draußen. Für Kinder gelten daher die folgenden Schutzmaßnahmen im Besonderen:

- Aufenthalt in hohem Gras oder Unterholz vermeiden!
- Geschlossene Kleidung mit langen Ärmeln und langen Hosen tragen.
- Socken über die Hosenbeine ziehen, damit keine Hautstellen bloß liegen!
- Helle Kleidung tragen, weil man darauf Zecken besser erkennen und noch vor einem Biss entfernen kann!
- Insektenabweisende Mittel verwenden! (Hilft kurzfristig)
- Nach einem Aufenthalt in der Natur den ganzen Körper nach Zecken absuchen! Besonders gefährdete Stellen: Arme, Kniekehlen, Hals, Kopf und Schritt.
- Entdeckt man eine Zecke in der Haut, sollte sie schnell entfern werden, denn je länger der Saugvorgang anhält, desto wahrscheinlicher ist eine Übertragung von Krankheitserregern.
- Geeignet sind Zeckenzange oder Pinzette. Nicht versuchen, die Zecke mit Benzin, Öl, Nagellackentferner usw. zu töten. Im Todeskampf überträgt sie noch Erreger.
- Nach dem Entfernen der Zecke die Stichstelle mit Alkohol desinfizieren.
- Wenn eine kreisförmige Rötung an der Einstichstelle zurückbleibt oder sich ausbreitet (Wanderröte), einen Arzt aufzusuchen.

2.5.4 Flöhe

Flöhe sind rotbraune flügellose Insekten, die im Fell von warmblütigen Tieren leben und sich vom Blut der Wirtstiere ernähren. Sie erreichen eine Größe von 1,5 bis 3 mm. Mit ihren stark ausgebildeten Hinterbeinen können sie bis zu 30 cm hoch und 50 cm weit springen und sich so von einem Wirt zum anderen bewegen.

Flöhe machen bei ihrer Entwicklung wie viele Insekten eine vollkommene Verwandlung durch, d. h. sie durchlaufen die Stadien Ei, Larve und Puppe bis zum geschlechtsreifen Tier. Der Entwicklungszyklus dauert je nach Temperatur, Feuchtigkeit und Nahrung 2 Wochen bis zu 8 Monaten.

Flöhe kommen bei vielen warmblütigen Tieren vor, z.B. bei Hunden, Katzen, Kaninchen, Igeln und Vögeln. Normalerweise bleiben Flöhe auf ihrem Wirt. Stirbt dieser, suchen sie sich einen neuen aus. Flöhe können auch von einer Art auf eine andere übergehen, z.B. vom Hund auf den Menschen. In Wohnungen halten sich Flöhe gerne in Teppichen und Polstermöbeln auf, nur zum Blutsaugen befallen sie Menschen.

Flohstiche beim Menschen erkennt man an kleinen roten, harten, leicht erhöhte Papeln. Sie können leicht mit Mückenstichen verwechselt werden. Allerdings liegen die Flohstiche meist dicht beieinander. Durch Kratzen kann es zu Sekundärinfektionen kommen. Im Mittelalter kam es zu großen Pestausbrüchen, die ein Drittel der europäischen Bevölkerung auslöschte. Auslöser der Pandemie war das Pestbakterium, welches von Rattenflöhen auf den Menschen übertragen wurde.

Flohbefall – Was ist zu tun?

- Haustiere beim Tierarzt auf Befall untersuchen und gegebenenfalls behandeln lassen!
- Bei Flohbefall des Menschen gründliche Körperreinigung. Reinigung der Wäsche bei 60 °C!
- Fußböden, Teppiche, Kissen, Stofftiere, Kuschelecken usw. vollständig und sorgfältig absaugen!
- Unterlagen in den Schlafstätten der Haustiere, also Teppiche, Decken, Kissen usw. heiß waschen, reinigen oder vernichten.

2.5.5 Würmer

Würmer siedeln sich im Verdauungstrakt des Menschen an und leben dort als Parasiten. Die Infektion erfolgt durch den Mund. Wurmeier können sich beispielsweise in der Erde oder im Sand, aber auch auf verseuchtem Obst befinden. Deshalb sind kleine Kinder besonders oft betroffen, denn sie spielen gerne im Sand und nehmen ihre verschmutzten Hände sowie Gegenstände in den Mund.

Am häufigsten kommen **Madenwürmer** vor. Nach Aufnahme von Madenwurmeiern werden daraus im Darm Larven freigesetzt, die sich zu einem etwa ein Zentimeter langen Wurm entwickeln. Das Weibchen legt im Enddarm Eier ab, welche durch den After nach außen gelangen. Weil dies einen Juckreiz verursacht, kratzt sich das Kind dann häufig am Gesäß.

Bandwürmer kommen bei uns sehr selten vor. Die Infektion erfolgt über rohes oder unzureichend gebratenes Fleisch oder das Streicheln von infizierten Tieren. Im Darm des Menschen wachsen die Bandwürmer heran, die eine Länge von 10 Metern erreichen können. Auch **Spulwürmer** sind bei uns sehr selten. Gelangen Sie in den Darm, wandern sie in die Leber und die Lunge und wieder zurück in den Darm. Hier entwickeln sie sich erst dann zu reifen Spulwürmern. Bei einer Infektion mit Spul- oder Bandwürmern fühlt sich das Kind allgemein unwohl, hat Bauchschmerzen und verliert an Gewicht.

Wurmbefall - Was ist zu tun?
Wurmbefall muss medikamentös nach Verordnung eines Arztes behandelt werden. Gleichzeitig ist auf strenge Hygiene zu achten, um eine erneute Selbstinfektion und eine Weiterverbreitung auf andere Personen durch Schmierinfektion zu vermeiden. Dazu gehören:

- Hände häufig und gründlich mit Seife waschen, insbesondere vor dem Essen, nach jedem Toilettengang und nach dem Spielen im Freien.

- Auch den Pobereich sorgfältig und regelmäßig waschen.

- Fingernägel kurz schneiden.

- Täglich Unterwäsche und Bettwäsche wechseln.

- Unterwäsche und Bettwäsche möglichst bei 60 °C (evtl. bei 90 °C) waschen.

A

Aufgaben zur Wiederholung und Festigung:
1. a) *Erklären Sie die unterschiedlichen Infektionswege: Tröpfcheninfektion, Schmierinfektion und Infektion über die Haut/Schleimhaut.*
   b) *Wie kann man Kinder und sich selbst vor Infektionen schützen?*
2. *Erklären Sie, was eine Epidemie ist. Wie kann man Epidemien in Kindertagesstätten vermeiden?*
3. *Nennen Sie die Wachstumsbedingungen von Bakterien. Wie kann man diese für Hygienemaßnahmen nutzen?*
4. *Erstellen Sie Steckbriefe für die in Tabelle 2.2.3 genannten Bakterieninfektionen.*
5. *Erklären Sie die Vermehrung von Viren.*
6. *Erstellen Sie Steckbriefe für die in Tabelle 2.3.4 genannten Viren.*
7. *Erklären Sie, warum man verschimmelte Lebensmittel nicht essen bzw. trinken darf.*

Zusatzaufgaben zur Vertiefung
1. Infektionsgefahr aus der Sandkiste
Rollenspiel: Zwei Personen: 1. Neue Mitarbeiterin (Praktikantin), 2. Mentorin
Sie sind Mentorin. Erklären Sie einer neuen Mitarbeiterin bzw. Praktikantin, wie Sie in Ihrer Kita mit den Sandkisten umgehen und warum Sie dies tun. Nutzen Sie dazu folgende Liste.

Beispiel
Vermeidung von Infektionsgefahren durch Spielsand
Gepflegter Spielsand ist für Kinder ungefährlich. Allerdings können durch Verunreinigungen wie Tierkot Infektionsrisiken entstehen, z.B. durch darin enthaltene Bakterien, Viren oder Würmer. Zu empfehlen sind folgende Maßnahmen:

- *Sandkästen über Nacht und am Wochenende abdecken (Plane).*

- *Zugang für Hunde, Katzen und andere Tiere unterbinden, z.B. durch Einzäunung des Geländes und Hinweisschilder.*

- Täglich die Sandkästen auf Verunreinigungen überprüfen (Tierkot, Lebensmittelreste, Scherben usw.), ggf. Verunreinigungen entfernen.

- Den Sand häufig zur Reinigung und Belüftung durchharken.

- Den ungehinderten Ablauf des Regenwassers sicherstellen. Es sollen sich keine Pfützen in der Sandkiste bilden.

- Regelmäßiger Austausch des Sandes (ca. alle zwei bis drei Jahre).

2. Tierhaltung in der Kita

Rollenspiel: Simulieren Sie einen Elternabend zum Thema Tierhaltung (z. B. Hühner, Kaninchen) im Kindergarten. Besetzen Sie dazu folgende Rollen:
a) Kitaleitung als Moderatorin
b) Gruppenleiterin und Kollegin, die die Tierhaltung aus pädagogischen Gründen befürworten
c) Gruppenleiterin, die Angst davor hat, dass die Arbeit an ihr hängen bleibt
d) Eltern, die skeptisch sind, weil ihr Kind zu Allergien neigt
e) Eltern, die die Tierhaltung befürworten

Beispiel
Tiere im Kindergarten
Die pädagogische Arbeit kann durch die Haltung von Haustieren im Kindergarten unterstützt werden. Allerdings gilt es, gesundheitliche und hygienische Gefahren für die Kinder zu vermeiden und die Tiere artgerecht zu halten. Deshalb sollten u. a. folgende Empfehlungen beachtet werden:

- Die Haltung von Haustieren im Kindergarten den zuständigen Aufsichtsbehörden (Landratsamt, Veterinäramt) melden.

- Die artgerechte Haltung der Tiere sicherstellen, z. B. Käfiggröße, Fütterung, Versorgung in Schließzeiten und am Wochenende.

- Eltern informieren bzw. in die Entscheidung einbeziehen.

- Kinder mit Tierhaarallergien vor direktem und indirektem Kontakt schützen.

- Tiere regelmäßig vom Tierarzt untersuchen und ggf. impfen lassen.

- Umgang der Kinder mit den Tieren nur unter Aufsicht: Kinder in den richtigen Umgang mit Tieren einweisen, z. B. anfassen, füttern usw.

- Hygiene beim Kontakt und nach dem Kontakt mit Tieren sicherstellen, z. B. nicht lecken lassen, Hände waschen.

3. Kopfläuse

Rollenspiel mit zwei Personen: 1. Mitarbeiterin der Kita, 2. Mutter einer von Kopfläusen betroffenen Tochter
Sie sind die Kita-Mitarbeiterin. Erklären Sie der Mutter, was Sie tun muss bzw. sollte, da ihr Kind von Kopfläusen betroffen ist. Orientieren Sie sich am Text auf Seite 144.

3 Infektionskrankheiten vorbeugen und heilen

Lernsituation

Obwohl wir täglich, z. B. bei der Fahrt in einem überfüllten Bus, mit vielen Keimen in Kontakt kommen, erkranken wir meistens nicht. Und selbst wenn wir uns einmal einen Schnupfen holen, klingt dieser nach einigen Tagen ohne Behandlung wieder ab. Offenbar kann sich unser Körper selbst gegen Infektionserreger wirksam zur Wehr setzen. Wie ist das möglich?

3.1 Selbstschutz des Körpers

Schon beim Versuch, in den menschlichen Körper einzudringen, scheitern die meisten Krankheitserreger an den äußeren Schutzbarrieren des Organismus:

- So enthalten der Speichel, die Tränenflüssigkeit und der Schleim der Bronchien ein **Enzym**, welches die Zellwände von Bakterien zerstören kann.

- Der **Säureschutzmantel** der Haut, das saure Milieu der Scheide und die Salzsäure des Magens wirken bakterizid.

- Auch die Besiedlung unseres Körpers mit harmlosen Bakterien schützt uns vor Krankheitserregern. Diese **Normalflora** der Haut und des Darms verhindert nämlich die Ansiedlung gefährlicher Erreger.

- Darüber hinaus sind **mechanische Schutzeinrichtungen** sehr effektiv: So befördern zum Beispiel die Flimmerhärchen der Atemwege mit der Atemluft eingedrungene Erreger und Fremdkörper wieder aus dem Körper. Der Harn spült immer wieder Krankheiterreger aus den Harnwegen.

Beispiel
Kinder abhärten, aber sanft!
Kinder, die „in Watte gepackt" werden, erweisen sich vielfach als besonders anfällig für Krankheiten. Eine sanfte Abhärtung hilft den Kindern, ihre körpereigenen Abwehrkräfte zu mobilisieren:

- *Kinder sollten täglich, auch bei „schlechtem" Wetter, mindestens ein bis zwei Stunden an die frische Luft gehen.*

- *Kinder nicht zu warm anziehen. Sie sollten nicht frieren aber auch nicht aufgrund zu warmer Kleidung schwitzen.*

- *Viel Bewegung stärkt die Abwehr.*

- *Das Kinderzimmer sollte vor dem Zu-Bett-Gehen ausreichend gelüftet werden. Nachts sollte die Zimmertemperatur nicht mehr als 18 °C betragen.*

- *Gerade Kinder brauchen viele Vitamine und Mineralstoffe, d. h. viel Obst und Gemüse.*

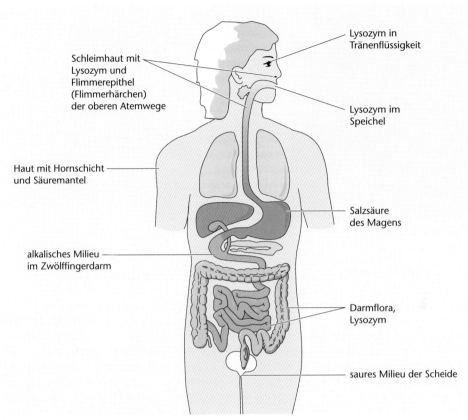

Schleimhaut mit
Lysozym und
Flimmerepithel
(Flimmerhärchen)
der oberen Atemwege

Lysozym in
Tränenflüssigkeit

Lysozym im
Speichel

Haut mit Hornschicht
und Säuremantel

Salzsäure
des Magens

alkalisches Milieu
im Zwölffingerdarm

Darmflora,
Lysozym

saures Milieu der Scheide

Äußere Schutzbarrieren des menschlichen Körpers

Sofortreaktion: Gelingt es Krankheitserregern, die äußeren Schutzbarrieren zu überwinden und in den Körper einzudringen, so werden sie sofort von den Weißen Blutkörperchen, den **Lymphozyten**, angegriffen. Diese patrollieren ständig durch den gesamten Körper auf der Suche nach Eindringlingen. Dabei durchwandern sie nicht nur die Blutgefäße sondern auch die Lymphbahnen sowie die Zwischenzellflüssigkeit. Treffen sie bei ihrer Streife auf einen Fremdköper, so heften sie ihn an ihrer Zellmembran fest, stülpen diese ein und schließen den Erreger in eine kleine Blase ein. Mit Hilfe eines Enzyms wird er anschließend abgebaut. Man nennt diese Lymphozyten deshalb auch Fresszellen.

Immunreaktion: Fremdkörper wie Bakterien oder Viren, die man zusammenfassend **Antigene** nennt, lösen bei bestimmten Lymphozyten die Bildung hochspezifischer **Antikörper** aus. Antigen und Antikörper passen genau wie Schlüssel und Schloss zueinander. Sie verbinden sich in einer **Antigen-Antikörper-Reaktion** miteinander, wodurch die Krankheitserreger verklumpen und unschädlich gemacht werden. Nun können sie ebenfalls von den Fresszellen beseitigt werden.

An Mumps oder Masern erkrankt man in der Regel nur einmal im Leben, denn der Körper speichert den Bauplan für die spezifischen Antikörper in Lymphozyten. Bei einer zweiten Infektion mit dem gleichen Erreger kann er dann sofort und ohne Verzögerung reagieren. Die Krankheit bricht nicht mehr aus. Man spricht vom **Immungedächtnis**.

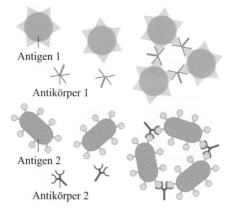

Fresszelle   *Antigen-Antikörper-Reaktion*

3.2 Impfungen unterstützen das Immunsystem

Das **Immungedächtnis** macht man sich bei der **aktiven Immunisierung** zunutze. Durch Impfung werden abgetötete oder abgeschwächte Erreger oder unschädliche Teile von Bakterien-Toxinen in den Körper gebracht. Dies geschieht meistens durch eine Spritze, aber auch durch Schluckimpfung (z. B. Kinderlähmung, Polio). Das Immunsystem lernt durch den Kontakt mit dem Impfstoff den Erreger kennen, ohne zu erkranken, und bildet innerhalb einiger Tage bzw. Wochen Antikörper, deren Bauplan er speichert. Falls sich der Geimpfte nochmals mit dem Erreger infiziert, wird dieser ohne Verzögerung von spezifischen Antikörpern abgefangen und erfolgreich bekämpft. Diese Impfung, auch **Schutzimpfung** genannt, ist eine vorbeugende Maßnahme gegen verschiedene Infektionskrankheiten, die durch Bakterien oder Viren verursacht werden. Allerdings gibt es noch nicht gegen alle Erreger Impfstoffe.

Ist eine Infektionskrankheit erst einmal ausgebrochen, so hilft keine Schutzimpfung mehr. Man kann aber ein Impfserum mit fertigen Antikörpern gegen den entsprechenden Krankheitserreger spritzen. Diese **passive Immunisierung**, auch **Heilimpfung** genannt, dient der schnellen Genesung eines bereits erkrankten Menschen. Die Immunglobuline für diese Passivimpfung werden aus dem Blut anderer Menschen gewonnen.

E

Exkurs: Louis Pasteur und Robert Koch – zwei Pioniere der Mikrobiologie
Louis Pasteur (1822 – 1895) entdeckte, dass Mikroorganismen Krankheiten bei Mensch und Tier verursachen können. Durch Hitzebehandlung, das Pasteurisieren, brachte er pathogene (krankmachende) Keime gezielt zum Absterben (1868).
Robert Koch (1843 – 1910) begann 1873 als junger Landarzt mit der Erforschung des Milzbrandes, einer Tierseuche. Ihm gelang der Nachweis, dass nur lebende Bakterien Krankheiten hervorrufen können, das Impfen mit abgetöteten Bakterien jedoch eine Immunisierung bewirkt.

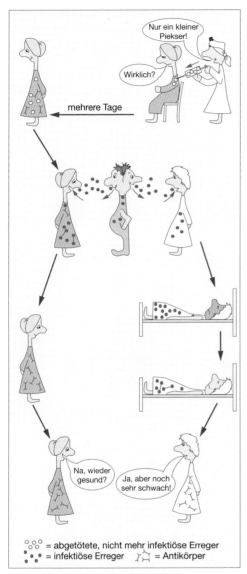

Aktive Immunisierung (Schutzimpfung)

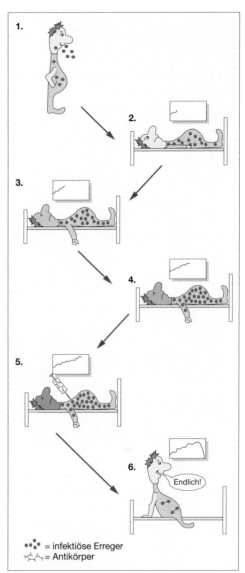

Passive Immunisierung (Heilimpfung)

Impfempfehlungen

Die **Ständige Impfkommission (STIKO)** am Robert Koch Institut (RKI) gibt einen Impfkalender für Deutschland heraus. Die meisten Landesbehörden übernehmen diesen Impfplan. Für Kinder und Jugendliche werden generell Impfungen zum Schutz vor folgenden Krankheiten bzw. Erregern vom RKI empfohlen:

Tetanus (Wundstarrkrampf), Diphtherie, Keuchhusten (Pertussis), Haemophilus Influenzae Typ b (Bakterieller Erreger von z. B. Lungenentzündungen), Poliomyelitis (Kinderlähmung), Hepatitis B (Gelbsucht), Pneumokokken (Lungenentzündung), Meningokokken (Hirnhautentzündung), Masern/Mumps/Röteln (als Kombinationsimpfung), Varizellen (Windpocken). Darüber hinaus humane Papillomviren (sie können Gebärmutterkrebs verursachen, weshalb Mädchen ab dem 12. Lebensjahr geimpft werden sollten), Influenza-Viren (für entsprechend gefährdete Personen).

Für besondere **Risikogruppen,** z. B. Personal in Krankenhäusern, Arztpraxen und Kindergärten oder für Reisende in Seuchengebiete gelten erweiterte Impfempfehlungen. So sollten sich Reisende in entsprechende Gebiete zum Beispiel gegen Cholera und Typhus impfen lassen.

Für Beschäftigte in **Kindertageseinrichtungen** werden bei fehlendem Immunstatus folgende Impfungen empfohlen: Masern, Mumps, Röteln, Windpocken, Keuchhusten. Darüber hinaus gilt für Mitarbeitende, die bei der Betreuung von Kleinkindern unter drei Jahren regelmäßig Kontakt zu Körperausscheidungen haben, z. B. beim Windelwechseln, die Empfehlung einer Immunisierung bezüglich Hepatitis A.

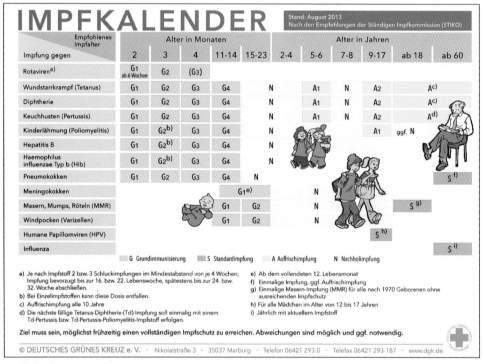

Impfkalender

Impfmüdigkeit

Seit Einführung der Schutzimpfungen Ende des 19. Jahrhunderts haben viele Infektionskrankheiten, die früher seuchenartig auftraten und viele Menschenleben kosteten, ihren Schrecken verloren. Einige Krankheiten wurden in Deutschland komplett ausgerottet, z. B. Pocken. Weitere Infektionskrankheiten, wie zum Beispiel Masern, hofft man bald besiegen zu können. Dies führt bei manchen Menschen zu einer gewissen Sorglosigkeit, die sich als „Impfmüdigkeit" ausdrückt.

Die Teilnahme an Schutzimpfungen ist in Deutschland freiwillig. Nach Untersuchungen des RKI liegt die **Durchimpfungsrate** im Vergleich zu anderen EU-Ländern in Teilbereichen zu niedrig. Kleinkinder weisen oft große Impflücken auf und es wird zu spät geimpft. Die Impfraten gegen Tetanus (96 %), Diphtherie (97 %) und Polio (95 %) sind erfreulich hoch, sodass diese Krankheiten bei Kindern und Jugendlichen in Deutschland praktisch nicht mehr vorkommen. Dagegen ist der Impfschutz gegen Masern, Mumps und Röteln nicht zufriedenstellend. Die WHO und die STIKO empfehlen eine zweistufige Impfung für mindestens 95 % aller Kinder. Während noch etwa 90 % der deutschen Kinder die erste Masernimpfung erhalten, weisen nur ca. 70 % der Kinder bei Schuleintritt die notwendige 2. Schutzimpfung auf. Für eine Eliminierung der Masern reicht das längst nicht aus. So kommt es in unserem Land immer wieder zu Masernepidemien mit hunderten Infizierten. Auch für Grippe (Haemophilus influenzae) und Hepatitis B liegen die Impfraten mit 87 % und 67 % zu niedrig.

Möglicherweise hat auch die Angst vor **Impfreaktionen** einen Einfluss auf die Impfzurückhaltung. Impfreaktionen sind kurzzeitige und vorübergehende Erscheinungen, wie zum Beispiel Hautschwellungen an der Einstichstelle oder Kopf- und Gliederschmerzen. Schwerwiegende Nebenwirkungen, die man Impfkomplikationen nennt, kommen nach Angaben des RKI heute bei Impfungen sehr selten vor.

Beispiel

Allergien – Entgleisungen des Immunsystems

*Allergien sind **Überempfindlichkeitsreaktionen** des Immunsystems auf bestimmte Stoffe, wie zum Beispiel Pollen, Tierhaare, Früchte oder Arzneimittel. Entsprechend veranlagte Menschen entwickeln die Überempfindlichkeit nach dem Erstkontakt mit dem **Allergen**, indem sie spezifische Antikörper dagegen bilden. Man nennt diese Phase **Sensibilisierung.***

*Der erneute Kontakt mit dem Allergen löst innerhalb von Sekunden bis Minuten die zum Teil heftige allergische Reaktion aus. Dabei wird der Botenstoff **Histamin** freigesetzt. Das Histamin verursacht u. a. folgende Reaktionen im Körper:*

- *Erweiterung der Blutgefäße und Zunahme der Durchblutung, Blutdruckabfall*
- *Erhöhung der Durchlässigkeit der Blutkapillaren, Austritt von Blutflüssigkeit und Ödembildung*
- *Kontraktion der Bronchialmuskulatur mit Atemnot*

Allergische Reaktionen können örtlich begrenzt bleiben, zum Beispiel als Hautschwellung und Juckreiz nach einem Insektenstich oder als Heuschnupfen nach Kontakt mit Gräserpollen. Sie können aber auch heftige Reaktionen mit Blutdruckabfall und Kreislaufkollaps verursachen. Es tritt dann der gefürchtete **anaphylaktische Schock** ein, der sofort notärztlich behandelt werden muss.

In Deutschland leidet etwa jeder Vierte an einer Allergie, also etwa 15 bis 20 Millionen Menschen. Die Veranlagung, eine Allergie zu bekommen, ist erblich. Wenn die Eltern Allergiker sind, entwickeln die Kinder später mit 50- bis 70-prozentiger Wahrscheinlichkeit ebenfalls eine Allergie. Ist nur ein Elternteil betroffen, bleibt immerhin noch ein Risiko von 30–40 %. Allergien können sich bei fortwährendem Kontakt mit dem Allergen verschlimmern. So kann zum Beispiel aus Heuschnupfen Asthma entstehen. Deshalb sollten Allergiker dem Allergen nach Möglichkeit aus dem Weg gehen, zum Beispiel Kontakt zu entsprechenden Tieren meiden, auf den Verzehr der allergieauslösenden Früchte verzichten usw.

Zur Behandlung von allergischen Reaktionen stehen heute **Antihistaminika** zur Verfügung. Das sind Arzneimittel, die die Wirkung von Histamin aufheben.

Des Weiteren besteht die Möglichkeit der **Desensibilisierung.** Dazu werden dem Allergiker in einer langwierigen Behandlung wiederholt steigende Mengen des Allergens unter die Haut gespritzt. Dies soll die Ausschüttung von Histamin verhindern.

Kind beim Allergietest

3.3 Antibiotika – Heilmittel aus Pilzen

Beispiel

Alexander Fleming traute seinen Augen nicht, als er 1928 seine Bakterienkolonien überprüfte. In einer Petrischale hatte sich ein Pilz ausgebreitet. Rund um diesen schienen sich die Bakterienkolonien aufgelöst zu haben. Der Pilz hatte offensichtlich einen Stoff abgesondert, der Bakterien tötet. Dies war die zufällige Entdeckung des Antibiotikums Penicillin durch die Verunreinigung einer Bakterienkultur.

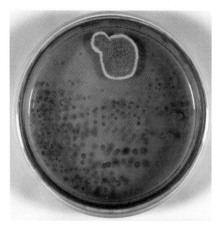   

Hemmhof um Schimmelpilz   Hemmhof um ein Antibiotikum

Wirkungsweise: Antibiotika (Einzahl: Antibiotikum) ist eine Sammelbezeichnung für Medikamente, die bei schweren bakteriellen Infektionskrankheiten eingesetzt werden. Gegen Viren wirken sie nicht. Heute steht eine Vielzahl von Antibiotika zur Verfügung, die entweder von Mikroorganismen gebildet oder durch chemische Synthese gewonnen werden. Eine Reihe von Antibiotika stört die Synthese der Zellwand oder der Zellmembran, sodass sich die Bakterien auflösen. Andere greifen in den Stoffwechsel der Bakterienzellen ein, sodass diese nicht mehr wachsen und sich nicht teilen können.

Antibiotika wirken also entweder **bakterizid**, das heißt keimtötend, oder **bakteriostatisch**, das heißt wachstumshemmend. In beiden Fällen ist die Mithilfe unseres Immunsystems nötig, um die Erreger vollständig zu vernichten und die Krankheit zu besiegen.

Nebenwirkungen: Antibiotika sind verschreibungspflichtig und dürfen nur vom Arzt verordnet werden. Einerseits geht es darum, ein wirksames Antibiotikum gegen den entsprechenden Erreger einzusetzen und das Medikament richtig zu dosieren. Andererseits müssen mögliche Nebenwirkungen beachtet werden. Viele Menschen reagieren auf einzelne Antibiotika mit allergischen Reaktionen. Sie dürfen die entsprechenden Medikamente nicht einnehmen, um schwere gesundheitliche Gefahren zu vermeiden.

Darüber hinaus kann es zu **biologischen Nebenwirkungen** kommen. Da die normale Bakterienflora unseres Körpers durch die Antibiotikabehandlung geschädigt wird, kann es infolge einer solchen Behandlung zu einem Pilzbefall oder zu einer Infektion mit einem resistenten Keim kommen.

Resistenz: Bei manchen Bakterien führt die Behandlung mit einem bestimmten Antibiotikum oder sogar mit mehreren Antibiotika nicht zum Absterben bzw. zur Wachstumshemmung der Erreger. Die Bakterien erweisen sich als widerstandsfähig gegen diese Antibiotika. Man spricht von Antibiotikaresistenz.

Werden die Wunderwaffen „Antibiotika" stumpf? Wie kann bei Bakterien eine Resistenz gegen ein Antibiotikum entstehen? Befindet sich unter den vielen Milliarden Bakterien ein einziges, welches durch Mutation gegen das eingesetzte Antibiotikum resistent ist, überlebt es die Behandlung. Es vermehrt sich durch Teilung und gibt die Eigenschaft der Resistenz an alle Tochterzellen weiter. Darüber hinaus können Bakterien kurze DNS-Stücke untereinander austauschen. Auch so wird die Antibiotikum-Resistenz weitergegeben. In Krankenhäusern und Pflegeheimen stellen mehrfachresistente Keime heute ein großes Problem dar.

3.4 Vorbeugen durch Hygienemaßnahmen

Lernsituation
Das Infektionsschutzgesetz (§ 36) verpflichtet nicht nur Einrichtungen des Gesundheitswesens, wie zum Beispiel Krankenhäuser und Arztpraxen, sondern auch alle Gemeinschaftseinrichtungen, wie beispielsweise Kindertagesstätten, Heime und Schulen dazu, Hygienepläne zu erstellen. Dadurch sollen Kinder und Mitarbeitende vor Infektionen geschützt bzw. das Infektionsrisiko vermindert werden. Was versteht man unter Hygiene? Und was sind Hygienepläne?

Das Wort **Hygiene** stammt aus dem Griechischen und bedeutet „gesund" bzw. „Gesundheit". Hygiene im Sinn der heutigen Medizin bezeichnet alle Maßnahmen zur Vorbeugung von Infektionskrankheiten. Das sind insbesondere Reinigung, Desinfektion und Sterilisation.

- **Reinigung** umfasst die Entfernung unerwünschter Substanzen, z. B. Schmutz, Blut, Urin usw. von Oberflächen, Räumen, Anlagen und Einrichtungen.

- **Desinfektion** ist eine Reinigungsmaßnahme, bei der die Zahl der Infektionserreger so weit reduziert wird, dass eine Infektion oder Übertragung ausgeschlossen werden kann.

- **Sterilisation** beinhaltet Maßnahmen zur vollständigen Keimfreiheit von Gegenständen oder Produkten.

Als Desinfektionsmittel zum Beispiel für die Haut, die Hände oder für Arbeitsflächen eignet sich u. a. Alkohol. Eine 60- bis 80-prozentige Lösung wird für 10 bis 60 Sekunden aufgetragen.

Bei der Sterilisation geht es um vollständige Keimfreiheit, zum Beispiel von Operationsbesteck oder von Infusionslösungen. Dazu werden verschiedene Verfahren eingesetzt, zum Beispiel Heißluftsterilisation bei 180 bis 200 °C oder Autoklavieren bei feuchter Hitze unter Druck (Dampfdrucktopf).

Ein **Hygieneplan** ist eine Arbeitsanweisung. Er beantwortet in übersichtlicher Darstellung folgende fünf W-Fragen:
- Was muss einer Hygienebehandlung unterzogen werden?
- Wann ist die Maßnahme zu ergreifen?
- Womit ist die Maßnahme durchzuführen?
- Wie ist die Hygienemaßnahme durchzuführen?
- Wer muss die Hygienemaßnahme durchführen?

Zu den wichtigsten Maßnahmen der Infektionsverhütung gehört das **Händewaschen** und ggf. die Händedesinfektion, denn Hände sind durch ihre vielfältigen Kontakte mit der Umgebung und anderen Menschen die Hauptüberträger von Infektionskrankheiten.

Was?	Wann?	Womit?	Wie?	Wer?
Hände-Reinigung	– vor Arbeitsbeginn – vor und nach dem Umgang mit Lebensmitteln – bei sichtbarer Verschmutzung – nach Toilettenbenutzung – vor und nach dem Essen – am Arbeitsende	Waschlotion aus Spender	Die Waschlotion auf die angefeuchteten Hände geben, einreiben und gründlich abspülen	– alle Mitarbeiterinnen – Kinder
Hygienische Hände-Desinfektion	– vor und nach Kontakt mit (potenziell infiösen Gegenständen/ Materialien) z. B. Windeln von Kindern – nach Toilettenbenutzung	Desinfektionsmittel aus Spender	2 Hübe Desinfektionsmittel in die trockenen Hände für ca. 30 Sekunden einreiben, antrocknen lassen, nicht abspülen; Handrücken, Fingerkuppen, Fingerzwischenräume und Handgelenke nicht vergessen	– alle Mitarbeiterinnen, Kinder
Handpflege	– mehrmals täglich – nach jeder Händereinigung – am Arbeitsende	Handpflegelotion (Spender); Handcreme (personengebunden)	Lotion oder Creme gleichmäßig in beide Hände einmassieren und einziehen lassen	– alle Mitarbeiterinnen

Hygieneplan (Ausschnitt)

In Kindertagesstätten gibt es folgende Bereiche, die einer besondere Aufmerksamkeit im Hinblick auf hygienische Maßnahmen bedürfen:
- Gruppen- und Spielräume, hier besonders Kuschelecken und Krabbelbereiche
- Flure (Schmutz von draußen)
- Sanitärräume, hier besonders Wickeltische
- Erste-Hilfe-Raum
- Ruheraum/Schlafraum, hier besonders die Bettwäsche
- Turn- und Gymnastikraum
- Putzmittelräume/Reinigungsutensilien; hier ist die kindersichere Aufbewahrung wichtig
- Abfallentsorgung; Küche, Essenszubereitung, Essensausgabe
- Spielsachen, Spielgeräte und Spielsand sowie ggf. Tierhaltung und Wasserspiele

Beispiel
Infektionsschutzgesetz
Das Infektionsschutzgesetz (IfSG) fasst alle Regelungen, die dem Schutz der Bevölkerung vor Infektionskrankheiten dienen, zusammen. In § 1 werden die Ziele des Gesetzes genannt: „Zweck des Gesetzes ist es, übertragbaren Krankheiten beim Menschen vorzubeugen, Infektionen frühzeitig zu erkennen und ihre Weiterverbreitung zu verhindern." Das Infektionsschutzgesetz hat insgesamt 16 Abschnitte. Die wichtigsten Regelungen sollen hier auszugsweise dargestellt werden.

- *Im 3. Abschnitt „Meldewesen" sind die **meldepflichtigen Krankheiten** aufgelistet. Dazu gehören u. a. Diphtherie und Tollwut. So müssen zum Beispiel Ärzte und auch Kitas die im Gesetz genannten Krankheitsfälle an die Gesundheitsämter melden, damit diese ggf. Maßnahmen zur Vermeidung einer Epidemie einleiten können.*

- *In den Abschnitten 4 „Verhütung übertragbarer Krankheiten" und 5 „Bekämpfung übertragbarer Krankheiten" werden u. a. die Aufgaben der Behörden und der Gesundheitsämter geregelt. Dazu gehört auch die ständige Impfkommission (STIKO), die u. a. **Impfempfehlungen** herausgibt.*

- *Der Abschnitt 6 enthält „zusätzliche Vorschriften für Schulen und sonstige Gemeinschaftseinrichtungen". Die Mitarbeiter/innen solcher Einrichtungen müssen regelmäßig über Infektionsschutz belehrt werden. Außerdem sind die Einrichtungen verpflichtet, **Hygienepläne** zu erstellen. Personen, die an bestimmten Infektionen erkrankt sind, dürfen die Gemeinschaftseinrichtungen nicht betreten (z. B. Erzieherinnen, Eltern, Kinder).*

- *Der Abschnitt 8 regelt die „gesundheitlichen Anforderungen an das Personal beim Umgang mit Lebensmitteln". Auch hier sind regelmäßige **Belehrungen** über Infektionsschutz vorgesehen. Es gilt ein **Beschäftigungsverbot** für Personen, solange diese an bestimmten ansteckenden Krankheiten leiden oder Ausscheider von Erregern sind.*

Aufgaben zur Wiederholung und Festigung:

1. Nennen Sie die „äußeren Schutzbarrieren", die den menschlichen Körper weitgehend vor Infektionen schützen.
2. Welche Aufgaben haben die weißen Blutkörperchen (Lymphozyten) bei der Abwehr?
3. a) Was versteht man unter einer Immunreaktion?
   b) Was versteht man unter Immungedächtnis? Wie wirkt es?
4. Erklären Sie die
   a) aktive Immunisierung (Schutzimpfung),
   b) passive Immunisierung (Heilimpfung).
5. Erklären Sie die Impfempfehlungen für Beschäftigte von Kindertagesstätten. Wieweit sind Sie selbst geimpft?
6. Erklären Sie, was man unter „Impfmüdigkeit" versteht. Was sind die möglichen Ursachen? Was sind die Gefahren?
7. Erklären Sie, was man unter Allergie versteht. Welche Gefahren sind damit verbunden?
8. Was versteht man unter Resistenz bei Antibiotika? Nennen Sie Regeln zum Umgang mit Antibiotika.
9. Was ist ein Hygieneplan? Wie ist er aufgebaut?

Zusatzaufgaben zur Vertiefung

1. Infektionsgefahr im Wickelraum

Rollenspiel für zwei Personen: 1. Neue/r Mitarbeiter/in (Praktikant/-in), 2. Mentor/in

Sie sind Mentor/in. Erklären Sie der/dem Neuen, wie der Wickelraum in Ihrer Kita eingerichtet ist und wie Sie darin arbeiten. Nutzen Sie dazu folgende Liste:

- *Den Mitarbeitenden steht im Wickelraum ein eigenes Waschbecken zur Verfügung.*
- *Den Mitarbeitenden stehen Desinfektionsmittel für die Handdesinfektion, Seife und Handcreme sowie Einweghandtücher zur Verfügung.*
- *Den Mitarbeitenden stehen Einweghandschuhe zur Verfügung.*
- *Die Mitarbeitenden werden angewiesen, vor jedem Wickeln Einweghandschuhe anzuziehen. Nicht nur beim Stuhlgang! Nach jedem Wickeln müssen sich die Mitarbeitenden die Hände mit einem entsprechenden Desinfektionsmittel säubern.*
- *Die Kinder werden jeweils auf einer Einweg-Wickelunterlage gewickelt, die anschließend weggeworfen wird.*
- *Die Plastikwickelunterlage wird nach jedem Wickelvorgang mit einem entsprechenden Flächendesinfektionsmittel gesäubert.*
- *Benutzte Windeln werden so entsorgt, dass Kinder darauf keinen Zugriff haben.*
- *Der Windeleimer wird mindestens einmal täglich geleert und desinfiziert.*

4 Gesundheit in Beruf und Freizeit

Lernsituation

Im Jahre 2012 arbeiteten in Deutschland mehr als 450.000 Erzieher/-innen in Kindertagesein-richtungen, rund 25 % mehr als noch fünf Jahre zuvor. Und die Zahl steigt weiter. Dazu trägt vor allem der Rechtsanspruch auf einen Kita-Platz ab dem vollendeten ersten Lebens-jahr bei. Zudem fasziniert der pädagogische Beruf viele junge Menschen, weil sie darin täg-lich mit Kindern umgehen und diese beim Her-anwachsen begleiten und in der Entwicklung fördern können.

4.1 Belastende Arbeitsanforderungen meistern

Allerdings weisen die pädagogischen Berufe am Arbeitsplatz Kindertagesstätte auch beson-dere Belastungen und Risiken für die eigene Sicherheit und Gesundheit auf. Als besonders belastende Arbeitsanforderungen gelten in Kindertagesstätten:

- Ansteckungsgefahr vor allem durch die Kinder
- Rücken- und Skelettbelastungen
- Lärmbelastung
- Stress

Ansteckungsgefahr: Kinder haben häufig Infektionskrankheiten und können auch Erwachsene, die nicht immunisiert sind, anstecken. Deshalb ist ein Infektionsschutz für alle in der Kinderbetreuung Tätigen notwendig. Dieses Thema wird ausführlich in den Kapiteln C 3.2 und 3.4 behandelt.

Sitzen, Stehen, Tragen, Heben: Über 70 % der Beschäftigten von Kinderta-gesstätten klagen über Rückenbe-schwerden, hervorgerufen durch Sitzen auf niedrigen Kindermöbeln, häufiges Bücken, Heben und Tragen der Kinder sowie unbequeme Körperhaltungen.

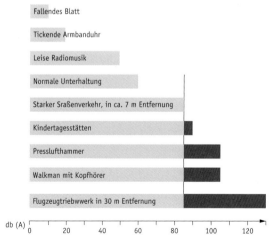

Lautstärken im Vergleich
(Bayer. GUVV/Bayer. LUK/ver.di Bayern, 2010, S.10)

Die kindgerechte Möblierung wird den ergonomischen Anforderungen für das Erziehungspersonal nicht gerecht!

Lärm: Knapp 50 % der Beschäftigten von Kindertagesstätten leiden unter Beschwerden aufgrund von Kinderlärm. Oft werden in Kitas hohe Lärmpegel erreicht, die die gesetzlichen Grenzwerte überschreiten. Lärm kann vielfältige Gesundheitsgefahren mit sich bringen, wie Schwerhörigkeit, Stimmbandprobleme durch lautes Sprechen, Konzentrationsstörungen, Gereiztheit und Anspannung. Längerfristig treten psychische Reaktionen oder psychosomatische Erkrankungen wie Magenprobleme auf.

Praktische Tipps gegen Lärm in Kitas:

- *Alle Räume, auch die Turnhalle und die Nebenräume, ganztägig nutzen, dadurch verkleinert sich die Kinderzahl pro Raum*

- *Auch den Garten ganztägig nutzen, dort Spielmöglichkeiten für lebhafte Kinder schaffen*

- *Kinder aktiv in die Lärmbekämpfung einbeziehen (z. B. Kinderkonferenz): „Was können wir tun, wenn es zu laut wird?"*

- *Vorleseecken einrichten*

- *Spezielle Beschäftigungen anbieten, die die Kinder wieder zu mehr Ruhe und Konzentration bringen*

Stress: Stress und psychische Belastungen können zum Beispiel durch ständigen Kinderlärm, Zeitdruck sowie Schichtdienste entstehen.
Dieses Thema wird ausführlich behandelt im Kapitel D 1.6.2.

Aufgaben der Berufsgenossenschaft

Die Berufsgenossenschaft für Gesundheitsdienst und Wohlfahrtspflege (BGW) ist die gesetzliche Unfallversicherung für Personen, die in einem Arbeits-, Dienst- oder Ausbildungsverhältnis in Kindertagesstätten stehen. Als Versicherungsfälle gelten Arbeits- und Wegeunfälle sowie anerkannte Berufskrankheiten.

Aufgaben der gesetzlichen Unfallversicherung:

- Prävention: Verhütung von Arbeitsunfällen, Berufskrankheiten und arbeitsbedingten Gesundheitsgefahren

- Rehabilitation: Wiederherstellung von Gesundheit und Leistungsfähigkeit nach Eintritt von Arbeitsunfällen oder Berufskrankheiten bei der versicherten Person

- Entschädigung: Geldleistungen an Versicherte oder hinterbliebene Angehörige, z. B. Rentenzahlungen

Dazu erlassen die Berufsgenossenschaften u. a. Unfallverhütungsvorschriften, bieten Schulungen an und kontrollieren die Betriebe bezüglich der Einhaltung solcher Arbeits- und Gesundheitsschutzmaßnahmen. Alle Mitarbeiterinnen sollten die Vorschriften der Berufsgenossenschaft, die am Arbeitsplatz ausliegen müssen, genau lesen und zum Schutz der eigenen Gesundheit einhalten.

4.2   Zivilisationskrankheiten vorbeugen

Definition
Zivilisationskrankheiten, auch Wohlstandskrankheiten genannt, sind Krankheiten, die in west-
lichen Industrienationen vermehrt vorkommen und deren Ursachen auf verbreitete gesundheits-
gefährdende Lebensstile, Verhaltensweisen und Umweltfaktoren zurückzuführen sind.

Nicht alle Menschen in Industrienationen leiden an Zivilisationskrankheiten. Es herrscht weit-
gehend Einigkeit, dass folgende **Risikofaktoren** Zivilisationskrankheiten begünstigen:
- Über- und Fehlernährung, u. a. hoher Zucker- und Fettkonsum
- Bewegungsmangel (vermehrt Büroarbeitsplätze, Automatisierung der Industriearbeitsplätze)
- regelmäßiger Zigaretten- und Alkoholkonsum
- Umweltgifte (z. B. Feinstaub in der Luft, Dioxin in Lebensmitteln)
- Stress und Leistungsdruck im Beruf
- Lärmbelastung, z. B. durch Straßenverkehr, im Beruf
- Reizüberflutung durch Medien

Folgende Zivilisationskrankheiten sind bei uns weit verbreitet:

- **Bluthochdruck (Hypertonie):** Ab Werten von 140 mmHg systolisch zu 90 mmHg diasto-
lisch spricht man von Bluthochdruck (siehe auch Seite 54).

- **Herzinfarkt:** Das Krankheitsbild entsteht durch Verengung oder totalen Verschluss von
Herzkranzgefäßen durch Verkalkung (Arteriosklerose). Hinter der Engstelle wird der Herzmuskel nicht mehr ausreichend mit Blut, das heißt Sauerstoff und Nährstoffen, versorgt
und nimmt dadurch Schaden.

- **Diabetes mellitus Typ 2:** Dieser Typ der Zuckerkrankheit, auch Altersdiabetes genannt,
entsteht durch Überernährung und Bewegungsmangel. Ein ständiger hoher Blutzuckerspiegel erfordert einen hohen Insulinspiegel. Als Folge der überschießenden Insulinproduk-
tion verringert sich die Zahl der empfindlichen Insulinrezeptoren an den Oberflächen der
Zellen, diese können die Glucose nur noch mangelhaft aufnehmen. Man spricht von Insu-
linresistenz (siehe auch Seite 101).

- **Übergewicht und Adipositas:** Nach einer WHO-Definition beginnt Übergewicht (Adipositas) ab einem Body-Mass-Index (BMI) von 30 (siehe auch Seite 100).

- **Bestimmte Krebsarten (z. B. Lungen- und Darmkrebs):** Durch verschiedene Umwelteinflüsse können Zellen unseres Körpers entarten und zu ungehemmtem Wachstum übergehen. Krebserregende Stoffe, Karzinogene, kommen z. B. in Genussmitteln (Tabakrauch)
und in der Umwelt vor (siehe auch Seite 165).

- **Bestimmte Allergien:** Allergien sind Überempfindlichkeitsreaktionen des Immunsystems
auf bestimmte Antigene, wie zum Beispiel Pollen, Tierhaare, Früchte oder Arzneimittel
(siehe auch Seite 155).

- **Bestimmte Hauterkrankungen (z. B. Neurodermitis):** Neurodermitis ist eine chronische
Hauterkrankung. Es kommt in Schüben zu Hautentzündungen, die mit starkem Juckreiz
und Hautrötungen einhergehen. Als Ursache wird eine Stoffwechselstörung vermutet, die
erblich bedingt ist. Ausgelöst wird die Krankheit meist durch Allergene, zum Beispiel durch
Inhaltsstoffe von Nahrungsmitteln, Kosmetika und Waschmitteln oder durch Pollen und
durch Hausstaubmilben. Psychische Faktoren, Stress und Kältereize können den Ausbruch
eines allergischen Schubs begünstigen.

- **Bestimmte psychische Störungen (z. B. Depressionen, Ängste):** Psychische Störungen können durch kritische Lebensereignisse ausgelöst werden. Dazu gehören einerseits belastende und als negativ empfundene Vorfälle wie Leistungsdruck im Beruf, Stress mit Vorgesetzten, Mobbing durch Kollegen. Aber auch positive Ereignisse wie Hochzeit oder Schwangerschaft können Stressreaktionen des Körpers auslösen (siehe auch Seite 196).

Änderung des Lebensstils

Betrachtet man die oben genannten Ursachen für Zivilisationskrankheiten wie Übergewicht, Bewegungsmangel, Nikotinkonsum usw., so wird deutlich, dass eine Heilung nicht allein durch medikamentöse Therapie möglich ist. Vielmehr muss bei einer Änderung des ungesunden Lebensstils und der Umweltbedingungen angesetzt werden. Dazu gehören:

- regelmäßiges körperliches Training; am besten eignet sich Ausdauertraining von 30 bis 60 Minuten, mindestens 2 bis 3 Mal pro Woche

- gesunde, ausgewogene Ernährung (siehe Kapitel B 1.4)

- Gewichtsreduktion bei Übergewicht (Diät)

- Beendigung des Rauchens (siehe Kapitel D 2.4)

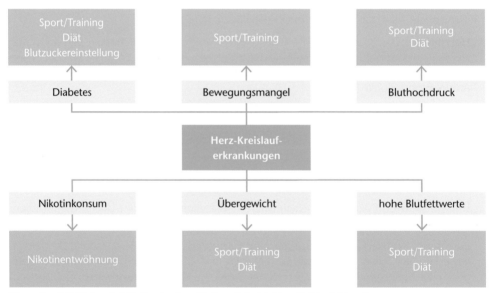

Therapiemöglichkeiten bei Zivilisationskrankheiten, Beispiel: Herz-Kreislauf-Erkrankungen

4.3 Das Krebsrisiko vermindern

Lernsituation

Aufsehen erregte im Mai 2013 die bekannte amerikanische Schauspielerin Angelina Jolie. Sie ließ sich beide Brüste vorsorglich amputieren, weil durch einen Gentest bei ihr ein extrem hohes Brustkrebsrisiko festgestellt worden war.

Die Diagnose „Krebs" löst wie keine andere Krankheit bei den meisten Menschen große Ängste aus. Krebs wird mit einem langen Leidensweg und dem sicheren Tod in Verbindung gebracht. Aber aufgrund der medizinischen Fortschritte gilt heute: Wird die Krankheit rechtzeitig entdeckt, ist sie in vielen Fällen heilbar. Insofern kommt gerade im Hinblick auf Krebserkrankungen den Früherkennungsprogrammen eine große Bedeutung zu.

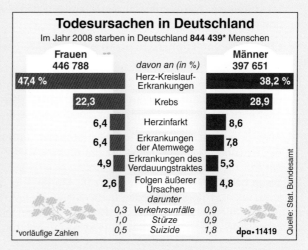

Todesursachen in Deutschland

Im Jahr 2008 starben in Deutschland **844 439*** Menschen

Frauen 446 788	davon an (in %)	Männer 397 651
47,4 %	Herz-Kreislauf-Erkrankungen	38,2 %
22,3	Krebs	28,9
6,4	Herzinfarkt	8,6
6,4	Erkrankungen der Atemwege	7,8
4,9	Erkrankungen des Verdauungstraktes	5,3
2,6	Folgen äußerer Ursachen darunter	4,8
0,3	Verkehrsunfälle	0,9
1,0	Stürze	0,9
0,5	Suizide	1,8

*vorläufige Zahlen   dpa•11419

Quelle: Stat. Bundesamt

4.3.1 Was ist Krebs?

Gesunde Zellen wachsen und vermehren sich nur in dem Maße, wie es für den Körper sinnvoll ist. Krebszellen dagegen zeichnen sich durch ungeordnete Zellteilung aus. Sie können in allen Körperteilen entstehen, teilen sich häufiger und schneller als gesunde Zellen, und wachsen zu Geschwülsten, den **Tumoren**, heran. Diese verdrängen und zerstören dabei gesundes Gewebe. Einzelne Krebszellen können über die Blut- und Lymphwege in andere Körperteile gelangen. Dort bilden sie dann Tochtergeschwülste, die **Metastasen**.

Nach dem Grad der Gefährlichkeit unterscheidet man gutartige und bösartige Tumore. **Gutartige Tumore** sind meistens nicht lebensbedrohend, wachsen langsam, wuchern nicht in das umgebende Gewebe hinein und sind scharf abgegrenzt. Sie schädigen den Körper nur durch ihre Ausdehnung und den Druck auf benachbarte Organe. Beispiele für gutartige Tumore sind Muskelgeschwülste der Gebärmutter, des Dünndarms und des Magens oder Polypen in der Nasenschleimhaut.

Bösartige Tumore weisen eine hohe Zellteilungsrate und damit ein rasches Wachstum auf. Sie breiten sich in das umliegende Gewebe hinein aus, durchsetzen und zerstören es.

Risikofaktoren

Wie hoch ist das **Risiko**, an Krebs zu erkranken und wie kann man dazu beitragen, eine Erkrankung zu vermeiden? Verschiedene Einflüsse können das ungehemmte Zellwachstum einleiten. Krebserregende Stoffe bezeichnet man zusammenfassend als **Karzinogene**. Es gibt chemische, physikalische und andere Risikofaktoren, die Krebs auslösen können:

- **Genussmittelkonsum:** Tabak und Alkohol können vor allem Lungen- und Bronchialkrebs, Kehlkopfkrebs, Mundhöhlenkrebs, Speiseröhrenkrebs, Harnblasenkrebs und Krebs der Nieren und der Bauchspeicheldrüse verursachen.

- **Ernährungsgewohnheiten:** Zu wenig Obst und Gemüse und zu viel tierisches Fett können Krebs des Magen-Darm-Traktes begünstigen. Karzinogene in Nahrungsmitteln, die unterschiedliche Krebsarten begünstigen, sind zum Beispiel Aflatoxine in verschimmelten Lebensmitteln, Nitrosamine in gegrilltem Räucherfleisch und Acrylamid in Pommes frites und Kartoffelchips.

- **Chronische Infektionen:** Hepatitis B kann Leberkrebs und das HP-Virus kann Gebärmutterkrebs auslösen.

- **Arbeitsplatz und Umwelt:** Karzinogene wie Teer, Asbest, Röntgenstrahlen, UV-Strahlen und radioaktive Strahlen können am Arbeitsplatz (Kernkraftwerk, Krankenhaus, Baustelle) oder in der Umwelt vorkommen und verschiedene Krebsarten auslösen.

- Auch **Erbanlagen** beeinflussen das Krebsrisiko: Sind zum Beispiel die Gene BRCA1 oder BRCA2 (**br**east **ca**ncer) defekt, ist das Krebsrisiko der betroffenen Frauen massiv erhöht. Oft tritt bei ihnen Krebs schon in jüngerem Alter auf.
  Wenn bereits mehrere Verwandte, z. B. Mutter oder Schwester, an Brust- oder Eierstockkrebs erkrankt sind, empfehlen Ärzte einen Gen-Test. Wird dabei ein erhöhtes Brustkrebsrisiko festgestellt, kann sich die Patientin, wie Angelina Jolie, für eine Brustamputation entscheiden. Allerdings bietet diese keinen hundertprozentigen Schutz.

Es ist noch nicht geklärt, unter welchen Voraussetzungen **seelische Belastungen** an der Krebsauslösung beteiligt sind.
Mit zunehmendem **Alter** steigt das Krebsrisiko deutlich an. In Deutschland leben etwa 1,6 % der Bevölkerung mit der Diagnose Krebs. Bei den über 70-Jährigen liegt der Anteil bei 6 %, während er bei Kindern und Jugendlichen bis zum 15. Lebensjahr nur 0,2 % beträgt (s. Abbildung unten).

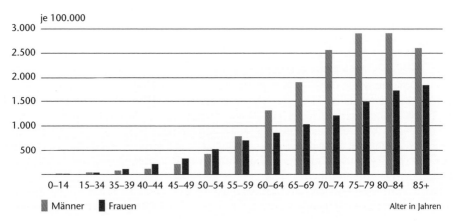

Neuerkrankungen an Krebs nach Altersgruppen (RKI, 2010, S. 160)

Krebsverhütung

Eine gesunde Lebensführung kann die Wahrscheinlichkeit senken, an Krebs zu erkranken. Der Europäische Kodex zur Krebsprävention enthält folgende Empfehlungen:

1. Rauchen Sie nicht.

2. Verringern Sie Ihren Alkoholkonsum.

3. Verzehren Sie täglich frisches Obst und Gemüse sowie ballaststoffreiche Getreideprodukte und wenig tierisches Fett.

4. Vermeiden Sie Übergewicht und treiben Sie täglich Sport.

5. Vermeiden Sie übermäßige Sonnenbestrahlung und Sonnenbrände.

6. Halten Sie beim Umgang mit krebserregenden Stoffen (z. B. Asbest) die Sicherheitsvorschriften ein.

7. Nutzen Sie die Früherkennungsuntersuchungen.

8. Lassen Sie sich gegen Hepatitis B impfen, junge Mädchen zwischen 12 und 17 auch gegen das HP-Virus.

Warnzeichen beachten
Krebserkrankungen gelten als besonders heimtückisch, weil anfangs meist keine Schmerzen auftreten. Es gibt aber Warnzeichen, die auf eine Krebserkrankung hinweisen können:

- Tastbare Knoten oder Verhärtungen, z. B. in Brust, Haut oder Zunge

- Wunden, die nicht heilen, Schwellungen, die nicht abklingen, Muttermale, die sich verfärben oder vergrößern

- Anhaltende Heiserkeit, trockener Husten oder Schluckbeschwerden

- Anhaltende Verdauungsstörungen

- Außergewöhnlich heftige Regelblutungen, Blutungen außerhalb der Periode oder nach dem Eintritt der Wechseljahre

- Scheinbar grundlose Blutungen und ungewöhnliche Absonderungen

- Unerklärlicher Gewichtsverlust

- Abgeschlagenheit und Appetitlosigkeit

Diese Warnzeichen müssen nicht Krebs bedeuten. Man sollte aber einen Arzt aufsuchen, wenn man sie bemerkt.

4.3.2 Krebsdiagnose

Bereits beim geringsten Verdacht auf Krebs wird der Arzt alle zur Verfügung stehenden notwendigen Diagnosemethoden zum Feststellen einer Erkrankung einsetzen. Je nach Krebsart wendet er unterschiedliche Methoden an. Bei Brustkrebs oder Hautkrebs kann dies zunächst durch Betrachtung und Abtastung geschehen, um Knoten oder Verhärtungen zu erkennen. Abstriche, z. B. von der Mundschleimhaut oder dem Gebärmuttermund, werden auf Krebszellen untersucht. Weitere Aufschlüsse gibt eine Laboruntersuchung des Blutes auf Antikörper und andere Substanzen. Andere Krebsarten, wie Lungenkrebs, können durch Röntgenuntersuchungen festgestellt werden. Auch bei der Mammografie wird die Brust mit Hilfe eines Röntgengerätes kontrolliert.

Vorsorgeuntersuchung zur Früherkennung
Je früher eine Krebserkrankung erkannt wird, umso größer sind die Heilungschancen. Dies gilt zum Beispiel für Brustkrebs oder Prostatakrebs. Deshalb besteht in Deutschland für Männer

und Frauen ab einem bestimmten Alter die Möglichkeit, einmal jährlich eine kostenlose ärztliche Vorsorgeuntersuchung zur Früherkennung besonders gefährlicher Organkrebse vornehmen zu lassen. (s. dazu auch Krebsfrüherkennungsrichtline: www.g-ba.de)

Untersuchung	Alter	Geschlecht	Häufigkeit
Genitaluntersuchung	ab dem Alter von 20	Frauen	jährlich
Prostatauntersuchung, Genitaluntersuchung in Verbindung mit einer Untersuchung der Haut	ab dem Alter von 45	Männer	jährlich
Brustuntersuchung in Verbindung mit einer Untersuchung der Haut	ab dem Alter von 30	Frauen	jährlich
Dickdarm- und Rektumuntersuchung	ab dem Alter von 50	Männer und Frauen	jährlich
Darmspiegelung	ab dem Alter von 55	Männer und Frauen	Zwei Untersuchungen im Abstand von 10 Jahren
Mammografie-Screening	Ab dem Alter von 50 Jahren bis zum Ende des 70. Lebensjahres	Frauen	Alle zwei Jahre

4.3.3 Krebstherapie

Bei der Behandlung von Krebserkrankungen, der **Krebstherapie**, wird versucht, alle im Körper befindlichen Krebszellen zu beseitigen. Dafür stehen verschiedene Methoden zur Verfügung. Verbleiben allerdings Krebszellen im Körper, können an gleicher Stelle oder durch die Verbreitung von Metastasen in anderen Geweben neue Tumore entstehen.

- **Operation:** Ist die Krebsgeschwulst örtlich begrenzt, so wird sie durch Operation bis weit in das gesunde Gewebe entfernt. Dennoch können sich trotz scheinbar vollständiger operativer Beseitigung noch weitere Krebszellen im gesunden Gewebe befinden. Um diese zu vernichten, wendet man weitere unterstützende Therapiemethoden an.

- **Strahlentherapie:** Die Bestrahlung mit ionisierenden energiereichen Strahlen führt zur Zerstörung der Krebszellen. Meist wird dabei auch gesundes Gewebe in Mitleidenschaft gezogen. Als Nebenwirkung dieser Behandlung tritt oft Müdigkeit, allgemeine Hinfälligkeit und Übelkeit auf.

- **Chemotherapie:** Auch Medikamente, sogenannte Zytostatika, können die Entwicklung und Vermehrung von Krebszellen hemmen. Leider wirken diese Medikamente auch auf gesunde Zellen. Haarausfall ist daher eine häufige Begleiterscheinung der Chemotherapie.

- **Hormontherapie:** Bestimmte Krebsformen wachsen hormonabhängig, z. B. Brust-, Prostata- und Schilddrüsenkrebs. Man kann deren Wachstum durch Hormongaben oder durch Verabreichung von Antihormonen eindämmen.

- **Immunbehandlung:** Für bestimmte Krebsarten, z. B. Leukämie, setzt man Interferone bzw. Interleukin-2 ein. Diese Botenstoffe heften sich an die Oberfläche der Krebszellen. Die so markierten Zellen werden vom Immunsystem erkannt, gezielt angegriffen und zerstört. Auch bei dieser Behandlung treten Nebenwirkungen wie Übelkeit und Abgeschlagenheit auf.

Personen, die an Krebs erkrankt sind, benötigen Betreuung und Unterstützung durch andere Menschen. Dafür kommt neben der Familie und den Freunden auch qualifizierte Hilfe in Form von **psychologischer Unterstützung** in Betracht. Spezielle **Krebsberatungsstellen** stehen den Betroffenen und ihren Angehörigen zur Verfügung. Oft hilft auch das Wissen, in der Krise nicht allein zu sein. **Selbsthilfegruppen** bieten Informationen und Hilfe im Umgang mit der Erkrankung und ihren Auswirkungen auf die persönliche Lebenssituation an.

Die **Hospiz-Bewegung** hat sich das Ziel gesetzt, unheilbar Kranken in ihrer letzten Lebensphase eine respektvolle, umfassende und kompetente Betreuung zu bieten. Seit dem 1. August 2009 tragen die Krankenkassen 90 Prozent der zuschussfähigen Kosten (Tagespflegesatz). Zehn Prozent des Pflegesatzes müssen stationäre Hospize weiterhin selbst aufbringen, wozu größtenteils Spendengelder verwendet werden.

Aufgaben zur Wiederholung und Festigung: **A**

1. *Erklären Sie wiederholend die Begriffe „Tröpfcheninfektion", „Schmierinfektion" und „Infektion über die Haut" (s. Kapitel C 2.1). Nennen Sie Beispiele, wie man sich am Arbeitsplatz Kita vor Infektionen schützen kann.*
2. *Erklären Sie die Gefahren des Lärms anhand der Abbildung auf Seite 161.*
3. *Erklären Sie die unterschiedlichen Aufgaben der Berufsgenossenschaften.*
4. *a) Was versteht man unter dem Begriff „Zivilisationskrankheiten"?*
   b) Nennen Sie Risikofaktoren für Zivilisationskrankheiten und Möglichkeiten, diese durch Änderung des Lebensstils zu vermeiden.
   c) Suchen Sie sich aus der Liste Seite 163/164 eine Zivilisationskrankheit aus und halten Sie ein Referat darüber.
5. *Nennen Sie Risikofaktoren, die die Krebsentstehung begünstigen und entsprechende Schutzmaßnahmen.*
6. *Informieren sie sich über die Ziele und Aufgaben von Hospizen (www.dhpv.de). Berichten sie.*

Zusatzaufgaben zur Vertiefung

1. Rückenschonendes und sicheres Arbeiten in der Kita (1)

Rollenspiel mit zwei Personen: 1. Neue/-r Mitarbeiter/-in (Praktikant/in), 2. Mentor/in

Sie sind Mentor/in. Erklären Sie einer/einem Neuen/Neuem, wie Sie in Ihrer Kita am Wickeltisch arbeiten. Benutzen Sie dazu folgende Liste.

Beispiel

Der Wickeltisch ...

- *hat eine Arbeitshöhe zwischen 85 und 95 cm.*

- *ist so tief, dass auch größere Kinder mit ihrem ganzen Körper auf der Wickelunterlage liegen können.*

- *ist nach 3 Seiten mit einer mindestens 20 cm hohen Sturzkante umgeben, sodass die Kinder nicht von der Wickelkommode fallen können.*

- *hat eine Aufstiegshilfe für größere Kinder, damit sie selbständig auf den Wickeltisch steigen können und wir sie nicht heben müssen.*

- *weist in unmittelbarer Nähe eine Waschmöglichkeit auf, mithilfe der die Kinder gewaschen werden können.*

- *hat in greifbarer Nähe eine Ablage für die Sachen der Kinder, also Windeln, Creme, Wickelunterlage, Wechselkleidung, nach Kindern getrennt.*

2. Rückenschonendes und sicheres Arbeiten in der Kita (2)

Rollenspiel für zwei Personen: 1. Neue/-r Mitarbeiter/in (Praktikant/in), 2. Mentor/in

Sie sind Mentor/in. Erklären Sie einer/einem Neuen/Neuem wie Sie in Ihrer Kita rückenschonend arbeiten. Benutzen Sie dazu folgende Liste:

Beispiel

Wir ...

- *vermeiden es möglichst, Kinder zu heben und zu tragen.*

- *setzen uns (z. B. zum Trösten) auf ein Sitzkissen zu dem Kind auf den Boden.*

- *tragen – wenn unbedingt nötig – das Kind mit geradem Rücken möglichst nahe am Körper.*

- *tragen bequeme Arbeitsschuhe mit flachen Absätzen und Sohlen, die federn. Sie unterstützen die Wirbelsäule und geben einen besseren Stand.*

- *machen Ausgleichsübungen speziell für unsere Rückenmuskulatur! Spezielle Rückenschulen, Geräte in Fitness-Studios oder rückenfreundliche Sportarten wie Schwimmen helfen uns.*

- *tragen grundsätzlich keine Tische und Stühle usw., sie werden gezogen, gemeinsam bewegt oder mit der Sackkarre transportiert.*

5 Krankenpflege und Erste Hilfe

Lernsituation

Dürfen kranke Kinder in die Kita? Diese Grundsatzfrage stellen sich Eltern und Erzieherinnen immer wieder. Und was ist zu tun, wenn ein Kind während seines Aufenthalts in der Kita plötzlich erkrankt, zum Beispiel hohes Fieber bekommt, hustet oder erbricht? Wie gehen wir mit chronisch kranken Kindern in der Kita um, zum Beispiel mit Kindern, die an Asthma oder Diabetes leiden? Dürfen wir ihnen Medikamente geben? Und wie müssen wir bei Notfällen reagieren, zum Beispiel bei Kindern, die hoch allergisch auf Insektenstiche oder bestimmte Nahrungsmittel reagieren?

Für all diese Fälle muss eine Kita vorbereitet sein und klare Regelungen treffen.

5.1 Kranke Kinder brauchen viel Zuwendung

Kinder, die eine Infektionskrankheit zum Beispiel mit Fieber, Husten oder Schnupfen haben, sollten die Kita nicht besuchen, denn sie können die anderen Kinder anstecken. Außerdem wird sich der Gesundheitszustand des Kindes in der Kitagruppe nicht verbessern. Zuhause erhält das Kind am besten die notwendige Ruhe, Zuwendung und Behandlung, um bald wieder gesund zu werden. Erkrankt ein Kind während seines Aufenthalts in der Kita, werden die Eltern unverzüglich benachrichtigt. Das Kind muss dann aus der Kita abgeholt werden. Die meisten Kitas informieren die Eltern mit einem Merkblatt über diese Regelungen. Außerdem schreibt das **Infektionsschutzgesetzes** (IfSG) den Gemeinschaftseinrichtungen vor, bei welchen Infektionskrankheiten die Kita nicht betreten werden darf und welche dem Gesundheitsamt gemeldet werden müssen.

Mitarbeiterinnen von Gemeinschaftseinrichtungen haben die Aufgabe, ihre kleinen Schützlinge zu beobachten, um **Krankheitsanzeichen** rechtzeitig zu erkennen. Sie helfen damit den Eltern und dem Arzt, rechtzeitig die richtigen Therapiemaßnahmen zu ergreifen. Wichtige Beobachtungsbereiche sind neben allgemeinen Verhaltensänderungen des Kindes zum Beispiel: Husten, Erbrechen, Schweißausbrüche, Appetitlosigkeit, Schmerzen, Stuhl-Ausscheidung wie Durchfall und Harnausscheidung, zum Beispiel häufiges Wasserlassen. Um Krankheiten zu erkennen und deren Verlauf zu überwachen, ist es oft notwendig, folgende Körperfunktionen zu messen: Körpertemperatur, Puls und Blutdruck.

Die **Körpertemperatur** liegt normalerweise zwischen 36 °C morgens und 37,5 °C abends. Von Fieber spricht man, wenn die Körpertemperatur über 38 °C steigt, ansonsten hat man erhöhte Temperatur. Meistens tritt bei Infektionskrankheiten Fieber auf. Es ist ein Symptom dafür, dass das Immunsystem effektiv arbeitet und Antikörper aufbaut.

Die Temperaturmessung erfolgt klassisch mit einem elektronischen Fieberthermometer. Die rektale Messung im After bietet sehr sichere Werte und ist leicht in der Handhabung. Deshalb wird sie bei Kleinkindern häufig genutzt. Bei der sublingualen Messung unter der Zunge sind die Ergebnisse größeren Schwankungen ausgesetzt, weil das Fieberthermometer genau unter der Zunge platziert sein muss. Größere Kinder können diese Methode anwenden. Beide Messverfahren dauern jeweils zwei Minuten. Besonders schwankungsanfällig ist die axillare Messung in der Achselhöhle. Hierbei muss man bis zu 2 °C aufschlagen, um die Werte der rektalen Messung zu erreichen. Neuere Messverfahren sind das Ohrthermometer und das Sensorthermometer.

Von mäßigem Fieber spricht man bei Rektaltemperaturen von 38 °C bis 39 °C. Hohes Fieber liegt zwischen 39 °C und 40,5 °C, sehr hohes Fieber bei bis zu 41,5 °C. Ab 42 °C Fieber ist die Situation als lebensbedrohlich einzustufen. Fiebersenkende Mittel dürfen nur auf Anweisung des Arztes verabreicht werden, z. B. wenn der Kranke zu Fieberkrämpfen neigt. Fiebernde Patienten müssen viel trinken: Wasser, verdünnte Obstsäfte oder Kräutertees. Lauwarme Wadenwickel sind ein wirksames Mittel, um dem fiebernden Körper Hitze zu entziehen (Achtung! Nur bei warmen Füßen des kranken Kindes anwenden!). Warme Brustwickel werden zur Vorbeugung von Lungenentzündungen oder zum Erleichtern des Abhustens benutzt, zur Fiebersenkung sind sie ungeeignet.

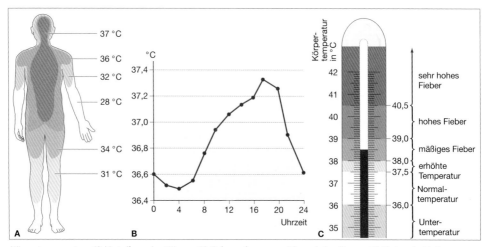

Körpertemperatur: A) Verteilung im Körper, B) Schwankungen während des Tages, C) Fieber (rektale Messung)

Den **Puls** misst man am inneren Handgelenk oder an der Halsschlagader. Im Ruhezustand beträgt der Puls eines Erwachsenen 60 bis 80 Schläge pro Minute. Bei körperlicher Anstrengung steigt er mitunter auf 120 Schläge in der Minute an. Bei Säuglingen liegt der Puls sogar bei 140 Schlägen pro Minute und bei Kleinkindern um die 120 Schläge pro Minute. Sie haben somit einen deutlich höheren Ruhepuls als Erwachsene. Auch Fieber beschleunigt den Puls, und zwar pro Grad um bis zu acht Schläge in der Minute.

Auch der **Blutdruck** unterliegt tageszeitlichen Schwankungen, wobei die Messung beim Arzt nur eine Momentaufnahme ist. Deshalb sollten Betroffene zu Hause mehrmals am Tag ihren Blutdruck überprüfen. Den Blutdruck misst der Arzt mit der Manschette, dem Manometer und mithilfe des Stethoskops (s. Seite 54) oder der Laie mit modernen vollautomatischen Geräten per Knopfdruck. Die Werte eines normalen Blutdrucks sollten 140 zu 90 nicht überschreiten. Von Bluthochdruck spricht man, wenn die Messwerte über 160 zu über 95 liegen.

Kranke Kinder benötigen viel Schlaf und Ruhe, um wieder gesund zu werden. Wenn es der Arzt erlaubt, sollten sie aber zum Waschen und zu den Mahlzeiten aufstehen und, wenn möglich, an der frischen Luft spazieren gehen. Dies regt Kreislauf, Atmung und Muskulatur an.
Will ein krankes Kind zwei, drei Tage nichts **essen**, ist dies nicht weiter schlimm. Es muss jedoch ausreichend **trinken**, insbesondere bei fiebrigen Erkrankungen und bei Durchfall. Am besten geeignet sind Wasser, verdünnte Fruchtsäfte, Früchte- und Kräutertees, Fleisch- oder Gemüsebrühe.

Bei Halsschmerzen helfen lauwarme Kräutertees, zuckerfreie Salbeibonbons und Halswickel. Ist das Schlucken erschwert, z. B. bei Mandelentzündung, sollten Speisen gegeben werden, die gut „rutschen". Lieblingsspeisen, leichte und vitaminreiche Kost fördern den Appetit.
Wenn der **Arzt** es erlaubt hat und das kranke Kind sich entsprechend fühlt, muss es nicht unbedingt im Bett liegen. Das Krankenlager kann ins Wohnzimmer verlegt werden, es darf in einem zugfreien Raum bei normaler Raumtemperatur spielen und sich zwischendurch ausruhen oder schlafen. Von seiner Krankheit kann das Kind dadurch abgelenkt werden, dass viel mit ihm gespielt wird. Neben allen pflegerischen und medikamentösen Maßnahmen sorgen vor allem Liebe, Zuwendung und viel Zeit für eine baldige Genesung.

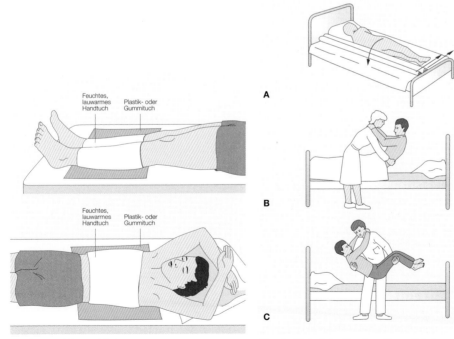

Waden- und Brustwickel

Handgriffe bei der Krankenpflege: A) Laken wechseln, B) Aufrichten, C) Umbetten

5.2   Umgang mit Medikamenten in der Kita

Zur Verabreichung von Medikamenten an kranke Kinder in Kitas gibt es keine bundeseinheitlichen gesetzlichen Regelungen. Deshalb müssen Richtlinien des entsprechenden Bundeslandes und der jeweiligen Einrichtung beachtet werden. Allgemein sollten folgende Grundsätze beachtet werden:

- Die Mitarbeitenden der Kita dürfen für ein krankes Kind nicht selbst eine Diagnose stellen und eigenmächtig Medikamente verabreichen.

- Voraussetzung für die Gabe des Medikaments ist eine schriftliche Einverständniserklärung der Eltern.

- Bewahren Sie Medikamente richtig auf: Auf den Packungen bzw. den Beipackzetteln findet man Hinweise zur Lagerung der Arzneimittel.

  - Allgemein gilt: Medikamente an einem kindersicheren Ort im abschließbaren Medikamentenschrank aufbewahren, mit Name des Kindes versehen. Beipackzettel und möglichst die ärztliche Anweisungen (Wann? Wie oft? Wie viel?) zur Verabreichung liegen bei.

  - Arzneimittel trocken, vor direkter Sonneneinstrahlung und vor Verschmutzung geschützt aufbewahren. Einige Arzneimittel, zum Beispiel Augentropfen, sind **vor Wärme geschützt** zu lagern. Das bedeutet bei einer Temperatur unter 20 °C.

  - Ist eine **Kühlschranklagerung** vorgeschrieben – dies gilt zum Beispiel für Insulin und zum Teil für Zäpfchen – muss eine Temperatur zwischen +2 °C und + 8 °C eingehalten werden (Kühlschrank). Besteht eine Kühlkettenpflicht, ist eine lückenlose Kühllagerung vom Hersteller bis zum Anwender einzuhalten. Das gilt natürlich auch für den Transport, der in Kühlboxen erfolgt.

  - **Betäubungsmittel** unterliegen gemäß Betäubungsmittelgesetz (BtMG) besonderen Vorschriften. Sie müssen von anderen Arzneimitteln getrennt in abgeschlossenen Sicherheitsschränken aufbewahrt werden. Alle Zu- und Abgänge sind zu dokumentieren, sodass der aktuelle Bestand und die Verwendung jederzeit nachvollziehbar sind.

  - Die **Haltbarkeitsfrist** gibt den Zeitraum an, in dem die Qualität des Arzneimittels in der ungeöffneten Packung bei sachgerechter Lagerung gewährleistet ist. Die **Aufbrauchfrist** hingegen bezeichnet die Zeit innerhalb der Haltbarkeitsfrist, in der ein angebrochenes Arzneimittel unter korrekt gelagerten Bedingungen haltbar ist.

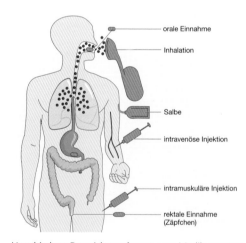

Verschiedene Darreichungsformen von Medikamenten

orale Einnahme

Inhalation

Salbe

intravenöse Injektion

intramuskuläre Injektion

rektale Einnahme (Zäpfchen)

  - Es gibt verschiedene Arzneiformen, z. B. Tabletten, Tropfen, Säfte, Pasten, Salben, Cremes, Lotionen, Zäpfchen, Sprays usw. Diese dürfen nur in der vorgeschriebenen Weise angewendet werden.

Heilpflanze	Verwendete Teile	Mittel	Anwendung
Echte Kamille	Blütenköpfchen	Tee, Dampfbad	Äußerlich: feuchtwarmer Umschlag bei Bindehautentzündung, Gurgeln bei Entzündung von Mundhöhle und Rachen, bei Abszessen; Innerlich: Magenverstimmung, Durchfall, Blähungen, Erkältungen, Infektionskrankheiten
Pfefferminze	Blätter	Tee, Öl	Tee: Magen- und Verdauungsbeschwerden; Öl: Kopfschmerzen, Migräne, Ermüdung, Mundpflege, Hals-, Nasen, Rachenentzündung
Schwarzer Holunder	Blüten, Früchte	Tee, Saft	Erkältung, Bronchitis, Asthma
Fenchel	Samen	Tee, Öl	Verdauungsstörungen, Blähungen, Koliken, Husten, Keuchhusten, Asthma, Bronchitis, wirkt appetitanregend
Hagebutte	Fruchtfleisch, Samen	Tee, Saft, Marmelade	Vorbeugend gegen Erkältungen, bei Blasen- und Nierenleiden

Anwendung von Hausmitteln (Beispiele)

5.3 Notfälle und Erste Hilfe

5.3.1 Die Rettungskette

Oft sind es medizinische Laien, die einen Verletzten finden. Sie müssen die ersten Glieder der Rettungskette in Gang setzen, damit dem Verletzten schnell und wirkungsvoll geholfen werden kann.

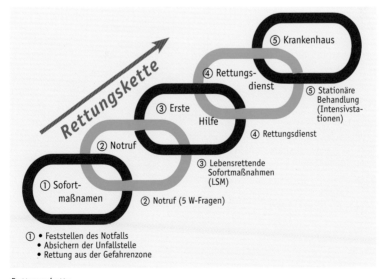

Rettungskette

Bei einem Notruf müssen möglichst **präzise Meldungen** gemacht werden:

1. Wo ist der Unfall passiert?
2. Was ist geschehen?
3. Wie viele Personen sind verletzt?
4. Welche Art der Verletzung liegt vor?
5. Wer spricht?

Nach der Beantwortung dieser fünf W-Fragen sollte man weitere Rückfragen durch die Leitstelle abwarten. Nur sie beendet den Notruf.
Besteht für den Verletzten unmittelbare Gefahr an der Unfallstelle, muss er aus der Gefahrenzone entfernt werden. Besser ist es jedoch, der Verletzte bleibt an der Unfallstelle liegen und wird dort versorgt.
Ist die Unfallstelle abgesichert und die Meldung veranlasst, kontrolliert man sofort Atmung und Kreislauf des Verletzten. Sind sie nicht feststellbar, muss sofort mit **Wiederbelebungsmaßnahmen** begonnen werden. Dazu gehören Herzmassage und Mund-zu-Nase-Beatmung.

Bei starkem Blutverlust wird zuerst die Blutung durch Abdrücken der Arterie oder Anlegen eines **Druckverbandes** gestillt. Starke Blutungen und Atemstillstand führen jeweils innerhalb von wenigen Minuten zum Tod, wenn nichts dagegen unternommen wird.
Weil der Erfolg der **Atemspende** vom Zustand des Kreislaufs abhängig ist, hat die Blutstillung Vorrang. Bei einem Blutverlust von mehr als einem Liter besteht Lebensgefahr durch **Schock**. Der Verletzte sollte dann in die Schocklage gebracht werden. Eine bewusstlose Person wird am sichersten in der **stabilen Seitenlage** gelagert. Sie bietet Schutz vor Erstickung z. B. durch eine Verlegung der Atemwege durch Zurückfallen der Zunge.
Nachdem diese lebensrettenden Sofortmaßnahmen durchgeführt worden sind, können weitere Verletzungen behandelt werden. Wegen der Infektionsgefahr werden Wunden noch vor Knochenbrüchen versorgt. In vielen Fällen gehört zur ersten Hilfe die **Versorgung von Wunden**. Grundregel jeder ersten Wundversorgung ist daher, die Wunde und deren Umgebung nicht zu betasten oder zu berühren. Einmal-Latex-Handschuhe schützen auch den Helfer selbst vor Infektionen und sollten bei jeder Ersten Hilfe benutzt werden.

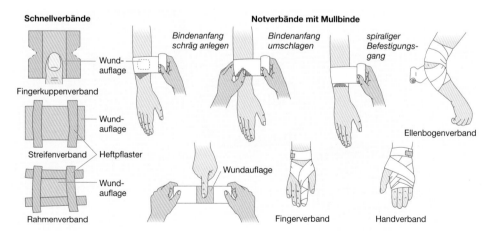

Einfache Verbände

Wunden werden mit keimfreien Wundauflagen abgedeckt. Dies kann bei kleineren Verletzungen ein Pflaster sein. Größere Wunden werden mithilfe eines entsprechend großen Verbandspäckchens verbunden. Die Wundauflage darf nicht mit den Fingern berührt werden. Sehr stark blutende Wunden erhalten einen Druckverband. In einer Wunde steckende Fremdkörper dürfen nur vom Arzt entfernt werden. Das Herausziehen könnte ein bis dahin abgedrücktes großes Blutgefäß öffnen, sodass eine lebensgefährliche Blutung entstehen kann. Ist es zu einer Abtrennung von Gliedmaßen, z. B. einem Finger, gekommen, wird die Arterie abgeklemmt. Die Gliedmaße wird in ein keimfreies trockenes Verbandtuch gewickelt und möglichst kühl gelagert. Auf diese Weise besteht eine gute Chance, z. B. einen Finger wieder annähen zu können.

Verbrennungen sind Schädigungen der Haut durch Hitze. Eine leichte Verbrennung erkennt man an einer Hautrötung (Verbrennung 1. Grades). Wenn Brandblasen auftreten, liegt eine Verbrennung 2. oder 3. Grades vor. In diesem Fall muss ein Arzt Hilfe leisten. Als erste Hilfsmaßnahme kühlt man die verbrannte Stelle unter fließendem lauwarmem Leitungswasser mindestens zehn Minuten lang. Größere Brandwunden deckt man anschließend mit einem Brandwundenverband ab.

Verätzungen verursachen ähnliche Verletzungen wie Verbrennungen. Sie sollten ebenfalls mit reichlich fließendem Wasser gespült werden.

5.3.2 Erste-Hilfe-Maßnahmen – Übersicht

Alle Erste-Hilfe-Maßnahmen müssen in einem Kurs geübt werden.

Verstauchungen:
Sofort kalte Umschläge machen oder kühlen mit Eisbeutel oder Coolpack, Gelenk ruhig stellen und hochlagern.

Verrenkungen:
Gelenk kühlen und ruhig stellen. Keine Einrenkungsversuche durchführen! Dies ist Sache des Arztes.

Knochenbrüche:
Ruhigstellen in der gegebenen Lage: Mit eingerollter Decke o. Ä. sowie Schals, Tüchern o. Ä. fixieren. Bei offenen Brüchen Blutung stillen.

Gehirnerschütterung:
Gefahr der Gehirnblutung!
Merkmale: Schwindel, Übelkeit, Kopfschmerzen, evtl. Bewusstlosigkeit.
Maßnahmen: Verletzten hinlegen, stabile Seitenlage. Atmung und Kreislauf beobachten.

Schädelbasisbruch:
Lebensgefahr durch Atemstillstand!
Merkmale: Geringe Blutung aus der Nase, Mund oder Ohr. Bewusstlosigkeit.
Maßnahmen: Seitenlagerung, Atmung und Kreislauf beobachten.

Hitzeerschöpfung:
Kreislaufstörung durch Wasser- und Salzverlust.

Merkmale: Hochgradiger Schwächezustand. Puls schnell und flach, Blässe, Frösteln.
Maßnahmen: Im Schatten flach lagern, leicht zudecken, Salzwasser in kleinen Schlucken zu trinken geben (1 Teelöffel Salz auf 1 l Wasser).

Hitzschlag:

Entsteht bei feucht-heißer Witterung durch Wärmestau im Körper.
Merkmale: Hochroter Kopf, trockene, heiße Haut, hohes Fieber, unsicherer Gang.
Maßnahmen: Mit erhöhtem Oberkörper im Schatten lagern. Kleidung öffnen, kühlende Umschläge.

Sonnenstich:

Entsteht durch direkte Sonneneinstrahlung auf den unbedeckten Kopf.
Merkmale: Wie Hitzschlag, jedoch Körperhaut kühl. Kopfschmerzen, Übelkeit, Unruhe.
Maßnahmen: Mit erhöhtem Kopf im Schatten lagern, kühlende Umschläge machen.

Schock:

Herz-Kreislauf-Störung, Lebensgefahr! *Ursachen:* 1. Direkter Blutverlust. 2. Durch psychische Belastung wie Angst, Schreck oder Schmerz versackt das Blut in erweiterte Gefäße von Bauch und Beinen.
Merkmale: Frieren, kalter Schweiß, Blässe, Unruhe, schlechte Ansprechbarkeit, schneller Puls, der rasch schwächer wird.
Maßnahmen: Beruhigen, warm halten, Schocklage. Selbsttransfusion durch Hochhalten der Beine; allerdings nur, wenn keine körperlichen Verletzungen vorliegen. Nur kurz anwenden.

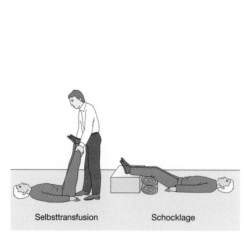

Selbsttransfusion   Schocklage

Schock: Herz-Kreislauf-Störung, Lebensgefahr!

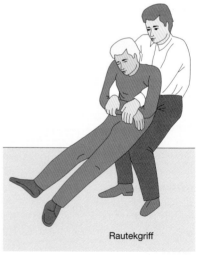

Rautekgriff

Rautekgriff: Zum Transport des Verletzten aus dem Gefahrenbereich. Vorsichtig und schonend vorgehen. Den Verletzten zu einem sicheren Ort ziehen und dort versorgen.

5.3.3 Die stabile Seitenlage

Durchführung der stabilen Seitenlage

Durch die stabile Seitenlage wird sichergestellt, dass die Atemwege freigehalten werden und Erbrochenes, Blut etc. ablaufen können – der Mund des Betroffenen wird zum tiefsten Punkt des Körpers. Der Betroffene wird so vor dem Ersticken bewahrt.

- Seitlich neben dem Betroffenen knien
- Beine des Betroffenen strecken
- Den nahen Arm des Bewusstlosen angewinkelt nach oben legen, die Handinnenfläche zeigt dabei nach oben

- Fernen Arm des Betroffenen am Handgelenk greifen
- Arm vor der Brust kreuzen, die Handoberfläche des Betroffenen an dessen Wange legen
- Hand nicht loslassen
- An den fernen Oberschenkel greifen und Bein des Betroffenen beugen

- Den Betroffenen zu sich herüber ziehen
- Das oben liegende Bein so ausrichten, dass der Oberschenkel im rechten Winkel zur Hüfte liegt

- Hals überstrecken, damit die Atemwege frei werden
- Mund des Betroffenen leicht öffnen

- Die an der Wange liegende Hand so ausrichten, dass der Hals überstreckt bleibt
- Rettungsdienst informieren (112 wählen)

(© *Deutsches Rotes Kreuz, Generalsekretariat, Berlin*)

5.3.4 Maßnahmen zur Wiederbelebung

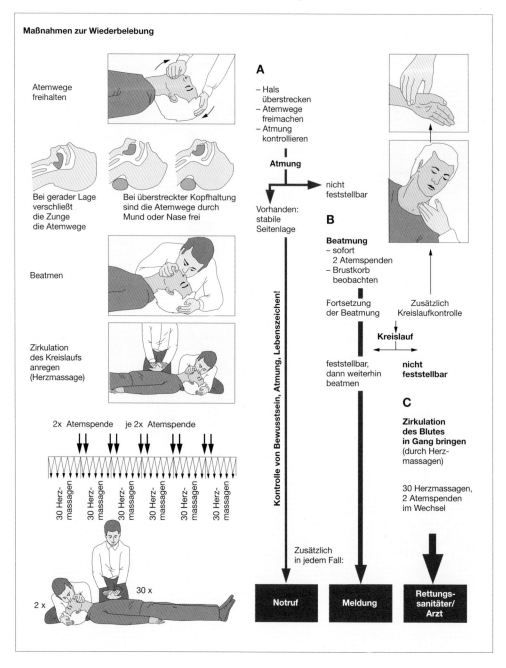

Maßnahmen zur Wiederbelebung

Atemwege freihalten

A
– Hals überstrecken
– Atemwege freimachen
– Atmung kontrollieren

Bei gerader Lage verschließt die Zunge die Atemwege

Bei überstreckter Kopfhaltung sind die Atemwege durch Mund oder Nase frei

Atmung

Vorhanden: stabile Seitenlage   nicht feststellbar

Beatmen

B
Beatmung
– sofort 2 Atemspenden
– Brustkorb beobachten

Fortsetzung der Beatmung   Zusätzlich Kreislaufkontrolle

Zirkulation des Kreislaufs anregen (Herzmassage)

Kreislauf

feststellbar, dann weiterhin beatmen   **nicht feststellbar**

C
Zirkulation des Blutes in Gang bringen (durch Herzmassagen)

2x Atemspende   je 2x Atemspende

30 Herzmassagen · 30 Herzmassagen · 30 Herzmassagen · 30 Herzmassagen · 30 Herzmassagen · 30 Herzmassagen

30 Herzmassagen, 2 Atemspenden im Wechsel

Kontrolle von Bewusstsein, Atmung, Lebenszeichen!

2 x   30 x

Zusätzlich in jedem Fall:

Notruf   **Meldung**   **Rettungssanitäter/ Arzt**

Aufgaben zur Wiederholung und Festigung:

1. a) Erklären Sie, welche Aufgabe Fieber für den Körper hat.

   b) Wann spricht man von „erhöhter Temperatur", „Fieber" und „hohem Fieber"?

   c) Erklären Sie die Vor- und Nachteile unterschiedlicher Methoden zur Fiebermessung bei Kindern sowie die Anwendung unterschiedlicher Fieberthermometer.

2. Erklären Sie die wichtigsten Punkte beim Umgang mit Medikamenten in der Kita.

3. Erklären Sie, wann Sie für sich selbst „Hausmittel" bei Krankheiten einsetzen.

4. Erklären Sie anhand der Abbildung Seite 175 die Rettungskette.

5. Machen Sie eine Unfallmeldung anhand der W-Fragen von Seite 176 für einen fiktiven Unfall, z. B. Kind ist von Klettergerüst gestürzt, Kind hat Reinigungsmittel verschluckt o. Ä.

Zusatzaufgaben zur Vertiefung

1. Besorgen Sie sich aus Kitas oder aus dem Internet „Merkblätter für Eltern". Berichten Sie, welche Empfehlungen die Kitas zum Umgang mit kranken Kindern geben.

2. Informieren Sie sich im Internet (www.gesetze-im-internet.de/IfSG) über die Regelungen in § 34 Infektionsschutzgesetz.

3. Messen Sie Ihren Puls oder den Puls einer Klassenkameradin in Ruhe und nach 10 Kniebeugen. Erklären Sie, wie sich der Puls verändert vom Säugling bis zum Erwachsenen.

4. Messen Sie Ihren Blutdruck oder den Blutdruck einer Klassenkameradin in Ruhe und nach 10 Kniebeugen.

5. Besorgen Sie sich aus Kitas oder aus dem Internet „Einverständniserklärungen zur Medikamentengabe" von Eltern. Erklären Sie den Sinn der einzelnen Regelungen.

6. Besorgen Sie sich aus Kitas oder aus dem Internet (www.Kindergesundheit-info.de) Merkblätter für Notfälle in der Kita, Brandverletzungen, Vergiftungen und Stromunfälle. Berichten Sie.

7. Jede Verletzung und jede Erste-Hilfe-Leistung im Betrieb müssen schriftlich festgehalten werden. Das gilt auch für Erste-Hilfe-Maßnahmen sowie die Namen des Verletzten, von Zeugen und Erst-Helfern. Besorgen Sie sich ein Verbandbuch (www.bgw-online.de). Berichten Sie darüber, was dort zu dokumentieren ist und warum dies erfolgen muss.

6 Gesundheitserziehung in der Kita

Lernsituation
Kariesprophylaxe bei Kindern, eine Erfolgsgeschichte!
Der Kariesbefall der 12-Jährigen konnte in Deutschland innerhalb der letzten 15 Jahre von durchschnittlich 4,1 befallenen Zähnen auf 1,2 gesenkt werden. Damit nimmt Deutschland im internationalen Vergleich mittlerweile einen Spitzenplatz ein. Dazu haben wesentlich Aufklärungsaktionen zum richtigen Zähneputzen und Fluoridierungsmaßnahmen in Kindertagesstätten und Grundschulen beigetragen. Leider steigt bei Vorschulkindern der Kariesbefall in den letzten Jahren wieder an.

Kinder putzen sich die Zähne in der Kita

6.1 Wie gesund sind unsere Kinder?

Diese Frage beantwortet eine bundesweite Studie, die das Robert-Koch-Institut erstmals von 2003 bis 2006 durchgeführt hat. Sie heißt **KiGGS**. Das ist keine Abkürzung, sondern ein reines Kunstwort. In insgesamt 167 Städten und Gemeinden wurden 17641 Kinder und Jugendliche zwischen 0 und 17 Jahren untersucht. Das ist eine repräsentative Stichprobe für alle Kinder und Jugendlichen in Deutschland.

Das Untersuchungsprogramm bestand aus Befragungen der Eltern und ab 11 Jahren auch der Jugendlichen sowie aus medizinischen Untersuchungen und Tests. Insgesamt gab es vier Untersuchungsbereiche: motorische Entwicklung, Ernährung, Umweltbelastungen und psychische Gesundheit.

Und das sind die wichtigsten **positiven Ergebnisse** der ersten KiGGS-Studie zur Gesundheit von Kindern und Jugendlichen in Deutschland:

- **Selbsteinschätzung:** Auf die Fragen „Wie würdest du deinen Gesundheitszustand im Allgemeinen beschreiben?" bzw. „Wie würden Sie den Gesundheitszustand Ihres Kindes im Allgemeinen beschreiben?", antworten etwa 85 % der Befragten mit sehr gut oder gut und nur 0,6 % mit schlecht oder sehr schlecht. Das ist ein erfreuliches Ergebnis.

- **Sport und Bewegung:** Ebenfalls sehr erfreulich sind folgende Befragungsergebnisse der KiGGS-Studie: Die Mehrzahl der Kinder und Jugendlichen in Deutschland ist körperlich und sportlich aktiv. In Deutschland spielen drei Viertel der Kinder im Alter von 3 bis 10 Jahren täglich im Freien.

- **Umweltbelastung:** Durch unterschiedliche Methoden wurden Umweltbelastungen durch chemische Schadstoffe, Schimmelpilze und Lärm ermittelt. Das waren u. a. Blut- und Urinproben, Hörtests, Hausstaub-, Innenraumluft- und Trinkwasserproben. Die Untersuchungen zeigten: Die Schadstoffbelastungen der Kinder, z. B. mit Blei und Quecksilber hat seit den 90er Jahren abgenommen, offensichtlich ein Erfolg umfangreicher Umweltschutz- und Umwelterziehungsmaßnahmen.

Andererseits zeigt die KiGGS-Studie klaren **Handlungsbedarf** auf, um die Gesundheit unserer Kinder auch in Zukunft sicherzustellen:

- **Übergewicht:** Jeder Fünfte der untersuchten 3- bis 17-Jährigen ist übergewichtig, ein Drittel davon sogar adipös (fettleibig). Damit haben Übergewicht und Adipositas bei Kindern und Jugendlichen in Deutschland im Vergleich mit den Jahren 1985 bis 1999 um 50 % zugenommen.

- **Fehlernährung:** Mehr als die Hälfte der Kinder und Jugendlichen isst zu wenig Getreide, Gemüse, Obst, Milchprodukte, Fisch und Beilagen wie Kartoffeln, Reis und Nudeln. Der Konsum von Süßigkeiten, Snacks und gesüßten Getränken hingegen ist zu hoch.

- **Allergien:** Etwa 17 % aller Kinder und Jugendlichen in Deutschland leiden an einer allergischen Erkrankung wie Heuschnupfen, Neurodermitis oder Asthma. Auslöser können einerseits Stoffe sein, die eingeatmet werden, z. B. Pollen, Tierhaare und Hausstaubmilben. Bei den Nahrungsmittelunverträglichkeiten liegen Erdnuss, Weizenmehl, Karotte und Apfel an der Spitze.

- **Mangelhafter Impfschutz:** Viele Kinder und Jugendliche konnten zur Untersuchung keinen Impfausweis vorlegen. Der Impfschutz erwies sich teilweise als lückenhaft, z. B. bei der Masernimpfung.

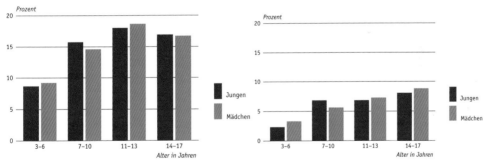

Anteil übergewichtiger Kinder (links) und Anteil fettleibiger (adipöser) Kinder (rechts)
(KIGGS, 2011, S. 42)

6.2 Was bedeutet Gesundheitsvorsorge?

„Vorbeugen ist besser als heilen!" So heißt ein bekanntes Sprichwort. Unter Vorbeugen oder **Prävention** wird die gezielte Verhütung von bestimmten Krankheiten und ihren Folgen verstanden. Vorbeugungsmaßnahmen richten sich also an die Gesunden. Es geht darum, mögliche Risikofaktoren wie zum Beispiel Übergewicht von vorneherein zu vermeiden, um schwere Folgeerkrankungen wie Diabetes oder Gelenkerkrankungen zu verhindern. Krankenkassen sind gesetzlich verpflichtet, Maßnahmen zur Vorbeugung von Krankheiten anzubieten und zu finanzieren. Die KiGGS-Studie zeigt, dass auch in Kindertagesstätten Handlungsbedarf für Vorbeugungsmaßnahmen besteht.

Prävention und Gesundheitsförderung können auf drei verschiedenen Ebenen erfolgen:

1. Der **individuelle Ansatz** ist in erster Linie auf den einzelnen Menschen und sein gesundheitliches Verhalten ausgerichtet. Am häufigsten genutzt werden Kurse, die zum Beispiel Sportvereine und Volkshochschulen anbieten, in den Feldern Bewegung (z. B. Rückenschule), Stressreduktion und Entspannung (z. B. Yoga) sowie Ernährung (z. B. Kochkurse).

2. Der **Setting-Ansatz** umfasst Präventionsmaßnahmen in den Lebensbereichen, in denen Menschen in der Regel den größten Teil ihrer Zeit verbringen. Als mögliche Settings kommen zum Beispiel Kita, Schule, Arbeitsplatz oder der Stadtteil in Betracht.

3. Zu den Maßnahmen, die sich auf die gesamte **Bevölkerung** oder bestimmte Bevölkerungsgruppen beziehen, zählen Gesetze und Verordnungen wie zum Beispiel das Rauchverbot in öffentlichen Gebäuden und Restaurants sowie Aufklärungskampagnen. In Deutschland führt die **Bundeszentrale für gesundheitliche Aufklärung (BzgA)** zahlreiche Kampagnen durch. In einer Datenbank (http://www.gesundheitliche-chancengleichheit.de/praxisdatenbank) wird eine große Zahl von Präventionsprojekten erfasst und beschrieben, die in der Praxis eingesetzt werden.

Prävention und Gesundheitsförderung im Setting Kindertagesstätte
Kindertagesstätte und Schule stellen nach dem Elternhaus für Kinder und Jugendliche die wichtigste Lebenswelt dar. Deshalb sind Maßnahmen zur Gesundheitsförderung im Setting Kindertagesstätte bzw. Schule besonders häufig und außerordentlich erfolgreich. Zu den möglichen Handlungsfeldern zur Gesundheitsförderung in der Kita gehören unter anderem:
- Bewegungsförderung (s. Kapitel A 3)
- gesunde Ernährung (s. Kapitel B 1.4)
- psychosoziales Wohlbefinden, Suchtprävention, Gewaltprävention (s. Kapitel D 2.6, 2.7)
- Unfallprävention (s. Kapitel A 1.2.1)
- Körpererfahrung/Sexualpädagogik (s. Kapitel A 8)
- Zahngesundheit (s. Kapitel B 2.3)
- Gesundheit von Erzieherinnen und Erziehern (s. Kapitel C 4)

Der Schwerpunkt von gesundheitsfördernden und präventiven Maßnahmen der Krankenkassen liegt im Bereich der Kindertagesstätten und der Schulen.

Gesundheitsförderung nach dem Setting-Ansatz setzt direkt in der Lebenswelt Kindertagesstätte an und bezieht nach Möglichkeit alle Beteiligten ein, die sich dort regelmäßig aufhalten. Dazu gehören:

- die Kinder selbst

- die Erzieher/innen und weiteres pädagogisches und nicht-pädagogisches Personal

- die Eltern und andere Personen, die Erziehungsaufgaben beim jeweiligen Kind wahrnehmen, z. B. Großeltern, ältere Geschwister usw.

- Kooperationspartner, z. B. Gesundheitsamt, Jugendamt, Beratungsstellen und therapeutische Einrichtungen, Frühförderung, Kinderschutzeinrichtungen, Ärztinnen und Ärzte usw.

Beispiel-Projekt: Kleine „Essperten" – ganz groß

- **Ziel:** spielerischer Zugang zu gesunder Ernährung, Vermeidung von Übergewicht und Folgeerkrankungen wie Diabetes mellitus

- **Zielgruppen:** Kinder im Kindergartenalter, Eltern, Erzieher

- **Umsetzung:** In Workshops werden Erzieher/innen geschult. Umfangreiches Begleitmaterial bietet ihnen Hintergrundwissen. 34 Aktionskarten vermitteln Ideen zum Thema gesunde Ernährung im Kita-Alltag vom Anbau und Ernten von Früchten bis zur Nahrungszubereitung.

Kinder werden zu „Essperten"

6.3 Hygienemaßnahmen beugen Krankheiten vor

6.3.1 Händehygiene

Krankheitserreger befinden sich überall: auf Türklinken, auf Spielsachen, im Spielsand usw. Hände sind durch ihre vielfältigen Kontakte mit solchen Gegenständen und mit anderen Menschen die **Hauptüberträger von Infektionskrankheiten**. Dies gilt besonders für Kinder, denn sie stecken ihre Hände oft in den Mund oder nuckeln am Daumen.

Zu den wichtigsten Maßnahmen der Infektionsverhütung und Bekämpfung von Krankheiten gehört deshalb Händewaschen, denn das **Händewaschen** reduziert die Keimzahl auf den Händen.

Zeigen und überwachen Sie bei jedem Kind die ordnungsgemäße **Handwaschtechnik**:

- Ärmel hochkrempeln und Hände unter fließendem Wasser richtig nass machen

- Mit Seife richtig einseifen

- Zeit lassen: Seife überall verteilen, auch zwischen den Fingern und 30 Sekunden einwirken lassen

- Gründlich unter laufendem Wasser abspülen

- Trocknen, am besten mit einem Einmalhandtuch

Diese gründliche Händereinigung sollte stattfinden:
- nach dem Spielen

- nach jeder Verschmutzung, z. B. nach dem Niesen oder Schnupfen

- nach jedem Töpfchen- oder Toilettengang

- nach Tierkontakt

- vor und nach jedem Essen

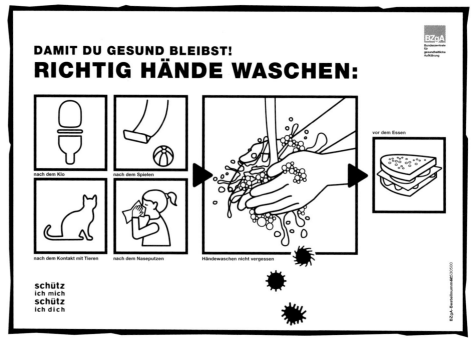

Nicht vergessen: Hände waschen! (Poster für Kitas)

6.3.2 Zahnhygiene

Schon die Milchzähne brauchen, auch wenn sie später ausfallen, regelmäßige Zahnpflege, denn sie sind die Platzhalter für die bleibenden Zähne. Vier Bausteine sind für die Gesunderhaltung der Zähne besonders wichtig:

1. die gesunde Ernährung
2. die Fluoridierung
3. das regelmäßige Zähneputzen
4. die regelmäßige zahnärztliche Kontrolle

Die häufigste Ursache für frühkindliche Karies ist das kontinuierliche Trinken süßer oder säurehaltiger Getränke aus Saugflaschen über den ganzen Tag verteilt. Man spricht deshalb von Nuckelflaschenkaries. Für die **Kinderernährung** gilt deshalb: Lieber einmal richtig naschen – und dann die Zähne putzen – als den ganzen Tag über immer wieder süße Speisen und Getränke zu sich nehmen!

Fluoride machen den Zahnschmelz widerstandsfähiger gegen bakterielle Stoffwechselprodukte wie zum Beispiel Säuren. Deshalb enthalten viele Zahncremes Fluoride. Kinderzahnpasta mit reduziertem Fluoridgehalt sollte bis zum sechsten Lebensjahr verwendet werden, danach kann Zahnpasta für Erwachsene benutzt werden.

Das **tägliche Zähneputzen** in den Einrichtungen (und zu Hause) erfolgt regelmäßig und zu festen Zeiten: nach dem Frühstück und nach dem Mittagessen. Mit zwei Jahren wird das selbstständige Putzen geübt. Dabei wird die KAI-Technik angewendet: 1. Kauflächen, 2. Außenflächen, 3. Innenflächen.

Außerdem sollte folgendes beachtet werden:

● Für die Zahnputzutensilien sind Regale oder Halterungen bzw. Lochbretter angebracht. Dabei sollten die Becher und Zahnbürsten verschiedener Kinder sich nicht berühren.

- Über dem Waschbecken befinden sich Spiegel in kindgerechter Höhe, damit die Kinder sich beim Zähneputzen beobachten und den Putzvorgang kontrollieren können.

- Die Becher und Zahnbürsten sind mit einem wasserfesten persönlichen Motiv versehen, um Verwechselungen auszuschließen.

- Die Zahnbürsten werden nach dem Gebrauch unter fließendem Wasser gereinigt und regelmäßig – ca. alle vier Wochen – ausgetauscht.

Wenn der Zahnarzt des Gesundheitsamtes in den Kindergarten kommt, spricht er Empfehlungen zur Behandlung der Kinder aus. Diese müssen an die Eltern weitergegeben werden. Allerdings ersetzt diese Gruppenprophylaxe nicht die **zahnärztliche Vorsorgeuntersuchung**, die ins Bonusheft eingetragen wird. Eltern sollten mit ihren Kindern regelmäßig, mindestens einmal jährlich zur Vorsorgeuntersuchung zum Zahnarzt gehen.

6.4 Bewegungsförderung

Kinder brauchen Bewegung! Bewegung fördert die kindliche Gesundheit und Entwicklung, schafft Selbstvertrauen und Sicherheit und vermindert dadurch auch Unfallgefahren. Was können Kitas tun, um die Bewegungsmöglichkeiten der Kinder zu fördern?

- Jede Kindertagesstätte sollte über einen ausreichend großen, gut ausgestatteten Bewegungsraum verfügen.

- Das Außengelände sollte möglichst häufig zum großräumigen Spielen offen stehen und genutzt werden.

- Bewegung muss zum selbstverständlichen Bestandteil des Alltags in Kindertagesstätten werden.

Bei der Gesundheitsförderung können der regelmäßige Kontakt und fachliche Austausch mit folgenden Institutionen hilfreich sein:

- Andere Kindertagesstätten

- Schulen

- Therapeuten, z. B. Sozialpädiatrisches Zentrum (SPZ), Frühförderstelle, Psychotherapeuten, Logopäden, Physiotherapeuten und Ergotherapeuten, Erziehungsberatung, Erziehungsberatungsstellen, Jugendamt, Kinderschutzbund

- Gesundheitsamt, u. a. Jugendzahnpflege/Kinderärzte

- Weitere Institutionen: z. B. Städtische Arbeitskreise, Sportvereine, Volkshochschule und andere Fortbildungsinstitutionen, örtliche Ärzte, Krankenhäuser, Apotheken, Kirchengemeinden

Folgendes Projekt einer Kita zeigt beispielhaft, wie ein Bewegungskonzept erstellt und umgesetzt werden kann:

Projekt: Bewegung wird gefördert	
Ziele:	a) Aktive Mitwirkung von Eltern und Kindern, um die Bewegungsförderung in der Kita und zu Hause dauerhaft zu verbessern b) Tägliches angeleitetes Bewegungsangebot findet statt c) Kooperation mit einem Sportverein d) Örtliche Gegebenheiten zur Bewegungsförderung werden genutzt
Maßnahmen:	• Individuelles internes Bewegungskonzept entwickeln (z. B. mittels „Inhouse-Fortbildungen", d. h. vor Ort mit den Kindern) • Verborgene und neue Bewegungsräume im Stadtteil entdecken • Naturräume in der Umgebung nutzen (z. B. Waldtage) • Raum für Bewegungsbaustelle zur Verfügung stellen • Bewegungsfreundliche Belebung des Außengeländes • Vereine stellen ihr Angebot in der Kita vor
Verbündete:	• Vereine • Krankenkassen • Ehrenamtliche • Eltern, Großeltern
Erfolgskriterien:	• Kinder nutzen die Bewegungsmöglichkeit des Außengeländes • Kinder nutzen die Bewegungsbaustellen • Verein gibt Übungsleiterstunden an die Kita ab • Sportangebot des Vereins in der Kita wird vorgestellt • Eltern begleiten Waldtag • Kooperation mit der Krankenkasse wird erreicht • Eltern nehmen Angebote an, fragen nach
Stolpersteine:	• Hohe Verkehrsdichte in der Umgebung der Kita • Zu wenig Personal für Ausflüge in die Umgebung • Organisatorischer Aufwand unterschätzt

(vgl. Gesunde Kita für alle! Leitfaden zur Gesundheitsförderung im Setting Kindertagesstätte, Landesvereinigung für Gesundheit und Akademie für Sozialmedizin Niedersachsen e.V., 2. Auflage, Hannover 2011)

A *Aufgaben zur Wiederholung und Festigung:*
1. *a) Was versteht man unter dem Begriff „Prävention"?*
   b) Erklären Sie die drei Ebenen von Prävention: individuelle Ebene, Setting-Ebene, Bevölkerungsebene.
2. *Wie wird der Body-Mass-Index (BMI) ermittelt bzw. berechnet? Vergleichen Sie mit Seite 100.*
3. *a) Erklären Sie anhand der Abbildung Seite 121 was ein Milchgebiss ist.*
   b) Erklären Sie anhand der Abbildung Seite 121 wie Karies entsteht.

Zusatzaufgaben zur Vertiefung
1. *Halten Sie ein Referat über die KiGGS-Studie zur Gesundheit von Kindern und Jugendlichen in Deutschland (www.kiggs-studie.de), zum Beispiel: Methode, wichtige Ergebnisse, daraus abgeleiteter Handlungsbedarf für Kitas und Schulen.*
2. *Informieren Sie sich im Internet (www.BzgA.de) über Kampagnen zur Gesundheitsförderung in Kitas. Halten Sie darüber ein Referat.*
3. *Entwickeln Sie nach der Muster-Tabelle Seite 187/188 ein Programm zur Vorbeugung von Gewalt/Aggressionen für eine Kita.*
4. *Händewaschen, Zahnpflege: Rollenspiel mit zwei Personen: 1. Neue/-r Mitarbeiter/-in (Praktikant/-in), 2. Mentor/-in. Sie sind Mentor/-in. Erklären Sie einer/einem Neuen wie Sie in Ihrer Kita den Kindern das richtige Händewaschen und die richtige Zahnpflege beibringen. Nutzen Sie dazu die Aufzählungen von Seite 185 und 186/187.*

D   Seelische Gesundheit

1 Steuerung durch Nerven und Hormone

Lernsituation

Ständig nehmen unsere Sinnesorgane vielfältige Reize aus der Umwelt auf, z. B. durch Licht, Schall, Temperatur, Druck oder Geschmacks- und Geruchsstoffe. Die Reizaufnahme geschieht durch das entsprechende Sinnesorgan: Das Auge reagiert auf Lichtreize, die Nase auf gasförmige Geruchsstoffe, die Zunge auf gelöste Geschmacksstoffe, das Ohr auf Schall und die Haut auf mechanische Reize wie Druck, Temperatur und Schmerz. Diese Reize treffen in verschiedenen Energieformen auf unseren Körper:

*z. B. als elektromagnetische Wellen (Licht), elastische Schwingungen der Luft (Schall), oder Wärme. Sie rufen in unserem **Zentralnervensystem** bestimmte Eindrücke, Empfindungen und Reaktionen hervor.*

*Erst durch das Zusammenwirken aller fünf Sinne – Sehen, Hören, Fühlen, Schmecken und Riechen – kann sich der Mensch in der Umwelt optimal orientieren. Man fühlt sich wohl, wenn die Sinne in angenehmer Atmosphäre gleichmäßig angeregt werden. Bei **Reizüberflutung**, z. B. in Form von Lärm oder einer schnellen Abfolge von Bildern, können Kopfschmerzen oder Schwindel auftreten. Was wir spüren, fühlen, denken oder wollen, wird über unser Nerven- und Hormonsystem gesteuert.*

1.1 Gehirn und Rückenmark – Steuerungszentralen des Körpers

Unser Nervensystem verbindet alle Organe und bewirkt deren sinnvolle Zusammenarbeit. Das **Zentralnervensystem** (ZNS) besteht aus **Gehirn und Rückenmark** und stellt die Steuerungszentrale des Körpers dar. Die von den Sinnesorganen kommenden Informationen werden hier aufgenommen, verarbeitet und beantwortet.

Das Gehirn liegt gut geschützt in der Schädelhöhle. Mit 4/5 des gesamten Hirnvolumens überlagert das **Großhirn** alle anderen Hirnabschnitte. Eine tiefe Längsspalte teilt es in zwei Hälften (Hemisphären), die durch den **Balken** miteinander verbunden sind. Das Großhirn enthält Zentren für Sinneswahrnehmungen, z. B. das Sehzentrum und das Hörzentrum. Außerdem steuert es die willkürlichen Bewegungen. Im Großhirn werden auch die komplexen Funktionen wie logisches Denken und Kreativität erbracht. Dabei ist bei den meisten Menschen die linke Hirnhälfte für abstrakte Leistungen wie Sprache und Rechnen zuständig, während die rechte Hälfte den Ausgangspunkt für künstlerische Begabungen und Kreativität bildet.

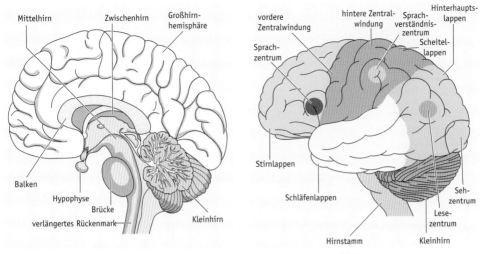

Gehirn   *Rindenfelder des Großhirns*

Unter dem Hinterlappen des Großhirns ragt das **Kleinhirn** hervor. Im Kleinhirn sind für alle Bewegungen, die der Körper beherrscht, Programme gespeichert, durch die der Bewegungsablauf und die Abstimmung der beteiligten Muskeln gesteuert werden. Wenn man einen Bewegungsablauf neu erlernt, z. B. das Kuppeln und Schalten beim Autofahren, muss man sich zuerst sehr konzentrieren, denn die Koordination erfolgt zunächst durch das Großhirn. Erst wenn der Bewegungsablauf nach vielen Übungen im Kleinhirn gespeichert ist, läuft er automatisch ab und man kann sich dabei sogar mit dem Beifahrer unterhalten.

Im **Zwischenhirn** entstehen Gefühle wie Hunger, Durst, Angst, Wut oder Freude. Entsprechende Nachrichten von den Sinnesrezeptoren, z. B. Wassermangel im Gewebe, werden hier aufgenommen, zum Gefühl, z. B. Durst, verarbeitet und an das Großhirn gemeldet. Im Zwischenhirn befindet sich auch die Hirnanhangdrüse (Hypophyse). Sie ist die Steuerungszentrale für das Hormonsystem.

Das verlängerte Rückenmark stellt die Verbindung zwischen Rückenmark und Gehirn dar. Hier befindet sich u. a. das Atemzentrum, welches die Atembewegungen steuert. Das **Rückenmark** selbst liegt gut geschützt im Wirbelkanal und ist von einem festen Bindegewebe umgeben. Durch seitliche Öffnungen zwischen den Wirbelbögen treten dicke Nervenstränge heraus. Das Rückenmark ist die Datenautobahn des Körpers. Aufsteigende sensorische Nervenbahnen leiten Informationen von den Sinnesrezeptoren des Körpers zum Gehirn. Auf absteigenden motorischen Nervenbahnen gelangen Befehle des Gehirns zu den Organen und Muskeln des Körpers.

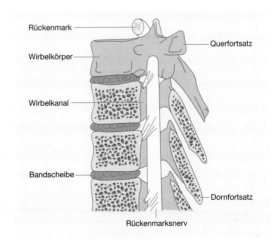

Wirbelsäule mit Rückenmark – Längsschnitt

1.2 Steuerung ohne den Willen: Das vegetative Nervensystem

Die meisten Vorgänge im Körper laufen zuverlässig ab, ohne dass wir sie willentlich beeinflussen können. Dazu gehören zum Beispiel die Vorgänge der Verdauung, die Regelung von Blutdruck, Herzfrequenz und Körpertemperatur. Wie funktioniert diese Regelung?

Für die Steuerung dieser Vorgänge ist das **vegetative Nervensystem** zuständig. Es wird über das Zwischenhirn gesteuert und besteht aus zwei Teilsystemen. Der **Sympathikus** verläuft in zwei Nervensträngen neben der Wirbelsäule. Von den perlschnurartig angeordneten Nervenknoten des Sympathikus zweigen Verästelungen zu den Organen der Brust- und Bauchhöhle ab. Außerdem führen Nervenbahnen zum Rückenmark und zum Gehirn. Die Nervenstränge des **Parasympathikus** gehen direkt vom Gehirn und vom unteren Rückenmark aus und führen ebenfalls zu den Organen des Körpers.

Die beiden Systeme arbeiten bei der Steuerung der Organe gegenläufig. Man nennt sie deshalb **Antagonisten.** So regt der Sympathikus die Herztätigkeit an, während der Parasympathikus sie verlangsamt. Grundsätzlich funktioniert die Arbeitsteilung so: Der Sympathikus fördert alle Organtätigkeiten, die der Körper bei hoher Leistungsabforderung benötigt. Gleichzeitig hemmt er alle Organe, deren Tätigkeit eine Höchstleistung behindern könnte. Braucht ein Sportler viel Blut für die Muskulatur, wäre es unzweckmäßig, wenn gleichzeitig Blut in die Verdauungsorgane fließen würde. Umgekehrt fördert der Parasympathikus alle körperlichen Funktionen, die der Entspannung und Regeneration dienen und hemmt energieverbrauchende Systeme.

Organ	Sympathikus bewirkt	Parasympathikus bewirkt
Herz	Zunahme der Pulsfrequenz und der Kontraktionskraft	Abnahme von Pulsfrequenz und Kontraktionskraft
Bronchien	Erweiterung	Verengung
Speicheldrüse	Verminderung der Sekretion	Steigerung der Sekretion
Verdauungsdrüsen	Verminderung der Sekretion	Steigerung der Sekretion

Nur durch das Zusammenspiel von Sympathikus und Parasympathikus bleibt das innere Gleichgewicht des Organismus erhalten. Energieverbrauchende und energieliefernde Prozesse, Leistung und Regeneration müssen sich die Waage halten.

1.3 Nerven – Übertragungskabel des Körpers

Nerven sind kabelartig gebaute Stränge, die den ganzen Körper durchziehen. Sie können so dick sein wie der kleine Finger und eine Länge von etwa einem Meter erreichen. Nerven leiten Informationen von Organ zu Organ. Betracht man den Bau eines Nervs, stellt man fest, dass die Nervenfaserbündel von einer isolierenden Bindegewebshülle umgeben sind, ähnlich wie bei einem Elektrokabel. Jedes Bündel setzt sich aus mehreren Nervenfasern zusammen. Jede Nervenfaser ist Teil einer Nervenzelle.

Unter dem Mikroskop erkennt man den Feinbau einer **Nervenzelle**. Der Zellkörper mit dem Zellkern hat viele kurze bäumchenartige Verästelungen, die **Dendriten**. Sie dienen der Informationsaufnahme von anderen Nervenzellen. Auffällig ist ein langer Fortsatz, das **Axon**, welches von einer isolierenden Markscheide umgeben ist. Über das Axon werden Impulse an andere Nervenzellen oder an Muskeln weitergeleitet. Während die Fortsätze den ganzen Körper durchziehen, findet man die Zellkörper der Nervenzellen hauptsächlich im Gehirn, im Rückenmark und in den Sinnesorganen.

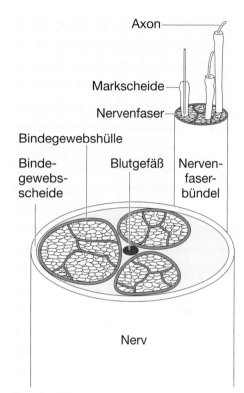

Bau eines Nervs

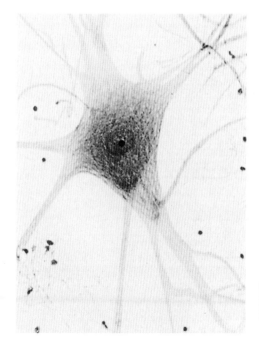

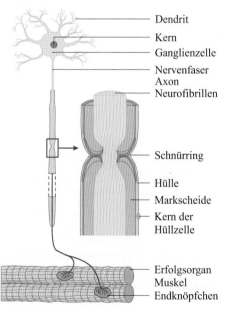

Nervenzelle (Mikrofoto)   *Nervenzelle (Schema)*

Wird eine Sinneszelle von einem Reiz erregt, z. B. ein Stäbchen im Auge von einem Lichtstrahl getroffen, wandelt sie ihn in einen elektrischen Impuls um. Dieser fließt über das Axon einer Nervenzelle zum Gehirn (Sehzentrum des Großhirns), wo er zum Sinneseindruck verarbeitet wird. Umgekehrt leitet das Gehirn Informationen in Form von elektrischen Impulsen über die langen Fortsätze der Nervenzellen an ausführende Organe, z. B. an Muskelfasern.

Die Informationsübertragung von einer Nervenzelle auf eine andere oder von einer Nervenzelle auf eine Muskelfaser erfolgt über **Synapsen**. Das Axon (1) der Nervenzelle erweitert sich zu einem kugelförmigen Gebilde, dem Endköpfchen, und legt sich dicht an die Membran der Empfängerzelle (2). Dazwischen bleibt ein schmaler Spalt von etwa 20nm Breite. Kommt ein elektrischer Impuls an (3), gibt das Endköpfchen chemische Botenstoffe ab (4), die den synaptischen Spalt durchdringen (5) und in der Empfängerzelle wieder einen elektrischen Strom verursachen (6). Die Synapsenverbindungen sind nicht fest, sondern können gelöst und neu geknüpft werden.

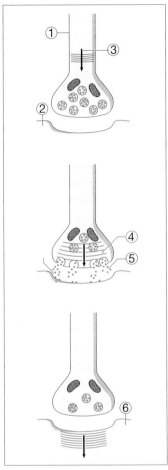

Informationsübertragung an einer Synapse

1.4　Drüsen regeln Körperfunktionen: Das Hormonsystem

Unsere **Hormondrüsen** produzieren chemische Stoffe, die als **Botenstoffe** schon in kleinsten Mengen wirksam sind. Im Gegensatz zum Nervensystem funktioniert unser Hormonsystem „kabellos", denn die Hormone gelangen mit dem Blut überall hin. Sie können aber nur von bestimmten Organen aufgenommen werden. Damit eine Zielzelle das Hormon erkennen kann, muss es einen entsprechenden Rezeptor besitzen. Dieser reagiert mit dem Hormon und löst in bestimmten Organen unterschiedliche Stoffwechselreaktionen aus.

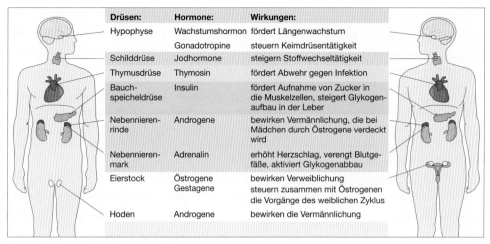

Drüsen:	Hormone:	Wirkungen:
Hypophyse	Wachstumshormon	fördert Längenwachstum
	Gonadotropine	steuern Keimdrüsentätigkeit
Schilddrüse	Jodhormone	steigern Stoffwechseltätigkeit
Thymusdrüse	Thymosin	fördert Abwehr gegen Infektion
Bauch-speicheldrüse	Insulin	fördert Aufnahme von Zucker in die Muskelzellen, steigert Glykogen-aufbau in der Leber
Nebennieren-rinde	Androgene	bewirken Vermännlichung, die bei Mädchen durch Östrogene verdeckt wird
Nebennieren-mark	Adrenalin	erhöht Herzschlag, verengt Blutge-fäße, aktiviert Glykogenabbau
Eierstock	Östrogene Gestagene	bewirken Verweiblichung steuern zusammen mit Östrogenen die Vorgänge des weiblichen Zyklus
Hoden	Androgene	bewirken die Vermännlichung

Hormondrüsen und Wirkungen der Hormone

Im Fall einer **Stress-Situation** schüttet die Nebenniere das **Hormon** Adrenalin aus. In bestimmten Organen ruft es unterschiedliche Wirkungen hervor:

- Dass Herz schlägt schneller und mehr Blut zirkuliert durch den Kreislauf.

- Die Atmung wird rascher, sodass mehr Sauerstoff aufgenommen wird.

- In der Leber wird Glykogen zu Traubenzucker abgebaut und gelangt über das Blut zu den Organen.

Das Hormon **Adrenalin** hat den Körper in Alarmbereitschaft gebracht, damit er auf eine Gefahrensituation besser reagieren kann.

Als Botenstoffe beeinflussen Hormone die biologischen Abläufe im Körper, das Verhalten und die Empfindungen eines Menschen. Dies gilt nicht nur für die oben beschriebene Stressre-aktion, sonder auch für Entwicklungsvorgänge wie Wachstum und Pubertät, für unser Ess-, Trink- und Schlafverhalten, für die Sexualität und für die Psyche.

1.5   Krankheiten des Nerven- und Hormonsystems

Wenn die zentralen Steuerungssysteme des Nerven- und Hormonsystems geschädigt wer-den, hat das schwerwiegende Folgen für das Leben.

Krankheiten des Nervensystems

- Unfälle, bei denen der Schädel harte Stöße erhält, sind häufig: Verkehrsunfälle, Arbeits- und Sportunfälle oder Stürze. Bei einer **Gehirnerschütterung** können die Betroffenen mehr oder weniger lange bewusstlos sein und sich oft an die Zeit unmittelbar vor dem Unfall nicht mehr erinnern. Weitere Symptome sind Kopfschmerzen, Gleichgewichtsstö-rungen und Erbrechen. Die wichtigste Heilungsmaßnahme ist strenge Bettruhe.

- Eine **Hirnhautentzündung** wird häufiger durch Viren, seltener durch Bakterien ausgelöst. Bakterielle Meningokokkeninfektionen können sich epidemisch verbreiten. Um Spätfolgen zu vermeiden, muss so schnell wie möglich behandelt werden.

- Durch eine verminderte Blutversorgung des Gehirns, z. B. durch einen Gefäßverschluss oder als Folge einer arteriellen Blutung im Gehirn, kann ein **Schlaganfall** entstehen. Je nachdem, welche Gehirnseite betroffen ist, kommt es zu Ausfällen auf der gegenüberliegenden Körperseite, z. B. zu Lähmungen. Auch Sprachstörungen und andere neurologische Ausfälle können auftreten. Durch Rehabilitationsmaßnahmen und Mobilisierung wird versucht, die Ausfallsymptome zu mildern oder sie wieder ganz zu beseitigen.

- **Epilepsie** ist eine Krankheit, bei der es zu plötzlich auftretenden, wiederkehrenden Krampfanfällen kommt. Es handelt sich um eine Störung des Gehirns mit unkontrollierter elektrischer Entladung von Millionen Nervenzellen. Die Behandlung erfolgt mit Medikamenten (Antiepileptika).

- Eine **Querschnittlähmung** entsteht durch Unterbrechung des Rückenmarks, z. B. infolge eines Verkehrsunfalls. Die Lähmungen betreffen alle Organe, die unterhalb der Durchtrennung des Rückenmarks liegen. Betroffene haben kein Gefühl in den entsprechenden Körperteilen und können diese nicht bewegen. Außerdem fallen Körperfunktionen aus, die vom vegetativen Nervensystem gesteuert werden, z. B. Blasen-, Darm- und Sexualfunktion.

- Eine **Demenz** entwickelt sich über Monate und Jahre hinweg mit einem allmählich zunehmenden chronischen Verwirrtheitszustand mit Gedächtnisstörungen, Orientierungsstörungen und Persönlichkeitsveränderungen. Ursache für die Entstehung einer Demenz sind degenerative Veränderungen des Gehirns. Etwa die Hälfte aller Fälle beruht auf einer **Alzheimer-Erkrankung**, charakterisiert durch den Zerfall von Nervenzellen und eine dadurch bedingte Schrumpfung des Gehirns.

Krankheiten des Hormonsystems

Hormone sind schon in kleinsten Mengen wirksam. Eine Abweichung des Hormonspiegels im Blut nach oben oder unten kann bedrohliche Folgen haben.

- Die Schilddrüse produziert u. a. das Hormon **Thyroxin**, das an der Regulation verschiedener Stoffwechselprozesse beteiligt ist. Durch **Jodmangel** kann es zu einer Vergrößerung der Schilddrüse, einem **Kropf**, kommen. Bei einer **Schilddrüsenüberfunktion** wird zu viel Hormon ausgeschüttet. Die betroffenen Menschen leiden unter erhöhtem Grundumsatz, körperlicher Unruhe, Nervosität und hohem Blutdruck. Eine **Schilddrüsenunterfunktion** führt zu erniedrigtem Grundumsatz, Müdigkeit, Trägheit, niedrigem Blutdruck, und Gewichtszunahme.

- Etwa um das 50. Lebensjahr herum nimmt bei Frauen die Produktion des Hormons Östrogen ab. Die Monatsblutungen werden zunehmend seltener, bis es zur letzten Regelblutung, der Menopause, kommt. Man spricht von den **Wechseljahren**. Der **Östrogenmangel** löst bei manchen Frauen Beschwerden aus, wie Hitzewallungen, Schweißausbrüche und Schwindel.

- Bei **Diabetes mellitus Typ I** werden bestimmte Stellen der Bauchspeicheldrüse zerstört, die das Hormon **Insulin** bilden. Die Folge ist ein lebensbedrohlicher Anstieg des Blutzuckerspiegels (s. Kapitel B 1.6)

1.6   Psychische Störungen

Nach Expertenangaben leidet fast jeder dritte Mensch einmal in seinem Leben an einer behandlungsbedürftigen psychischen Störung. Solche Störungen verlaufen nicht zwangsläufig chronisch und sind, genau wie körperliche Erkrankungen, in vielen Fällen heilbar.

Typisch für psychische Störungen ist, dass sie kaum willentlich steuerbar sind, dass sie über einen längeren Zeitraum bestehen, dass sie bei den Betroffenen Leiden verursachen und dass sie das Alltagsleben beeinträchtigen. Symptome für psychische Störungen können sein:

- **Störungen des Gemütszustandes und der Erregbarkeit:** ausgeprägte Stimmungsschwankungen, gefühlsmäßige Blockierungen, abnorme Unbeherrschtheit

- **Bewusstseinsstörungen:** Bewusstseinstrübung bis hin zur Bewusstlosigkeit, zeitliche und räumliche Orientierungsstörungen, Gedächtnisstörungen, Konzentrationsstörungen

- **Störungen des Denkens:** verlangsamtes Denktempo, unzusammenhängende Gedankengänge, Wahnvorstellungen (Größen-, Verfolgungs-, Beziehungswahn)

- **Störungen der Wahrnehmungsverarbeitung:** Halluzinationen optischer oder akustischer Art, z.B. „Stimmen hören"

Der Begriff „psychische Störung" wurde von der WHO (Weltgesundheitsorganisation) anstelle des Ausdrucks „psychische Erkrankung" eingeführt, um eine Stigmatisierung der Betroffenen zu vermeiden. Ebenfalls verwendet wird der Begriff „Psychose" für schwere Störungen mit Charakterveränderungen und Realitätsverlust. Beispiele für psychische Störungen sind Depressionen, Schizophrenie, Angststörungen und Zwangsstörungen, aber auch Essstörungen wie Magersucht oder Bulimie (s. S. 106/107).

Für psychisch Erkrankte gibt es verschiedene Möglichkeiten der medizinischen und therapeutischen Versorgung in stationären, ambulanten und rehabilitativen Einrichtungen. Dies können Krankenhäuser mit psychiatrischen Fachabteilungen sein, ambulante psychiatrische Hilfsangebote im Alltag, Betreutes Wohnen in Wohngruppen oder Reha-Einrichtungen zur Förderung der beruflichen und sozialen Eingliederung.
Therapeutische Hilfe können Psychotherapeuten leisten, die eine Berufszulassung nach dem Psychotherapeutengesetz besitzen. Dies kann ein Mediziner (ärztlicher Psychotherapeut), ein Psychologe (psychologischer Psychotherapeut), ein Pädagoge (Kinder- und Jugendlichenpsychotherapeut) oder ein Facharzt für Psychiatrie und Psychotherapie sein.

1.6.1 Depressionen

Depressionen gehören weltweit zu der häufigsten Form einer psychischen Erkrankung. Leitsymptome für Depressionen sind:

- Ausgeprägte niedergedrückte Stimmungslage, grundloser Pessimismus, Vorherrschen von Lebensängsten und innerer Unruhe

- Absterben aller Gefühle, Unfähigkeit zu trauern, Schuldgefühle, Schuldwahn

- Gedankenhemmung, Ideenhemmung, Willenshemmung, Gefühl des Eingesperrtseins, Mutlosigkeit, Entschlusslosigkeit

- Bewegungsunfähigkeit, Starre, Müdigkeit, grenzenlose Leere

- Hypochondrie, Störungen des Appetits mit erheblichem Gewichtsverlust

Im depressiven Zustand haben sich beruhigend wirkende Medikamente (Tranquilizer) und sogenannte Neuroleptika bewährt. Depressionen gehören zu den psychischen Störungen, die am häufigsten zur Selbsttötung (Suizid) führen. Medikamente können auch den Suizidimpuls vorübergehend abmildern. Psychotherapeutische und verhaltenstherapeutische Verfahren ergänzen meist die medikamentöse Behandlung.

1.6.2 Psychische Belastungen am Arbeitsplatz

Die berufliche Tätigkeit von Erzieherinnen und Kinderpflegerinnen ist durch vielfältige psychische und physische Anforderungen gekennzeichnet. Ihre Arbeit ist verbunden mit einer hohen Verantwortung für die ihnen anvertrauten Kinder, die eine ständige Aufmerksamkeit erforderlich macht. Gleichzeitig müssen sie den gestiegenen Anforderungen der Gesellschaft an ihren Beruf, die Kinder nicht nur zu betreuen, sondern sie in ihrer Entwicklung gezielt zu fördern, gerecht werden.

Oft sind die Arbeitsbedingungen nicht einfach: Eine hohe Gruppenstärke, personelle Engpässe, Kinder mit Verhaltensauffälligkeiten und Wahrnehmungsstörungen, Eltern, die sich beschweren oder etwas kritisieren und die Notwendigkeit, manchmal viele Dinge gleichzeitig erledigen zu müssen, gehören zu den Stressfaktoren. Insbesondere der hohe Lärmpegel in Kindertagesstätten, verursacht durch Spielgeräusche, Schreien, Rufen und Lachen der Kinder und eine ungünstige Raumakustik zählt zu den Hauptbelastungsfaktoren. Messungen in einem städtischen Kindergarten hatten einen gemittelten Schallpegel von 89,1 dB (A) ergeben. Das entspricht etwa dem Lärm eines Presslufthammers in sieben Meter Entfernung.

Die Fähigkeit unseres Körpers, auf Stressreize (Infektionen, Verletzungen, Bedrohungen, emotionale Belastungen, Lärm usw.) mit einer Ausschüttung von Stresshormonen zu reagieren, ist zunächst einmal positiv. So wirkt ein höherer Spiegel des Hormons Adrenalin (s. S. 195) im Blut anregend und leistungssteigernd auf den Organismus, wenn kurzfristig größere geistige und körperliche Anforderungen zu bewältigen sind. Die Reaktion bildet sich sofort zurück, sobald der Stress nachlässt. Negative Auswirkungen dagegen hat ständig andauernder Stress durch Überbelastung.

Zu den Stressfaktoren im Beruf, die solche andauernden Stressreaktionen auslösen können, zählen Zeitdruck, Monotonie, Lärm, Konflikte mit Kollegen und Vorgesetzten, ein angespanntes Betriebsklima, Arbeitsüberlastung, Personalmangel, Schicht- und Nachtarbeit. Stressgeplagte haben Probleme, sich zu entspannen, sie sind ständig gereizt, ihre Konzentrationsfähigkeit ist vermindert und es passieren ihnen häufiger Fehler bei der Arbeit. Betroffene sind durch den Dauerstress im Laufe der Jahre überbeansprucht, fühlen sich „ausgebrannt" (Burn-out-Syndrom) und sind der Arbeitsbelastung nicht mehr gewachsen.

Ein „Burn-out" äußert sich in physischen Symptomen wie Schlafstörungen, Herzrasen, Schwindel und Bluthochdruck und psychischen Beschwerden wie Antriebslosigkeit, Hoffnungslosigkeit und sozialem Rückzug, manchmal bis zur endgültigen körperlichen und emotionalen Erschöpfung.

Es gibt jedoch Möglichkeiten, die Entstehung eines Burn-out-Syndroms zu vermeiden. Dazu können, neben Vorgesetzten oder Angehörigen, die Betroffenen selbst beitragen. Wenn sie die Arbeit als positiven Bestandteil ihres Lebens betrachten und versuchen, durch eigene Initiative die Bedingungen am Arbeitsplatz zu verbessern und Probleme anzusprechen, sind wichtige Schritte getan. Durch Ausgleich im privaten Leben und mit der Hilfe von Entspannungstechniken, wie z. B. Yoga, können sie Erholung finden.

1.6.3 Entwicklungs- und Verhaltensstörungen in der Kindheit

In der Kindheit werden grundlegende körperliche, geistige, sprachliche und soziale Fähigkeiten erworben. Bei normaler Entwicklung werden die Kinder motorisch immer geschickter, sie sind wissbegierig und können ständig mehr erfassen und begreifen, ihr Wortschatz vergrößert sich und sie lernen, mit ihren Gefühlen, wie Wut oder Freude, angemessen umzugehen. Bei manchen Kindern zeigen sich jedoch Entwicklungsverzögerungen oder Auffälligkeiten, die erkannt werden sollten und eventuell therapeutische Maßnahmen erforderlich machen.

Sprachstörungen: Wenn Kinder zwischen 12 und 18 Monaten alt sind, sprechen sie die ersten Wörter. Eine holprige Sprechweise gehört bei vielen zwischen dem 3. und 5. Lebensjahr zur normalen Sprachentwicklung. Die Beziehungspersonen sollten verständnisvoll reagieren, geduldig zuhören, nicht ständig korrigierend eingreifen und die Sprachfreude fördern. Es kommt aber vor, dass die Sprachfähigkeit nicht dem Alter und dem Entwicklungsstadium der betroffenen Kinder entspricht: Die Kinder stottern, poltern oder stammeln. Beim **Stottern** ist der Redefluss gestört. Stotterer wiederholen beim Sprechen Buchstaben, Laute oder dehnen Silben. Beispiele für **Poltern** sind überstürztes Sprechen, das Verschlucken von Lauten und eine verminderte Verständlichkeit. Der Eindruck einer „Babysprache" entsteht beim **Stammeln (Dyslalie)**, wenn einzelne Laute durch andere ersetzt werden, z. B. „Tuchen" statt „Kuchen". Sprachstörungen können seelisch bedingte, neurologische oder erbliche Ursachen haben. Aber auch Hörstörungen, mangelnde Förderung oder Probleme mit den Lippen, der Zunge oder den Zähnen beeinflussen die normale Sprachentwicklung. Kinderärzte, Hals-Nasen-Ohren-Ärzte und Logopäden können beurteilen, ob eine behandlungsbedürftige Sprachstörung vorliegt und entsprechend helfen.

Motorische Entwicklungsstörungen: Manche Kinder zeigen deutliche Schwächen im Bewegungsablauf. Sie bewegen sich ungeschickt beim Gehen, Rennen, Klettern, Hüpfen oder Balancieren. Auch der Umgang mit der Schere, mit Buntstiften oder Klebstoff bereitet ihnen Probleme. Sie haben Schwierigkeiten beim Auf- und Zuknöpfen, dem Binden einer Schleife oder dem Legen von Puzzles. Bei all diesen Tätigkeiten ermüden sie schnell, weil sie sich sehr konzentrieren müssen. Die Kinder entwickeln ein mangelndes Selbstvertrauen, sie verhalten sich ängstlich oder werden aggressiv. Hilfreich ist es, diesen Kindern vielfältige Bewegungserfahrungen anzubieten und ihr Selbstbewusstsein durch Hervorheben von vorhandenen Fähigkeiten und Stärken zu fördern.

Hyperkinetische Störungen (HKS): Diese Störung wird häufig auch als Aufmerksamkeits-defizit-/Hyperaktivitätssyndrom **(ADHS)** bezeichnet. Jungen sind von der Erkrankung fast zehnmal häufiger betroffen als Mädchen. Die Kinder fallen durch abnorme Unaufmerk-samkeit, Impulsivität, Planlosigkeit und Überaktivität mit gesteigertem Bewegungsdrang auf (Zappelphilipp). Begleitet wird ihr Verhalten häufig von Aggressivität, starken Stim-mungsschwankungen und Jähzorn. Die Kinder benötigen einen verständnisvollen und konsequenten Erziehungsstil mit klaren und festen Regeln. Um die Kinder zu beruhigen, werden häufig Medikamente eingesetzt, die die Dopaminkonzentration im Gehirn erhö-hen und so die Aufmerksamkeit steigern sollen.

Kindesmisshandlung: Es kommt immer wieder vor, dass Kinder zu Opfern von Gewalt durch Eltern oder andere Bezugspersonen werden. Dies können körperliche Misshandlungen sein, wie Schläge, Schütteln oder Verbrennungen. Die Kinder weisen typische Verletzungsspuren auf: z.B. Blutergüsse, Striemen, Würgemale, Verbrühungen, Verbrennungen durch Zigaretten oder Knochenbrüche, für die es keine plausiblen Erklärungen gibt. Von sexuellem Missbrauch spricht man, wenn Erwachsene Kinder aktiv oder passiv zu sexuellen Aktivitäten nötigen. Eine Kindesmisshandlung liegt auch vor, wenn grundlegende Bedürfnisse von Kindern nicht erfüllt werden. Diese Kinder sind unzureichend ernährt, gekleidet, sie erleiden Gesundheitsschäden durch mangelnde Fürsorge und werden unzureichend beaufsichtigt und vor Gefahren geschützt. Misshandelte Kinder sind verängstigt, überfordert, haben das Gefühl von Wert-losigkeit, zeigen Entwicklungsprobleme und leiden oft lebenslang unter den psychischen Belastungen aus der Kindheit.

Misshandlungen und Vernachlässigungen treten häufiger in Familien mit sozialen und öko-nomischen Schwierigkeiten auf: Arbeitslosigkeit und beengte Wohnverhältnisse, Armut, Alko-holismus und andere Suchterkrankungen belasten das Eltern-Kind-Verhältnis. Die Eltern fühlen sich durch ein Kind überfordert, benutzen es als Ventil für Ärger oder Frust, können Konflikte nur durch Gewalt lösen oder waren selbst als Kinder Opfer von Misshandlungen.

Kinder haben ein Recht auf eine gesunde Entwicklung sowie auf körperliche und seelische Unversehrtheit. Bei Verdacht auf Kindesmisshandlung oder Vernachlässigung sind das örtliche Jugendamt oder ein Ortsverband des Deutschen Kinderschutzbundes (www.dksb.de) erste professionelle Ansprechpartner. Hier wird man zunächst versuchen, betroffene Familien durch Hilfsangebote zu unterstützen und einer Wiederholung der Kindesmisshandlung vorzubeu-gen. Bei einer langfristigen Gefährdung des Kindes kann auch eine Fremdunterbringung (Heim, Pflegefamilie) notwendig sein.

Aufgaben zur Wiederholung und Festigung:
1. *Stellen Sie tabellarisch die Hauptbestandteile des Zentralnervensystems und deren Funktionen dar.*
2. *Welche Vorgänge werden durch das vegetative Nervensystem gesteuert?*
3. *Erläutern Sie die Wirkung von Sympathikus und Parasympathikus an einem Beispiel.*
4. *Erläutern Sie die Erregungsleitung einer Nervenzelle.*
5. *Wie funktioniert die Reizübertragung an einer Synapse?*
6. *Erläutern Sie die Hierarchie und Regelung des Hormonsystems am Beispiel der Stressreaktion.*
7. *Welche biologischen Vorgänge im Körper werden durch Hormone beeinflusst?*
8. *Erklären Sie die einzelnen Krankheiten des Nerven- und Hormonsystems von Seite 195/196.*

Zusatzaufgaben zur Vertiefung

1. *Was versteht man unter Reflexen? Wie funktionieren sie? Berichten Sie am Beispiel des Kniesehnenreflexes.*

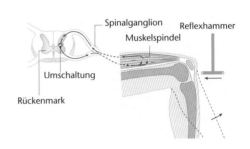

2. *Informieren Sie sich über die Erkrankungen „Multiple Sklerose" und „Parkinson". Berichten Sie.*
3. *Informieren Sie sich über Hormonbehandlungen von Frauen (z. B. in den Wechseljahren oder bei Unfruchtbarkeit). Welche Probleme können auftreten?*
4. *Viele Körperfunktionen verlaufen in einem 24-Stunden-Rhythmus, z. B. der Blutdruck und die Leistungsfähigkeit. Kann der Mensch nicht in seinem Biorhythmus schlafen und wachen, können gesundheitliche Probleme entstehen.*
   a) *Erklären Sie anhand der nachstehenden Abbildung, welche Folgen Schichtarbeit haben kann.*
   b) *Informieren Sie sich im Arbeitszeitgesetz über Regelungen für Nacht- und Schichtarbeit (§ 6). Berichten Sie.*

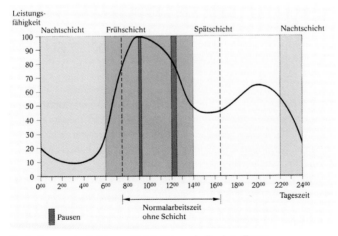

Veränderung der Leistungsfähigkeit innerhalb eines Tages

2 Suchterkrankungen und Suchtprävention

◀ *Lernsituation*

„Patentrezepte gegen das komplette Abwenden von Suchtgefahren gibt es nicht. Wissenschaftliche Langzeitstudien in den USA haben allerdings ergeben, dass die seelische und soziale Entwicklung des Kindes maßgeblichen Anteil an der Entstehung von Suchtverhalten hat [...]. Seelisch gesunde, zufriedene Kinder haben später ein geringeres Suchtrisiko [...]. Anhand der folgenden sieben Regeln sollen erzieherische Möglichkeiten aufgezeigt werden, wie Sie Ihr Kind effektiv und besser vor Suchtgefahren schützen können:

- *Kinder brauchen seelische Sicherheit.*
- *Kinder brauchen Anerkennung und Bestätigung.*
- *Kinder brauchen Freiraum und Beständigkeit.*
- *Kinder brauchen realistische Vorbilder.*
- *Kinder brauchen Bewegung und richtige Ernährung.*
- *Kinder brauchen Freunde und eine verständnisvolle Umwelt.*
- *Kinder brauchen Träume und Lebensziele."*

(AOK – Die Gesundheitskasse in Hessen, www.starke-eltern.de [28.11.2013])

2.1 Von der Gewohnheit zur Sucht

Bei Abhängigkeit oder Sucht handelt es sich nicht um einen plötzlich eintretenden Zustand, sondern um einen schleichenden Prozess, der sich nach und nach im Alltag entwickelt. Eine Suchtkarriere beginnt zunächst einmal mit dem als angenehm empfundenen Genuss eines Mittels mit Suchtpotential, z. B. Nikotin oder Alkohol. Wenn der Genuss dieses Mittels zur ständigen **Gewohnheit** wird, spricht man von Missbrauch. Aus der Gewohnheit ist eine Sucht entstanden, wenn der Abhängige sein Verhalten nicht mehr kontrollieren kann: Es dreht sich fast alles nur noch um das jeweilige Suchtmittel.

Definition
Die Weltgesundheitsorganisation WHO beschreibt das Phänomen Sucht folgendermaßen:
Sucht ist ein Zustand periodischer oder chronischer Vergiftung, hervorgerufen durch den wiederholten Gebrauch einer natürlichen oder synthetischen Droge und gekennzeichnet durch vier Kriterien:

- *ein unbezwingbares Verlangen zur Einnahme und Beschaffung des Mittels,*
- *eine Tendenz zur Dosissteigerung (Toleranzerhöhung),*
- *die psychische und meist auch physische Abhängigkeit von der Wirkung der Droge,*
- *die Schädlichkeit für den Einzelnen und/oder die Gesellschaft.*
(WHO 1957)

Unterschieden wird zwischen körperlicher (physischer) und psychischer Abhängigkeit. Bei der **körperlichen Abhängigkeit** ist die Substanz in den Stoffwechsel des Körpers übergegangen. Sobald diese Substanz nicht mehr verfügbar ist, reagiert der Körper mit leichteren oder schwereren **Entzugserscheinungen** wie Schwitzen, Zittern, Herzrasen, Fieber und Erbrechen. Solche Entzugserscheinungen werden von den Abhängigen als quälend empfunden; sie lassen sich nur mit andauernder erneuter Aufnahme der Droge vermeiden. Von **psychischer**

Abhängigkeit spricht man, wenn das Verlangen nach einem bestimmten Stoff sehr stark und für den Betroffenen nicht mehr steuerbar ist. Wird der Stoff abgesetzt, treten Unlustgefühle und Depressionen auf. Schwerste Entzugserscheinungen sind Krampfanfälle, Wahnvorstellungen und Delirien mit schweren Bewusstseinsstörungen.

Wer von der Sucht loskommen will, muss sich für den Entzug und die **Entgiftung** entscheiden. Dazu sollte er sich zunächst an einen Arzt, das Gesundheitsamt, seine Krankenkasse oder an eine **Suchtberatungsstelle** wenden. Dort kennt man die verschiedenen Unterstützungsangebote bei Entzug und Entwöhnung und kann weiterhelfen. Die Rückfallquote ist allerdings hoch.

2.2 Alkohol – Volksdroge Nr. 1

In der Regel trinken Kinder und Jugendliche im Alter zwischen 10 und 14 Jahren zum ersten Mal Alkohol, meist mit Billigung von Erwachsenen bei Familienfeiern oder auf Veranstaltungen. Dies ist häufig der Beginn eines Konsumverhaltens, das sich in den folgenden Jahren weiter entwickelt und meist lebenslang erhalten bleibt.

Der Genuss von alkoholischen Getränken in kleinen Mengen wirkt anregend, in größeren Mengen berauschend. Mit der Dosis des Alkohols, die getrunken wird, steigt der **Blutalkoholspiegel**. Die Alkoholkonzentration wird in Promille (Gramm Alkohol pro 1.000 Gramm Körpergewicht) angegeben. Ein 75 kg schwerer Mann hat noch zwei Stunden nach dem Trinken von einem Liter Bier oder einer halben Flasche Wein einen Blutalkoholspiegel von 0,6 Promille.

Alkohol vermindert bereits in geringen Mengen die Reaktionsfähigkeit und damit die Verkehrssicherheit für Fahrzeuglenker. Bereits bei 0,3 Promille spricht man von relativer Fahruntüchtigkeit.

Blutalkoholspiegel	Auswirkung
0,2 Promille	Rededrang (Schwips)
0,3 Promille	Oberer Grenzwert im Verkehrsrecht
0,5 bis 1,0 Promille	Gestörte Konzentration, Enthemmung
ab 1,5 Promille	Betrunken, Verlust der Selbstkontrolle
ab 2,0 Promille	Sprach- und Gehstörungen
ab 2,5 Promille	Schwere Vergiftung, Erinnerungslosigkeit, Bewusstlosigkeit, Lebensgefahr

Während akuter Alkoholgenuss vor allem die Konzentrations- und Reaktionsfähigkeit beeinträchtigt, kann regelmäßiges Trinken zu schweren körperlichen und psychischen Störungen führen. Denn Alkohol ist ein Gift. Bei Alkoholkonsum in größeren Mengen über viele Jahre verfettet zunächst die Leber und verkleinert sich später (Leberzirrhose). Herzmuskelerkrankungen, Schädigungen des Gehirns und des peripheren Nervensystems können die Folge sein. Langfristig besteht ein erhöhtes Risiko, an Leber-, Mund-, Rachen- oder Speiseröhrenkrebs zu erkranken.

A) Leberzirrhose, B) Fettleber, C) gesunde Leber

Die meisten Menschen trinken hin und wieder mal ein alkoholhaltiges Getränk. Manchen ist es zur Gewohnheit geworden, regelmäßig ein oder mehrere Gläser zu trinken. Bei vielen **Gewohnheitstrinkern** kommt es nach und nach zu einer Steigerung des Alkoholkonsums, und endet schließlich in körperlicher Abhängigkeit und damit in der Alkoholsucht. Diese **Alkoholiker** benötigen nun ständig die Droge Alkohol, um sich wohl zu fühlen. Wenn sie nicht trinken, kommt es zu Entzugserscheinungen, die sich in Schweißausbrüchen, Zittern und Magenkrämpfen äußern. Eine schwere Folge des Alkoholentzugs ist das Delirium tremens mit Unruhe, Bewusstseinstrübung und Halluzinationen, das sogar tödlich verlaufen kann.

Man schätzt, dass etwa 1,6 Mio. Erwachsene in Deutschland alkoholabhängig sind. Durch den Alkoholmissbrauch kommt es zu körperlichen und psychischen Veränderungen des Abhängigen. Bei zahlreichen Unfällen, Gewalttaten und Selbstmorden ist Alkohol im Spiel. Kinder aus Alkoholikerfamilien werden vernachlässigt und verwahrlosen. Durch übermäßigen Alkoholkonsum kann die Beziehung zerbrechen, der Arbeitsplatz oder die Wohnung können verloren gehen und der soziale Abstieg drohen.

Als besonders problematisch wird der Alkoholmissbrauch Jugendlicher gesehen. Die Hälfte der 16- bis 19-Jährigen betrinkt sich mindestens einmal im Monat. Eine riskante Form des Alkoholkonsums ist das **Komasaufen**: Im Jahr 2009 landeten rund 26.400 junge Menschen mit **Alkoholvergiftungen** im Krankenhaus.

E

Exkurs: Jugendschutzgesetz
Alkoholische Getränke dürfen an Kinder und Jugendliche unter 16 Jahren grundsätzlich nicht verkauft werden. Für stärkere Getränke, in denen Branntwein enthalten ist, gilt diese Regelung ab 18 Jahren; so steht es im Jugendschutzgesetz (JuSchG § 9). Verstöße gegen diese Regelung werden als Ordnungswidrigkeit verfolgt und mit hohen Geldstrafen geahndet. Mit diesem Gesetz soll die Verfügbarkeit alkoholischer Getränke für Kinder und Jugendliche begrenzt und der Konsumbeginn hinausgeschoben werden.

2.3   Durch Rauchen entstehen viele Krankheiten

Tabak ist nach Alkohol die zweithäufigste konsumierte Substanz in Deutschland, die Abhängigkeit erzeugt. Rauchen hat einen beruhigenden und gleichzeitig stimulierenden Einfluss auf den Körper. Das im Tabak enthaltene Nikotin regt die Hirntätigkeit an, beseitigt vorübergehende Müdigkeitserscheinungen und verhindert einen Leistungsabfall. Das Nikotin ist auch diejenige Substanz, die eine Abhängigkeit hervorruft.

Die verschiedenen Inhaltsstoffe des Tabaks verursachen zahlreiche Leiden: Der Hinweis, dass Rauchen die Gesundheit gefährdet, muss auf jeder Zigarettenpackung stehen. Für die beiden besonders gefährlichen Inhaltsstoffe im Tabakrauch müssen die Mengenangaben auf dem Steuerzeichen angegeben sein: K steht für Kondensat und N für Nikotin.

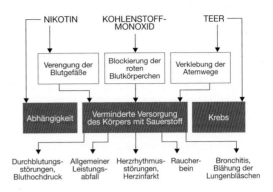

- Teerstoffe (K = Kondensat) schädigen die Flimmerhärchen der Atemwege (s. S. 62). Sie lagern sich in der Lunge ab und entwickeln durch die ständige Reizung chronische Entzündungen mit Husten, einer verringerte Atemleistung sowie Bronchitis.

Auswirkungen des Rauchens

Nach jahrelangem Tabakmissbrauch kann Lungenkrebs entstehen.

- Das Nervengift Nikotin (N) bewirkt eine Verengung der kleinen Blutgefäße, belastet und schädigt das Herz und führt zu Durchblutungsstörungen. Bluthochdruck, Schlaganfall und Herzinfarkt können die Folge sein.

- Das im Tabakrauch enthaltene Kohlenmonoxid beeinträchtigt die Sauerstoffversorgung der Organe und beschleunigt den Alterungsprozess der Körperzellen.

- Weitere giftige Stoffe wie Blausäure, Benzol und Benzopyren sind im Zigarettenrauch nachweisbar.

Die durch das Rauchen bewirkten Gefäßschädigungen können sich verhängnisvoll in den Beinen auswirken. Wenn zusätzliche Ablagerungen (Arteriosklerose) die Gefäße einengen, wird das Gewebe nicht mehr ausreichend mit Sauerstoff versorgt. In den Zehen treten Kältegefühl, Schmerzen und Taubheit auf. Im schlimmsten Fall müssen wegen solcher Durchblutungsstörungen Teile des Fußes oder Beins amputiert werden.

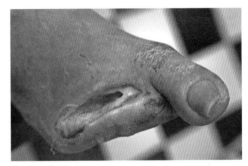

Raucherfuß

Während Genussraucher nur gelegentlich rauchen, Gewohnheitsraucher häufiger zu bestimmten Tageszeiten und bei bestimmten Tätigkeiten automatisch zur Zigarette greifen, raucht der **Suchtraucher** zwanghaft eine Zigarette nach der anderen. Muss er zeitweise darauf verzichten, leidet er unter Entzugserscheinungen wie Nervosität und Händezittern. Die **Entwöhnung** vom Rauchen setzt deshalb einen starken Willen voraus. Am besten kann es in Zeiten mit geringer nervlicher Anspannung, zum Beispiel im Urlaub, gelingen. Es wird empfohlen, das Rauchen abrupt einzustellen und die Gesellschaft von Rauchern in der Entwöhnungsphase zu meiden.

Exkurs: Präventionsmaßnahmen gegen Tabakkonsum

Vor mehr als zehn Jahren formulierte die Bundesregierung das präventive Gesundheitsziel „den Tabakkonsum reduzieren" zur Verringerung der vorzeitigen Sterblichkeit und der Raucherquote bei Kindern und Jugendlichen. Dies sollte mit verschiedenen Maßnahmen nach und nach erreicht werden:

- *Seit Oktober 2003 muss auf allen Zigarettenpackungen ein deutlich sichtbarer Warnhinweis angebracht werden, „Rauchen kann tödlich sein" und ein ergänzender Hinweis, z. B. „Rauchen macht abhängig. Fangen Sie gar nicht erst an."*
- *Im Jahr 2006 wurde die Zigarettenwerbung in Zeitungen, Zeitschriften und im Internet verboten.*
- *Seit 2007 ist Rauchen in öffentlichen Verkehrsmitteln verboten, seit 2008 in Gaststätten. Auch in Diskotheken mit Tanzfläche darf nicht mehr geraucht werden.*
- *Die Altersgrenze für das Rauchen sowie das Abgabeverbot von Tabakwaren wurde auf 18 Jahre angehoben.*

Und tatsächlich scheint es gelungen zu sein, Kinder, Jugendliche und Erwachsene mit den Maßnahmen der Tabakprävention zu erreichen. Einen deutlichen Trend zum Nichtrauchen zeigen die aktuelle Ergebnisse der Bundeszentrale für gesundheitliche Aufklärung: Nur noch 13 Prozent der Jugendlichen im Alter von 12 bis 17 Jahren rauchen. Damit hat sich der Anteil von 28 Prozent im Jahr 2001 mehr als halbiert. Insgesamt betrachtet, sind inzwischen 70 Prozent der Männer und 79 Prozent der Frauen Nichtraucher.

Rauchen fügt Ihnen und den Menschen in Ihrer Umgebung erheblichen Schaden zu.

2.4   Auch Medikamente können süchtig machen

Medikamente werden in der Regel von einem Arzt für therapeutische Zwecke verschrieben oder sind in Apotheken frei verkäuflich. Sie sollen Krankheiten heilen, Schmerzen lindern oder Erkrankungsfolgen verhindern. Doch viele Menschen greifen bereits bei kleinen Unpässlichkeiten zu Arzneimitteln, weil sie sich schlapp fühlen, Kopfschmerzen haben oder es im Hals kratzt. Von Arzneimittelmissbrauch spricht man, wenn häufig oder dauernd Medikamente ohne medizinische Notwendigkeit eingenommen werden. Etwa 6 bis 8 Prozent aller verordneten Medikamente besitzen ein Missbrauchs- und Abhängigkeitspotential. Dazu gehören Schmerzmittel, codeinhaltige Medikamente wie Hustenblocker oder Appetitzügler, die aufputschende Wirkstoffe enthalten.

Besonders Medikamente, die eingenommen werden, um unangenehme Stimmungslagen wie Niedergeschlagenheit, Unruhe oder Angst zu überwinden, besitzen ein hohes **Suchtpotential**: vor allem Psychopharmaka aus der Gruppe der Tranquilizer mit dem Wirkstoff **Benzodiazepin**. Weil die seelischen und körperlichen Missempfindungen sofort wieder auftreten, wenn die Wirkung des Mittels nachlässt und sich der Körper an die Anwesenheit des Wirkstoffs gewöhnt hat, können die Betroffenen ohne das Medikament nicht mehr auskommen. Sie sind süchtig geworden. Dabei werden die Medikamente oft über Jahre hinweg in unverändert kleinen Dosierungen eingenommen. Medikamentensüchtige stumpfen emotional ab, sie werden vergesslich und weniger leistungsfähig. Bei älteren Menschen steigt durch die Einnahme von Beruhigungsmitteln das Sturzrisiko.

Medikamentenabhängige können sich mit ärztlicher Hilfe einer Entgiftung unterziehen. Parallel wird häufig eine längere psychologische Behandlung notwendig, wenn persönliche oder soziale Probleme zur Medikamentenabhängigkeit geführt haben.

Medikamentencocktail

2.5 Konsum illegaler Drogen

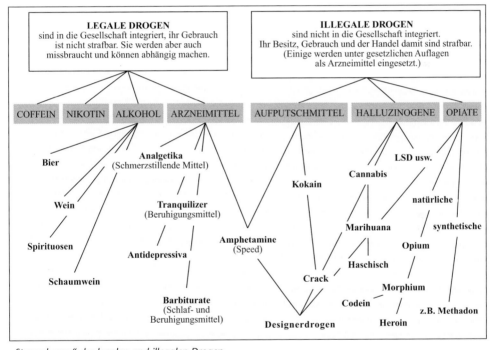

„Stammbaum" der legalen und illegalen Drogen

Der Konsum von legalen Drogen, den sogenannten Alltagsdrogen, wie Alkohol, Tabak und Medikamenten ist weit verbreitet und wird, in Maßen genossen, von der Gesellschaft überwiegend akzeptiert. Wer aber ohne behördliche Genehmigung mit Betäubungsmitteln (Rauschgifte) umgeht, macht sich nach dem Betäubungsmittelgesetz (BtmG) strafbar. Zu den illegalen Drogen gehören Heroin, Kokain und Haschisch, die pflanzlichen Ursprungs sind und vollsynthetische Drogen, wie Amphetamine, die eigentlich aus der Medizin stammen.

Diese Rauschgifte erzeugen bei den Konsumenten eine stark ausgeprägte Hebung der Stimmungslage (Euphorie) oder sie dämpfen Angst- und Spannungszustände. Sie können die körperliche (physische) und psychische Leistungsfähigkeit steigern und ungewöhnliche Sinneseindrücke ermöglichen, wie z. B. Halluzinationen. Solche Drogen sind für die Konsumenten gefährlich, weil sie ein starkes Suchtpotential besitzen, schwere Entzugserscheinungen hervorrufen und in die **Drogenabhängigkeit** führen.

Langjährige Abhängigkeit führt häufig zu sozialer Verelendung. Schule, Beruf, familiäre und freundschaftliche Bindungen werden aufgegeben. Der wichtigste Lebensinhalt sind die Beschaffung des Suchtmittels und die dafür benötigten Geldmittel. Es kommt zur **Beschaffungskriminalität** mit Fälschung von Rezeptformularen, Raub und Diebstahl, Auto- und Wohnungseinbrüchen, Prostitution und dem Handel mit Rauschgift.

Schätzungsweise konsumieren in Deutschland circa 200.000 Menschen illegale Substanzen. Im Jahr 2012 starben 944 Menschen durch den Konsum illegaler Drogen, vor allem aufgrund der Überdosierung von Heroin. Dies ist der niedrigste Stand seit 1988. Die zurückgehenden Fallzahlen deuten darauf hin, dass die Droge Heroin offensichtlich an Bedeutung verliert. Man führt dies auch auf die Präventionsarbeit der vergangenen Jahre zurück; die Gefährlichkeit des Heroins scheint sich herumgesprochen zu haben. Andererseits besteht die Lust bei den Drogenkonsumenten, etwas Neues auszuprobieren: Deutlich gestiegen ist der Konsum von so genannten Designerdrogen und den kristallinen Methamphetaminen.

Heroin: Viele Rauschmittel sind pflanzlichen Ursprungs. Opium wird aus den Kapseln des Schlafmohns gewonnen. Es dient als Ausgangprodukt für Morphium, das in der Medizin als starkes schmerzstillendes Mittel eingesetzt wird, aber auch die Basis zur Heroinherstellung bildet. Meist spritzen die Rauschgiftsüchtigen das weiße Pulver Heroin in gelöster Form in die Vene. Der Süchtige gewöhnt sich schnell an die stark abhängig machende und extrem giftige Droge. Nur durch regelmäßigen Heroinkonsum und immer höhere Dosierungen können die sehr heftigen Entzugserscheinungen vermieden werden.

Kokain: Ein weiteres hartes Rauschgift, das Kokain, wird aus den Blättern des südamerikanischen Kokastrauchs gewonnen. Das weiße Pulver wird überwiegend geschnupft. Auch bei diesem Nervengift verläuft die Gewöhnung schnell und es werden immer höhere Dosen gebraucht, um eine Wirkung zu spüren. Fortgesetzter Kokainkonsum endet in schwerer körperlicher und geistiger Zerrüttung.

Cannabis: Die Droge wird aus der indischen Hanfpflanze gewonnen. Die getrockneten, harzhaltigen Pflanzenteile werden zu **Marihuana** verarbeitet, aus dem Harz der Blüten und Blätter entsteht das stärker wirksame **Haschisch**. Sie werden gewöhnlich geraucht, können aber auch gegessen oder in einem Getränk aufgelöst eingenommen werden. Der Genuss von Haschisch wirkt beruhigend und stimmungshebend und ruft in höheren Dosen einen Zustand mit Halluzinationen hervor. Cannabis ist nach wie vor die mit Abstand am meisten gebrauchte und gehandelte illegale Droge. Weil moderne Züchtungen eine stetige Erhöhung des Wirkstoffgehalts erzielen, steigt bei den Konsumenten auch die Gefahr einer Schädigung des Gehirns. Eine weitere Gefahr des Cannabiskonsums wird durch die Rolle als Einstiegsdroge für den Konsum von härteren Rauschgiften gesehen.

Synthetische Betäubungsmittel: Sie sind aus chemischen Komponenten zusammengesetzt, ähneln Arzneimitteln und führen zu gesteigerter physischer und psychischer Leistungsfähigkeit und Stimmungsaufhellung. Bei exzessivem Gebrauch kommt es zu psychoseähnlichen Zuständen mit Wahnvorstellungen, Unrast und Zwangshandlungen. In Deutschland stehen **Amphetamine**, **Ecstacy** und **LSD** beim Missbrauch im Vordergrund.

An Bedeutung gewonnen haben die kristallinen **Methamphetamine**: Das Aufputschmittel Crystal Meth ist bei den Konsumenten sehr begehrt, weil es wenig kostet und immens aufputscht. Es löst starke Euphorie aus, hält tagelang wach, steigert die Leistungs- und Konzentrationsfähigkeit und das Mitteilungsbedürfnis. Aber die Droge macht sehr schnell abhängig und gehört zu den am schnellsten zerstörenden Rauschmitteln überhaupt. Sie ist hochgiftig und schädigt die Nervenzellen. Bei Lang-

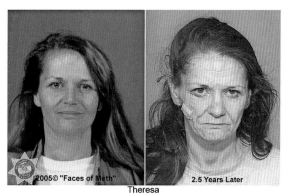

Theresa
Konsumentin von Crystal Meth: Veränderung nach 2,5 Jahren

zeitkonsum kommt es zu Nervenschäden, Gedächtnis- und Konzentrationsproblemen und zu Psychosen. Auch Herzprobleme, Nierenschäden, Hautentzündungen und Zahn- und Haarausfall sind Folgen des Missbrauchs.

Die Modedroge „Spice" aus synthetischen Cannabinuiden, die zum Beduften von Räumen verkauft worden war, wurde 2009 verboten. Seitdem kommen immer neue sogenannte „Designerdrogen" mit psychoaktiven und gesundheitsgefährdenden Substanzen auf den Markt, die in der Folge erst verboten werden müssen. Denn schon kleine Veränderungen machen aus dem verbotenen Stoff eine neue Substanz, die nicht mehr unter das gesetzliche Verbot fällt. Die Designerdrogen werden, meist über das Internet, in kleinen bunten Tütchen angeboten und tragen Namen wie Extreme Summer, Fly Cherry oder Manga XXL. Oft handelt es sich um Kräutermischungen aus getrockneten Pflanzen, die mit den künstlich hergestellten Lösungen beträufelt worden sind. Solche Drogen werden auch als Duftkissen oder Badesalz verkauft.

Designerdrogen

2.6   Suchtprävention

Wer illegale Drogen besitzt, mit ihnen handelt oder sie herstellt, macht sich nach dem **Betäubungsmittelgesetz** (BtmG) strafbar. Dabei setzt der Ermittlungsdruck schon bei den Drogenkonsumenten an. Sie müssen mit körperlicher Durchsuchung, vorläufiger Festnahme, der Einleitung eines Ermittlungsverfahrens, einer Mitteilung an die Führerscheinstelle und der Durchsuchung der Wohnung durch die Polizei rechnen. Solche Maßnahmen sollen von vornherein abschreckend auf die Bereitschaft wirken, mit Drogen umzugehen. Die Arbeit von Polizei und Zoll, Bundeskriminalamt, Europol und Interpol dient der Drogenprävention, indem sie die **organisierte Rauschgiftkriminalität** bekämpfen. Insbesondere soll das Drogenangebot verknappt werden durch:
- Unterbindung des Cannabisanbaus auf Außenflächen und Indoorplantagen
- Razzien zur Beschlagnahmungen illegaler Labore zur Herstellung synthetischer Drogen
- Kontrolle der Drogeneinfuhr an den Grenzen, auf Flughäfen und Überseehäfen
- Kontrolle der Postsendungen von verdächtigen Online-Shops

Bereits Drogenabhängigen wird die Möglichkeit gegeben, sich zunächst gesundheitlich und sozial zu stabilisieren und dann beruflich zu rehabilitieren. Dazu gib es in Deutschland 1.800 Suchtberatungsstellen und 800 stationäre Suchthilfeeinrichtungen. Ein Verzeichnis dieser Stellen befindet sich auf der Internetseite der Bundeszentrale für gesundheitliche Aufklärung (http://www.bzga.de/service/beratungsstellen/suchtprobleme/).

Kinder- und Jugendliche gehören zur Hauptzielgruppe der Suchtprävention. „Am besten, man fängt gar nicht erst an", rät der gemeinnützige Förderverein „Keine Macht den Drogen" (www.kmdd.de). Entsprechende Kampagnen sollen über die Gefährlichkeit von illegalen Drogen aufklären und die Bereitschaft zum Erstkonsum von Drogen senken. Sie appellieren an den Einzelnen, selbstbewusst und willensstark aufzutreten und sich gegen eventuelle Gruppenzwänge durchzusetzen. Aufklärungsinitiativen, z.B. an Schulen, informieren über Gebrauch und Gefahren von Drogen und richten sich an die Vernunft der Zielgruppe.

Weitere Informationen zum Thema Drogen, Sucht und Prävention und aktuellen Kampagnen befinden sich auf den Internetseiten „Die Drogenbeauftragte der Bundesregierung" (drogenbeauftragte.de) und der „Deutschen Hauptstelle für Suchtfragen" (DHS, www.dhs.de).

2.7   Gefährdung von Kindern durch Alkohol, Nikotin und illegale Drogen

Im Allgemeinen geht man davon aus, dass kleine Kinder durch Suchtmittel noch nicht gefährdet sind. Dabei beginnt die Schädigung von Kindern durch Drogen in vielen Fällen bereits vor ihrer Geburt.

Alkohol: Wer in der Schwangerschaft regelmäßig und in größeren Mengen Alkohol trinkt, muss mit schwerwiegenden Störungen beim Neugeborenen rechnen, der **Alkoholembryopathie**. Die Kinder leiden unter Gehirnschäden, Herzfehlern oder Wachstumshemmungen, Entwicklungsstörungen und Missbildungen, einhergehend mit einem zu kleinen Kopf.

Auch vor Alkohol im Essen sollte man Kinder schützen, damit sie sich nicht von klein auf an den Geschmack gewöhnen. In einer ganzen Reihe von Produkten kann Alkohol enthalten sein, z. B. Kuchen, Soßen oder Süßigkeiten. Dazu gehören Schwarzwälder Kirschtorte, Tiramisu, Marzipan, Pralinen oder Soßen, die mit Wein, Sherry, Rum oder Kirschwasser verfeinert wurden. Weinbrandbohnen und Likörpralinen sollte man von Kindern fernhalten. Das kindliche Gehirn reagiert besonders empfindlich auf Alkohol; er kann bei ihnen schon in kleinen Mengen Gleich-

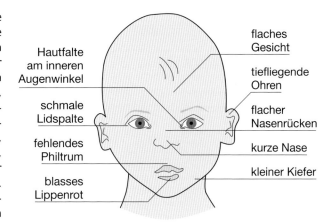

Durch Alkoholkonsum während der Schwangerschaft geschädigter Säugling (Alkoholembryopathie)

gewichtsstörungen und Schwindel auslösen. 1 Gramm Alkohol pro Kilogramm Körpergewicht kann bereits tödlich sein. Dies entspricht bei einem 10 kg schweren Kleinkind etwa einem Glas Wein.

Nikotin: Ein deutlicher Zusammenhang besteht zwischen Zigarettenkonsum und einer erhöhten Fehlgeburtsrate. Beim Rauchen verengen sich auch die Gefäße, die über die Plazenta das Kind mit Sauerstoff versorgen. Die Kinder von Raucherinnen sind häufig untergewichtig und anfälliger für Erkrankungen im Säuglingsalter. Wenn Nichtraucher schädliche Verbrennungsprodukte des Tabaks aus der Luft einamten, spricht man von **Passivrauchen**. Besonders gefährdet sind Säuglinge und Kleinkinder, deren Eltern in der Wohnung rauchen. Ihr Körper kann Giftstoffe wie Nikotin nur sehr langsam abbauen, weil ihre Leber noch nicht voll entwickelt ist. Außerdem steigt die Gefahr, an Atemwegserkrankungen oder Allergien zu erkranken.

Fast jeder, der mit Kindern umgeht, hat sich schon einmal über Zigarettenkippen auf dem Spielplatz oder im Spielsand geärgert. Vergiftungen durch eine Zigarettenkippe, die von einem Kind gegessen wurde, sind aber relativ selten. Meist ist keine Therapie nötig. Je nach Menge stellt sich nach ein bis drei Stunden Übelkeit und Erbrechen ein und der Körper befreit sich selbst von dem Gift. Zu schweren Vergiftungen im Kleinkindalter kann es durch Schnupftabak, mehr als eine Zigarettenkippe oder durch Tabaksud kommen. Wird das Nikotin in Flüssigkeit gelöst, z. B. ein voller Aschenbecher mit Regenwasser oder Zigarettenkippen in nicht ganz leeren Cola- oder Bierflaschen, und ein Kind trinkt davon, können dramatische Vergiftungssymptome entstehen, die eine intensivmedizinische Behandlung erforderlich machen.

Illegale Drogen: Sie stellen in jedem Fall eine Gefahr mit unterschiedlichen Risiken für das Ungeborene dar. Es kommt zu Früh- und Fehlgeburten und die Sterblichkeitsrate der Kinder kurz vor oder nach der Geburt liegt höher. Die Neugeborenen sind von der Droge abhängig und leiden unter Entzugssymptomen. Später können Sprach- und Gedächtnisstörungen und Lernstörungen auftreten. Der Konsum von Kokain während der Schwangerschaft kann Fehlbildungen des Herzens, Gehirns und der Harn- und Geschlechtsorgane verursachen. Ein abrupter Entzug von Heroin kann lebensbedrohlich für das Kind im Mutterleib sein.

Psychosoziale Bedingungen: Fast jedes sechste Kind lebt in einer Suchtfamilie und wächst unter dauerhaftem Stress auf. Bei Drogenkonsumenten behindern die oft chaotischen und gesundheitswidrigen Lebensumstände, die von Schulden, Kriminalität, Prostitution und Krankheiten geprägt sind, eine normale Entwicklung des Kindes.

Häufiger kommen Familien vor, in denen mindestens ein Elternteil alkoholabhängig ist. Dabei wird die Suchtproblematik nach außen möglichst geheim gehalten und innerhalb der Familie verleugnet, indem die Alkoholerkrankung tabuisiert wird. Die Kinder leben in einer angespannten Atmosphäre mit viel Streit und sind einem ständigen Wechsel der Stimmung des trinkenden Elternteils ausgesetzt. Finanzielle Schwierigkeiten, Arbeitsplatzverlust, Beziehungsprobleme zwischen den Eltern und die soziale Isolation belasten die familiäre Situation zusätzlich.

Die alltägliche Überforderung in Familien mit Alkoholproblemen kann sich in unterschiedlichen Gewaltformen gegen die Kinder mit emotionalen, körperlichen und sexuellen Grenzüberschreitungen äußern. Auch die enthemmende Wirkung des Alkohols erhöht die Gefahr von Misshandlung und sexueller Gewalt in Suchtfamilien. Kinder aus diesen Familien erleben eine schwerwiegende Beeinträchtigung ihrer persönlichen Entwicklung. Verlassenheitsängste, Misstrauen, Traurigkeit, Wut, Scham und Schuldgefühle sind typische Stimmungen dieser Kinder. Die Gefahr, später selbst süchtig zu werden, ist erhöht.

Aufgaben zur Wiederholung und Festigung:

1. *Nennen Sie die vier Kriterien, die nach der WHO-Definition eine Sucht kennzeichnen.*
2. *Welche Erkrankungen können durch Alkoholmissbrauch über viele Jahre entstehen?*
3. *Welche Giftstoffe sind im Tabak enthalten? Wie wirken sie?*
4. *Wie bekämpfen Polizei und Zoll die Rauschgiftkriminalität?*
5. *Fassen Sie die Gefahren zusammen, die für Kinder durch*
   a) Alkoholmissbrauch,
   b) Rauchen und
   c) illegalen Drogenkonsum der Eltern bestehen.

Zusatzaufgaben zur Vertiefung

1. *Informieren Sie sich über die Folgen von Trunkenheit im Straßenverkehr, die aktuelle Promillegrenze und Strafmaßnahmen. Berichten Sie.*
2. *Informieren Sie sich über Möglichkeiten und Probleme beim Alkoholentzug. Berichten Sie.*
3. *Recherchieren Sie die ergänzenden Warnhinweise, die auf Zigarettenpackungen angebracht werden müssen. Berichten Sie.*
4. *Informieren Sie sich über Entzugserscheinungen bei Drogenabhängigkeit. Berichten Sie.*
5. *Recherchieren Sie im Internet, wo sich in der Umgebung ihres Wohnortes Suchtberatungsstellen befinden. Berichten Sie.*
6. *Informieren Sie sich über aktuelle Suchtpräventionsmaßnahmen und Kampagnen zum Thema*
   a) Alkohol,
   b) Nikotin,
   c) illegale Drogen. Berichten Sie.
7. *Informieren Sie sich über die Herkunftsländer der Rauschgifte Heroin, Kokain, Cannabis, Amphetamine und Designerdrogen. Berichten sie.*
8. *Erläutern Sie, warum man Medikamente nach Möglichkeit nur auf ärztliche Verordnung und unter Kontrolle einnehmen sollte.*

E   Ökologie, Natur- und Umweltschutz

1 Verantwortung für Natur und Umwelt

Lernsituation
Achten Sie beim Einkaufen auf Produkte, die mit „Bio" oder „Öko" gekennzeichnet sind? Trauen Sie diesen Kennzeichnungen? Die Flut von Zeichen und Siegeln macht es oftmals nicht leicht, sich im „Bio-Dschungel" zurecht zu finden. Wenn man jedoch weiß, worauf es ankommt, sind Öko-Lebensmittel auf einen Blick zu erkennen.
Bei verarbeiteten Produkten mit Öko-Kennzeichnung muss keineswegs alles Öko sein. Augen auf! heißt es besonders bei einer Vielzahl von Begriffen, die dem Verbraucher lediglich eine ökologische Herkunft vortäuschen.

1.1 Alles Öko oder was? – Begriffsbestimmungen

Was bedeutet eigentlich das „Mode-Wort" **Ökologie**? Könnten Sie diese Frage beantworten, wenn Kinder oder Eltern sie Ihnen stellen würde?

Definition **D**
Ökologie ist die Wissenschaft von den Beziehungen der Lebewesen – Menschen, Tiere, Pflanzen – untereinander und zu ihrer unbelebten Umwelt wie Boden, Wasser, Luft und Klima.

Es gibt viele Beziehungen von Lebewesen untereinander wie die Rangordnung unter den Wölfen in einem Rudel oder der Kampf von Hirschen um ein Weibchen in der Brunftzeit. Auch für die Beziehung der Lebewesen zur unbelebten Natur finden wir viele Beispiele: So können bestimmte Pflanzen und Tiere, wie Palmen und Skorpione, in der Wüste überleben, andere, wie Eisbären, nur in arktischer Kälte.
Betrachten wir eine Beziehung von Lebewesen untereinander genauer, die **Nahrungskette**: Darunter versteht man eine Abfolge von Lebewesen, die in Bezug auf ihre Ernährung voneinander abhängig sind. Schauen wir uns dies an einem Beispiel aus der Lebensgemeinschaft Wald an.

Ein Buntspecht hat sich an der Rinde einer Fichte festgekrallt. Mit kräftigen Hieben legt er die Fraßgänge der Larven des Buchdruckers und anderer Käfer frei, die er geschickt mit seiner 10 cm langen spitzen und klebrigen Zunge aus den Gängen zieht. Im Herbst und Winter ernährt sich der Specht auch von Kiefern- und Fichtenzapfen. Die Larven des Buchdruckers zerfressen die Borkeninnenseite von Fichten und hinterlassen darin charakteristische Gänge. Tritt der Borkenkäfer in Massen auf, kann er ganze Fichtenwälder zerstören. Vielleicht wird der Specht einmal zur Beute des Habichts und von diesem gefressen. Die beschriebene Nahrungskette ist nur Teil eines weit verzweigten **Nahrungsnetzes** im Wald.

Die Wechselbeziehung der Tiere und Pflanzen dieser Nahrungskette führt in einer intakten Natur zu einem **Biologischen Gleichgewicht**. Es stellt sich in einem Mischwald ein, wenn der Mensch ihn völlig in Ruhe lässt. Greift der Mensch allerdings in die Natur ein, zum Beispiel indem er große Monokulturen von Fichten anpflanzt, gerät sie aus dem Gleichgewicht und es kommt zur Massenausbreitung der Borkenkäfer und zum Waldsterben. Das kann man an vielen Stellen in unseren Mittelgebirgen beobachten.

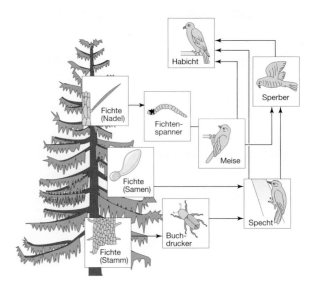

Nahrungskette im Wald (Ausschnitt)

Ziel des **Umweltschutzes** ist die Erhaltung der natürlichen Lebensgrundlage aller Lebewesen mit einem funktionierenden Naturhaushalt. Maßnahmen des Umweltschutzes können sich beziehen auf Boden, Wasser, Luft, Klima, Landschaft, Tiere und Pflanzen sowie auf Wechselwirkungen zwischen ihnen. Wenn nötig, sollen dabei auch durch den Menschen verursachte Beeinträchtigungen oder Schäden in der Natur behoben werden. Dies geschieht zum Beispiel bei der Renaturierung eines früher begradigten oder verrohrten Baches.

Das **Prinzip Nachhaltigkeit** zielt darauf ab, dass Umweltgesichtspunkte gleichberechtigt mit wirtschaftlichen und sozialen Gesichtspunkten zu berücksichtigen sind. Damit sollen von vornherein Gefahren für die Umwelt vermieden werden.

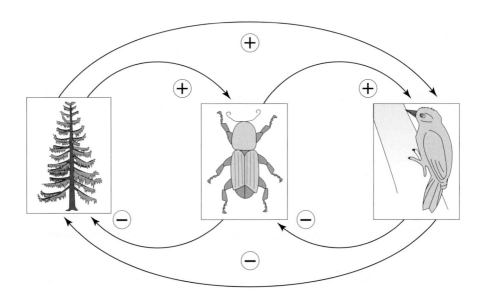

1.2 Aufgaben und Ziele der Natur- und Umweltpädagogik

Kinder im Vorschulalter sind neugierig. Sie entdecken und erleben die Natur und Umwelt mit allen Sinnen: Sie sammeln bei einem Ausflug in den Wald Blätter, Früchte, Federn oder Stöckchen, am Strand Steine, Muscheln, Krebse oder Quallen. Sie streicheln und füttern gern Tiere im Zoo und beobachten entzückt das übermütige Verhalten von Tierkindern. Es ist eine Mutprobe und kostet Überwindung, einen Regenwurm in die Hand zu nehmen oder einen kleinen Maikäfer. Und Kinder stellen den Erwachsenen unendlich viele W-Fragen: Was ist das für ein Vogel? Warum kann er fliegen? Wie alt wird er? Usw. usf.

Eine wichtige Aufgabe der Vorschulpädagogik besteht darin, den Kindern **Natur- und Umwelterlebnisse** zu **verschaffen**, um deren Freude und Interesse zu wecken bzw. zu vertiefen. Wer die Natur kennt und liebt, ist später bereit, sich für ihren Erhalt einzusetzen.

Kinder in der Natur

Dazu gibt es zahlreiche Möglichkeiten, regelmäßige und gezielte Ausflüge in die Umgebung durchzuführen: Wald, Wiese, Bach, Weiher, See, Naturschutzgebiet, Zoo usw. warten nur darauf, von den Kindern entdeckt zu werden. Hilfreich kann es sein, naturkundige Spezialisten einzubeziehen, zum Beispiel Förster, Bauer, Umweltpädagoge.

Die Neugier und die vielen Fragen der Kinder können genutzt werden, um in einfacher Form auch **Natur- und Umweltwissen** zu **vermitteln**. Kinder, die in der Stadt aufwachsen, lernen nicht so nebenbei wie die Landkinder die heimischen Pflanzen und Tiere kennen. Artenkenntnisse lassen sich spielerisch vermitteln, zum Beispiel wenn man im Herbst Blätter sammelt und die Namen der dazugehörigen Bäume lernt. Auch Zusammenhänge in Natur und Umwelt können Kinder im Vorschulalter schon begreifen, zum Beispiel wenn man verschmutztes Wasser mit Sieb und Filter reinigt.

Letztlich sollte die Kita den Vorschulkindern konkrete **Anleitungen für umweltbewusstes Handeln** vermitteln. Das sind Verhaltensweisen, die die Kinder mit ins Leben nehmen, wie Müll vermeiden und trennen oder sparsam mit Energie umgehen. Aber pädagogische Maßnahmen allein reichen hier nicht aus. Die Kita muss auch als Vorbild für umweltgerechtes Handeln fungieren.

1.3   Umweltfreundliche Kita

Die Kita ist ein prägender Lernort für unsere Kinder und hat Vorbildfunktion. Neben der Umweltpädagogik sollte deshalb auch die umweltbewusste Betriebsführung ein wichtiges Ziel der Kita sein. Ansatzpunkte dazu findet man in folgenden Bereichen: Außenanlage und Gebäude, Spiel- und Werkmaterialien, Küchenbetrieb und Ernährung, Energie, Abfall und Wasser. Viele Kitas haben sich mittlerweile auf den Weg gemacht, das **Prinzip Nachhaltigkeit** in ihrer Einrichtung konsequent umzusetzen.

Ein ganzheitliches und von der Deutschen UNESCO-Kommission 2012 ausgezeichnetes Projekt ist das Konzept **Kita ökoplus**.

Kita ökoplus ist 2012/13 offizielles Projekt der UN-Weltdekade Bildung für nachhaltige Entwicklung. Die Auszeichnung wurde im Februar 2012 von der Deutschen UNESCO-Kommission verliehen. Das Konzept Kita ökoplus ist ein Auszeichnungsverfahren für Kindertagesstätten im Rahmen Bildung für Nachhaltige Entwicklung des Evangelisch-Lutherischen Kirchenkreises Hamburg-Ost, Diakonie und Bildung, www.diakonieundbildung.de

UNESCO ist die Organisation der Vereinten Nationen für Bildung, Wissenschaft und Kultur (United Nations Educational, Scientific and Cultural Organization).

Das Projekt beginnt mit einer kompletten Bestandsaufnahme in allen Bereichen der Kita. Dabei erkannte Verbesserungspotentiale fließen in einen Projektplan ein und werden Schritt für Schritt umgesetzt. Welche Bereiche der Kita untersucht wurden zeigt die folgende Übersicht.

E

Exkurs: Die Bereiche von Kita ökoplus: Von Abfall bis Umweltbildung
- *Abfall*
Wird beim Einkauf Müll vermieden? Wird Müll sinnvoll getrennt? Gibt es Müllprojekte mit den Kindern? Sind die Eltern einbezogen (z. B. Brotdosen statt Alufolie für das Frühstück)? Sind die Kita-Feste abfallarm?

- *Außengelände*
Ist der Garten für die Kinder so attraktiv, dass sie viel draußen spielen möchten? Gibt es im Gelände heimische Gehölze und Nutzpflanzen sowie Vorrichtungen zur Tieransiedlung? Hat das Gelände unterschiedliche Bereiche für Ruhe und Bewegung? Werden Veränderungen im Außenraum mit Eltern und Kindern gemeinsam umgesetzt?

- *Büro*
Verwendet die Kita Recyclingpapier? Wird auf Umweltsiegel geachtet (z. B. Blauer Engel)? Wo wird das Büromaterial gekauft? Sind umweltschädliche Kunststoffe vorhanden?

- **Energie und Wasser**

Gibt es technische Wassersparmaßnahmen (etwa WC-Spartasten)? Gibt es technische Energie-sparmaßnahmen (etwa Stand-by-Abschaltung) sowie sparsame Haushalts- und Bürogeräte? Welche Heizungsanlage ist vorhanden, wie wird sie eingestellt und geregelt? Wie ist das Nutzerverhalten beim Lüften, Heizen und bei der WC-Spülung? Wie wird der Verbrauch bei Wärme, Strom und Wasser erfasst und abgerechnet?

- **Ernährung**

Gehören zum Frühstück Vollkornprodukte, Gemüse, Obst und Milchprodukte? Trinken die Kinder Wasser, ungesüßte Früchte- und Kräutertees sowie Saftschorlen? Wird der Speiseplan für mittags saisonal nach den Kriterien der Optimierten Mischkost gestaltet? Kommen die Lebensmittel bevorzugt aus ökologischer und regionaler Landwirtschaft bzw. fairem Handel (z. B. Bananen)? Sind Ernährungsthemen in die Bildungsarbeit integriert (z. B. regelmäßiger Müsli-Tag, Besuch auf einem Öko-Bauernhof)?

- **Gebäude**

Ist die Luftqualität in den Räumen gut? Gibt es Ausdünstungen von Fußbodenbelägen, Wandbekleidung, Farben und Lacken? Kann der Wärmeverlust des Gebäudes verringert werden? Wird bei Neubau, Umbau und Renovierung auf umweltverträgliche und gesundheitlich unbedenkliche Baustoffe und Einrichtungsgegenstände geachtet?

- **Regenerative Energien**

Bezieht die Kita Ökostrom? Werden zur Wärmeerzeugung regenerative Energien eingesetzt? Gibt es zumindest einen Brennwertkessel? Ist eine Solarwärme- oder Solarstromanlage vorhanden bzw. geplant? Gibt es Solarspielzeug oder andere Materialien, um den Kindern das Thema nahezubringen?

- **Reinigung**

Werden bei Bau und Einrichtung die Belange der Reinigung bedacht? Sind alle Reinigungsmittel notwendig? Welche Inhaltsstoffe haben sie? Werden Desinfektionsmittel angemessen eingesetzt? Gibt es Reinigungspläne mit Angaben zu Arbeitsgeräten, Reinigungsmitteln und Dosierung? Gibt es für die Reinigungskräfte Präventionsmaßnahmen zum körpergerechten Arbeiten und zum Hautschutz?

- **Soziales Engagement**

Geht die Kita auf kulturell und religiös unterschiedliche Hintergründe der Kinder und Eltern ein? Besteht Kontakt zu sozialen Einrichtungen am Ort (z. B. Seniorenheim)? Werden interkulturelle, interreligiöse und intergenerative Herausforderungen in der Pädagogik aufgegriffen?

- **Spielzeug**

Aus welchem Material ist das vorhandene Spielzeug, wo kommt es her? Welche Kleber, Stifte, Wachsmaler etc. werden verwendet? Wird zum Malen und Basteln Recyclingpapier benutzt? Wo werden Spielzeug, Mal- und Bastelmaterialien gekauft? Werden Qualitätssiegel (z. B. „spiel-gut") beachtet?

- **Umweltbildung**

Praktiziert die Kita bereits nachhaltige Umweltbildung? Sind die maßgeblichen Aspekte der Bildung für nachhaltige Entwicklung bekannt? Ist nachhaltiges Verhalten in den Kita-Alltag integriert? Bietet die Gestaltung der Innen- und Außenräume Kindern die Möglichkeit, ökologische Zusammenhänge zu erforschen und zu erkennen? Kooperiert die Kita mit Natur- und Umweltverbänden? (vgl. Evangelisch-Lutherischer Kirchenkreis Hamburg-Ost: www.diakonieundbildung.de)

A

Aufgaben zur Wiederholung und Festigung:

1. *Erklären Sie den Begriff „Ökologie" und nennen Sie Beispiele für Beziehungen von Lebewesen untereinander und Beziehungen zwischen Lebewesen und der unbelebten Natur.*
2. *Erklären Sie die Begriffe „Nahrungskette" und „Nahrungsnetz". Nennen Sie eigene Beispiele aus verschiedenen Ökosystemen, z. B. Wiese, Teich, Meer usw.*
3. *Was versteht man unter dem Begriff „Umweltschutz"? Nennen Sie Beispiele.*
4. *Erklären Sie den Begriff „Nachhaltigkeit". Nennen Sie Beispiele aus der Kita oder dem Haushalt für nachhaltige Betriebsführung.*
5. *Nennen Sie Aufgaben und Ziele der Natur- und Umweltpädagogik sowie konkrete Beispiele für die Umsetzung in der Kita.*

Zusatzaufgaben zur Vertiefung

1. Ökologie

1. *Machen Sie auf der Internetseite www.allesoeko.net das Spiel „alles Öko" und testen Sie Ihr Wissen. Diskutieren Sie darüber.*
2. *Sammeln Sie Zeitungsberichte und Anzeigen, in denen das „Modewort" Ökologie oder die Vorsilbe „Öko" benutzt wird. Vergleichen Sie diese mit der Definition von Seite 215. Diskutieren Sie darüber.*
3. *Erklären Sie anhand der Abbildung von Seite 216, wie sich in der Natur ein Biologisches Gleichgewicht einstellt. Stellen Sie dabei Argumentationsketten auf: „Je mehr Fichten, umso... und: Je weniger... umso...".*

2. Nachhaltigkeit

1. *Überprüfen Sie anhand der Liste auf Seite 218/219, welche Umweltschutzmaßnahmen in Ihrer Kita bereits umgesetzt werden. Fragen Sie auch nach, warum einzelne Punkte nicht oder noch nicht realisiert wurden. Berichten Sie und diskutieren Sie die Ergebnisse.*
2. *Informieren Sie sich über „Legionellen" im Trink- und Brauchwasser. Berichten Sie.*
3. *Informieren Sie sich über weitere Kita-Projekte im Programm „Bildung für nachhaltige Entwicklung": www.bne-portal.de. Halten Sie ein Referat über ein ausgewähltes Projekt.*

2 Umweltprobleme weltweit

Lernsituation
Immer wieder beunruhigen uns Pressemeldungen über Umweltskandale, zum Beispiel:

Schimmelpilze im Mais: Die Spur des Giftfutters

In sieben Bundesländern ist tonnenweise vergiftetes Rinderfutter ausgeliefert worden – der mit Aflatoxin verseuchte Mais gelangte per Schiff aus Serbien nach Niedersachsen. Betroffenen Milchbetrieben droht die Schließung. (Spiegel online vom 01.03.2013)

Belastete Eier: Höfe in Niedersachsen wegen Dioxin-Funden gesperrt

Behörden haben erneut mit Dioxin belastete Eier gefunden. Diesmal sind konventionelle Höfe in Niedersachsen betroffen, sie wurden gesperrt. Ausgelieferte Eier wurden zurückgerufen, Stempelnummern veröffentlicht. (Spiegel online vom 13.04.2012)

Wissenschaftliche Untersuchungen zeigen, dass es sich dabei nicht nur um auflagensteigernde Panikmache der Presse handelt: Nach Schätzungen der Weltgesundheitsorganisation (WHO) sind in den hoch entwickelten Staaten Nord- und Westeuropas bis zu zehn Prozent der Gesundheitsstörungen der Menschen durch Einflüsse aus der Umwelt bedingt. Und der heranwachsende Organismus von Kindern und Jugendlichen reagiert besonders empfindlich auf Umweltbelastungen. Angesichts dieser Zahlen stellen sich konkret folgende Fragen: Durch welche Umweltfaktoren wird unsere Gesundheit bedroht? Und was können wir tun, um uns vor diesen Gefahren zu schützen?

2.1 Was bedeutet „Energiewende"?

Schon vor 200 Jahren, als auf der Erde erst etwa eine Milliarde Menschen lebten, machte sich der englische Wissenschaftler Thomas Robert Malthus (1766–1834) Gedanken darüber, wie viele Menschen wohl auf unserem Planeten Platz haben würden. Seitdem wächst die Weltbevölkerung weiter an. Im Jahre 2000 lebten schon sechs Milliarden Menschen auf der Erde. Bis 2025 rechnet man mit einem Anstieg der Weltbevölkerung auf 8,5 Milliarden. Mit dem rasanten **Wachstum der Weltbevölkerung** haben Landwirtschaft, Industrieproduktion, Verkehr und Energieverbrauch stark zugenommen.

Wälder wurden und werden gerodet, um für die wachsende Weltbevölkerung Holz, Siedlungsland und landwirtschaftliche Nutzflächen zu gewinnen. Sie fallen als globale Kohlenstoffdioxidspeicher aus, während gleichzeitig die Kohlenstoffdioxid-Konzentration der Atmosphäre durch die verstärkte Nutzung fossiler Brennstoffe (Kohle, Erdöl und Erdgas) ansteigt. Dadurch verringert sich die Abstrahlung von Wärme in den Weltraum, die Erde erwärmt sich, man spricht vom **Treibhauseffekt**. Auch andere Gase aus Landwirtschaft und Industrie tragen zum Treibhauseffekt bei. Mögliche Folgen der Erderwärmung sind: Anstieg des Meeresspiegels, Überschwemmungen in Küstenregionen, Zunahme von Dürregebieten.

Politiker aus vielen Ländern haben deshalb im Rahmen von internationalen Klimakonferenzen beschlossen, die globale Erwärmung der Erde auf weniger als zwei Grad gegenüber dem Niveau vor Beginn der Industrialisierung zu begrenzen. Man spricht vom **2-Grad-Ziel**. Seit der industriellen Revolution Mitte des 18. Jahrhunderts bis heute ist die Durchschnittstemperatur auf der Erde bereits um 0,7 °C gestiegen.

Ein weiteres Problem ist das **Ozonloch**: In der Stratosphäre entsteht normalerweise aus Sauerstoff (O_2) durch Einwirkung von UV-Strahlen Ozon (O_3). Es bildet dort eine Schutzschicht, die die Erde vor der harten Strahlung aus dem Weltall abschirmt. Aber Gase aus Haushalten, Verkehr und industrieller Produktion steigen in höhere Luftschichten auf und zerstören dort das Ozon. Durch dieses Ozonloch können harte UV-Strahlen in erhöhtem Maße bis auf die Erde vordringen und dort unter anderem *Hautkrebs* beim Menschen verursachen und Pflanzen schädigen.

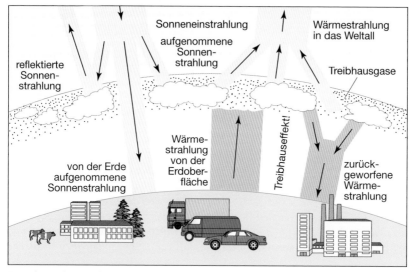

Entstehung des Treibhauseffekts

Energiewende in Deutschland: In Deutschland soll mit einem neuen Energiekonzept die Treibhausgasemission schrittweise vermindert werden und zwar bis 2020 um 40 % und bis 2050 um mindestens 80 %. Erneuerbare Energien sollen zur tragenden Säule der zukünftigen Energieversorgung ausgebaut werden: Man will deren Anteil am Energieverbrauch von rund 10 % im Jahr 2010 auf 60 % im Jahr 2050 steigern. Der Anteil erneuerbarer Energien an der Stromversorgung soll 2050 sogar 80 % betragen. Zu den **erneuerbaren Energien** gehören vor allem Windenergie, Solarenergie, Biomasse, Geothermie und Wasserkraft.

Im Rahmen der Energiewende wird auch angestrebt, den Energieverbrauch langfristig zu senken. Der Stromverbrauch soll bis 2050 um 25 % gegenüber 2008 gemindert werden; bis 2020 soll er bereits um 10 % sinken. Der Endenergieverbrauch im Verkehrssektor soll bis 2050 um rund 40 % gegenüber 2005 zurückgehen, z.B. durch sparsamere Verbrennungsmotoren und Elektrofahrzeuge. Weiterhin soll die Wärmedämmung von Gebäuden verbessert werden.

Nach der Reaktorkatastrophe von Fukushima im März 2011 wurden in Deutschland die sogenannten **Restrisiken der Kernenergie** neu bewertet und es wurde entschieden, bis Ende 2022 vollständig aus der Kernenergienutzung auszusteigen.

2.2 Wasser – unser wichtigstes Lebensmittel

2.2.1 Trinkwasser

Wasser ist unser wichtigstes Lebensmittel. Ein Mensch kann längere Zeit ohne Nahrung, aber nur wenige Tage ohne Wasser überleben. Der Flüssigkeitsbedarf des menschlichen Körpers beträgt etwa 3 Liter täglich. Tatsächlich aber verbraucht jeder von uns durchschnittlich 130 Liter Wasser am Tag. Wie kommt es zu diesem hohen Wasserverbrauch?

Deutschland ist ein wasserreiches Land. Von dem nutzbaren Wasserangebot von 182 Mrd. Kubikmeter (1 Kubikmeter = 1.000 Liter) werden nur 40 Mrd. Kubikmeter, also weniger als ein Viertel für unterschiedliche Zwecke gefördert. Die **Trinkwassergewinnung** erfolgt bei uns vor allem aus dem Grundwasser (in Deutschland zu ca. 74 %), aber auch aus Quellwasser oder aus Oberflächengewässern wie Flüssen, Talsperren und Seen. Um die Trinkwasserversorgung zu sichern, werden **Wasserschutzgebiete** ausgewiesen, in denen die landwirtschaftliche, gewerbliche und industrielle Nutzung beschränkt ist.

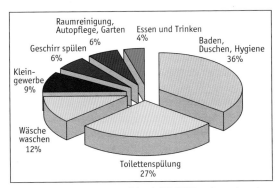

Wasserverbrauch in Deutschland (BDEW Bundesverband der Energie- und Wasserwirtschaft e.V., www.bdew.de)

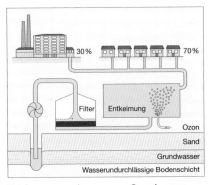

Trinkwassergewinnung aus Grundwasser

Je nach seiner Herkunft enthält Trinkwasser unterschiedliche Mengen an Mineralstoffen und anderen Verbindungen. Die Zusammensetzung unterscheidet sich von Region zu Region. Dies wird deutlich an den Abweichungen in der **Wasserhärte** (Grad deutscher Härte: °dH). Sie beschreibt vor allem den Kalkgehalt des Wassers: Weiches Wasser 0–7 °dH, mittelhartes Wasser 8–14 °dH, hartes Wasser 15–21 °dH, sehr hartes Wasser über 21 °dH. Je härter das Wasser, das heißt, je höher der Kalkgehalt, desto höher muss das Waschmittel dosiert werden und desto schneller verkalken Haushaltsgeräte.

Für die hohe Qualität unseres Trinkwassers sorgen über 6.000 Wasserversorgungsunternehmen. Trinkwasser wird mechanisch und chemisch gereinigt und entkeimt. In Deutschland ist die regelmäßige Überwachung des Trinkwassers in der **Trinkwasserverordnung** festgeschrieben. Untersuchungen zeigen durchweg gute Werte.

Allerdings kann die Qualität des häuslichen Trinkwassers schlechter sein als die Qualität des Wassers, das unmittelbar nach der Aufbereitung aus dem Wasserwerk geliefert wird. Im Wasser, das längere Zeit in den Leitungsrohren steht, dem so genannten **Stagnationswasser**, kann es zu Keimwachstum und Übergang von Stoffen aus dem Rohr- und Armaturenmaterial in das Wasser kommen. In Stagnationsproben konnten erhöhte Konzentrationen der Schwermetalle Blei, Cadmium, Kupfer und Nickel gemessen werden. Die genannten Schwermetalle sind giftig und können in hohen Konzentrationen zu Organschäden führen. Auch wenn die gemessenen

Schwermetall-Konzentrationen unter den Grenzwerten der Trinkwasserverordnung liegen, gibt das Umweltbundesamt folgende Empfehlungen:

- Kein Wasser für Lebensmittelzwecke verwenden, das stundenlang – zum Beispiel über Nacht – in der Leitung gestanden hat!

- Vor allem für die Zubereitung von Säuglings- und Kleinkindernahrung das Wasser so lange ablaufen lassen, bis es eine gleichmäßige Temperatur hat!

- Das abgelaufene Wasser kann für Reinigungszwecke oder zum Blumengießen verwendet werden.

Ein besonderes Problem stellt der **Nitratgehalt** von Trink- und Mineralwasser dar. Nitrat gelangt bei der übermäßigen Düngung mit Gülle (Flüssigmist aus Massentierhaltung) ins Grundwasser. Im Magen bildet sich daraus das giftige Nitrit, welches vor allem für Babys sehr schädlich ist. Aus Nitrit kann sich im Körper Nitrosamin bilden, welches krebserregend ist.

2.2.2 Reinhaltung der Gewässer durch Kläranlagen

Die **Verschmutzung von Flüssen und Meeren** hat viele Verursacher. Über die Flüsse gelangen häusliche und industrielle Abwässer ins Meer. Ursachen für Ölverschmutzung sind Tankerunfälle, illegale Altölentsorgung der Schiffe, undichte Pipelines oder Bohrinseln. Oft werden dabei ganze Küstenregionen verseucht.

Ein besonderes Problem stellt die übermäßige **Nährstoffeinleitung** von Phosphaten und Stickstoffverbindungen in Seen und Flüsse dar. Sie stammen aus der Landwirtschaft und fördern als Dünger das Pflanzen- und Planktonwachstum. Die Belastbarkeit von Fließgewässern ist grundsätzlich höher, weil das Wasser ständig erneuert und umgewälzt wird. Doch ihre Phosphat- und Stickstofffracht gelangt zusammen mit anderen Schadstoffen ins Meer und führt auch dort zu Überdüngung und Vergiftung.

Viele Schadstoffe werden von den im Wasser lebenden Tieren über die Nahrung aufgenommen und im Körper gespeichert. Aufgrund der hohen Verdünnung im Wasser wirken sie aber selten tödlich auf den Organismus. Ihre gefährliche Bedeutung liegt in der Anreicherung über die **Nahrungskette**. Isst der Mensch schadstoffbelastete Fische oder Muscheln, kann dies seine Gesundheit beeinträchtigen.

Der mit Abstand größte Teil der gesamten Wassermenge der Erdoberfläche befindet sich in den Weltmeeren, nämlich 97 Prozent. Zwei Prozent lagern als Eis in den Polkappen oder in Gletschern und nur ein Prozent verteilt sich auf Seen, Flüsse und das Grundwasser. Durch Sonneneinstrahlung verdunstet laufend Wasser. Außerdem geben Pflanzen bei der Fotosynthese über die Blätter in großen Mengen Wasser in die Atmosphäre ab. Diese beiden Prozesse halten den **Wasserkreislauf** in Gang.

Ein Wassermolekül bleibt durchschnittlich neun Tage in der Luft und wird zwischen 100 und 1.000 Kilometer weit transportiert, bevor es als Niederschlag wieder ins Meer oder auf die Erde fällt.

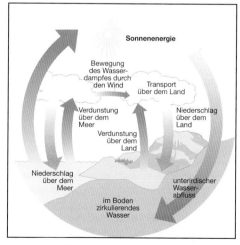

Kreislauf des Wassers

Um die Verschmutzung von Flüssen und Seen zu verringern, gibt es in Deutschland eine große Zahl von **Kläranlagen**. Ein weit verzweigtes Abwasser-Kanalsystem führt ihnen die täglich anfallenden Abwässer aus den Haushalten zu, wo sie in einem dreistufigen Verfahren gereinigt werden:

1. In der **mechanischen Reinigungsstufe** entfernt ein Rechen zunächst die sperrigen Bestandteile des Abwassers. Im anschließenden Sandfang setzen sich bei entsprechender Fließgeschwindigkeit Sand und schwere Schwebstoffe ab. Aufschwimmende Öle und Fette werden nun durch einen Abscheider entfernt. Im Vorklärbecken sinken schließlich bei geringer Fließgeschwindigkeit auch die leichten Schwebstoffe zu Boden und sammeln sich dort als Schlamm. Durch die mechanische Reinigungsstufe wird etwa ein Drittel aller im Abwasser enthaltenen Verschmutzungsstoffe entfernt.

2. Die **biologische Reinigungsstufe** erfolgt in gut belüfteten Belebtschlammbecken. Hier bauen Mikroorganismen 80 bis 90 Prozent der gelösten anorganischen und organischen Verbindungen ab. Im Nachklärbecken setzen sich die ausgeflockten Stoffe ab. Sie werden in den Faulturm geführt, wo anaerobe Bakterien den weiteren Abbau organischer Schmutzstoffe bewirken. Dabei entsteht unter anderem Methangas. Es kann als Heizgas genutzt werden. Der ausgefaulte Schlamm wird verbrannt, auf Deponien gelagert oder als Düngemittel in der Landwirtschaft eingesetzt.

3. In der **chemischen Reinigungsstufe** werden Phosphate und Stickstoffverbindungen, die zum Beispiel aus Waschmitteln stammen, durch Fällungsmittel aus dem Abwasser entfernt. Die geklärten Abwässer fließen in die sogenannten Vorfluter. Das sind natürliche Gewässer, zum Beispiel Bäche oder Flüsse.

Mittlerweile fordert das Umweltbundesamt (UBA) die Aufrüstung der Kläranlagen um eine

4. **Reinigungsstufe.** Membran-Filter sollen Krankheitserreger, Abbauprodukte von Medikamenten und Nanoprodukte, die zunehmend ins Abwasser gelangen, entfernen, damit sie nicht in unser Trinkwasser gelangen.

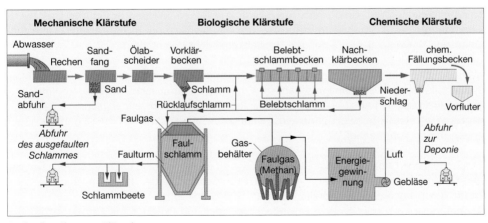

Dreistufige Abwasser-Kläranlage

2.3 Gefahrstoffe in der Luft

Reine Luft besteht im Wesentlichen aus Stickstoff, Sauerstoff, Edelgasen und Kohlenstoffdioxid. Doch die Luft, die wir atmen, ist angereichert mit Gasen, Dämpfen, flüssigen und festen Stoffen, die eigentlich nicht hineingehören. Welche Stoffe sind das und wer verursacht diese Luftverschmutzung?

Die Belastung der Luft wird vor allem durch private und industrielle Verbrennungsprozesse von Kohle und Erdöl hervorgerufen. Der Kraftfahrzeugverkehr belastet die Luft durch die **Schadstoffe** Kohlenmonoxid und Stickstoffoxide, bei Dieselfahrzeugen zusätzlich durch Ruß. Kohlenmonoxid und Stickstoffoxide, Schwefeldioxid, Kohlenwasserstoffe und Ruß entstehen auch beim Heizen der Häuser. Deshalb ist die Luft in dicht bebauten Städten mit hoher Verkehrsbelastung besonders verschmutzt. Die von der Industrie erzeugten Abgase sind so vielfältig wie ihre Produkte. Zu ihnen gehören Staub, Schwefeldioxid, Stickstoffoxide und Chlorverbindungen.

Die Abgabe von Schadstoffen an die Luft bezeichnet man als **Emission**, das Einwirken dieser Stoffe auf Menschen, Tiere, Pflanzen und Sachen als **Immission**. Immissionen durch Schadstoffe in der Luft verursachen zahlreiche Schäden.
Abgase wie Schwefel- und Stickoxide verbinden sich in einem chemischen Vorgang mit der Luftfeuchtigkeit. Es entstehen schweflige und salpetrige Säuren, die mit dem Wind verbreitet und in Form von **saurem Regen** aus der Luft ausgewaschen werden. Saure Niederschläge sind verantwortlich für die Versauerung von Böden und Gewässern, schädigen Pflanzen, darunter ganze Waldgebiete, und greifen Kunstdenkmäler und alte Gebäudefassaden an.

Eine besonders hohe Belastung der Luft durch Staub und Gas ist oftmals mit bloßem Auge erkennbar. Bei bestimmten Wetterlagen steigen diese Partikel nicht höher als 200 Meter. Zusammen mit den anderen Luftschadstoffen bilden sie den **Smog**, eine besonders starke Luftverschmutzung. Sie tritt vor allem im Winter bei Windstille und Nebel auf. Wärmere Luft schiebt sich über bodennahe Kaltluft und verhindert das Entweichen der Giftstoffe (Inversionswetterlage). Wintersmog reizt Atemwege und Augen. Werden bestimmte Grenzwerte überschritten, wird Smogalarm ausgelöst, um die Bevölkerung zu informieren. Fahrzeuge ohne eine Umweltplakette dürfen die Umweltzone nicht durchfahren.

Während **Ozon** in der Stratosphäre die lebenswichtige Aufgabe als Schutz vor UV-Strahlungen erfüllt, ist es in Bodennähe schädlich. Ozon (O_3) kommt nicht, wie andere Luftschadstoffe, direkt aus den Abgasen der Industrieanlagen und Kraftfahrzeugen, sondern bildet sich tagsüber während intensiver Sonneneinstrahlung aus Sauerstoff (O_2). Hohe Ozonbelastungen treten nur im Sommer auf.

Das bodennahe Ozon wird eingeatmet und etwa zu 50 % von der Lunge absorbiert. Das eingedrungene Reizgas durchlöchert die schützende Schleimschicht der Atemwege und kann direkt das Lungengewebe angreifen. Folgen sind Schwellungen, Sekretstörungen und Verkrampfungen im Lungenbereich. Besonders gefährdet sind Personen mit Funktionsstörungen im Atemtrakt, z. B. Asthmatiker, und Kinder, weil sie einen kürzeren Atemweg und einen empfindlicheren Stoffwechsel haben. Bei erhöhter Ozonbelastung sollten sie im Haus bleiben. Körperliche Anstrengungen und Ausdauersport bei sehr hoher Ozonkonzentration sollte jeder vermeiden. Von erhöhter Ozonbelastung spricht man ab Werten von 120 Mikrogramm pro Kubikmeter Luft, ab 180 Mikrogramm von hoher und ab 360 Mikrogramm sogar von sehr hoher Ozonbelastung.

Exkurs: Feinstaub

*Als **Staub** bezeichnet man feinste, in der Luft schwebende feste Teilchen. Sie stammen zum Beispiel aus Industrie- und Haushaltsabgasen und aus dem Straßenverkehr und werden nach der Partikelgröße eingeteilt. Gefährlich sind vor allem die kleineren, inhalierbaren Feinstaubpartikel, die einen Durchmesser von weniger als zehn Mikrometer (PM10 – Particulate Matter, Durchmesser bis 10 µm) besitzen. Sie passieren, ohne von der Schleimhaut und den Flimmerhärchen zurückgehalten zu werden, die Luftröhre und die Bronchien und gelangen bis in die Lunge. **Feinstaub** kann zu Bronchitis und Atemwegsbeschwerden wie Husten führen. Partikel, die noch kleiner als 0,1 Mikrometer sind, sogenannte **ultrafeine Partikel**, dringen bis in die Lungenbläschen vor und können neben dem Atmungs- auch das Herz-Kreislauf-System beeinträchtigen. Vor allem für alte Menschen und Personen mit Atemwegs- und Herz-Kreislauf-Erkrankungen kann Feinstaub gefährlich werden.*

Auch schlechte **Innenraumluft** schädigt die Gesundheit. Zu den wichtigsten Schadstoffen der Innenraumluft gehören Tabakrauch, natürliche Allergene (z.B. Schimmelpilzsporen) sowie Stoffe, die aus Bauprodukten oder Einrichtungsgegenständen freigesetzt werden (z.B. Formaldehyd). Insbesondere Kinder sollten vor dem Passivrauchen in Innenräumen geschützt werden. Seit September 2007 gilt in Deutschland ein Rauchverbot in allen öffentlichen Verkehrsmitteln und in allen Behörden. Das Rauchen in gastronomischen Betrieben fällt nicht unter die Regelungskompetenz des Bundes und wird von den jeweiligen Bundesländern geregelt.

Luftreinhaltung – was jeder tun kann

- Keine Räume beheizen, die Wärme nicht ernsthaft benötigen (z.B. Garagen oder Keller).
- Möglichst umweltfreundliche Brennstoffe verwenden.
- Fenster im Winter nur kurz zum Lüften öffnen, nicht Dauerlüften.
- Auf eine gemäßigte, behagliche Raumtemperatur achten.
- Feuerungsanlage regelmäßig warten.
- Tanken von blei- und schwefelfreiem Benzin.
- Umweltschonendes Fahren (Motor nicht im Stand warmlaufen lassen, Kavalierstarts vermeiden, benzinsparendes Tempo fahren).
- Unnötige Fahrten mit dem Kfz vermeiden. Lieber das Fahrrad nehmen oder öffentliche Verkehrsmittel benutzen.
- Fahrgemeinschaften bilden.
- Sich für den Ausbau öffentlicher Verkehrsmittel, Fahrradwege und verkehrsberuhigter Zonen einsetzen.
- Beim Autokauf umweltfreundliche Techniken (z.B. benzinsparende Motoren) bevorzugen.

2.4   Abfallvermeidung – Abfallbeseitigung

Es ist aufwendig, aber wir haben uns daran gewöhnt: Wir trennen Leichtverpackungen, kompostierbare Abfälle und Papier vom restlichen Hausmüll und bringen Glasflaschen zum Container. Das war nicht immer so. Noch bis in die 80er Jahre des vorigen Jahrhunderts landete der gesamte Hausmüll in derselben Tonne und wurde vollständig auf Mülldeponien gelagert. Verordnungen und Gesetze regeln den Umgang mit Abfällen. Heute haben Vermeidung und Verwertung von Abfällen Vorrang vor ihrer Beseitigung. Das Prinzip verdeutlicht die auf der Spitze stehende Müllpyramide.

- **Müllvermeidung:** Als oberstes Prinzip gilt, dass Güter so zu produzieren sind, dass Abfälle so weit wie möglich vermieden werden. Alle Produkte sollen langlebig und mehrfach zu verwenden sein. Wenn möglich, sollten bei der Produktion Stoffe aus verwerteten Abfällen eingesetzt werden.

- **Wiederverwendung** zielt darauf ab, dass die Erzeugnisse selbst oder Bestandteile davon wieder für denselben Zweck verwendet werden, für den sie ursprünglich bestimmt waren. Das sind zum Beispiel Mehrwegverpackungen, nachfüllbare Tonerkartuschen usw.

- **Verwertung:** Aus vielen Abfällen kann man deren Ausgangsstoffe zurückgewinnen und wiederverwerten. Es sind Sekundärrohstoffe. Elektro- und Elektronikgeräte sind als Begleiter des täglichen Lebens nicht mehr wegzudenken. Entsprechend groß ist mit ca. 2 Millionen Tonnen jährlich die Menge der ausgesonderten Altgeräte. Zu ihnen gehören Waschmaschinen, Kühlschränke und Staubsauger, Computer, Drucker, Telefon- und Faxgeräte, Fernseher und Hi-Fi-Anlagen. Sie enthalten wertvolle Rohstoffe wie Stahlblech, Kupfer und seltene Erden, die in den Wirtschaftskreislauf zurückgeführt werden. Auch Altautos mit ihrem hohen Anteil an verschiedenen Metallen sind eine wertvolle sekundäre Rohstoffquelle. Verwertbar sind auch die in den Fahrzeugen verarbeiteten Kunststoffe und Glas.

- **Recycling:** Werden die Sekundärrohstoffe zu neuen Erzeugnissen, spricht man von Recycling. Dabei können sie entweder für den ursprünglichen Zweck oder für andere Zwecke aufbereitet werden. Altes Glas wird eingeschmolzen und zu neuen Flaschen verarbeitet. Ein besonders wertvoller Rohstoff ist Altpapier. Es stammt aus grafischen Papieren wie Zeitungen und anderen Druckerzeugnissen und aus Verpackungen. Im Vergleich zu Papierprodukten auf Frischfaserbasis verursacht die Herstellung von Recyclingpapieren eine deutlich geringere Umweltbelastung. Organische Substanzen sollen getrennt erfasst und, z. B. als **Kompost**, verwertet werden.

- **Beseitigung:** Nur Abfälle, die nicht in das oben beschriebene Kreislaufsystem passen, müssen beseitigt werden. Solcher Müll wird zum Beispiel in **Hausmüllverbrennungsanlagen** verbrannt oder er wird, evtl. vorbehandelt und mineralisiert, auf **Hausmülldeponien** dauerhaft gelagert. Abfälle müssen so gelagert werden, dass sie die Gesundheit von Menschen, Tieren und Pflanzen nicht gefährden und keine schädlichen Umwelteinwirkungen herbeiführen. Deponien werden mit entsprechenden Abdichtungen und Drainagen zum Schutz des Grundwassers ausgerüstet und sollten eine Auffangvorrichtung für Deponiegas besitzen. Umweltschädliche Bestandteile wie Blei, Cadmium und radioaktive Abfälle aus Kernkraftwerken, Krankenhäusern oder Forschungseinrichtungen, werden als Sonderabfall getrennt und belasten nicht die Hausmülldeponien.

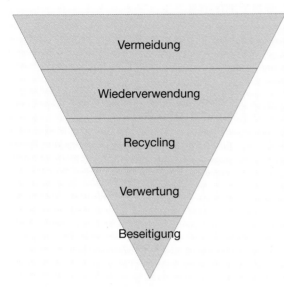

Vermeidung	**Beispiele:** weniger Verpackungen, langlebige Produkte
Wiederverwendung	**Beispiele:** Mehrwegverpackungen, nachfüllbare Tonerkartuschen
Recycling	**Beispiele:** Glas, Altpapier, Metallschrott, organische Abfälle => Kompost
Verwertung	**Beispiele:** Sekundärrohstoffe (Metalle, Kunststoffe) aus Elektro- und Elektronikgeräten, Altautos
Beseitigung	**Beispiele:** Mülldeponien, Müllverbrennungsanlagen, Sondermülldeponien

Müllpyramide (vgl. Europäische Abfallrichtlinie 2008/98/EC)

Müllvermeidung – was jeder tun kann

Müllvermeidung heißt in erster Linie, Rohstoffe und Energie zu sparen.

- Müll trennen.
- Schon beim Kauf von Konsumartikeln überlegen, ob der Gegenstand wirklich gebraucht wird, den man gerne erwerben möchte. Irgendwann wird auch er zu Müll.
- Nur Waren von guter Qualität, Langlebigkeit und Reparaturfreundlichkeit kaufen.
- Nicht immer neue, sondern gebrauchte Gegenstände kaufen, mieten oder tauschen. Dinge, die nicht mehr gebraucht werden, nicht wegwerfen, sondern verschenken oder verkaufen.
- Auf Verpackungen achten! Mehrwegverpackungen und recyclingfähige Verpackungen bevorzugen. Aluminiumverpackungen, Weichschäume und Verbundmaterialen sowie kleine Portionsverpackungen, z. B. für Marmelade oder Mehrfachverpackungen, z. B. bei Pralinen, meiden.
- Gegen die tägliche Flut von Werbeprospekten einen entsprechenden Hinweis am Briefkasten anbringen.
- Bei batteriebetriebenen Geräten aufladbare Akkus verwenden.
- Behälter von Reinigungs-, Kosmetik- und Körperpflegeartikeln durch materialsparende Abfüllpackungen wiederverwenden.
- Wiederverwendbare Brotdosen und Trinkflaschen benutzen.
- Plastiktüten durch Einkaufstaschen und Körbe ersetzen.

2.5   Natur- und Landschaftsschutz

Die steigende Weltbevölkerung greift immer stärker in die Landschaft und Natur ein. Vor allem Land- und Forstwirtschaft, Siedlungsbau, Tourismus und Rohstoffabbau gefährden den **Lebensraum von Pflanzen und Tieren.** Man schätzt, dass in Mitteleuropa bereits die Hälfte aller Tierarten und ein Drittel der Pflanzenarten ausgestorben oder gefährdet sind. Natur- und Artenschutz hat die Aufgabe, zur Erhaltung der Naturlandschaft beizutragen, um so die Lebensräume von Pflanzen und Tieren und des Menschen zu sichern.

Der Mensch greift vielfach in die Natur und die Landschaft ein, um sie sich nutzbar zu machen. Feuchtgebiete werden trockengelegt, Felder mit Monokulturen bepflanzt, Wälder gerodet und auf Wiesen Siedlungen und Industrieanlagen gebaut. Für unsere heimischen Pflanzen und Tiere bleiben oft nur noch kleine Rückzugsgebiete übrig. So kann es nicht immer weitergehen, denn Natur und Landschaft sind Grundlage für Leben und Gesundheit des Menschen.

Im **Bundesnaturschutzgesetz** sind deshalb wesentliche Ziele des Naturschutzes und der Landschaftspflege festgelegt: Besonders zu schützen sind die biologische Vielfalt, die Leistungs- und Funktionsfähigkeit des Naturhaushalts und die Vielfalt, Eigenart und Schönheit sowie der Erholungswert von Natur und Landschaft. Dazu werden besondere Schutzgebiete ausgewiesen:

- **Naturschutzgebiete:** Das sind Gebiete zum besonderen Schutz von Natur und Landschaft sowie zum Erhalt von Lebensstätten und Lebensgemeinschaften von Pflanzen und Tieren. Eingriffe, die zu einer Zerstörung führen, sind verboten (z. B. Entnahme von Tieren und Pflanzen).

- **Landschaftsschutzgebiete:** Das sind Gebiete, die wegen ihrer Eigenart und Schönheit und ihrer Bedeutung für die Erholung unter Schutz stehen. Land- und Forstwirtschaft sowie Bebauung können eingeschränkt werden.

- **Nationalparks:** Das sind großflächige Gebiete, die dem Erhalt eines artenreichen Pflanzen- und Tierbestandes dienen. Es gibt Zonen mit unterschiedlicher Nutzung. Kernzone: jedwede Nutzung und Betreten verboten, weitere Zonen mit eingeschränkter Nutzung.

Rote Listen sind Verzeichnisse ausgestorbener oder gefährdeter Tier- und Pflanzenarten. Sie basieren auf wissenschaftlichen Fachgutachten und dienen unter anderem dazu, Politik und Öffentlichkeit über die Gefährdungssituation der Tier- und Pflanzenarten zu informieren. Sie zeigen den Handlungsbedarf im Naturschutz auf. In Deutschland sind vor allem die Roten Listen des Bundes und der Bundesländer von Bedeutung.

Im Nationalpark Wattenmeer

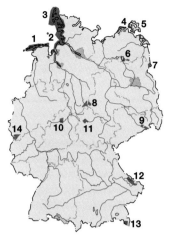

1 Niedersächsisches Wattenmeer
2 Hamburgisches Wattenmeer
3 Schleswig-Holsteinisches Wattenmeer
4 Vorpommersche Boddenlandschaft
5 Jasmund
6 Müritz
7 Unteres Odertal
8 Harz/Hochharz
9 Sächsische Schweiz
10 Kellerwald-Edersee
11 Hainich
12 Bayerischer Wald
13 Berchtesgaden
14 Eifel

Nationalparks in Deutschland

2.6   Schadstoffe in der Nahrungskette

Über die Nahrung, die Atemluft oder direkten Kontakt gelangt täglich eine Vielzahl unterschiedlichster Chemikalien in unseren Organismus. Der Mensch steht am Ende der Nahrungskette, denn er verzehrt Pflanzen und Tiere. Schadstoffe, die sich im Laufe der langen Nahrungskette angereichert haben, gelangen so in seinen Körper, gleichgültig ob sie ursprünglich aus der Luft, der Erde oder dem Wasser stammen.

Messungen im Auftrag des Umweltbundesamtes zeigen erfreuliche Ergebnisse: Die Schadstoffbelastung der Bevölkerung mit Schwermetallen wie Blei, Cadmium, Quecksilber sowie mit giftigen organischen Verbindungen hat in den letzten zehn bis zwanzig Jahren deutlich abgenommen. Zwar können alle diese Verbindungen in unserem Körper nachgewiesen werden, aber bei etwa 99 Prozent der Bevölkerung sind die gemessenen Konzentrationen so gering, dass derzeit kein Gesundheitsrisiko zu befürchten ist. Wie ist das zu erklären?

- Nach dem Verbot von verbleitem Benzin ging bei Kindern die Bleikonzentration im Blut deutlich zurück.

- Seit 1989 sind in Deutschland die Herstellung, der Handel und die Verwendung von bestimmten giftigen Verbindungen, zum Beispiel Pflanzenschutzmittel, untersagt. Auch das hat zu einem Rückgang der Schadstoffbelastung geführt.

Allerdings sind weitere chemische Substanzen in den Verdacht gekommen, gesundheitsschädlich zu sein, z. B. hormonell wirksame Substanzen wie Weichmacher in Gebrauchsgegenständen und Spielsachen aus Plastik.

Die Stiftung Warentest prüft regelmäßig Spielzeug im Hinblick auf Kindersicherheit, z. B. Puppen, Kunststofffiguren, Eisenbahnen, Doktorkoffer oder Ponyhöfe. Dabei wird zum einen untersucht, ob das Spielzeug verschluckbare Kleinteile enthält oder Strangulationsgefahr durch Bänder, Gurte usw. besteht. Zum anderen wird der Schadstoffgehalt gemessen, denn davon gehen große Gesundheitsgefahren aus: Arsen kann zur Entstehung von Krebs oder Hautveränderungen beitragen. Blei kann schon in geringen Mengen die Intelligenzentwicklung von Kindern negativ beeinflussen. Deshalb fordert die Weltgesundheitsorganisation (WHO) ein totales Verbot von Blei in Spielzeug. Leider stellen die Warentester immer wieder folgende Schadstoffe in Kinderspielzeug vor allem von Herstellern aus Fernost fest:

- Schwermetalle wie Blei, Cadmium und Quecksilber in Farben
- Weichmacher vor allem in Plastikteilen
- Azofarben in Textilspielzeug und Kleidung
- Organisch-chemische Lösungsmittel, die aus Spielsachen unmerklich ausdampfen
- Nitrosamine, z. B. in Spielzeug aus Natur- und Synthesekautschuk
- Formaldehyd in (Kinder-)Möbeln

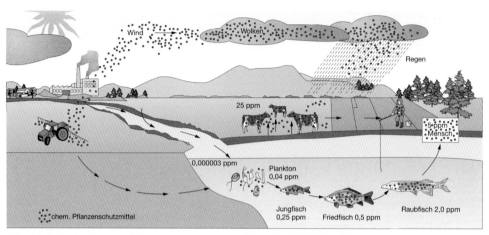

Schadstoffe in der Nahrungskette (ppm = parts per million oder 0,001 Promille)

 A   *Aufgaben zur Wiederholung und Festigung:*

1. a) *Erklären Sie anhand der Abbildung auf Seite 222, wie der Treibhauseffekt entsteht.*
   b) *Erklären Sie, was man unter dem 2-Grad-Ziel versteht.*
   c) *Informieren Sie sich im Internet, was die Bundesrepublik Deutschland unternimmt, um das 2-Grad-Ziel zu erreichen (z. B. www.bmu.de).*
2. *Erklären Sie, wie das Ozonloch in der Stratosphäre entsteht und welche Gefahren für Menschen, Tiere und Pflanzen damit verbunden sind.*
3. *Erkundigen Sie sich bei Ihrem örtlichen Wasserwerk nach der Wasserhärte. Erklären Sie, was Wasserhärte bedeutet. Wie muss in Ihrer Gegend das Waschmittel dosiert werden?*
4. *Erklären Sie, was man unter Stagnationswasser versteht und wie man damit umgehen soll. Welche Gefahren gehen davon für Kinder aus?*
5. *Erklären Sie anhand der Abbildungen auf Seite 232 die Gefahren von Schadstoffen in der Nahrungskette für den Menschen.*
6. *Erklären Sie anhand der Abbildung auf Seite 224 den Wasserkreislauf.*
7. *Erklären Sie das Prinzip der Kläranlage anhand der Abbildung auf Seite 225.*
8. *Erklären Sie die Begriffe Emission und Immission sowie deren Entstehung und Auswirkungen.*
9. *Erklären Sie, wie Smog entsteht.*
10. *Erklären Sie die Entstehung von bodennahem Ozon und die damit verbundenen Gesundheitsgefahren.*
11. *Was sind Umweltzonen?*
12. *Erklären Sie die Stufen der Müllpyramide.*
13. *Nennen Sie die Ziele des Bundesnaturschutzgesetzes.*

Zusatzaufgaben zur Vertiefung

1. Wasser unser wichtigstes Lebensmittel

1. *Informieren Sie sich über die Qualität von Badegewässern, z. B. beim ADAC.*

2. *Informieren Sie sich über den Nitratgehalt von Mineralwässern. Welche Mineralwässer sind für die Zubereitung von Babynahrung geeignet?*

3. *Besichtigen Sie (mit den Kindern) ein Wasserwerk in Ihrer Gemeinde und eine Kläranlage. Entwerfen Sie dazu Projekte.*

4. *a) Erstellen Sie Abwasser: Geben Sie in ein Glas mit Wasser etwas Sand, etwas Öl, sowie Holzstückchen, Nägel, Papierschnitzel und ggf. andere kleine Gegenstände nach Verfügbarkeit. Rühren Sie alles um.*

   b) Klären Sie das Wasser in zwei Stufen: 1. Gießen Sie das Abwasser durch ein Teesieb. Was bleibt im Sieb zurück, was läuft durch? 2. Gießen Sie das vorgereinigte Abwasser durch einen Kaffeefilter. Was bleibt im Filter zurück, was läuft durch?

5. *Füllen Sie in ein Glasgefäß Wasser und geben Sie dazu feinen Sand, groben Sand und kleine Kiessteinchen. Rühren Sie alles kräftig um. Beobachten Sie das Absinken der Stoffe und notieren Sie.*

2. Umwelt- und Naturschutz

1. *a) Informieren Sie sich im Internet über Anlagen zur Nutzung von Windenergie, Solarenergie, Biomasse, Geothermie und Wasserkraft. Berichten Sie.*

   b) Besichtigen Sie (mit den Kindern) solche Anlagen in Ihrer Nähe. Entwerfen Sie dazu Projekte.

2. *Sammeln Sie aktuelle Presseberichte zum Thema Umwelt und Energiewende. Diskutieren Sie darüber.*

3. *Entlang unserer Autobahnen und Straßen, an Bushaltestellen usw. sieht man viel Müll, zum Beispiel Getränkebecher, Plastikflaschen usw.*

   a) Überlegen Sie, wie man diese Umweltverschmutzung vermeiden könnte.

   b) Überzeugen Sie in einem Rollenspiel einen Freund/eine Freundin, dass es besser ist, den Müll nicht aus dem Fenster zu werfen, sondern ordnungsgemäß zu entsorgen.

4. *Informieren Sie sich über Umweltzonen und die Umweltplakette. Berichten Sie.*

5. *Informieren Sie sich über die Rote Liste bedrohter Arten (z. B. www.bfn.de). Berichten Sie.*

6. *a) Informieren Sie sich bei der Stiftung Warentest über Testergebnisse zum Schadstoffgehalt in Kinderspielsachen. Berichten Sie.*

   b) Informieren sie sich in Prospekten von Herstellern von Kinderspielzeug über Schadstoffe. Berichten Sie.

7. *Informieren Sie sich über „Nanopartikel" zum Beispiel in Kosmetika. Berichten Sie.*

3 Pflanzen, die Grundlage des Lebens auf der Erde

Lernsituation

Wer Zimmerpflanzen hat, weiß, dass diese regelmäßige Pflege benötigen, damit sie gedeihen. Dazu gehört unter anderem: Den richtigen Standort je nach Licht- und Wärmebedürfnis der Pflanze auswählen; regelmäßig gießen und düngen.

Ein Kind gießt Blumen in der Kita

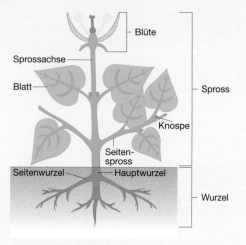

Bau einer Blütenpflanze

3.1 Ohne Pflanzen können wir nicht leben

Wenn wir eine Blume umtopfen oder einen Strauch im Garten umpflanzen, erkennen wir den unterirdischen Teil der Pflanze, die **Wurzel**. Sie besteht aus einem mehr oder weniger langen Hauptstrang und vielen Seitensträngen bis hin zu feinen Wurzelhaaren. Wurzeln verankern die Pflanze im Boden und sie nehmen Wasser und darin gelöste Nährsalze auf. In der Wurzel und im **Stängel**, der bei verholzten Pflanzen *Stamm* genannt wird, verlaufen feine Rohrleitungen. Durch diese gelangt das Wasser aus den Wurzeln bis zu den **Blättern** und zu den **Blüten**.

Betrachten wir ein Blatt im Querschnitt unter dem Mikroskop so erkennen wir, dass es aus mehreren Zellschichten aufgebaut ist, die wie eine „grüne Fabrik" zusammenarbeiten. Pflanzenzellen weisen Besonderheiten auf, die es in tierischen oder menschlichen Zellen nicht gibt:

- Pflanzenzellen sind von einer festen Hülle, der **Zellwand**, umschlossen. Diese bestimmt die Form der Zelle, verleiht ihr Festigkeit und grenzt sie zu den Nachbarzellen ab. Zellwände bestehen überwiegend aus *Zellulose*. Sie sind durchlässig für Wasser und darin gelöste Stoffe.

- Auch **Vakuolen** findet man nur in Pflanzenzellen. Es sind innere Hohlräume der Zelle, in denen sich Zellsaft befindet. Dieser kann farblos sein, oder auch Farbstoffe enthalten, wie z. B. bei roten oder gelben Blütenblättern.

- Im Plasma von grünen Pflanzenzellen liegen die meist kugel- oder linsenförmigen Blattgrünkörner, die **Chloroplasten**. Sie enthalten den grünen Farbstoff Chlorophyll.

- Auf der Unterseite des Blattes befinden sich kleine, verschließbare Poren, die **Spaltöffnungen**. Darüber nimmt die Pflanze Luft aus der Umgebung und das darin enthaltene Gas Kohlenstoffdioxid (CO_2) in das Blattgewebe auf.

A

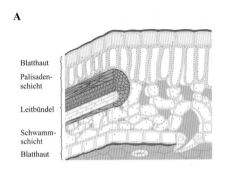

Blatthaut
Palisadenschicht
Leitbündel
Schwammschicht
Blatthaut

B

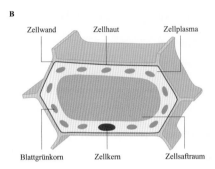

Zellwand Zellhaut Zellplasma

Blattgrünkorn Zellkern Zellsaftraum

Blatt: A) Querschnitt,   *B) Einzelne Blattzelle.*

In den Chloroplasten der Blattgewebe erfolgt eine chemische Reaktion, bei der der Nährstoff Traubenzucker (Glukose) und das Gas Sauerstoff gebildet werden. Ausgangsstoffe sind Kohlenstoffdioxid, den die Pflanze über die Spaltöffnungen auf der Blattunterseite aus der Luft aufnimmt, und Wasser, welches die Pflanze über die Wurzel dem Boden entzieht. Die Energie für diesen chemischen Prozess gewinnt die Pflanze aus dem Sonnenlicht. Deshalb bezeichnet man den Vorgang als **Fotosynthese**.

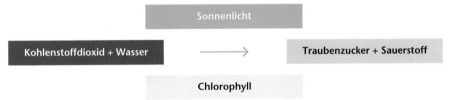

Sonnenlicht

Kohlenstoffdioxid + Wasser $\longrightarrow$ **Traubenzucker + Sauerstoff**

Chlorophyll

Damit bilden Pflanzen die Grundlage des Lebens auf der Erde, denn Sauerstoff brauchen Menschen und Tiere zum Atmen. Was geschieht mit dem Sauerstoff in unserem Körper? Alle Lebewesen benötigen Energie, um Lebensvorgänge wie Wachstum, Stoffwechsel oder Bewegung aufrechtzuerhalten. Diese Energie gewinnen sie durch den Abbau energiereicher Stoffe, vor allem von Zucker. Dabei wird Sauerstoff verbraucht und Wasser, Kohlenstoffdioxid und Energie werden frei. Dieser Vorgang, der in den Zellen geschieht, heißt **Zellatmung**. Pflanzen und Tiere sind durch folgenden Stoffkreislauf miteinander verbunden und voneinander abhängig.

Auch Pflanzen atmen ständig. Dennoch geben sie fünfmal so viel Sauerstoff ab, wie sie zur Atmung verbrauchen.

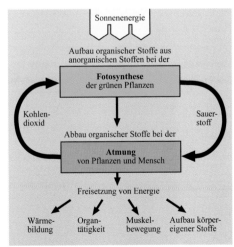

Zusammenhang zwischen Fotosynthese und Atmung

3.2 Was brauchen Pflanzen zum Wachsen?

3.2.1 Pflanzen entwickeln sich aus Samen

Wenn Kinder Pflanzen aus Samen anziehen, können sie das Pflanzenwachstum beobachten und die Frage beantworten. Dazu füllt jedes Kind einen Blumentopf mit Blumenerde und drückt gleichmäßig auf die Fläche verteilt mehrere Gemüsebohnen leicht in die Erde. Anschließend wird gegossen. Das Gießen muss täglich wiederholt werden, damit die Erde feucht, aber nicht nass bleibt. Der Blumentopf erhält einen warmen hellen Standort, z. B. auf der Fensterbank.

Aus der feuchten Erde nimmt der Samen Wasser auf, er wird größer und die äußere Hülle, *die Samenschale* platzt nach einigen Tagen auf. Man nennt diesen Vorgang **Quellung**. Schneiden wir einen gequollenen Samen auf, so erkennen wir, dass er aus zwei Hälften besteht, den **Keimblättern**. Sie enthalten Nährstoffe für die erste Phase des Pflanzenwachstums. Außerdem erkennen wir zwischen den Keimblättern einen kleinen **Keimstängel**, an dem sich auf der einen Seite die **Keimwurzeln** und auf der anderen Seite kleine, noch helle **Laubblätter** befinden.

Die Keimwurzel wächst aus dem Samen in die Erde hinein und zwar senkrecht nach unten. Von der Hauptwurzel ausgehend bilden sich Seitenwurzeln. Sie verankern die Keimpflanze im Boden und versorgen sie mit Wasser und darin gelösten Nährsalzen. Der Stängel und die Laubblätter wachsen gleichzeitig nach oben und durchbrechen nach einigen Tagen die Erde. Im Licht werden die zunächst hellen Laubblätter und der Stängel grün. Die Pflanze ist jetzt zur Fotosynthese fähig, das heißt, sie kann jetzt mit Hilfe des Sonnenlichts aus Wasser und Kohlenstoffdioxid selbst Nährstoffe bilden. Die Keimblätter sind durch den Nährstoffverbrauch immer kleiner geworden und fallen von der Pflanze ab.

Merksatz
Pflanzen brauchen zum Wachstum Erde mit den darin enthaltenen Nährsalzen sowie Wasser, Licht, Wärme und Luft.

Die Keimung einer Bohne

3.2.2 Wozu brauchen Pflanzen Dünger?

Neben Kohlenstoffdioxid, Sauerstoff und Wasser benötigen Pflanzen Mineralsalze wie Stickstoff, Phosphor, Kalium und zusätzliche Spurenelemente. Sie werden mit dem Wasser, in dem sie gelöst sind, aus dem Boden aufgenommen. Sind im Boden nicht genügend dieser Grundstoffe vorhanden, können sie der Pflanze durch Düngung zugeführt werden. Jede einzelne Pflanzenart benötigt Mineralsalze in unterschiedlicher Zusammensetzung. Die am geringsten vorhandene Menge an diesen Grundstoffen begrenzt die Entwicklung der Pflanze. Dieses **Minimumgesetz** wird häufig durch ein Fass veranschaulicht: Die Breite der Fassdauben stellt die Menge der benötigten Mineralstoffe dar. Die kurze Fassdaube verdeutlicht, dass zu wenig von einem Stoff vorhanden ist. Das Wasser im Fass kann aber nur so hoch wie die kürzeste Daube stehen.

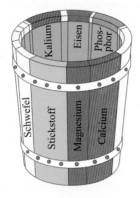

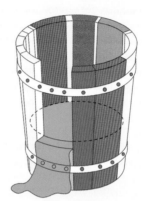

A Volldüngung **B** Stickstoffmangel

3.2.3 Nutzpflanzen – Grundlage der menschlichen Ernährung

Getreide wird schon seit mehr als 7.000 Jahren von Menschen angebaut. Auf unseren Feldern wächst heute vor allem Weizen, Roggen, Gerste, Hafer und Mais. Die reifen Körner aus den Ähren dieser Getreidearten enthalten viel Stärke. Sie werden zu Mehl vermahlen und zu Nahrungsmitteln wie Brot, Brötchen, Pizza, Kuchen, Haferflocken usw. verarbeitet. Hafer und Mais dienen auch zur Herstellung von Tierfutter und Gerste benötigt man zum Bierbrauen.

Von der **Kartoffel** verzehren wir die unterirdischen stärkehaltigen Speicherorgane, die Knollen, in Form von Salzkartoffeln, Bratkartoffeln, Pommes Frites, Kartoffelknödel usw. Die oberirdischen grünen Früchte der Kartoffel sind hingegen giftig.
Beim **Obst** genießen wir die Früchte roh oder in Form von Säften oder Marmeladen: Beliebt sind Apfel, Kirsche, Birne, Pflaume, Aprikose, Heidelbeere, Johannisbeere, Himbeere und Stachelbeere.
Als **Gemüse** verwenden wir unterschiedliche Pflanzenteile: Beerenfrüchte wie Tomate, Gurke oder Kürbis; Sprossteile und Blätter wie bei Kohlrabi, Weißkohl, Rotkohl, Wirsing, Rosenkohl und Blumenkohl.
Die **Zuckerrübe** dient vor allem zur Herstellung von Kristallzucker, der in Getränken, Backwaren und Süßigkeiten verarbeitet wird. Genutzt wird die verdickte Wurzel der Pflanze.

3.3   Blüten dienen der Fortpflanzung

Im Frühjahr, wenn die Kirschbäume blühen, können wir den Aufbau einer Blüte genauer untersuchen. Am Boden der Kirschblüte finden wir fünf grüne **Kelchblätter**. Sie umschließen zunächst schützend die Blütenknospe und öffnen sich in der Frühlingssonne, damit sich die fünf weißen **Kronblätter** (Blütenblätter) entfalten können. Diese dienen dazu, Insekten anzulocken. Im Inneren der Blüte befindet sich ein Kranz von 30 **Staubblättern**. Jedes Staubblatt besteht aus einem Staubfaden und einem Staubbeutel, der den gelben Blütenstaub enthält. Zwischen den Staubblättern ragt ein **Fruchtblatt**, auch Stempel genannt, hervor. Es trägt auf einem *Griffel* oben eine klebrige *Narbe* und verdickt sich unten zum *Fruchtknoten*.

Angelockt von den weißen Blüten und von deren Duft schwirren im Frühjahr Bienen von Kirschblüte zu Kirschblüte. Sie saugen mit ihren Rüsseln süßen Nektar vom Boden der Blüten, den sie zu ihren Waben tragen und daraus Honig herstellen. Beim Besuch einer Blüte berühren die Bienen die Staubbeutel und es bleibt immer etwas Blütenstaub in ihrem Haarpelz haften. Sucht die Biene die nächste Blüte auf, hinterlässt sie einige Pollenkörner auf der klebrigen Narbe. Da die **Bestäubung** bei der Kirsche durch Bienen, also Insekten, erfolgt, spricht man von **Insektenbestäubung**. Auch Hummeln, Schmetterlinge und Schwebfliegen bestäuben Pflanzen.

Aus jedem Pollenkorn wächst nun ein kleiner Schlauch durch die Narbe und den Griffel bis zum Fruchtknoten. Der Pollenschlauch, der am schnellsten wächst, dringt in den Fruchtknoten ein. Dort verschmilzt die männliche Geschlechtszelle aus dem Pollenkorn mit der weiblichen Eizelle, die sich im Fruchtknoten befindet. Somit ist eine **Befruchtung** erfolgt. Man bezeichnet die Staubblätter als männliche Blütenorgane und die Fruchtblätter als weibliche Blütenorgane. Blüten, wie die Kirschblüte, die sowohl männliche als auch weibliche Blütenorgane tragen, heißen Zwitterblüten.

Nach der Befruchtung verändert sich die Blüte: Die Kronblätter verwelken und fallen ab. Auch Griffel und Narbe vertrocknen. Der Fruchtknoten hingegen schwillt an. Daraus entwickelt sich die Frucht, die Kirsche. Sie besteht aus der glatten Außenhaut, dem roten Fruchtfleisch und dem steinharten Samen.

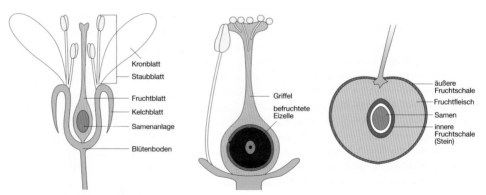

Kirsche: Von der Blüte zur Frucht

Exkurs: Bienen – staatenbildende Insekten

In einem Bienenstock leben bis zu 80.000 Tiere. Es gibt aber nur ein fruchtbares Weibchen, die **Königin**. *Den größten Teil der Bienen eines Stocks stellen die* **Arbeitsbienen**. *Diese unfruchtbaren Weibchen verrichten im Laufe ihres kurzen Lebens von etwa zwei Monaten verschiedene Aufgaben: Brut pflegen, Stock reinigen und reparieren, Honig machen, Stockeingang bewachen, Nektar sammeln.*

Eine Sammelbiene, die eine ergiebige Futterquelle gefunden hat, gibt diese Information durch Zeichensprache an ihre Artgenossen im Stock weiter. Durch eigenartige Bewegungen, die man als **Rundtanz** *und* **Schwänzeltanz** *bezeichnet, übermittelt sie Richtung und Entfernung der Futterquelle vom Stock.*

Begleitet von etwa der Hälfte der Tiere eines Stocks fliegt im Juni eine junge Königin aus. Im Flug wird sie von einer männlichen Biene, einer **Drohne**, *befruchtet. Während die Drohne nach der Paarung stirbt, gründet die Königin einen neuen Staat. Sie legt in ihrem Leben von vier bis fünf Jahren bis zu 2.000 Eier.*

Bei der **Hasel** erfolgt die Bestäubung anders als bei der Kirsche. Auf der Pflanze befinden sich zwei Arten von Blüten: Die gelben „Kätzchen" tragen die männlichen Blüten. Die weiblichen Blütenstände, kleine rote Pinselchen, sitzen auf dem gleichen Baum. Bei warmem Frühlingswetter fallen aus männlichen Blüten Pollenkörner in großer Zahl heraus. Der Wind trägt sie zu den weiblichen Blüten, wo dann die Befruchtung, das heißt die Verschmelzung von Ei- und Samenzelle, stattfindet. Diese **Windbestäubung** findet man auch bei Gräsern und bei vielen Bäumen.

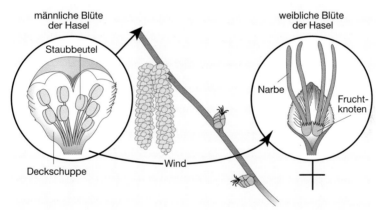

Bestäubung bei der Hasel

Bei der **Salweide** wachsen die Blüten sogar auf zwei verschiedenen Sträuchern: Männliche Sträucher tragen „Kätzchen", weibliche Sträucher tragen Stempelblüten. Bei der Salweide erfolgt die Bestäubung durch Insekten, die die Pollen von der männlichen Pflanze zur weiblichen tragen.

Anders als die Kirsche mit ihren Zwitterblüten, haben sowohl Hasel als auch Salweide zwei verschiedene Blüten. Sie sind **getrenntgeschlechtlich**. Bei der Hasel befinden sich beide Blüten auf der gleichen Pflanze. Man nennt sie **einhäusig**. Entsprechend ist die Salweide **zweihäusig**.

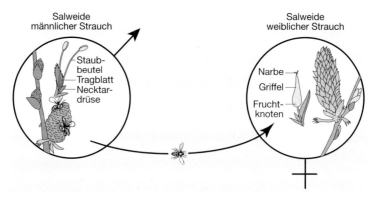

Bestäubung bei der Salweide

3.4 Verbreitung von Früchten und Samen

Kindern macht es Spaß, „Pusteblumen" zu pflücken, sie kräftig anzupusten und zu beobachten, wie die weißen Früchte langsam zu Boden gleiten und dabei weit weg getragen werden. „Pusteblumen", die Fruchtstände des Löwenzahns, hängen an einem langen Stiel, der an einer Art „Fallschirm" aus feinen Haaren befestigt ist. Mit dem Wind können **Flugfrüchte** wie die des Löwenzahns weit verbreitet werden.

Zu den Flugfrüchten gehören auch die Früchte von Weide, Pappel, Ahorn, Hainbuche, Esche, Birke, Erle und Ulme.

Auch **Streufrüchte** wie der Klatschmohn nutzen den Wind. Der Ginster gehört zu den **Schleuderfrüchten**. Die Hülsen springen an warmen Sommertagen blitzschnell auf, wobei sich die Fruchtwand schraubig aufrollt und die reifen Samen bis zu fünf Meter weit fortschleudert.

Viele Früchte, zum Beispiel von Himbeere, Holunder, Eberesche, Eibe und Schneeball, sind bunt gefärbt und nahrhaft für Vögel. Man nennt sie **Lockfrüchte**. Die Vögel scheiden sie mit dem Kot aus und sorgen so für die Verbreitung und Düngung der Samen.

Klettfrüchte wie die von Klette und Waldmeister besitzen Hakenhaare, die sich im Fell von Tieren festsetzen und von diesen fortgetragen werden. Uferpflanzen wie Seerose, Teichrose oder Wasserhahnenfuß nutzen das strömende Wasser zur Verbreitung ihrer **Schwimmsamen**.

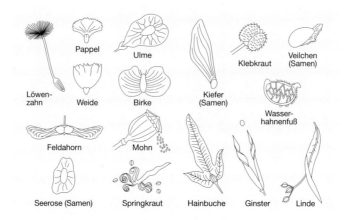

Verbreitungseinrichtungen für Früchte

3.5 Wie Pflanzen überwintern

Im Herbst, wenn sich die Blätter verfärben und von den Bäumen fallen, toben Kinder gerne im Laub. Es macht ihnen auch Spaß, Blätter zu sammeln. Sie erfreuen sich an den verschiedenen Farben und Formen der Blätter und Früchte und basteln daraus allerlei Sachen, zum Beispiel Tiere, Männchen oder Gestecke. Oft stellen sie auch die Frage: „Warum werfen die Bäume im Herbst ihre Blätter ab?"

Laubbäume schützen sich durch den Abwurf der Blätter vor dem Vertrocknen im Winter. Denn aus dem gefrorenen Boden können die Wurzeln kein Wasser aufnehmen. Über die Blätter verdunstet ein großer Laubbaum aber viele hundert Liter Wasser pro Tag.
Vor dem **Laubfall** wird das Chlorophyll aus den Blättern in den Stamm und in die Wurzeln transportiert. Zurück bleiben rote und gelbe Farbstoffe, die je nach Zusammensetzung die bunte Laubfärbung verursachen. Das Blatt beginnt nun auch zu vertrocknen und reißt im Herbstwind leicht ab. In jeder Blattachsel befindet sich aber bereits eine kleine **Knospe**. Die darin angelegten Blätter und Blüten entfalten sich im Frühjahr.
Auch die Nadeln der **Nadelbäume** sind Blätter. Sie haben aber eine kleinere Oberfläche als Laubblätter und eine feste Oberhaut, sodass sie bei der Fotosynthese nicht zu viel Wasserdampf aus den Spaltöffnungen verlieren. Außerdem sind Nadeln und auch die Blätter von immergrünen Laubbäumen oft mit einer Wachsschicht überzogen, die sie vor Kälte und Austrocknen schützen.

Kastanie im Winter und im Sommer

Kaum ist der Schnee geschmolzen, kündigen die ersten Blüten von Schneeglöckchen, Buschwindröschen, Krokus, Tulpe und Scharbockskraut den Frühling an. Man nennt diese Pflanzen **Frühblüher**. Im Winter waren sie nicht zu sehen. Sie haben geschützt unter der Erde in Form von Zwiebeln, Wurzel- oder Sprossknollen überwintert. In ihnen legen die Pflanzen im Sommer einen Vorratsspeicher an Nährstoffen an, der ihnen im zeitigen Frühjahr zum schnellen Wachsen und Erblühen zur Verfügung steht. Dadurch nutzen sie die Sonneneinstrahlung im Wald, bevor sich das dichte Blätterdach der Bäume ausbildet.

Einjährige Pflanzen sterben im Winter vollständig ab. In ihren Samen überdauern ihre Nachkommen die vegetationslose Zeit als ruhender Embryo. Dazu gehören viele Kräuter und Gräser.

A

Aufgaben zur Wiederholung und Festigung:

1. Erklären Sie anhand der Abbildung auf Seite 234 den Aufbau einer Blütenpflanze und die Funktionen der Pflanzenteile.
2. a) Erklären Sie den chemischen Vorgang der Fotosynthese.
   b) Erklären Sie anhand der Abbildung auf Seite 235 den Zusammenhang zwischen Fotosynthese und Atmung.
3. Erklären Sie den Vorgang der Keimung.
4. Erklären Sie das Minimumgesetz.
5. Erklären Sie den Aufbau einer Kirschblüte und erklären Sie, warum man sie Zwitterblüte nennt.
6. Erklären Sie den Unterschied zwischen Bestäubung und Befruchtung. Was versteht man unter Insekten- und was unter Windbestäubung?
7. Erklären Sie, warum man die Hasel als getrenntgeschlechtlich einhäusig und die Salweide als getrenntgeschlechtlich zweihäusig bezeichnet.
8. Erklären Sie die Laubverfärbung und den Laubfall im Herbst.
9. Erklären Sie, wie Frühblüher überwintern.

Zusatzaufgaben zur Vertiefung

1. Keimung von Pflanzen

Füllen Sie 5 Blumentöpfe mit Blumenerde und drücken Sie in jeden Topf 5 Bohnensamen.
Topf 1: Standort warm und hell, wird täglich gegossen. Topf 2: Standort warm und hell, wird <u>nicht</u> gegossen. Topf 3: Standort warm und hell, wird täglich gegossen, aber mit Plastikfolie luftdicht abgeschlossen Topf 4: Standort warm, wird täglich gegossen, aber mit schwarzer Pappe lichtdicht abgedeckt. Topf 5: Standort „Kühlschrank"
Protokollieren Sie über ca. 4 Wochen das Pflanzenwachstum und erklären Sie die Unterschiede.

2. Früchte

1. a) Sammeln Sie im Herbst Früchte verschiedener Pflanzen.
   b) Demonstrieren und erklären Sie, wie die Früchte verbreitet werden.
   c) Basteln Sie mit den Früchten verschiedene Dinge.
   d) Ziehen Sie aus den Früchten neue Pflanzen in Blumentöpfen oder im Frühbeet.
2. a) Legen Sie ein Beet oder Kräuterbeet an, pflegen und ernten Sie.
   b) Stellen Sie Tipps zur Blumenpflege zusammen.
   c) Informieren Sie sich über giftige Pflanzen. Berichten Sie.

3. Nutzpflanzen – Giftpflanzen

1. a) Schneiden Sie eine Zwiebel auf und erklären Sie den Aufbau.
   b) Schneiden Sie Samenkörner, z. B. Weizen, Roggen, Bohnen auf und erklären Sie den Aufbau.
2. Backen Sie Kuchen und Brot aus verschiedenen Getreiden.
3. Informieren Sie sich über Giftpflanzen (z. B. www.giftpflanzen.com). Berichten Sie. Überlegen Sie, wie man Kinder schützen kann.

4 Heimische Tiere in ihren Lebensräumen

4.1 Säugetiere leben überwiegend an Land

Lernsituation

*Kinder, vor allem kleine Mädchen, lieben Pferde. Nach einer Tragzeit von 315 Tagen hat die Stute ein Junges, ein **Fohlen**, zur Welt gebracht. Es ist in der Gebärmutter der Stute in einer Fruchtblase, umgeben von Fruchtwasser, geschützt herangewachsen. Bei der Geburt platzte die Fruchtblase auf und das noch nasse Fohlen gelangte durch Presswehen ins Freie. Sofort begann die Mutter das Junge trocken zu lecken. Schon nach ein paar Stunden konnte das kleine Fohlen auf noch wackeligen Beinen stehen und bald sogar der Mutter noch etwas unbeholfen folgen. Instinktiv suchte es immer wieder unter dem Bauch der Mutter nach den Zitzen und saugte sofort die nahrhafte Milch aus ihrem **Euter**.*

Pferd mit Fohlen

Kind betreut Pferd

Nach der Befruchtung, das heißt Verschmelzung von Ei- und Samenzelle im Eileiter, wachsen Säugetiere im Körper der Mutter heran, kommen lebend zur Welt und werden mit der Muttermilch ernährt, die die Jungen instinktiv aus den Zitzen der Mutter saugen.

Man nennt Jungtiere, die wie das Pferd nach der Geburt schon weitgehend selbständig sind, **Nestflüchter**. Dazu gehören zum Beispiel Rind, Schaf, Ziege, Reh und Elefant.
Tiere, die nach der Geburt hilflos sind und von der Mutter intensiv versorgt werden müssen, nennt man **Nesthocker**. Dazu gehört zum Beispiel das Kaninchen. Die Jungen werden nackt, blind und zahnlos geboren. Obwohl Kaninchen bei der Geburt weder sehen noch laufen können, suchen sie durch Körper- und Kopfbewegungen instinktiv nach den Zitzen der Mutter und beginnen zu saugen, wenn sie sie gefunden haben. Auch Hund, Katze, Maus, Hamster und Meerschweinchen gehören zu den Nesthockern.

Einige Tiere tragen ihre Jungen mit sich herum, wobei sich die Kleinen im Fell der Mutter festhalten. Zu diesen **Traglingen** gehören viele Affenarten.

4.1.1 Wir beobachten heimische Wildtiere

Wildkaninchen

Wildkaninchen leben mitten unter uns auf Wiesen, in Parks, aber auch auf dem Schul- und Kitagelände. Sie ernähren sich von Pflanzen: Gräser, Kräuter, Blüten. In Gärten richten sie oft Schaden an, wenn sie sich über die frischen Salat- und Gemüsepflanzen hermachen. Wildkaninchen leben gesellig in Kolonien. Sie graben ausgedehnte Höhlen in die Erde, in die sie flüchten, wenn Gefahr droht, z. B. durch Greifvögel, Füchse oder Hunde. Dann trommeln sie mit ihren Hinterläufen auf den Boden und warnen so die ganze Kolonie. Der unterirdische Kaninchenbau hat eine Wohnkammer, von der mehrere verzweigte Röhren zu verschiedenen Ausgängen führen. Die Jungtiere kommen in einer Setzkammer nackt und blind zur Welt. Es sind Nesthocker, die etwa drei Wochen lang von der Mutter versorgt werden, bis sie selbständig sind.

Kaninchenbau

Feldhase

Feldhasen sind größer als Wildkaninchen und haben längere Ohren und längere Hinterbeine. Im Gegensatz zu Wildkaninchen sind Feldhasen Einzelgänger. Sie legen auch keine unterirdischen Gänge an, sondern graben nur eine flache Mulde in die Erde. In diese **Sasse** ducken sie sich, gut getarnt durch ihr braunes Fell. Kommt ihnen ein Feind zu nahe, laufen sie mit weiten Sprüngen und hakenschlagend davon. Die Nachkommen der Feldhasen sind Nestflüchter. Die Häsin wirft meist viermal im Jahr zwei bis fünf Junge pro Wurf.

Eichhörnchen

Im Sommer sehen wir oft Eichhörnchen, wie sie geschickt und schnell an Bäumen hochklettern oder von Ast zu Ast oder von Baum zu Baum springen. Im Herbst legen sie emsig einen Nahrungsvorrat für den Winter an, indem sie Eicheln, Nüsse, Bucheckern und Zapfen von Nadelbäumen im Boden vergraben oder in Baumhöhlen verstecken. Das können bis zu 10.000 Früchte sein. Den Winter verschläft das Eichhörnchen größtenteils in seinem kugelförmigen Nest, dem **Kobel**, welches es in einem Baum anlegt. Der Kobel ist mit Blättern und Moos ausgepolstert und schützt das Eichhörnchen zusätzlich zum Winterfell vor Kälte. Es kommt nur alle zwei bis drei Tage heraus, um Nahrung aus den im Herbst angelegten Vorratskammern aufzunehmen. Durch diese **Winterruhe** verringert das Eichhörnchen seinen Energieverbrauch. Das Eichhörnchen bekommt zweimal jährlich drei bis sieben Junge, welche als Nesthocker in den ersten Wochen von der Mutter versorgt werden.

Eichhörnchen   *Igel*   *Rehe*

Maulwurf

Gartenbesitzer ärgern sich oft über Maulwurfshügel im Rasen. Aber Maulwürfe dürfen nicht getötet werden, denn sie stehen unter Naturschutz. Maulwürfe leben als Einzelgänger unter der Erde. Sie graben verzweigte Gänge von bis zu 200 Meter Länge. Den Erdaushub sieht man als Maulwurfshügel an der Oberfläche. Maulwürfe ernähren sich von Regenwürmern, Insektenlarven, Schnecken und anderen Kleintieren, die sie in ihren Gängen finden. Sie verfügen über einen ausgezeichneten Tast-, Geruchs- und Gehörsinn, um ihre Beute zu jagen. Sehen können Maulwürfe schlecht. Da Maulwürfe den Boden lockern und Schädlinge vertilgen, stehen sie unter Naturschutz. Normalerweise werden drei bis vier Junge geboren. Die Nesthocker verlassen erst im Alter von 5 Wochen erstmals das Aufzuchtnest und unternehmen Ausflüge in das Gangsystem.

Igel

Der Igel lebt in Parks, Gärten, Wäldern, in Hecken und Gebüschen. Er ernährt sich von Insekten, Schnecken und Mäusen, aber auch von pflanzlicher Nahrung. Er jagt seine Beute in der Dämmerung und nachts. Wird der Igel bedroht, rollt er sich ein. Die Stacheln halten seine Fressfeinde davon ab, zuzubeißen. Die Igelin bringt einmal jährlich im Durchschnitt vier bis fünf blinde und taube Junge zur Welt. Sie werden etwa sechs Wochen lang gesäugt. Im Herbst zieht sich der Igel in sein Laubnest zurück, rollt sich ein und fällt in einen **Winterschlaf**. Die Körpertemperatur sinkt dann von 35 °C auf 5–6 °C; Atmung und Herztätigkeit verlangsamen sich. Während des Winterschlafs zehrt der Igel von seinen Fettreserven. Bei Frost wacht der Igel auf, denn schlafend würde er erfrieren.

Reh

Rehe kann man vor allem am frühen Morgen und am Abend im Dämmerlicht beobachten. Sie halten sich gerne auf Wiesen und auf Feldern in Waldnähe auf, kommen aber auch in unsere Gärten. Rehe sind Pflanzenfresser und ernähren sich von Gräsern, Kräutern und Blättern. Sie sind **Wiederkäuer**, das heißt sie kauen ihr Futter zweimal: Zunächst beißen sie Pflanzen ab, zerkauen diese und schlucken sie runter. Anschließend legen sie sich auf eine Wiese, stoßen das Futter wieder aus dem Magen ins Maul auf und kauen es noch einmal durch. Nur so gelingt es ihnen, die Nährstoffe der Pflanzen aufzuschließen. Das weibliche Tier, die Ricke, bringt im Mai ein bis zwei Jungtiere, Kitze, zur Welt. Es sind Nestflüchter, die bereits kurz nach der Geburt stehen und laufen und der Mutter folgen können. Bei Gefahr bleiben sie aber bewegungslos liegen, wobei ihr geflecktes Fell eine gute Tarnung darstellt. Nur der Rehbock trägt ein Geweih, welches er im Spätherbst abwirft. Im Frühjahr wächst es nach, wobei jedes Jahr ein Ende hinzukommt. Das Geweih dient als Waffe bei Revierkämpfen und zum Markieren des Reviers.

4.1.2 Der Mensch hält Säugetiere als Nutz- und Haustiere

Hund

Man mag es kaum glauben: Alle Hunderassen, so unterschiedlich sie auch in Größe und Erscheinungsbild sein mögen, stammen vom Wolf ab. Es begann schon vor etwa 15.000 Jahren. Vermutlich hat der Steinzeitmensch verwaiste Wolfsjungen von Hand aufgezogen und so gezähmt. Später hat er solche Tiere weitergezüchtet. Man nennt diesen langen Prozess der Haustierwerdung **Domestikation**.

Heute züchtet der Mensch etwa 300 verschiedene Hunderassen und trainiert die Tiere für unterschiedliche Zwecke. Blindenhunde führen sehbehinderte Menschen durch den Verkehr. Hütehunde halten Schafherden zusammen. Wachhunde schlagen an, wenn Fremde auf das Grundstück kommen. Jagdhunde spüren das Wild auf. Spürhunde helfen der Polizei, dem Zoll oder dem Katastrophenschutz bei Erdbeben und Lawinenunglücken. Diese Leistungen sind möglich, weil der Hund über einen feineren Geruchssinn und einen besseren Gehörsinn verfügt als der Mensch. Und noch etwas ist für das Verhältnis Mensch – Hund wichtig: Der Hund erkennt – wie der Wolf – die Rangordnung im Rudel und den Leitwolf an. Für den Hund stellen die Menschen, mit denen er zusammenlebt, sein Rudel dar. Er folgt gehorsam seinem Herrn.

Hunde sind Säugetiere: Nach einer Tragzeit von 60 Tagen wirft die Hündin ein bis zehn Junge. Die völlig hilflosen Nesthocker werden von der Mutter versorgt und gesäugt.

Wolf   *Schäferhund*   *Yorkshire-Terrier*

Katze

Im Gegensatz zu Hunden sind Katzen Einzelgänger. Trotzdem schließen sie sich dem Menschen als Haustiere an und werden sehr zutraulich. Katzen können auch bei Dunkelheit sehr gut sehen und haben ein feines Gehör. Mit den Tasthaaren an der Oberlippe können sie an engen Stellen, zum Beispiel im Gestrüpp, Hindernisse erkennen.

Unsere Katzenrassen stammen alle von der Nubischen Falbkatze ab, die schon vor 6.000 Jahren in Ägypten als Haustier gehalten wurde, um die Getreidevorräte vor Mäusen und Ratten zu schützen. Nach Europa gelangte die Hauskatze vor etwa 1.000 Jahren. Auch wenn die Katze vom Menschen ausreichend gefüttert wird, geht sie instinktiv auf Jagd nach Mäusen, Ratten, Fröschen, jungen Kaninchen und auch nach Vögeln. Dabei schleicht sie sich vor allem in der Dämmerung und nachts lautlos an die Beute heran, macht, wenn sie nahe genug ist, blitzschnell einen großen Sprung und ergreift ihr Opfer mit den scharfen Krallen der Vorderpfoten. Mit ihren dolchartigen Zähnen tötet sie das Beutetier. Oft lassen Katzen ihre Beute noch einmal los, um den Jagdangriff zu wiederholen und so zu üben. Jungkatzen trainieren ihre Jagdtechnik mit allem, was sich bewegt: Bälle, Wollknäuel, Schnüre usw.

Katzen sind pro Jahr etwa zwei bis drei Mal paarungsbereit. Nach einer Tragzeit von etwa 65 Tagen kommen drei bis fünf Junge zur Welt, die blind und taub sind. Die hilflosen Nesthocker werden mehrere Wochen lang von der Mutter versorgt.

Jungkatze spielt mit Ball

Katze mit Beute im Maul

Rind

Das Hausrind stammt vom Ur oder Auerochsen ab und wurde vor etwa 6.000 Jahren vom Menschen gezähmt und weiter gezüchtet. Das Rind ist ein Pflanzenfresser. Auf der Weide umfasst das Rind mit der langen muskulösen Zunge ganze Grasbüschel und rupft diese ab. Die pflanzliche Nahrung, bis zu 70 kg pro Tag, gelangt zunächst in den Pansen und von dort in den Netzmagen, wo der schon leicht zersetzte Speisebrei zu Ballen geformt wird. Immer wieder legt sich das Rind nieder. Durch Aufstoßen gelangen dann die Speiseballen aus dem Netzmagen zurück ins Maul, wo sie zum zweiten Mal gründlich zerkaut werden. Rinder sind **Wiederkäuer**. Nach dem Wiederkäuen gelangt der Speisebrei über die Schlundrinne in den Blättermagen und dann in den Labmagen. So kann das Rind die schwer verdauliche pflanzliche Nahrung optimal verwerten.

In Deutschland werden heute etwa 15 Millionen Rinder gehalten, die uns mit Milch und daraus hergestellten Produkten wie Joghurt, Käse, Butter und Sahne sowie Fleisch versorgen. Durch künstliche Besamung ist es möglich, dass von einzelnen Bullen weit über 10.000 Nachkommen pro Jahr geboren werden. Nach etwa 280 Tagen Tragzeit kommen ein bis zwei Kälbchen zur Welt. Sie sind Nestflüchter, werden aber von der Mutter gesäugt.

Rind beim Wiederkäuen

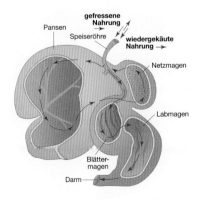

Die Rindermägen

Schwein

Das Hausschwein stammt vom Wildschwein ab. Es wurde vor etwa 5.000 Jahren vom Menschen gezähmt und seit dieser Zeit gezüchtet. Es liefert dem Menschen vor allem Fleisch. Das Schwein ist ein Allesfresser. Auf der Weide durchwühlen Hausschweine wie ihre wilden Vorfahren den Boden mit ihren rüsselartigen Nasen. Sie fressen Wurzeln, Gras und Kleintiere. Gern wälzen sie sich in Schlammkuhlen zur Abkühlung und zum Schutz vor Insekten. Weibliche Hausschweine bringen pro Wurf etwa 12 Ferkel zur Welt, die einige Wochen lang von der Mutter gesäugt werden.

Hausschwein mit Jungen

Wildschweine mit Jungen

Artgerechte Tierhaltung

Jeder Tierhalter muss seine Tiere entsprechend ihrer Art und ihren Bedürfnissen angemessen ernähren, pflegen und verhaltensgerecht unterbringen. Dabei darf die Möglichkeit zu artgemäßer Bewegung nicht so eingeschränkt werden, dass dem Tier Schmerzen oder vermeidbare Leiden oder Schäden zugefügt werden. So heißt es im Gesetz. Aber wie sieht die Realität aus?

Schweine werden überwiegend auf Spaltböden gehalten. Bestand in Deutschland ca. 29 Millionen Schweine, Haltung in Ställen mit Spaltböden: 92 %; in Ställen mit festem Boden und Einstreu: 6 %; in Ställen mit Freilandhaltung: 1 %.

Viele Rinder grasen auf der Weide: Bestand in Deutschland ca. 12,5 Millionen, Haltung in Laufställen: 74 %; Haltung in Anbindeställen: 21 %. 4,8 Mio. Kühe haben die Möglichkeit, auf die Weide zu gehen.

Die Käfighaltung von Legehennen auf der Fläche eines DIN-A-4-Blattes wurde am 1. Januar 2009 in Deutschland verboten. 63 % der Tiere leben mittlerweile in Bodenhaltung, 13 % in Freilandhaltung und 6 % in ökologischer Haltung.

Viele Kinder wünschen sich ein Haustier. Aber Tiere sind Lebewesen und keine Spielzeuge. Wer ein Tier hält, trägt Verantwortung dafür, möglicherweise viele Jahre oder sogar Jahrzehnte lang. Deshalb sollten sich Eltern gut überlegen, ob bei ihnen die Tierhaltung möglich ist. Wichtige Fragen sind: Wie viel Zeit benötigt das Haustier? Wie viel Platz braucht es? Und wie viele Kosten verursacht es, zum Beispiel für Futter, Unterbringung und Pflege, Tierarzt usw. Man muss sich mit der Lebensweise und dem Verhalten von Tieren beschäftigen, um eine artgerechte Haltung sicherstellen zu können.

4.2 Vögel erobern den Lebensraum Luft

4.2.1 Die Amsel – ein Singvogel

Überall in unseren Gärten und Parkanlagen können wir Amseln beobachten: die Männchen mit schwarzem Gefieder und gelbem Schnabel, die Weibchen dunkelbraun mit schwarzem Schnabel. Vor allem am frühen Morgen und am Abend zwitschern die Männchen laut und ausdauernd von einem erhöhten Sitzplatz aus. Mit diesem „Gesang" grenzt die Amsel ihr Revier gegenüber anderen Männchen ab und versucht, Weibchen anzulocken. Die Amsel gehört zu den **Singvögeln**, wie Rotkehlchen, Buchfink oder Meise.

Das Männchen umwirbt das Weibchen in der **Balz** und begattet es. Nach der Paarung baut die Amsel ein **Nest** aus Zweigen, Blättern, Laub und Gras. Darin legt das Weibchen vier bis fünf grüne, braun gefleckte **Eier** ab. Nach etwa zwei Wochen **Brutzeit** schlüpfen aus den Eiern nackte, blinde und völlig hilflose kleine Küken. Sie müssen von den Eltern von morgens bis abends unaufhörlich gefüttert und umsorgt werden. Amseljunge sind **Nesthocker**. Wenn ein Altvogel auf dem Nestrand landet, sperren die Jungen instinktiv ihre Schnäbel auf. Sonst ducken sie sich eng aneinander am Nestboden. Nach ein paar Wochen sind die Jungen groß und stark genug, um fliegen zu lernen.

Amsel: A) Nest mit Eiern;   *B) Amsel bei der Brut;*   *C) Junge Amseln werden gefüttert.*

Warum können Vögel fliegen? Der stromlinienförmige Körper bietet dem Luftstrom wenig Widerstand. Die Leichtbauweise spart Energie beim Abheben: Die Knochen der Vögel sind nämlich mit Luft gefüllt. Die vorderen Gliedmaßen dienen als Flügel. Sie können ausgebreitet und mit Muskelkraft auf- und abbewegt werden, wodurch bei diesem **Ruderflug** der Auftrieb zustande kommt. Mit ausgebreiteten Flügeln können Vögel auch Aufwinde nutzen und ohne Flügelschlag in der Luft im **Segel- oder Gleitflug** energiesparend vorankommen.

Vögel entwickeln sich aus Eiern. Bei der Paarung dringen Spermazellen des Vogelmännchens in den Eileiter des Weibchens ein. Eine Spermazelle verschmilzt mit der Eizelle, die als Keimscheibe auf einer Dotterkugel im Eileiter liegt. Nach der Befruchtung erhält jedes Ei seine endgültige Ausstattung mit Eiklar und Kalkschale und wird vom Weibchen ins Nest gelegt und bebrütet. Dotter und Eiklar dienen dem heranwachsenden Embryo als Nährstoffdepot. Am Ende der Brutzeit durchbricht das Küken die Haut zur Luftblase und die Kalkschale.

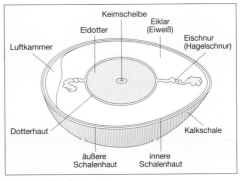

Bau eine Vogeleis

4.2.2 Vögel im Winter

Manche Vogelarten wie Storch oder Kuckuck verbringen nur den Frühling und Sommer bei uns. Im Herbst ziehen sie in großen Scharen in ihre Winterquartiere nach Afrika. Dabei legen sie Entfernungen bis zu 10.000 Kilometer zurück. Man nennt sie **Zugvögel**. Dabei orientieren sie sich tagsüber am Stand der Sonne und nachts an den Sternen. Durch Beringung hat man herausgefunden, welche Routen die Vögel nehmen. Zugvögel meiden lange Strecken über dem Meer. Im Osten überqueren sie das Mittelmeer am Bosporus und im Westen an der Meerenge von Gibraltar, um von Europa nach Afrika zu gelangen.

Storchenpaar im Nest

Flugordnungen

Vögel, die das ganze Jahr über bei uns bleiben, nennt man **Standvögel**. Dazu gehören zum Beispiel Amsel, Sperling, Meise und Elster. Zwar legen sie in der kalten Jahreszeit ein wärmendes Wintergefieder an, leiden aber bei strengem Frost und geschlossener Schneedecke unter der Kälte und unter Nahrungsmangel. In solchen Zeiten kann man den Vögeln durch **Winterfütterung** mit Körnern und Meisen-Knödeln helfen.

Daneben gibt es Vögel, die zwar das ganze Jahr über in Europa bleiben, aber zum Teil lange Strecken zurücklegen, um bessere Lebensbedingungen zu finden. Zu diesen **Strichvögeln** gehören zum Beispiel Rotkehlchen, Zaunkönig, Buchfink und Graugans.

Vögel am Futterhaus

4.2.3 Wir beobachten heimische Vogelarten

An einem sonnigen Nachmittag kreist der Mäusebussard im Segelflug in großer Höhe über einer Wiese. Mit seinen scharfen Augen kann er kleine Beutetiere am Boden erkennen: Mäuse, Eidechsen, Frösche oder Kaninchen. Im Sturzflug saust er hinunter, packt mit seinen scharfkralligen Greiffüßen die Beute und fliegt davon. An einem ruhigen Platz, dem Kröpfplatz, lässt er sich nieder, zerteilt die Beute mit dem starken Hakenschnabel und verschlingt die Teile mit Haut und Knochen. Unverdauliche Reste würgt er später als Gewölle wieder aus.

Zu den heimischen **Greifvögeln** gehören neben dem Mäusebussard auch Habicht, Sperber, Turmfalke, Roter Milan und Steinadler.

Mäusebussard

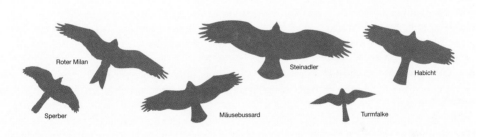

Roter Milan

Steinadler

Habicht

Sperber

Mäusebussard

Turmfalke

Flugbilder von Greifvögeln

Eulen jagen nur nachts. Sie meiden die Helligkeit und verbringen den Tag in ihren Verstecken: Felsspalten, Dachböden, Scheunen oder Kirchtürmen. Sie haben lichtempfindliche Augen und können sich auch nachts im Mondlicht orientieren. Mit ihrem äußerst feinen Gehör nehmen sie das Rascheln von Beutetieren, zum Beispiel von Mäusen, wahr. Fast lautlos gleiten sie durch die Luft, fassen die Beute mit ihren scharfen Greiffüßen und tragen sie zu ihrem Kröpfplatz, wo sie sie töten, zerteilen und verschlingen.

Der Ruf des **Kuckucks** ist unverkennbar. Damit lockt das Männchen ab Anfang Mai, wenn diese Zugvögel aus Afrika zurückgekehrt sind, Weibchen an. Nach der Paarung baut der Kuckuck aber kein eigenes Nest. In einem günstigen Moment fliegt das Kuckucksweibchen zu einem fremden Nest, verschluckt eines der dort liegenden Eier und legt ein eigenes Ei hinein. So verfährt es mit mehreren fremden Nestern. Die Wirtsvögel bebrüten ahnungslos ihre Gelege mit dem Kuckucksei. Immer schlüpft der Kuckuck als erstes Küken und beginnt, obwohl es noch blind und nackt ist, die anderen Eier aus dem Nest zu werfen. Anschließend lässt es sich von den Wirtsvögeln füttern. Der Kuckuck ist ein **Brutschmarotzer**. Dabei legt er seine Eier immer in Nester von Vogelarten, von denen er selbst ausgebrütet wurde.

Nest mit Kuckucksei

Kuckuck wird von Wirtsvogel gefüttert

4.3   Kriechtiere lieben es warm und sonnig

An warmen sonnigen Tagen können wir **Zauneidechsen** beobachten: Die etwa 20 Zentimeter langen Tiere haben helle Längsstreifen und dunkle Flecken, wobei die Männchen eine grünliche und die Weibchen eine bräunliche Grundfärbung aufweisen.

Ihre Körpertemperatur ist von der Außentemperatur abhängig: Sie sind **wechselwarm**. Den Winter verbringen Zauneidechsen unter Laub oder Erde in **Winterstarre**: Herzschlag und Atmung sind verlangsamt. Je wärmer es wird, umso munterer sind die Eidechsen. Beim Laufen macht der Körper Schlängelbewegungen und schleift über den Boden. Deshalb nennt man Eidechsen auch **Kriechtiere** oder wissenschaftlich **Reptilien**.

Nur zur **Paarung** im Frühjahr kommen Männchen und Weibchen zusammen. Etwa vier Wochen nach der **inneren Befruchtung** gräbt das Weibchen Vertiefungen in den lockeren Boden, legt dort bis zu 15 Eier ab und scharrt das Gelege zu. Die Eier werden vom warmen Boden ausgebrütet. Nach etwa acht Wochen schlüpfen kleine, etwa fünf Zentimeter lange fertige Eidechsen aus den Eiern. Sie sind sofort selbständig und können alleine ihre Nahrung suchen: Ameisen, Käfer, Spinnen und Insekten.

Die Haut der Eidechsen ist von festen trockenen Hornschuppen bedeckt. Diese Schuppenhaut kann nicht mitwachsen. Deshalb **häuten** sich Eidechsen während ihres Wachstums immer wieder. Unter der abgestreiften Haut befindet sich bereits ein neues etwas größeres Schuppenkleid.

Eidechsen: Männchen und Weibchen

Junge Eidechse schlüpft aus dem Ei

Auch Schlangen, Schildkröten und Krokodile gehören zu den Kriechtieren. Die **Ringelnatter** ist eine heimische ungiftige Schlange. Mit ihrer Zunge kann sie ihre Beutetiere, zum Beispiel Frösche oder Mäuse, riechen. Blitzschnell schlägt sie mit ihren scharfen Zähnen zu und lässt das Opfer nicht mehr los. Sie würgt die Beute unzerkaut herunter.

Die **Kreuzotter** ist eine Giftschlange. Sie tötet ihre Beute durch einen Biss mit ihren spitzen Giftzähnen. Anschließend lässt sie sie los. Das tote Tier verschlingt die Kreuzotter wie die Ringelnatter unzerkaut am Stück.

Ringelnatter

Kreuzotter

4.4   Lurche – Tiere zwischen Wasser und Land

Wenn wir an einem Frühlingstag an einem Teich vorbeikommen, hören wir das laute Quaken der Frösche. Es sind die Männchen, die mit diesem „Froschkonzert" Weibchen anlocken. Das Männchen springt bei der **Paarung** auf den Rücken des Weibchens und umklammert es mit den Vorderbeinen. Nun beginnt das Weibchen lange Schnüre mit Eiern abzulegen, welche das Männchen mit der milchigen Spermaflüssigkeit bespritzt. Bei dieser **äußeren Befruchtung** verschmelzen Ei- und Samenzellen. Die Laichbänder, die an der Wasseroberfläche schwimmen, können bis zu 3.000 Eier enthalten.

Schon nach wenigen Tagen kann man in der Gallerthülle der Eier kleine Embryonen erkennen. Nach zwei bis sechs Wochen schlüpfen längliche **Kaulquappen** aus den Eiern. Die Kaulquappe atmet durch Kiemen, kann mit ihrem langen Ruderschwanz gut schwimmen und ernährt sich von Wasserpflanzen. Schnell wächst sie und verändert ihr Aussehen. Zunächst entwickeln sich die Hinterbeine, dann die Vorderbeine und der Schwanz bildet sich zurück. Die Kaulquappe wird einem Frosch immer ähnlicher. Nach etwa 12 Wochen sind auch die Lungen ausgebildet und der Frosch stellt sich auf Fleischnahrung um. Er fängt mit seiner klebrigen Zunge Fliegen und andere Insekten.

Die Entwicklung eines Frosches aus dem Ei über das Larvenstadium „Kaulquappe" zum fertigen Frosch nennt man **Metamorphose**.

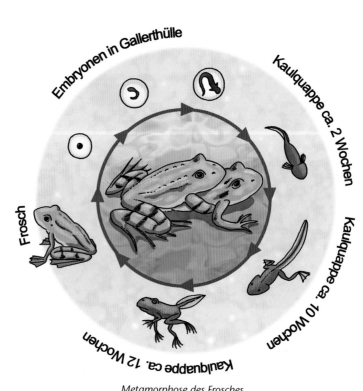

Metamorphose des Frosches

Zu den Lurchen gehören neben den Fröschen auch Molche und Kröten. Viele Lurcharten verbringen den Sommer in Gärten, auf Wiesen oder in Wäldern. Im Frühjahr wandern sie zu ihren Laichgewässern, wo sie selbst aus dem Ei geschlüpft sind. Bei dieser **„Krötenwanderung"** leben sie gefährlich, denn oft müssen sie Straßen passieren. Mit Schildern „Vorsicht Krötenwanderung!", mit Fangzäunen oder Tunneln versucht man die gefährdeten Arten zu schützen.

Den Winter verbringen Frösche in frostgeschützten Erdlöchern oder im Schlammboden von Teichen in **Winterstarre**.

Lurche verbringen einen Teil ihres Lebens als Kaulquappe im Wasser und den Rest als ausgewachsene Tiere an Land. Man bezeichnet sie deshalb als **Amphibien** (wörtlich übersetzt: Doppellebewesen).

4.5 Fische leben im Wasser

Fische leben im Wasser. Wie ist das möglich? Fische haben keine Lungen, sondern **Kiemen**, die unter den Kiemendeckeln beidseits am Kopf liegen. Wenn der Fisch sein Maul öffnet, strömt Wasser hinein, welches er durch die Kiemen wieder nach außen drückt. Dabei kann er im Wasser gelösten Sauerstoff ins Blut aufnehmen und Kohlenstoffdioxid ins Wasser abgeben. Die Konzentration von gelöstem Sauerstoff nimmt ab, wenn die Wassertemperatur steigt. Die meisten Wasserorganismen benötigen zum Leben eine Mindestkonzentration von gelöstem Sauerstoff. Deshalb kann es in heißen Sommern zu Fischsterben kommen. Die Tiere leiden dann an Sauerstoffmangel, d. h. sie ersticken. In Aquarien sorgen Wasserpflanzen und Pumpen, die Luft ins Wasser leiten, für die Sauerstoffversorgung.

Fische haben eine **Stromlinienform** und eine glitschige, mit **Schleim** bedeckte Haut, sodass sie leichter durchs Wasser gleiten können. Dabei machen sie schlängelnde Körperbewegungen. Stabilisiert werden sie von **Schwimmflossen**: Je nach Fischart Schwanz-, Brust-, Bauch-, Rücken- und Afterflossen.

Fische können aber auch bewegungslos im Wasser schweben. Sie haben in ihrem Körper eine **Schwimmblase**, die mit Gas gefüllt ist. Je nachdem, wie stark sie diese aufblasen, schweben sie höher oder tiefer im Wasser, denn durch die Füllung verändert sich der Auftrieb.

Wie pflanzen sich Fische fort? Schauen wir uns diesen Vorgang am Beispiel der Bachforelle an: Im Spätherbst paaren sich Männchen und Weibchen. Das Forellenweibchen wedelt mit ihrer Schwanzflosse eine flache Grube am Bachboden im Kies oder Sand frei und legt dort etwa 5.000 Eier, den **Rogen,** ab. Das Männchen ergießt daraufhin seine Spermien, die **Milch,** über die Eier. Die Spermien schwimmen zu den Eiern und befruchten diese. Man spricht von **äußerer Befruchtung**. Zum Schutz vor Fraßräubern wedeln die beiden Forellen noch eine Schicht Kies oder Sand über die Eier.

Nach 1–2 Monaten schlüpfen Fischlarven aus den Eiern. Sie ernähren sich noch einige Wochen lang vom Dottersack, den sie am Bauch tragen. Wenn der Dottersack aufgezehrt ist, werden die kleinen Forellen als Jungfische bezeichnet. Sie fangen jetzt kleine Wasserinsekten und Würmchen. Nach zwei Jahren werden die Forellen geschlechtsreif und können jetzt selbst für Nachwuchs sorgen.

Forelle

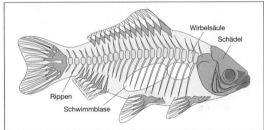

Bau eines Fisches

Aufgaben zur Wiederholung und Festigung:

1. a) Erklären Sie, wodurch Säugetiere charakterisiert sind.
   b) Was versteht man unter Nesthocker, Nestflüchter und Tragling? Nennen Sie Beispiele.
2. Stellen Sie die Unterschiede zwischen Feldhase und Wildkaninchen gegenüber.
3. Beschreiben Sie das Leben des Eichhörnchens im Jahresablauf.
4. Beschreiben Sie das Leben von
   a) Maulwurf,
   b) Igel,
   c) Reh.
5. a) Erklären Sie, was man unter Domestikation versteht.
   b) Erklären Sie für Hund, Katze, Rind und Schwein, warum der Mensch diese Tiere als Nutz- oder Haustiere hält.
6. a) Informieren Sie sich über die Haltung von Schweinen, Rindern und Hühnern. Berichten Sie über verschiedene Arten der Haltung.
   b) Besprechen Sie in einem Rollenspiel, wie man mit dem Wunsch eines Kindes nach einem Haustier umgehen kann.
7. Wiederholen Sie die Gesichtspunkte zum Thema „Tierhaltung in der Kita" (Seite 149).
8. Erklären Sie am Beispiel der Amsel die Entwicklung eines Singvogels.
9. Erklären Sie den Unterschied zwischen Zugvögeln, Standvögeln und Strichvögeln und nennen Sie Beispiele.
10. Erklären Sie, wie Greifvögel und Eulen leben.
11. Was versteht man unter Brutschmarotzer? Erklären Sie dies am Beispiel des Kuckucks.
12. a) Erklären Sie, wie Eidechsen leben.
    b) Erklären Sie die Beutetechnik von Ringelnatter und Kreuzotter.
13. Erklären Sie die Entwicklung (Metamorphose) eines Frosches.
14. Erklären Sie, wie Fische atmen, wie Fische schwimmen und wie sich Fische fortpflanzen.

Zusatzaufgaben zur Vertiefung

1. a) Informieren Sie sich im Internet über verschiedene Ansichten zum Thema „Winterfütterung von Vögeln". Berichten Sie.
   b) Informieren Sie sich im Internet über Bauanleitungen zur Herstellung von Futterhäuschen. Bauen sie diese für Ihre Kita nach.
   c) Informieren Sie sich im Internet über Rezepte für Winterfutter, z. B. Meisen-Knödel und erstellen Sie solches Futter.
2. Saurier sind ausgestorbene Kriechtiere. Sie lebten im Erdmittelalter an Land (z. B. Stegosaurus), im Wasser (z. B. Ichthyosaurus) und in der Luft (z. B. Pterodactylus). Manche Arten ernährten sich von Pflanzen, andere waren Raubtiere. Die größten wurden bis zu 30 Meter lang und wogen 10 Tonnen. Am Ende der Kreidezeit starben sie aus.
   a) Erstellen Sie eine Poster mit Sauriern.
   b) Informieren Sie sich über unterschiedliche Theorien, warum die Saurier ausgestorben sind. Berichten Sie.
   c) Schauen Sie den Film „Jurassic Park" an. Diskutieren Sie darüber.
3. a) Erstellen Sie mit Hilfe eines Bestimmungsbuches eine Übersicht über heimische Frosch-, Molch- und Krötenarten.
   b) Informieren Sie sich über „Krötenwanderungen" und Schutzmaßnahmen für heimische Lurche bei der Wanderung.
4. Informieren Sie sich über einen Zoo in Ihrer Nähe. Planen Sie einen Besuch mit Kindern.
5. Informieren Sie sich über Bauernhöfe in Ihrer Nähe. Planen Sie einen Besuch mit Kindern.

5 Unterschiedliche Lebensräume

Lernsituation

*In jedem **Lebensraum**, auch **Biotop** genannt, wie Wald, Wiese, See, Hochgebirge oder Watten-meer, finden wir kennzeichnende Tiere und Pflanzen. Sie bilden dort eine **Lebensgemeinschaft** oder **Biozönose**. Jeder Lebensraum wird geprägt durch unterschiedliche Einflussfaktoren aus der unbelebten Natur wie Wasser, Wind, Boden, Licht oder Temperatur. Das Zusammenspiel der abio-tischen Faktoren eines Lebensraums und der darin siedelnden Lebensgemeinschaft von Pflanzen und Tieren nennt man **Ökosystem**.*

Ökosystem Wald

Ökosystem See

5.1 Der Wald – mehr als Bäume

Stockwerke des Waldes

Betreten wir im Hochsommer einen Wald, so beeindrucken uns zunächst die mächtigen Bäume. Sie bilden das oberste Stockwerk des Waldes, die **Baumschicht** und spenden Schat-ten und Kühle. In einem **Mischwald** finden wir Laubbäume wie Rotbuche, Stieleiche, Esche, Hainbuche und Schwarzerle sowie Nadelbäume wie Fichte, Tanne, Kiefer, Lärche oder Eibe.

Allerdings herrschen bei uns heute vom Menschen geschaffene **Forste** vor. Sie bestehen meist aus **Monokulturen** von nur einer schnell wachsenden Baumart, z. B. der Fichte, und dienen der Holzgewinnung.

In der **Strauchschicht** wachsen kleinere Pflanzen, die weniger Licht benötigen, z. B. Holunder, Hasel oder Schneeball. Das unterste Stockwerk des Waldes ist die **Krautschicht**. Im Frühjahr, wenn noch viel Sonnenlicht durch die unbelaubten Äste der Bäume bis zum Waldboden dringt, entfalten sich dort **Frühblüher** wie Buschwindröschen und Scharbockskraut. Später im Jahr finden wir in der Krautschicht mehr oder weniger üppig wachsende Schattenpflanzen wie Waldmeister, Farne, Moose und Pilze. Während im zeitigen Frühjahr noch etwa 50 Prozent des Sonnenlichtes bis zum Waldboden gelangt, sind es im Hochsommer nur noch sieben Prozent.

Stoffkreislauf des Waldes

Die grünen Pflanzen der Lebensgemeinschaft Wald nennt man **Erzeuger** oder **Produzenten**, denn sie sind in der Lage, aus den einfachen Ausgangsstoffen Kohlenstoffdioxid und Wasser mit Hilfe des Sonnenlichts organische Nährstoffe zu bilden. Davon leben letztlich alle Tiere des Waldes. Sie sind **Verbraucher** oder **Konsumenten**. Tiere, die sich von Pflanzen ernähren, wie Reh und Hirsch, sind Verbraucher 1. Ordnung. Raubtiere wie der Fuchs oder Greifvögel wie der Waldkauz nennt man Verbraucher 2. Ordnung.

Der Stoffkreislauf des Waldes schließt sich durch die **Zersetzer** oder **Destruenten**. Sie ernähren sich von abgestorbenem Pflanzenmaterial wie Laub und Holz sowie von toten Tieren. In der Laubstreu des Waldes leben unzählige Kleintiere wie Assel, Milbe und Springschwanz. Regenwürmer bohren bis zu zwei Meter tiefe Röhren in den Waldboden. Nachts ziehen sie vermoderte Blätter unter die Erde und fressen diese. Der Kot, den sie ausscheiden, ist bester Humus. Die Regenwurmröhren durchlüften zudem den Waldboden.

Das, was diese Kleintiere ausscheiden, bauen Bakterien und Pilze weiter ab und führen so dem Waldboden die Mineralstoffe zu, die die Pflanzen zum Wachsen brauchen. **Pilze** wie Steinpilz, Hallimasch oder Champignon haben kein Chlorophyll und sind deshalb nicht zur Fotosynthese fähig. Sie ernähren sich von totem organischem Material wie vermodertem Holz und Laub. Es sind **Fäulnisbewohner**. Der sichtbare Pilz ist der Fruchtkörper, der der Fortpflanzung durch Sporen dient. Unterirdisch hat der Pilz ein weit verzweigtes Fadengeflecht, das **Mycel**, mit dem er die Nährstoffe aus dem Boden aufnimmt.

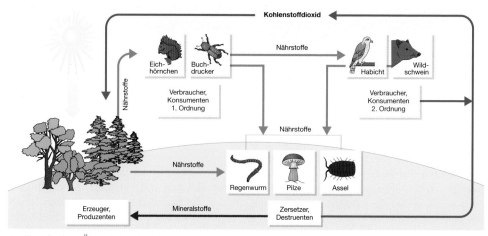

Stoffkreislauf im Ökosystem Wald

Tiere des Waldes

Häufig vorkommende Tiere unserer Wälder sind: Säugetiere wie Rothirsch, Reh, Wildschwein (Schwarzwild), Dachs, Fuchs und Eichhörnchen; Vögel wie Eichelhäher, Buchfink, Buntspecht, Kleiber und Waldkauz; Insekten wie Borkenkäfer, Maikäfer, Rote Waldameise und Zitronenfalter.

Ein **Ameisenbau** besteht aus dem oberirdischen Nadelhaufen und einem weit verzweigten System aus Gängen und Kammern, das sich darunter bis ins Erdreich erstreckt. Darin lebt ein **Ameisenvolk** von bis zu mehreren hunderttausend Tieren. Den Winter verbringen die Ameisen unter der Erde in Kältestarre. Nur in den warmen Jahreszeiten sind sie aktiv. Im Früh-

sommer entwickeln sich geflügelte Männchen und Weibchen. Während die Männchen nach der Paarung sterben, kehren die befruchteten Weibchen als **Königinnen** ins Ameisennest zurück und legen dort Eier.

Die meisten Tiere eines Ameisenstaates sind unfruchtbare Weibchen. Sie versorgen als Pflegerinnen die Brut, reinigen und reparieren als Arbeiterinnen den Bau, bewachen als Wächterinnen die Eingänge und wehren Feinde ab oder sorgen als Sammlerinnen für Nahrung. Ameisen ernähren sich von Pflanzen und Tieren. Ein Ameisenvolk vernichtet pro Tag bis zu 100.000 Schadinsekten. Sie töten ihre Beutetiere mit Ameisensäure und tragen sie dann ins Nest. Dabei benutzen sie **Ameisenstraßen,** die sie mit Duftmarken markieren.

Aus Drüsen am Hinterleib spinnt die **Kreuzspinne** feine Fäden, aus denen sie zwischen Zweigen an Bäumen oder Sträuchern ein Netz spannt.

Zunächst legt die Spinne den Rahmen und die Speichen des Netzes an. Anschließend spinnt sie eine **Hilfsspirale**, die sie im nächsten Arbeitsschritt durch eine klebrige **Fangspirale** ersetzt. Nun begibt sich die Kreuzspinne in ihr Versteck, die **Warte**. Mit einem **Signalfaden** kann sie Erschütterungen erkennen, die vom im Netz zappelnden Beutetieren verursacht werden. Dann eilt sie zur Beute. Sie bewegt sich dabei möglichst nur auf dem Rahmen und den Speichen. Gerät sie doch einmal auf die klebrige Fangspirale, schützt sie eine ölige Flüssigkeit an den Beinen davor, selbst festzukleben. Zunächst spinnt die Kreuzspinne das Beutetier in einen Kokon ein, sodass es nicht mehr entkommen kann. Dann tötet sie es mit einem Biss mit ihrer Giftklaue und presst eine Verdauungsflüssigkeit in dessen Körper. Später saugt sie die vorverdauten inneren Organe des Beutetieres aus.

Nach der Paarung im Sommer legen die Spinnenweibchen etwa 60 Eier in einem Kokon ab. Daraus schlüpfen im nächsten Frühjahr kleine Spinnen. Spinnen sind keine Insekten. Sie haben acht Beine, Insekten nur sechs.

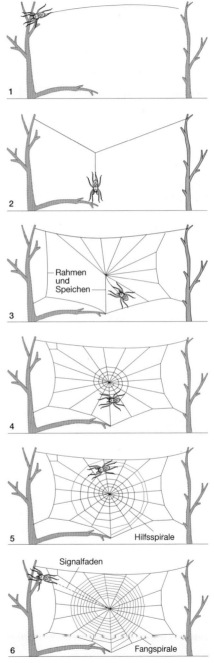

Netzbau der Spinne

5.2 Der See, ein wässriger Lebensraum

Die Pflanzengürtel des Sees

Beim Spaziergang an einem Seeufer fallen uns als charakteristische Bäume die Erle und die Weide auf. Sie kommen mit Überschwemmungen und ständig hochstehendem Grundwasser bestens zurecht. Hier am Seeufer gedeihen auch Sumpfpflanzen wie Sumpfdotterblume, Schwertlilie und Segge.

Im flachen Wasser bis zu einer Tiefe von zwei Meter stehen im **Röhrichtgürtel** Schilf, Froschlöffel und Rohrkolben. Während die Wurzeln fest im Seeboden verankert sind, ragt der größte Teil der Pflanzen weit aus dem Wasser heraus. Durch ihre biegsamen Halme können sie Wind und Wellen standhalten.

Teich- und Seerose sowie Laichkraut wurzeln in Wassertiefen bis zu sechs Meter. Nur ihre Blätter und Blüten ragen über die Wasseroberfläche hinaus. Man nennt diese Zone des Sees **Schwimmblattgürtel**.

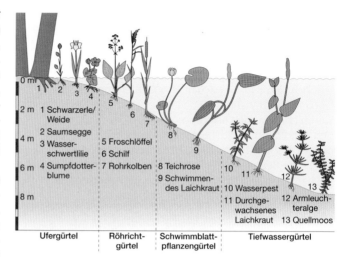

Der See, Lebensraum für viele Pflanzenarten

In noch größeren Tiefen von acht Metern und mehr wachsen Pflanzen, die vollständig unter der Wasseroberfläche leben. Es sind zum Beispiel Wasserpest, Armleuchteralge und Quellmoos.

Stoffkreislauf im See

Im Seewasser leben aber noch unzählige kleine Pflanzen, die wir mit bloßem Auge nicht sehen können. Es sind einzellige Algen, die als **pflanzliches Plankton** im Wasser schweben. Alle Pflanzen des Sees zusammen sind die Erzeuger.

Vom pflanzlichen Plankton ernähren sich kleine Krebse wie Wasserflöhe und Hüpferlinge. Sie bilden das **tierische Plankton** und gehören als Pflanzenfresser zu den Verbrauchern 1. Ordnung. Sie sind die Nahrung für viele kleine Fische, die ihrerseits von Raubfischen wie dem Hecht oder von Wasservögeln wie dem Haubentaucher gefressen werden. Es sind Verbraucher 2. Ordnung. Zersetzer wie die Schlammschnecke und die Posthornschnecke ernähren sich von totem Pflanzenmaterial, welches auf den Seeboden sinkt. Hier leben auch Zuckmückenlarven, die tote Tiere fressen. Einzellige Glocken- und Wimpertierchen nehmen feinste pflanzliche Schwebeteilchen auf. Was übrig bleibt, wird von Bakterien und Pilzen zersetzt.

Mit diesem Stoffkreislauf aus pflanzlichen Produzenten, tierischen Konsumenten und Kleinstlebewesen als Zersetzer ist der See zur **Selbstreinigung** fähig. Durch übermäßige Einleitung von Nährstoffen, zum Beispiel durch landwirtschaftliche Dünger oder Klärabwässer, kann es vor allem bei warmem Wetter zu Massenvermehrung von Algen kommen. Die Selbstreinigungskraft des Sees wird dadurch überfordert. Es kommt zu Sauerstoffmangel und Fischsterben.

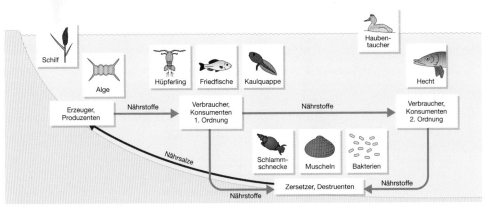

Stoffkreislauf im See

Tiere des Sees

Schwimmvögel wie Stockente, Höckerschwan, Haubentaucher und Blesshuhn lassen sich gut am See beobachten. Die Stockente liegt mit ihrem flachen Körpern wie ein kleines Schiff auf der Wasseroberfläche. Ein Luftkissen zwischen den Daunenfedern sorgt für Auftrieb. Damit sich die Daunenfedern nicht voll Wasser saugen können, fettet die Stockente die darüber liegenden Deckfedern immer wieder mit einem Sekret aus der **Bürzeldrüse**, die an der Schwanzwurzel liegt, ein. Zwischen den Zehen hat sie **Schwimmhäute**, mit denen sie sich im Wasser schnell vorwärts bewegen kann. An Land laufen Stockenten unbeholfen und watschelig. Im flachen Wasser taucht die Ente mit dem Kopf unter Wasser und nimmt Schlamm vom Seegrund in ihren Schnabel auf. Beim Auftauchen presst sie das Wasser seitlich durch eine Art Sieb aus Hornleisten heraus. Zurück bleibt die Nahrung der Stockente: Würmer, Schnecken, Insektenlarven und Wasserpflanzen. Man nennt diese Art der Nahrungsaufnahme **gründeln**.

Der Höckerschwan hat einen langen Hals und kann deshalb im tieferen Wasser gründeln. Er ernährt sich von Wasserpflanzen. Haubentaucher und Blesshühner können bis zu sechs Meter tief tauchen. Haubentaucher fangen kleine Fische, Blesshühner ernähren sich von Kleintieren und Wasserpflanzen.

Obwohl viele Seen bei uns im Winter zufrieren, überleben unter dem Eis **Fische** und **Frösche**. Dies liegt an ein einer besonderen Eigenschaft des Wassers: Es ist bei + 4 °C am schwersten. Das heißt, am Boden eines Sees ist die Wassertemperatur im Sommer wie im Winter gleich, nämlich +4 °C. Im tiefen Wasser und im Schlamm des Sees können Frösche und Fische in Kältestarre überleben. Häufige Fische in unseren Seen sind Stichling, Bitterling, Hecht, Karpfen, Forelle und Aal.

Libellen sind hervorragende Flieger. Sie können wie ein Hubschrauber in der Luft stehen, aber auch mit hohen Geschwindigkeiten von bis zu 100 Kilometern pro Stunde vorwärtsfliegen. Im Flug fangen sie ihre Beutetiere: kleine Insekten. Auch die Paarung erfolgt im Flug. Dabei bilden Männchen und Weibchen eine Verbindung, das **Paarungsrad**. Das Weibchen legt seine Eier anschließend an Pflanzen unter Wasser in Seen und Teichen ab. Daraus schlüpfen Libellenlarven, die mehrere Jahre im Wasser leben und sich von Kleintieren ernähren. Sie wachsen und häuten sich dabei bis zu 15-mal. Bei der letzten Häutung schlüpft das Vollinsekt, welches das Wasser verlässt.

A   *Aufgaben zur Wiederholung und Festigung:*

1. Erklären Sie die biologischen Begriffe „Lebensraum", „Lebensgemeinschaft" und „Ökosystem".
2. Erklären Sie, was man unter den Stockwerken des Waldes versteht. Welche charakteristischen Pflanzen kommen in den einzelnen Stockwerken vor?
3. Erklären Sie den Stoffkreislauf des Waldes anhand der Begriffe „Erzeuger", „Verbraucher" und „Zersetzer".
4. Erklären Sie das Zusammenleben der Tiere in einem Ameisenstaat.
5. Erklären Sie, wie die Kreuzspinne ihr Nest baut und Beutetiere fängt.
6. Erklären Sie die Pflanzengürtel eines Sees.
7. Erklären Sie den Stoffkreislauf eines Sees.
8. Was versteht man unter pflanzlichem und tierischem Plankton?
9. Erklären Sie, wie Schwimmvögel an das Leben auf dem Wasser angepasst sind.
10. Erklären Sie wie Fische und Frösche im See überwintern können.
11. Beschreiben Sie das Leben von Libellen.

Zusatzaufgaben zur Vertiefung

1. Erstellen Sie mit Hilfe eines Bestimmungsbuches Steckbriefe folgender Bäume:
   Laubbäume: Rotbuche, Stieleiche, Esche, Hainbuche, Schwarzerle
   Nadelbäume: Fichte, Tanne, Kiefer, Lerche, Eibe
2. Erstellen Sie mit Hilfe eines Bestimmungsbuches Steckbriefe von Pilzen, Farnen und Moosen des Waldes.
3. Erstellen Sie mit Hilfe eines Bestimmungsbuches Steckbriefe folgender Tiere des Waldes:
   Säugetiere wie Rothirsch, Reh, Wildschwein, Dachs, Fuchs, Eichhörnchen;
   Vögel wie Eichelhäher, Buchfink, Buntspecht, Kleiber, Waldkauz;
   Insekten wie Borkenkäfer, Maikäfer, Rote Waldameise, Zitronenfalter.
4. Erstellen Sie mit Hilfe eines Bestimmungsbuches Steckbriefe folgender Wasserpflanzen: Sumpfdotterblume, Schwertlilie, Segge, Schilf, Froschlöffel, Rohrkolben, Teich-, Seerose, Laichkraut, Wasserpest, Armleuchteralge, Quellmoos.
5. Erstellen Sie mit Hilfe eines Bestimmungsbuches Steckbriefe folgender Schwimmvögel: Stockente, Höckerschwan, Haubentaucher, Blesshuhn, Graugans.
6. Wiederholen Sie ggf. folgende Aufgaben von Seite 256:
   A3 „Eichhörnchen", A4c) „Reh", A10 „Greifvögel", A13 „Frösche", A14 „Fische"; B 3a) „Frösche, Molche und Kröten" und B3b) „Krötenwanderung".

Sachwortverzeichnis

Literaturverzeichnis

aid infodienst – Ernährung, Landwirtschaft, Verbraucherschutz e.V., Bonn: aid Ernährungspyramide, abgerufen unter: www.aid.de.

Andresen, Sabine/Albus, Stefanie: Bedürfnisse von Kindern: Befunde und Schlussfolgerungen aus der Kindheitsforschung (Universität Bielefeld). Expertise für das Ministerium für Generationen, Familie, Frauen und Integration des Landes NRW. Bielefeld: 2009.

Ankenbrand, Hendrik: Ein Drittel aller Lebensmittel wird verschwendet, in: Frankfurter Allgemeine Sonntagszeitung, Nr. 23, 9. 7. 2013, S. 26.

Antonovsky, Aaron: Salutogenese. Zur Entmystifizierung der Gesundheit. Tübingen: DGVT-Verlag, 1997.

AOK Hessen: 7 Regeln gegen die Sucht, abgerufen unter: http://www.starke-eltern.de/htm/7Regelngegen Sucht.htm [28.11.2013].

Bayer. GUVV (Bayerischer Gemeindeunfallversicherungsverband)/Bayer. LUK (Bayerische Landesunfallkasse)/ver.di Bayern(Hrsg.): Gesundes Arbeiten in Kindertagesstätten, München, 2010, S. 10, abgerufen unter: http://www.kita-bildungsserver.de/downloads/download-starten/?did=998 [27.11.2013].

Bierbach, Elvira: Naturheilpraxis heute. Lehrbuch und Atlas, 4. Auflage. München: Urban & Fischer, 2009.

Biermann, Bernd/Kaiser, Doris: Gesund leben, 4. Auflage. Köln: Bildungsverlag Eins, 2012.

Biermann, Bernd/Schüler, Johanna/Schütte, Gaby: Gesundheit und Gesundheitswissenschaften. Köln: Bildungsverlag Eins, 2012.

Biermann, Bernd: Qualitätsmanagement. Unterrichtsthemen aus Sozialpflege und Sozialpädagogik. Troisdorf: Bildungsverlag Eins, 2010.

Bundesarbeitsgemeinschaft Mehr Sicherheit für Kinder e.V., Bonn, abgerufen unter: www.kindersicherheit.de.

Bundesministerium für Justiz und Verbraucherschutz: Infektionsschutzgesetz. Berlin, abgerufen unter: www.juris.de.

Bundesverband der Unfallkassen, München: Kinder brauchen Bewegung. München: 1998.

Bundesverband der Unfallkassen, München: Wahrnehmungs- und Bewegungsförderung in Kinderttageseinrichtungen, GUV-SI 8072, 2004, abgerufen unter: www.sichere-kita.de.

Bundeszentrale für gesundheitliche Aufklärung - Kinderübergewicht, Köln. Abgerufen unter: www.bzga-kinderübergewicht.de.

Campbell, Neil A./Reece, Jane B.: Biologie. München: Pearson Studium, 2009.

Dermutz, Astrid: Gift im Essen – auf die Zubereitung kommt es an. Hessischer Rundfunk 2013, abgerufen unter: www.hr-online.de.

Deutsche Gesellschaft für Ernährung e.V. (DGE): www.dge.de.

Europäische Union: EU-Verordnung zur Lebensmittelhygiene: Europa – Zusammenfassung der EU-Gesetzgebung, abgerufen unter: www.europa.eu.

Feydt-Schmidt, Anne/Steffers, Gabriele: Pädiatrie. Kurzlehrbuch für Pflegeberufe, 2. Auflage. München: Elsevier, 2010.

Gola, Ute: Das große GU Familien-Ernährungsbuch. München: Gräfe und Unzer, 2011.

Greenpeace e.V.: Essen ohne Gentechnik. Einkaufsratgeber für gentechnikfreien Genuss. Hamburg: 2011.

Greenpeace e.V.: Essen ohne Pestizide. Einkaufsratgeber für Obst und Gemüse. Hamburg: 2012.

Johannsen, Ulrike/Heindl, Ines/Brüggemann, Ingrid: Die aid-Ernährungspyramide für Kinder. Ergebnisse einer Evaluation zur Ernährungsbildung in der Grundschule. In: Ernährung im Fokus, 8-02/08, S. 46 – 52, abgerufen unter: www.uni-flensburg.de.

Kugler, Peter: Zelle, Organ, Mensch. Bau, Funktion und Krankheiten. München: Urban & Fischer, 2006.

Landesvereinigung für Gesundheit und Akademie für Sozialmedizin Niedersachsen e.V.: Gesunde Kita für alle. Leitfaden zur Gesundheitsförderung im Setting Kindertagesstätte. Hannover 2011. Abgerufen unter: www.gesundheit-nds.de.

Latos, Maria: Natürliche Gifte. Fokus Magazin. Nr. 10 2012. Abgerufen unter: www.fokus.de/gesundheit/ernährung/news/brennpunkt-natuerliche-gifte_aid_720311.html.

Maslow, Abraham H.: Motivation und Persönlichkeit. Hamburg: Rowohlt, 1981.

Max Rubner-Institut (Hrsg.): Nationale Verzehrstudie II. Karlsruhe: Bundesforschungsinstitut für Ernährung und Lebensmittel, 2008.

Österreicher, Herbert: Natur- und Umweltpädagogik für sozialpädagogische Berufe, 2. Auflage. Köln: Bildungsverlag Eins, 2011.

Raithel, Kirsten: Musterhygieneplan für Kindertagesstätten. Teil 1: Infektionsschutz, 3. Auflage. Stuttgart: Landesgesundheitsamt Baden-Württemberg, 2010.

Robert-Koch-Institut (Hrsg): Verbreitung von Krebserkrankungen in Deutschland – Entwicklung der Prävalenzen zwischen 1990 und 2010, Beiträge zur Gesundheitsberichterstattung des Bundes. Berlin: RKI 2010, abgerufen unter: http://www.rki.de/Krebs/SharedDocs/Downloads/Krebspraevalenz.pdf;jsessionid=11024B757537ADEDFAA982C652BBB5DD.2_cid372?__blob=publicationFile, S. 160.

Robert Koch-Institut, Berlin: http://www.kiggs-studie.de/deutsch/ergebnisse/kiggs-basiserhebung/gbe-publikationen.html.

Rohr, Anna: Gesundheit und Hygiene im Kindergarten, 2. völlig neu überarbeitete Auflage, herausgegeben vom Landratsamt Ostalbkreis, 2010.

Sozialgesetzbuch. Bücher I – XII. Allg. Teil, 42. Auflage. München: Beck, 2013.

Spiegel Online: abgerufen unter: http://www.spiegel.de/politik/deutschland/nierenspende-steinmeier-verlaesst-krankenhaus-a-715268.html (23.08.2010).

http://www.spiegel.de/wirtschaft/service/futtermittelfirmen-werfen-importeur-zu-laxe-kontrollen-vor-a-886369.html (01.03.2013).

http://www.spiegel.de/wirtschaft/service/dioxin-behoerden-finden-belastete-eier-aus-niedersachsen-a-827469.html (13.04.2012).

Unfallkasse Nordrhein-Westfalen (UK NRW), Düsseldorf, abgerufen unter: www.sichere-kita.de.

Verordnung über Anforderungen an die Hygiene beim Herstellen, Behandeln und Inverkehrbringen von Lebensmitteln/ Lebensmittelhygieneverordnung – LMHV: Gesetze im Internet/ Bundesministerium für Justiz und Verbraucherschutz, Berlin (in Zusammenarbeit mit www.juris.de).

Weltgesundheitsorganisation WHO: Verfassung der WHO, 1946. Abgerufen unter: www.admin.ch [30.05.2011].

Werner, Annegret: Was brauchen Kinder, um sich altersgemäß zu entwickeln? In: Kindler, Heinz et al. (Hrsg): Kindeswohlgefährdung und § 1660 BGB und Allgemeiner Sozialer Dienst ASD, Kapitel 13. München: Deutsches Jugendinstitut e.V., 2006.

Bildquellenverzeichnis

aid infodienst Ernährung, Landwirtschaft, Verbraucherschutz e.V., Bonn: S. 99 (Idee: S. Mannhardt)

Angelika Brauner, Hohenpeißenberg/Bildungsverlag Eins, Köln: S. 13, 23, 25.3, 25.10, 31, 32.2, 33.1, 33.2, 34.1, 34.2, 35, 36.1, 47, 48.1, 48.2, 48.3, 53.1, 53.2, 54.2, 56, 57, 58, 59.1, 59.2, 62.1, 62.2, 63, 64.1, 64.2, 65, 71.1, 71.2, 76, 77.1, 77.2, 79, 80, 85, 87, 97, 116, 117, 118, 119.1, 119.2, 119.3, 121.1, 121.2, 121.3, 122, 126.2, 131, 132.1, 132.2, 134, 141.2, 143.2, 151, 153.1, 153.2, 172, 173.1, 173.2, 174, 176, 178.1, 178.2, 180, 191.3, 193.1, 194, 195, 198, 216.1, 216.2, 222, 223.2, 224, 225, 229, 231, 232, 234.2, 238, 239, 240.1, 240.2, 247.4, 249.4, 250.2, 251.2, 255.2, 258, 259, 260, 261

Anette Schaumlöffel, Köln: S. 40.2, 189, 214

Bundesverband der Energie- und Wasserwirtschaft e.V. (BDEW), www.bdew.de: S. 223.1

BilderBox.com, Thening (Österreich): S. 55

Bioland e.V., Esslingen: S. 110.3

Birgitt Biermann-Schickling, Hannover/Bildungsverlag Eins, Köln: S. 25.11, 28.1, 28.2, 29.1, 39.1, 39.2, 39.3, 39.4, 39.5, 41.1, 41.2, 42, 44.1, 45.1, 45.2, 46.1, 46.2, 51.1, 51.2, 52, 54.1, 67.1, 67.2, 67.3, 68, 136.2, 138, 152.2, 193.3, 201, 235.1, 235.2, 237

Bundesanstalt für Landwirtschaft und Ernährung, Bonn: S. 110.2

Bundeszentrale für gesundheitliche Aufklärung (BZgA), Köln: S. 186

Christian Schlüter, Essen/Bildungsverlag Eins, Köln: S. 11, 19, 89, 125, 161, 182, 185.3, 190

Demeter e.V., Darmstadt: S. 110.4

Deutsches Grünes Kreuz e.V., Marburg: S. 154

Deutsches Rotes Kreuz, Generalsekretariat, Berlin: S. 179.1, 179.2, 179.3, 179.4, 179.5

Deutsche Stiftung Organtransplantation (DSO), Frankfurt am Main: S. 70

Deutsche UNESCO-Kommission e.V., Bonn: S. 218.1

Doris Kaiser, Unna: S. 120

dpa Infografik, Frankfurt am Main: S. 165

dpa Picture-Alliance GmbH, Frankfurt am Main: S. 24.1 (Okapia, Claude Cortier), 24.2 (Okapia, Manfred P. Kage), 24.3 (Goll), 44.2 (Waltraud Grubitzsch), 66 (Sven Simon), 69, 107.1, 145.2 (Okapia, Neufried), 152.1 (medicalpicture), 156.1 (imagestate, HIP), 156.2 (Okapia, Manfred P. Kage), 209.2

dreamstime.com, Brentwood (USA): S. 207, 236 (Bogdan Wankowicz)

Elisabeth Galas, Bad Breisig/Bildungsverlag Eins, Köln: S. 25.1, 102, 119.4, 145.1, 211

Europäische Union/Europäische Kommission, Generaldirektion Landwirtschaft und ländliche Entwicklung, Brüssel (Belgien): S. 110.1

Evangelisch-Lutherischer Kirchenkreis Hamburg-Ost, Ammersbek: S. 218.2

F1 online, Frankfurt am Main: S. 252.1

foodwatch e.V., Berlin: S. 112.3

Fotolia Deutschland GmbH, Berlin: Umschlagfoto (Alena Ozerova), S. 12 (A.KaZak), 15.1 (Colette), 15.2 (kristall), 17.1 (tiplyashina), 17.2 (Ilike), 26.1, 26.2 (Ingenium design), 26.3 (Anatomical Design), 26.4 (psdesign), 26.5 (Memi), 26.6 (marilega), 27.1 (3drenderings), 27.2 (OOZ), 27.3 (lom123), 27.4 (Henrie S.), 30.1 (Miredi), 30.2 (Bernd Limbach), 36.2 (Dmitry Kholkin), 40.1 (Stefan Redel), 50 (Gina Sanders), 61.1 (E-Zachert), 61.2 (E-Zachert), 61.3 (E-Zachert), 82.1 (Adam Borkowski), 82.2 (stoneman), 82.3 (Aryom Yefimov), 82.4 (Anatoliy Samara), 82.5 (Uwe Grötzner), 90.1 (W. Heiber Fotostudio), 90.2 (kzenon), 91.1 (photophonie), 91.2 (fuzzbones), 94 (Serghei Velusceac), 98 (kristall), 103 (claudio), 104.1 (Jürgen Fälchle), 105 (Finetti), 106.1 (monticellllo), 106.2 (volff), 107.2 (SG-design), 109.2 (Natika), 115 (Pelz), 126.1 (S. Kobold), 141.1 (Quade), 142.1 (Nessi), 142.2 (enzo4), 143.1 (Herby (Herbert) Me), 146.1 (Carola Schubbel), 146.2 (Carola Schubbel), 155 (MAST), 171 (Ilike), 185.1 (photophonie), 185.2 (katyspichal), 193.2 (Yang MingQi), 206 (Fotoimpressionen), 215 (Robert Kneschke), 217 (drubig-photo), 230 (Andrea Kusajda), 234.1 (Tatyna Gladskih), 243.2 (Toanet), 245.1 (Sven Petersen), 245.2 (Omika), 246.2 (atlang), 247.1 (Benjamin Simeneta), 247.2 (DenisNata), 247.3 (HappyAlex), 248.1 (nwf), 248.2 (zolastro), 249.1 (fran_), 249.2 (Sunday pictures), 249.3 (YK), 250.1 (teresa), 250.3 (Omika), 251.1 (m_reinhardt), 252.4, 253.2 (Hansderzweite), 255.1 (Kletr), 257.1 (Inga Nielsen), 257.2 (Arthur Synenko)

Greenpeace e.V., Hamburg: S. 112.2

Greser & Lenz, Aschaffenburg: S. 100

iStockphoto, Calgary (Kanada): S. 246.1, 253.1

Jan Tomaschoff, Erkrath: S. 208

Jörg Mair, München/Bildungsverlag Eins, Köln: S. 22, 25.2, 25.4, 25.5, 25.6, 25.7, 25.8, 25.9, 32.1, 73, 74.1, 74.2, 75, 78.1, 78.2, 191.1, 191.2

Mars Holding GmbH, Verden: S. 108

MEV Verlag GmbH, Augsburg: S. 101, 243.1, 245.3, 252.2

Multnomah County Sheriff's Office, Multnomah County, Oregon (USA), abgerufen unter: http://www.facesofmeth.us/main.htm: S. 209.1

Okapia KG, Frankfurt am Main: S. 204

Oliver Wetterauer, Stuttgart/Bildungsverlag Eins, Köln: S. 136.1, 244, 254

Peter Thulke, Berlin: S. 203

Regionalfenster e.V., Friedberg: S. 109.1

Shutterstock, New York (USA): S. 246.3

Ullsteinbild, Berlin: S. 205

Verband Lebensmittel ohne Gentechnik e.V. (VLOG), Berlin: S. 111

Verbraucherzentrale Bundesverband e.V., Berlin: S. 112.1

Wikimedia Foundation Inc., Los Angeles (USA)/Wikimedia Commons: S. 22.1, 104.2 (Grook Da Oger), 241.1 (Elmschrat), 241.2 (Usien), 252.3 (Rolf Gebhardt)